降低实体经济企业成本研究

吴晓华　等著

中国社会科学出版社

图书在版编目(CIP)数据

降低实体经济企业成本研究/吴晓华等著.—北京：中国社会科学出版社，2018.3

ISBN 978-7-5203-1992-8

Ⅰ.①降… Ⅱ.①吴… Ⅲ.①企业管理—成本管理—研究—中国 Ⅳ.①F279.23

中国版本图书馆CIP数据核字（2018）第013476号

出 版 人 赵剑英
责任编辑 喻 苗
特约编辑 周枕戈
责任校对 李 莉
责任印制 王 超

出 版 中国社会科学出版社
社 址 北京鼓楼西大街甲158号
邮 编 100720
网 址 http://www.csspw.cn
发 行 部 010-84083685
门 市 部 010-84029450
经 销 新华书店及其他书店

印 刷 北京君升印刷有限公司
装 订 廊坊市广阳区广增装订厂
版 次 2018年3月第1版
印 次 2018年3月第1次印刷

开 本 710×1000 1/16
印 张 28.5
字 数 425千字
定 价 99.00元

前　言

实体经济企业是一个国家和地区经济社会发展的基石。当前，中国实体经济企业成本居高不下，已经严重影响到经济社会稳步健康发展。为此，党中央、国务院将降低实体经济企业成本作为供给侧结构性改革“三去一降一补”五大任务之一，力求通过降低实体经济企业成本来有效缓解实体经济企业经营困难、助推企业转型升级，保持和提升中国企业国际竞争力，进而增强国民经济可持续发展能力。

降低实体经济企业成本是破解中国经济发展深层次矛盾的“金钥匙”，是衡量供给侧结构性改革成效的“试金石”，其核心思路是要通过交易成本降低、收入分配关系调整和技术创新来实现企业成本下降。中国实体经济企业的能源原材料成本、劳动力、资金和土地等要素成本、税费负担、制度性交易成本、物流成本总体偏高，部分成本还有进一步上升趋势。实体经济企业成本偏高，既与资源禀赋、发展阶段等客观因素有关，也与产业结构不合理、体制改革不到位和现行政策不完善有关，背后深层次原因则在于交易成本较高，经济部门间、生产要素间及上下游企业间收入分配关系没有理顺，以及技术进步缓慢。

中国实体经济企业的用电成本、税费成本、融资成本、社保缴费、制度性交易成本、物流成本都有一定下降空间；而人工成本随人口年龄结构变化、土地成本随经济转型升级、能源原材料和环境成本随资源环境约束强化，都将进一步上升。降低实体经济企业成本，必须在明确“降什么、谁来降、怎么降”的基础上，坚持理顺关系与重点突破相结合，市场决定与政府推动相结合，政策引导与企业主导相结合，立足当前与统筹长远相结合，分类施策与纵横联动相结合的方略，按照“加减乘除”协同推进，“加法”要精准、“减法”要到位、“乘法”要灵活、“除法”要彻底的路径，一方面加快完善短期政策措施，引导企业成本在预期范围内快速下降，另一方面深入推进体制改革，营造实体企业成本长期持续稳定下降的制度环境，同时还应加快推出防范改革风险的配套措施。

本书是在国家发展改革委宏观经济研究院2016年度重大课题研究成果的基础上编辑而成。吴晓华负责总体思路拟订、研究框架设计和第一章总报告主执笔，具体章节执笔人分别为：第一章吴晓华、郭春丽、王元、李清彬、刘方、易信、成卓，第二章臧跃茹、刘泉红、郭丽岩、刘志成、杨娟，第三章许生，第四章张岸元、曹玉瑾，第五章申兵、汪阳红、黄征学、张燕，第六章杨宜勇、关博、田帆、吴香雪，第七章汪鸣、谢雨蓉、樊一江、贺兴东、王淑伟，第八章苏铭、陶冶、李际、杨晶、王娟、熊华文、康晓文、符冠云，第九章付保宗、盛朝迅，第十章吴亚平、吴有红、邹晓梅，第十一章邹晓梅、吴亚平、吴有红，第十二章吴涧生、杨长湧、李大伟、季剑军、金瑞庭，第十三章银温泉、张林山、孙凤仪、李晓琳，第十四章郭春丽、王元、李清彬、刘方、成卓、易信。

在研究过程中，课题组得到了院所领导和各位老专家的大力支持和帮助，在此表示衷心感谢。同时，对责任编辑喻苗女士为本书顺利出版开展的各项工作表示感谢。由于我们研究水平有限，本书内容可能存在一些不当和疏漏之处，敬请读者批评指正。

“降低实体经济企业成本研究”课题组

2017年7月

目　录

总论篇

分论篇

专题篇

附 件

总　论　篇

第一章 降低实体经济企业成本研究

摘要：降低实体经济企业成本的核心要义是交易成本降低、收入分配关系调整和技术创新引致成本下降。中国实体经济企业的能源原材料成本，劳动力、资金和土地等要素成本，税费负担，制度性交易成本，物流成本总体偏高，部分成本还有进一步上升趋势。实体经济企业成本偏高，既与资源禀赋、发展阶段等客观因素有关，也与产业结构不合理、体制改革不到位和现行政策不完善有关，背后深层次原因则在于交易成本较高，以及经济部门间、生产要素间及上下游企业间收入分配关系没有理顺，以及技术进步缓慢。以多国历史数据构建计量经济模型测算的理论值为基准，判断中国实体经济企业成本，发现电价的实际值高出理论值约 0.03 美元/千瓦时左右，税收占国民生产总值比例的实际值高出理论值约 8 个百分点左右，贷款利率的实际值高出理论值约 0.3 个百分点左右，社保缴费比例的实际值高出理论值约 2 个百分点左右，创办企业所需时间的实际值高出理论值约 10 天左右，物流绩效指数的实际值低于理论值约 0.1 左右，说明中国实体经济企业的用电成本、税费成本、融资成本、社保缴费、制度性交易成本、物流成本都有一定下降空间；而人工成本随人口年龄结构变化、土地成本随经济转型升级、能源原材料和环境成本随资源环境约束强化，都将进一步上升。降低实体经济企业成本，必须在明确“降什么、谁来降、怎么降”的基础上，坚持理顺关系与重点突破相结合，市场决定与政府推动相结合，政策引导与企业主导相结合，立足当前与统筹长远相结合，分类施策与纵横联动相结合的方略，按照“加减乘除”协同推进，“加法”要精准、“减法”要到位、“乘法”

要灵活、“除法”要彻底的路径，一方面加快完善短期政策措施，引导企业成本在预期范围内快速下降，另一方面深入推进体制改革，营造实体企业成本长期持续稳定下降的制度环境，同时还应加快推出防范改革风险的配套措施。

一 降成本的核心要义

实体经济是一个国家和地区经济社会发展的基石。实体经济水平越高，经济实力就越强，抵抗风险的能力也越强。当前，中国经济正在向形态更高级、分工更复杂、结构更合理的阶段演化，振兴实体经济是加快经济转型发展的重要举措。而实体经济成本居高不下，已经影响到经济社会稳步健康发展。从经济学角度看，降低实体经济成本的核心要义是交易成本的降低、收入分配关系的调整和技术进步的催动。

（一）要义一：交易成本的降低

交易成本又称为交易费用，是在社会化大分工中为完成交易而发生的成本。交易成本按交易流程和作用可以分为搜寻和信息成本、谈判和决策成本、监督和执行合同的费用（Coase，1960）等三类，按交易范围和主体可以分为市场型交易成本、管理型交易成本、行政型交易成本等三类。交易成本有“有效率”和“无效率”之分，凡是能够带来经济效率提升的为“有效率的交易成本”，反之则为“无效率的交易成本”。现阶段中国“无效率”的交易成本主要来源于行政型交易成本和垄断导致的市场型与管理型交易成本。“无效率”的行政型交易成本主要包括行政垄断导致的实体企业搜寻信息和议价决策成本及政府规制体系不健全导致的搜寻与执行类交易成本。“无效率”的市场型交易成本主要包括排除或限制市场竞争的各类垄断行为给潜在竞争对手和交易方带来的成本及市场信用机制不健全产生的搜寻、决策和履约的成本。“无效率”的管理型交易成本主要来自垄断企业的管理型交易成本，通过向社会提供产品和服务向下游实体经济

企业和终端居民用户传导（见表 1 – 1）

表 1 – 1　“无效率”的交易成本的典型表现

表现与根源 \ 交易成本类型			搜寻和信息成本	议价和决策成本	监督和执行成本
行政型	行政垄断	地区分割	☆	☆	
		招投标和集中采购乱象	☆	☆	☆☆
	规制体系不健全	标准空白或混乱	☆☆		☆
		多块分头监管		☆☆☆	
		价格规制失范	☆☆☆		☆
市场型	垄断结构与垄断行为	不公平的市场准入	☆	☆☆	☆
		垄断高价和垄断低价	☆	☆☆	☆
		歧视性定价	☆☆	☆	☆
		垄断协议	☆☆	☆	☆
	信用机制缺失	上下游实体企业之间	☆	☆	☆☆☆
		银行和实体企业之间	☆☆	☆	☆☆☆
管理型	垄断企业内部	租金耗散	☆☆	☆	☆
		内部 X 非效率	☆	☆☆	☆☆

注：☆的个数表示相关根源产生的交易成本的大小。☆越多，说明产生的该类型的交易成本越大。

中国当前正在推进的简政放权、放管结合、优化服务（简称“放管服”）、健全现代市场体系等改革，都可以通过降低实体经济企业交易成本，进一步减轻企业负担，增强企业盈利能力，促进企业转型升级和扩大再生产，最终促进实体经济发展。

全面清理和废除妨碍统一市场建设的地方保护行为，可降低行政型交易成本。通过重点清理围绕籍贯、规模、资产、资质设置的阻碍并购和连锁经营的限制性条款及行为，取消阻碍商品和要素自由流通的单行政策及限制企业兼并重组和增加并购负担的不合理规定，实施公平竞争审查制度，从源头上防止排除和限制市场竞争的行为等，都能够大幅、有效降低实体经济企业的搜寻和信息成本、议价和决策成本、监督和执行成本。

深化“放管服”改革，可降低行政型交易成本。通过同步推进简政放权、放管结合、优化服务，深入推行审批和监管制度改革，优化行政审批流程，大幅压减行政审批的前置中介服务事项，保障各类市场主体在投资核准、政府扶持、参与政府投资项目等方面享受同等待遇，同时扩大行政事业性收费免征范围，清理规范涉企收费，能够大幅降低企业的制度性交易成本。

加快建立竞争性要素市场和现代流通体系，可降低市场型交易成本。通过建立健全资源要素市场，整合建立统一的公共资源交易平台体系，并依法确定收费范围、规范服务收费行为、降低服务收费标准，同时推动信息资源平台建设，引入新型流通业态，着力完善要素流通网络体系，能够降低实体经济企业承担的各类信息、决策和执行成本。

强化垄断行业国企改革，完善竞争政策体系，可大幅减少“无效率”的市场型和管理型交易成本。通过深化垄断行业国企改革，增强垄断行业国有企业的公益性，加强对垄断行业国有企业重大决策、重要人事任免、重大项目执行、大宗物品采购、大额预算支出执行情况的全过程监督，阻断垄断国企与行业主管部门及相关公共机构之间的非法或灰色利益输送，从而大幅削减“无效率”的制度性交易成本。加快剥离国有企业办社会职能和解决历史遗留问题，进一步减轻企业负担。逐步完善反垄断法律法规和各种指引文件，加强反垄断执法，也有利于降低因垄断而导致的各种制度性交易成本。

健全社会信用体系，完善履约监督机制，可减少市场型交易成本。健全社会信用体系是促进市场公平竞争的必要条件，也是降低实体企业成本的有效手段。不断完善社会信用方面的法律法规和制度，加强信用基础设施建设，减少银行与企业、企业与企业之间的信用信息不对称，强化企业信用评价和评价结果的应用，开展守信联合激励和失信联合惩戒，让失信者寸步难行，让守信者一路畅通，才能够真正减少那些违背市场竞争原则和侵害消费者权益的行为，减少企业的搜寻和信息成本、议价和决策成本以及监督和执行成本。

（二）要义二：收入分配关系的调整

实体经济企业成本反映了政府与企业间、虚实经济部门间、资本劳动等国民经济部门间、生产要素间以及上下游企业间的收入分配关系。当前，中国部门间、要素间、上下游企业间收入分配关系没有理顺，这加大了实体经济企业经营成本，不利于实体经济发展和国民经济持续健康发展。降低实体经济企业成本在一定程度上可以理解为收入分配关系的调整，当前采取的降成本重大措施主要目的之一就是要打破旧的收入分配关系均衡，逐渐构建出新的均衡，从而更好地促进实体经济壮大发展，推动中国经济转型升级和持续健康发展。

降低税费成本是调整政府和企业间的收入分配关系。征收税费是政府作为公共部门参与市场活动主体生产价值分配的手段。从收入法核算角度来看，国内生产总值（GDP）包括劳动者报酬、生产税净额、固定资产折旧、营业盈余四部分。其中，劳动者报酬归属居民部门，生产税净额归属政府部门，而固定资产折旧、营业盈余则归属企业部门。降低企业的税费成本就是要降低归属于政府部门的生产税净额。在其他条件不变的情况下，这就意味着归属于企业部门的收入份额（即营业盈余）将相应增大，从而增加企业盈利，有利于企业转型升级和扩大再生产。

降低人工成本是调整资本和劳动间的收入分配关系。同样采用收入法 GDP 的分析框架，降低人工成本就是要缩小劳动者报酬份额，在其他条件不变的情况下，由资本投入获得的份额将相应提升，即固定资产折旧和营业盈余份额提升。采取适当措施降低企业人工成本，同样有利于增加企业盈利。至于长期诟病的中国劳动者报酬份额较低的问题，更大程度上应该从生产税净额入手，由政府部门让利给居民部门，而不是单纯依靠企业部门。比如，通过再分配制度体系增大向居民部门的转移支付，通过国有企业分红支持社保等。

降低融资成本是调整虚实经济部门间的收入分配关系。融资成本是实体企业的重要成本，而对于各类金融机构则是重要的利润来源。通过各类措施降低融资成本在很大程度上是要压缩金融机构的盈利空间，而更大幅度支持实体经济。短期来看，似乎是对金融机构不利，但从中长期看，实体经济是一国经济的立身之本，支持实体经济是金融业生存发展的根本。脱离实体经济，金融也将成为无源之水、无本之木。只有实体经济发展好了，金融业才能真正发展好。这种收入分配关系的调整有利于经济的长远健康发展。

降低能源原材料成本是调整上下游企业间的收入分配关系。与资金需求相类似，能源原材料方面的费用是大多数实体经济企业的重要成本来源，也是处于产业链上游的能源企业、原材料企业的重要利润来源。通过各类手段降低能源原材料成本，一定程度上要减少上游能源原材料企业的短期利润。做出这种调整的正当性主要在于中国能源和原材料等要素市场体系发展不充分、要素市场改革滞后，使得市场机制在要素配置过程中的作用难以充分发挥，这导致下游实体企业承担了额外的能源原材料成本。从中长期看，下游实体经济企业不断发展也将有利于上游企业持续发展，而且通过不断完善能源原材料的市场化价格形成机制，能源原材料企业和下游实体经济企业间将形成新的、更有效的收入分配均衡关系。

（三）要义三：技术进步的催动

技术进步可以从不同角度理解。从经济学角度理解，技术进步就是指一定量的投入能生产更多的产出，或一定量的产出只需要更少的投入。通过等产量线图示直观来看，技术进步能使曲线由 A 移动到 B，即向左下方移动（见图 1－1）。技术进步带来企业生产一定量产品所需的投入更少了，也就是降低了单位产品的成本。因此，技术进步能够起到降低企业成本的作用。具体看，技术进步可能通过多种渠道使企业成本降低。如改进生产工艺，减少生产过程中不必要的消耗和浪费，从而降低单位产品的原材料、能源等消耗量；以更高效率或更长寿命的新设备替代旧设备，从而降低单位产品负担的设备折旧；使用自动化程度更高的设备以减少劳动投入和相应的人工成本；提高工人的劳动技能以提高单位劳动时间的产量，从而降低单位产品的人工成本；改进组织、营销和管理方式，以降低管理费用；等等。

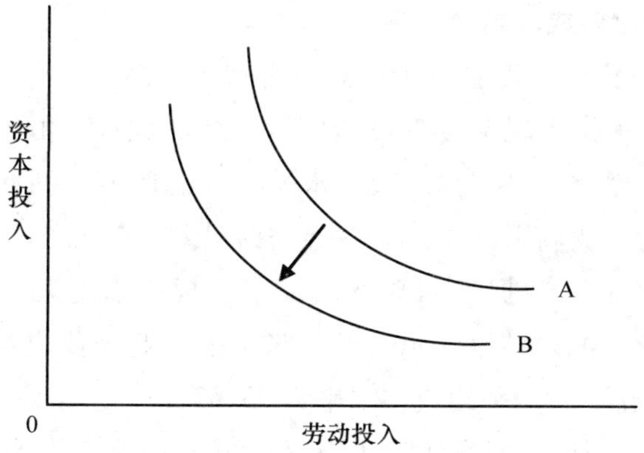

图 1-1　技术进步对等产量线的影响示意

从技术进步的来源看，可以分为国内自主研发和从国外引进技术两大类。中国改革开放之初的一段时期，通过从国外引进技术，包括大量引进外资带动的技术引进，对国内的技术进步起到了促进作用，这种技术进步在降低企业的生产成本方面产生了显著效应。但是，随着国内技术水平的提升，以及其他国家对核心、关键技术的保护，引进技术对中国技术进步的促进作用逐步衰减，国内自主研发在这方面的作用则日益上升。

以国内自主研发促进技术进步，需要政府、企业、科研院所及高校、提供支撑服务的中介机构等各类主体各司其职、分工协作，形成有效的科技研发—成果转化链条。以自主研发促进技术进步并产生降低企业成本的作用，核心的主体应是企业，政府、科研院所及高校和中介机构围绕企业的需求，在基础科学研究、开展产学研合作、提供必要的中介服务等方面发挥作用。

二　实体经济企业成本的现实状况

我们运用历史比较和国际比较的方法，在对总成本和分项成本进行全面判断基础上，对中国实体经济企业成本做出了基本判断。

（一）工业总成本持续上升

1. 从历史比较角度看，工业总成本持续升高

总成本水平指实现单位工业产值所耗费的成本。由于成本指总产值减去利润，因此可以用“总成本水平 =（总产值 - 利润）/总产值”这一公式表示。我们用《中国工业经济统计年鉴》中的“规模以上工业企业销售产值”数据表示总产值，用“规模以上工业企业利润总额”数据表示利润。结果显示，近年来中国工业企业成本水平呈上升趋势，“十二五”时期平均成本水平为93.53%，较“十一五”时期上升了0.54个百分点，即每实现1万元产值成本提高了54元。值得注意的是，近年来成本水平连创新高，2011年以来总成本水平逐年上升，2014年为93.84%，是2006—2014年间的最高点；2015年升至94.24%，是2005—2015年间的最高点；2016年1—8月成本水平进一步升至94.34%，是继2015年之后的新高点（见图1-2）。

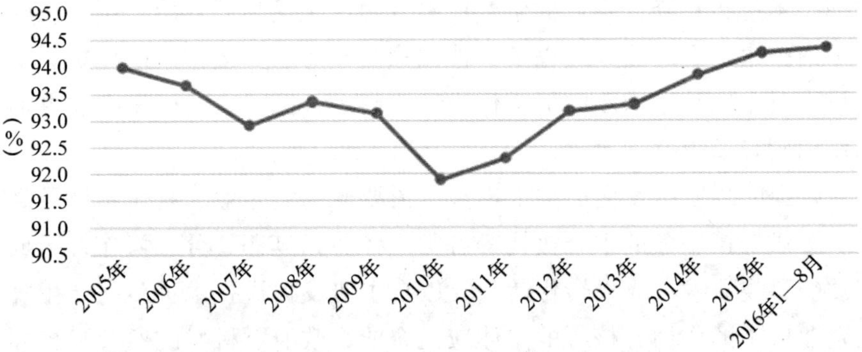

图1-2　2005年至2016年8月我国工业成本水平

资料来源：根据历年《中国统计年鉴》、《中国经济景气月报（2016.10）》计算。

从成本构成看，原材料、能源和人工成本在总成本中占较大比重。由于投入产出表是全口径统计，能够全面反映工业成本总体情况和构成，我们利用投入产出表来研究工业成本结构。将投入产出表中采矿业、制造业、水电气热工业的投入列进行合并，得到整个工业的

投入列即成本结构：农业、采矿业（除了煤炭、石油和天然气开采业）和制造业对工业的投入为原材料成本，煤炭石油天然气开采业、电气热工业对工业的投入为能源成本，运输仓储邮政业对工业的投入为物流成本，金融业对工业的投入为融资成本，劳动者报酬为人工成本，生产税净额为税收成本。从2012年的投入产出表看，原材料成本占我国工业成本的60.7%，能源成本占10.4%，人工成本占9.2%，税收成本、物流成本和融资成本则分别占4.7%、2.7%和2.3%（见表1－2）。

表1－2　**中国工业成本结构**

成本类别	成本额（亿元）	占比（%）
原材料	527243	60.7
能源	89957	10.4
人工	79612	9.2
税收	40612	4.7
物流	23612	2.7
融资	20038	2.3
其他	87219	10.0
总成本	868293	100.0

资料来源：根据《中国投入产出表2012》计算。

2. 从国际比较角度看，中国总成本水平高于美国

采用同样的方法，计算美国工业成本水平和成本结构。将美国投入产出表的工业总产出和营业盈余数据分别作为总产值和利润数据。计算结果表明，美国成本水平呈下降趋势，金融危机前成本水平为80%—82%，而金融危机后在78%—80%波动，近三年来成本水平则徘徊在78%（见图1－3）。美国工业成本结构同样以原材料、人工和能源成本为主，其中原材料成本占45.8%，人工成本占26.0%，能源成本占9.7%，税收成本、物流成本和融资成本则分别占3.4%、3.1%、0.8%（见图1－4）。

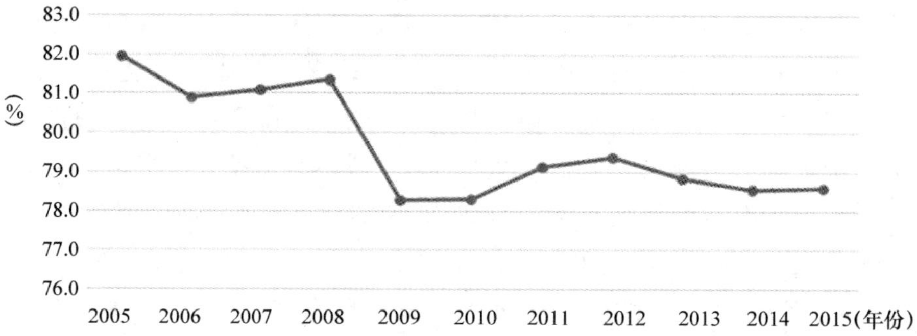

图 1－3　2005—2015 年美国工业成本水平

资料来源：根据 http：//www. bea. gov/industry/gdpbyind_ data. htm 中的相关数据计算得到。

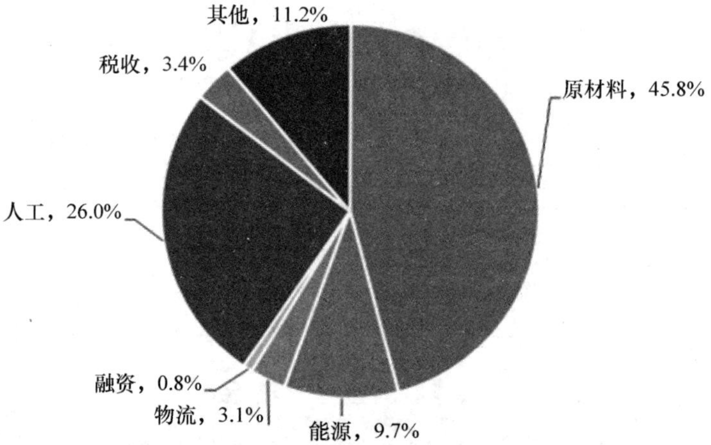

图 1－4　2012 年美国工业成本结构

资料来源：http：//www. bea. gov/industry/gdpbyind_ data. htm 笔者计算。

数据显示，中国总成本水平高于美国，且差距呈扩大趋势。2005—2015 年，中国成本平均水平为 93.25%，高于美国近 14 个百分点（见图 1－5）。换言之，中国每百元产值耗费的成本高于美国 14 元。2005 年，中国总成本水平比美国高 12.05%，2015 年比美国高 15.66%。这一趋势在“十二五”时期尤为明显，2011 年中国总成本水平比美国高 13.17%，2015 年迅速扩大到 15.66%。如果考虑到中

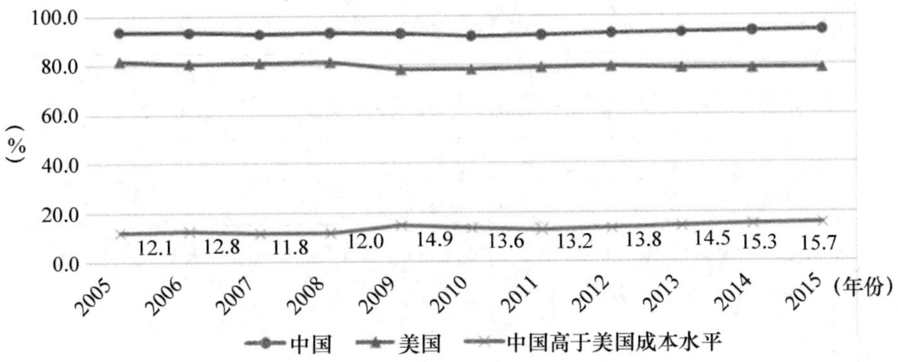

图 1－5　中美工业成本对比

资料来源：根据历年《中国统计年鉴》、http：//www. bea. gov/industry/gdpbyind_ data. htm 中的相关数据计算得到。

国利润采用统计年鉴中的“利润总额”与企业会计损益表中的“利润总额”相比，还包含“所得税费用”，不完全是净利润的概念，而美国的利润总额采用投入产出表中的“营业盈余”，是净利润的概念，中国成本总额核算口径比美国小这一因素，中国成本水平实际上比美国更高。

从成本结构看，原材料、人工成本和能源成本都是中美成本的重要组成部分。原材料、融资、税收、能源成本在中国成本中所占比重高于美国，人工成本占比低于美国，物流成本占比接近美国（见表 1－3）。从分项成本占比看，除了人工成本比美国低 12 个百分点外，中国其他成本均高于美国，其中原材料成本比美国高 20.7 个百分点，能源成本高 2 个百分点，税收成本高 1.7 个百分点，融资成本高 1.6 个百分点，物流成本高 0.1 个百分点（见表 1－4）。

表 1－3　**中美工业成本结构对比**　（单位：%）

	原材料	能源	人工	税收	物流	融资	其他
中国	60.7	10.4	9.2	4.7	2.7	2.3	10.0
美国	45.8	9.7	26.0	3.4	3.1	0.8	11.3

资料来源：根据《中国投入产出表 2012》、http：//www. bea. gov/industry/gdpbyind_ data. htm 中的相关数据计算得到。

表 1－4　　中美工业成本分项对比　　（单位：%）

成本/产值	原材料	能源	人工	税收	物流	融资
中国	57.0	9.7	8.6	4.4	2.6	2.2
美国	36.3	7.7	20.6	2.7	2.5	0.6
高于美国成本	20.7	2.0	－12.0	1.7	0.1	1.6

资料来源：根据《中国投入产出表2012》、http://www.bea.gov/industry/gdpbyind_data.htm 中的相关数据计算得到。

（二）能源原材料成本依然较高

从历史趋势来看，中国能源价格有所降低。2008 年以来中国煤炭、石油、天然气价格快速上涨，但是随着 2012 年宏观经济下行，各类能源价格出现不同程度的下降，企业用能成本下降态势较为明显。中国工业者燃料动力类购进价格指数从 2008 年的 120.6 下降到 2016 年的 91.3（见图 1－6）。2012 年、2015 年和 2016 年多次对全国燃煤发电上网电价进行下调，平均每次调价 2—3 分钱，企业用电成本有所降低。2011—2015 年规模以上企业单位工业增加值能耗累计下降 28%，实现节能量 6.9 亿吨标准煤，① 相同产值能耗下降也反

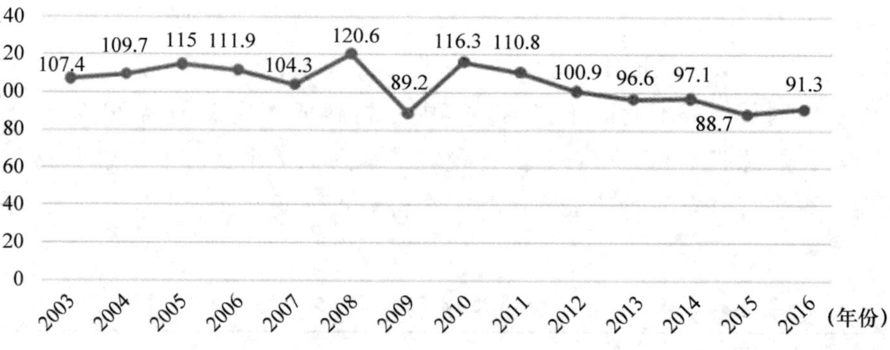

图 1－6　中国工业者燃料动力类购进价格指数

资料来源：《中国统计年鉴（2016）》、统计局网站。

① 转引自《工业绿色发展规划（2016—2020 年）》。

映出工业能源成本占总成本比重在下降。但是，随着产业增速和效益下滑，一些行业尤其是重化工业的能源成本压力仍很突出。

从国际比较来看，中国部分能源原材料价格偏高。由于水、电、气及少数原材料价格尚未完全市场化，受各级政府不同程度控制，价格与国际水平相比明显偏高。一是工业电价总体高于美国等国家。2015 年工业用电均价为 0.79 元/千瓦时左右，美国平均水平约为 0.50 元/千瓦时。由于直供电政策落实不到位和自备电过网费偏高，部分用电负担较重的企业成本很高。二是受油气改革滞后影响，用气成本仍然高于美国。页岩气技术取得突破后，美国天然气价格比 2004 年下降了 25%—35%，目前每立方米约 0.7 元人民币，而中国天然气供应层层转供加价，用气企业需要“先款后气”，[①] 企业用气成本约 3.5 元，是美国的 5 倍。三是中国油价降幅明显低于国际水平。国际油价从 2008 年的高峰 140 美元每桶下调至目前 40 美元每桶左右，下降幅度约为 60%—70%，而同期国内油价下降幅度仅为 10%—20%。四是部分原料价格高于国外竞争对手。国内棉花、粮食价格相对较高，但受进口配额限制，国内纺织、粮食加工等企业难以进口低价资源，生产成本明显高于国外竞争对手。

（三）生产要素成本总体偏高

1. 人工成本普遍上涨

中国企业负担的人工成本主要由工资及“五险一金”等社保费用组成，前者为工资成本、后者为社保成本。[②] 近年来随着劳动力供求

---

① 先款后气是用气方向供气方支付气款的一种结算方式。用气方应在使用天然气前将一个结算期的气款支付给供方以购买天然气，并在购买的天然气使用完毕前支付下一结算期的气款。

② 关于用工成本的构成，国际劳动统计会议将其界定为雇主雇用劳动力所支付的全部费用，其构成包括七项内容：一是包括非工作时间在内的一切报酬、奖金及其他实物成本；二是住房费用；三是社会保险费用；四是职业培训费用；五是福利费用；六是其他费用；七是各项税收费用。前四项内容被定义为直接人工成本，后三项内容被定义为间接人工成本。由于中国企业负担的人工成本主要由工资和“五险一金”组成，同时为简化分析，在本报告中我们将前者概括为工资成本、后者为社保成本。

关系发生根本性转变，人工成本持续上升并处于较高水平，劳动力低成本优势正在逐渐消逝。

（1）从历史比较角度看，中国人工成本尤其是工资成本上升较快，社保成本虽有降低但仍然偏高

从工资成本来看，近年来，企业工资总额和人均工资不断上升。2003 年以来，二者均以两位数增长，且各年均高于经济增长速度，部分年份增长率虽呈下降趋势，但总体均呈上升趋势。而且，人工成本快速上涨势头已从东部沿海地区向中西部内陆地区蔓延，西部地区私营单位就业人员平均工资上涨速度高于其他区域。这表明中国企业用工成本中的工资成本一直上升，给企业增加了不小负担。

表 1－5　　**城镇单位就业人员工资总额及平均工资**

年份	城镇单位就业人员工资总额（亿元）	工资总额年增长率（%）	城镇单位就业人员平均工资（元）	平均工资年增长率（%）	经济增长速度（%）
2003	15329.6	12.4	13969	11.4	10.0
2004	17615	14.9	15920	14	10.1
2005	20627.1	17.1	18200	14.3	11.3
2006	24262.3	17.6	20856	14.6	12.7
2007	29471.5	21.5	24721	18.5	14.2
2008	35289.5	19.7	28898	16.9	9.6
2009	40288.2	14.2	32244	11.6	9.2
2010	47269.9	17.3	36539	13.3	10.6
2011	59954.7	26.8	41799	14.4	9.5
2012	70914.2	18.3	46769	11.9	7.7
2013	93064.3	31.2	51483	10.1	7.7
2014	102817.2	10.5	56360	9.5	7.3
2015	112007.8	8.9	62029	10.1	6.9

资料来源：《中国统计年鉴 2016》。

从社保成本来看，目前中国社会保险缴费基数根据上年度当地社会平均工资确定，不得低于上年度当地社会平均工资的60%，以及不得超过上年度当地社会平均工资的300%，缴费结构由养老保险、医疗保险、工伤保险、生育保险和失业保险构成。加总看，单位和个人社会保险缴费约占人工成本的40%左右，如果加上20%左右的住房公积金，则企业缴费负担就高达60%以上。为减轻企业缴费负担，2015年2月，国务院常务会议确定将失业保险费率由3%统一降至2%；6月，国务院常务会议决定，从10月1日起，将工伤保险平均费率由1%降至0.75%，并根据行业风险程度细化基准费率档次，根据工伤发生率对单位（企业）适当上浮或下浮费率；将生育保险费率从不超过1%降到不超过0.5%；工伤保险和生育保险基金超过合理结存量的地区应调低费率。但总体来看，“五险一金”企业缴费率仅降低2%—3%，企业缴费重问题没有得到根本缓解。

（2）从国际比较角度看，中国人工成本偏高，企业负担的社保成本处于世界较高水平

从工资成本看，中国制造业平均工资，特别是东南沿海地区制造业平均工资，已超过大多数东南亚国家，已达菲律宾、印度尼西亚和泰国的2倍以上。近年来，中国人工成本的上升速度也远超过美国同期不足3%的年均增速。

从社保成本看，中国企业社保缴费占职工工资总额的40%左右，高于国际水平1倍以上。中国企业承担的社保缴费主要是养老缴费，法律规定企业缴费比例20%、个人缴费比例8%，合计起来高达28%，远远高于世界平均水平的10%，甚至远远超过了20%的国际警戒线。美国企业承担的养老保险企业缴费率只有6.2%，日本、德国、英国分别为8.25%、9.3%、10.2%，越南、泰国的比例更低，仅为月薪的2.8%—5%，就连国际上公认的高福利国家瑞典也只有9.25%。

从历史纵向比较来看，中国企业人工成本尤其是工资成本上升很快，社保成本虽有降低但仍然偏高。从国际比较看，中国人工成本偏高，尤其是工资成本是同等发展水平国家的2倍以上，企业负担的社

保成本也处于世界较高水平。这均表明中国的人工成本已上升并处于较高水平，劳动力低成本优势正在逐渐消失。

2. 融资成本依旧较高

近年来，中国多次降息降准，并利用常备借贷便利和补充抵押贷款等工具加强流动性管理，引导市场预期，以降低融资成本。但无论从历史趋势看，还是与其他国家比较，中国融资成本都依旧较高。

（1）从历史比较角度看，中国融资成本偏高

从较长时期看，得益于经济体制转轨，以及银行体系的改革和发展、融资方式和渠道的逐步多样化，中国企业的融资成本总体上呈下降趋势。2012 年以来，中国进入一个降息周期，贷款基准利率多次下调。在此背景下，近几年人民币贷款加权平均利率明显下降，到 2016 年第三季度为 5.22%（见图 1－7）。但是，经通胀调整后的实际利率数据显示，自 2011 年第四季度至 2015 年第一季度，实际利率总体上保持上升趋势，2014—2015 年实际利率处于近年来的较高水平，到 2016 年才有所下降，与 2012—2013 年的水平大体相当（见图 1－8）。在经济增长持续放缓的情况下，实际利率的上升加大了企业通过降低成本增加盈利的难度。

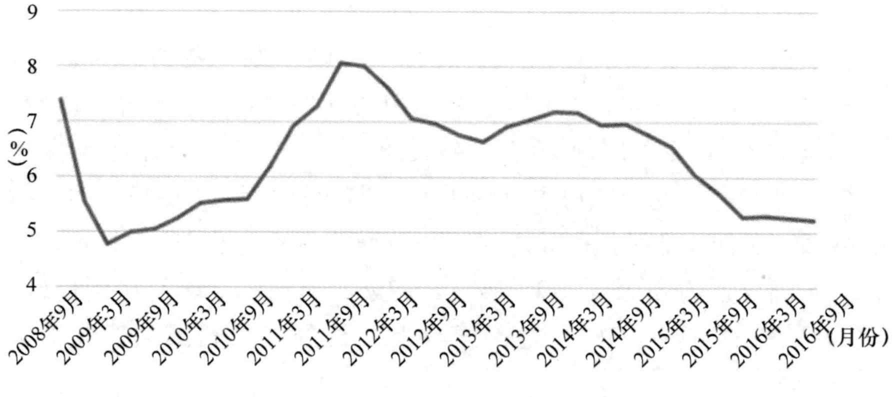

图 1－7　金融机构人民币贷款加权平均利率

资料来源：Wind 数据库。

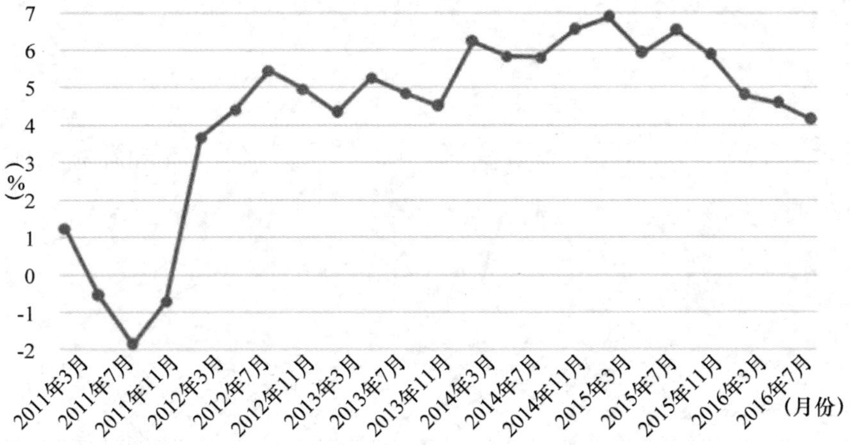

图 1－8　经通胀（GDP 平减指数）调整的实际利率

资料来源：统计局网站、Wind 数据库，经计算得到。

从规模以上工业企业利息支出占主营业务收入比重以及利息支出与主营业务利润之比这两个指标的变化情况，能够进一步看出企业的融资成本近年来不仅没有下降，反而有所上升。规模以上工业企业利息支出占主营业务收入比重在 2012 年 3 月至 2016 年 3 月期间均处于

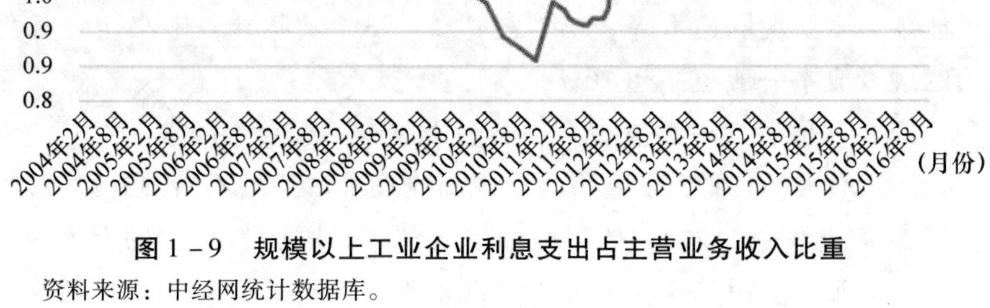

图 1－9　规模以上工业企业利息支出占主营业务收入比重

资料来源：中经网统计数据库。

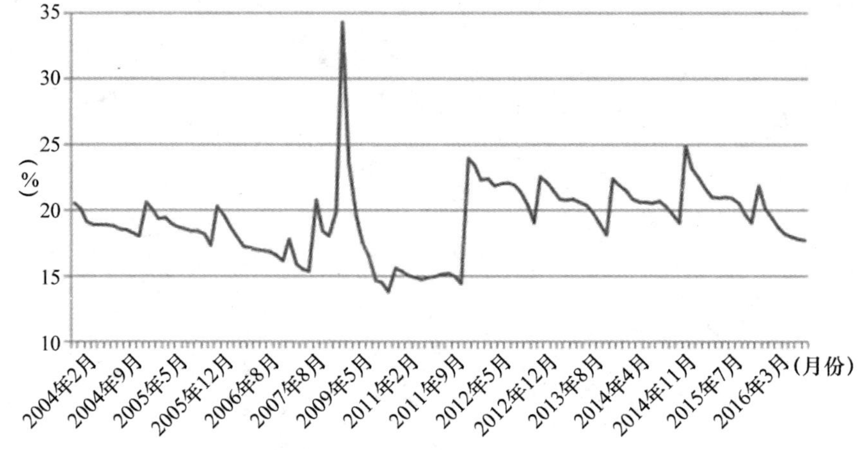

图 1－10　规模以上工业企业利息支出与主营业务利润之比

资料来源：中经网统计数据库。

1.1%—1.3%的区间，明显高于2010—2011年0.9%左右的水平，也高于2005年下半年到2007年的水平。规模以上工业企业利息支出与主营业务利润之比的情况也类似。

中小微企业融资困难、融资成本高的问题在中国较为突出。商业银行对中小微企业发放贷款，利率一般比基准利率上浮20%—45%，并且由于银行贷款远不能满足中小微企业的融资需求，大量中小微企业只能寻求正规金融以外的民间融资。温州市金融办自2012年起向社会发布民间融资综合利率指数即“温州指数”，指数反映出中小微企业较为依赖的外部融资渠道——民间融资，利率远高于贷款利率，大体在20%上下波动。到2016年第三季度，“温州指数”综合利率已连续7个季度同比下降，仍然高达16.73%。此外，中小企业私募债的融资成本一般也高达16%。

（2）从国际比较角度看，中国融资成本高于发达国家

从利率水平来看，随着中国宏观调控政策体系的不断健全和改进，通货膨胀得到较好控制，使得中国贷款利率与同为新兴市场大国的俄罗斯、南非、巴西等相比，处于较低水平。但是，与欧美、日韩等主要经济体相比，不论名义贷款利率（基准利率）还是剔除价格因素的

实际利率，中国利率水平都相对较高。世界银行发布的各国贷款年利率数据显示，到2015年，尽管中国名义贷款利率已下调至4.35%，仍比美国、韩国高1个百分点左右（见表1-6），实际利率则升至4.82%，比加拿大、意大利高约1.5个百分点，比美国、韩国高1倍多（见表1-7）。

表1-6　**世界主要国家贷款基准利率**　（单位:%）

国家\年份	2008	2009	2010	2011	2012	2013	2014	2015
中国	5.31	5.31	5.81	6.56	6.00	6.00	5.60	4.35
美国	5.09	3.25	3.25	3.25	3.25	3.25	3.25	3.26
加拿大	4.73	2.40	2.60	3.00	3.00	3.00	3.00	2.78
英国	4.68	0.64	0.50	0.50	0.50	0.50	0.50	—
意大利	6.84	4.76	4.03	4.60	5.22	5.14	4.87	4.13
日本	1.91	1.72	1.60	1.50	1.41	1.30	1.22	—
韩国	7.17	5.65	5.51	5.76	5.40	4.64	4.26	3.53

资料来源：世界银行数据库。

表1-7　**世界主要国家实际利率**　（单位:%）

国家\年份	2008	2009	2010	2011	2012	2013	2014	2015
中国	-2.32	5.42	-1.05	-1.46	3.52	3.68	4.74	4.82
美国	3.07	2.47	2.00	1.16	1.38	1.59	1.58	2.24
加拿大	0.70	4.80	-0.26	-0.23	1.76	1.42	1.22	3.35
英国	1.76	-1.38	-2.53	-1.56	-1.11	-1.46	-1.31	-
意大利	4.25	2.75	3.70	3.09	3.79	3.87	4.03	3.35
日本	3.22	2.23	3.84	3.42	2.36	1.87	-0.44	-
韩国	4.09	2.03	2.28	4.11	4.31	3.76	3.64	1.29

资料来源：根据世界银行数据库数据计算。

国内利率明显高于主要经济体利率及受其影响的国际金融市场利率水平，对于国内企业参与国际竞争，构成了融资成本方面的劣势。近年人民币汇率总体保持升值趋势，进一步加剧企业以国内融资支持出口或开展国际业务的资金成本。这类企业寻求国际金融市场融资的意愿不断增强，但外债管理方面的现行规定，又造成了一定障碍，仅有少数企业能够利用国际市场融资降低自身融资成本，且其中包含较多金融机构，实体经济企业因此受惠的比例很小。

3. 土地成本呈上升态势

从全国主要城市土地出让监测价格来看，2008 年以来中国土地价格呈现加速上升态势。虽然 2012 年以来增速有所放缓，但是土地出让价格仍然呈现出上升趋势。综合地价[①]由 2011 年的 3049 元/平方米上升到 2016 年的 3744 元/平方米，平均涨幅 4.2%。工业用地价格由 2011 年的 652 元/平方米上升到 2016 年的 774 元/平方米，平均涨幅 3.5%（见表 1－8）。土地价格上升直接导致了企业用地成本提高。土地成本高并不意味着所有企业的实际用地成本都很高。在招商引资过程中，地方政府纷纷为引进大企业提供了价格优惠的土地，或者以税收返还的方式降低企业成本，而用地成本高在中小企业表现更为突出。

表 1－8　　2011—2016 年我国主要城市土地出让价格

（单位：元/平方米，%）

年份	2011		2012		2013		2014		2015		2016	
	地价	同比涨幅	地价	同比涨幅	地价	同比涨幅	地价	同比涨幅	地价	同比涨幅	地价	同比涨幅
综合	3049	5.9	3129	2.6	3349	7.0	3522	5.2	3589	1.9	3744	4.3
商服	5654	9.0	5843	3.3	6306	7.9	6552	3.9	6670	1.8	6845	2.6

① 综合地价指在城镇行政区土地利用总体规划确定的建设用地范围内，依据地类、产值、土地区位、农用地等级、人均耕地数量、土地供求关系以及当地经济发展水平和城镇居民最低生活保障水平等因素划分区片并测算的征地综合补偿标准。

续表

年份	2011		2012		2013		2014		2015		2016	
	地价	同比涨幅	地价	同比涨幅	地价	同比涨幅	地价	同比涨幅	地价	同比涨幅	地价	同比涨幅
工业	652	3.9	670	2.7	700	4.5	742	6.0	754	1.6	774	2.6

资料来源：根据历年《中国国土资源统计年鉴》、2016年各期《全国主要城市地价监测报告》计算。

与其他国家相比，中国土地价格偏高。据相关统计资料显示，中国城市平均工业地价约为美国的25倍，美国中西部地区最低约为80元/平方米，而且美国是永久性产权，一些当地政府还通过各种政策措施对中国企业在美购地予以补偿，美国地价的吸引力较大。中国土地价格也高于日本、越南等国家，目前日本地价最低为614元/平方米，越南最低为280元/平方米。中国工业企业用地成本仍低于韩国、泰国和中国台湾，韩国最低为903元/平方米，中国台湾最低约3325元/平方米，泰国约为765元/平方米。

4. 环境成本大幅提高

近年来，中国政府高度重视环境治理和保护，企业加大了对环保设施的投入，环境治理费用在企业成本中的占比快速增加。2009—2015年，中国环境污染治理投资总额由5258.4亿元增加到8806.3亿元，工业污染源治理投资由442.6亿元增加到773.7亿元，当年完成环保验收项目环保投资额由1570.7亿元增加到3085.8亿元（见表1－9）。这些投入是必要的，但势必增加企业生产经营的成本投入，特别是严格履行环保责任的企业，成本上升更快。

表1－9　**中国环境污染治理投资**　（单位：亿元）

指标 \ 年份	2009	2010	2011	2012	2013	2014	2015
环境污染治理投资总额	5258.4	7612.2	7114	8253.5	9037.2	9575.5	8806.3
工业污染源治理投资	442.6	397	444.4	500.5	849.7	997.7	773.7

续表

年份 指标	2009	2010	2011	2012	2013	2014	2015
当年完成环保验收项目环保投资	1570.7	2033	2112.4	2690.4	2964.5	3113.9	3085.8

资料来源：《中国统计年鉴2016》。

中国企业为排污支付的费用及违反环保法律的成本将呈长期上升趋势。2014年9月，国家发改委、财政部、环境保护部三部委联合下发通知，要求将污水中的化学需氧量、氨氮和5项主要重金属污染物排污费征收标准调整至不低于每污染当量1.4元，废气中的二氧化硫和氮氧化物排污费征收标准调整至不低于每污染当量1.2元，分别将原有标准提升1倍。[①] 2014年11月，国务院发布的《关于加强环境监管执法的通知》中明确提出：对各类环境违法行为"零容忍"，坚持重典治乱，铁拳铁规治污，并采取综合手段始终保持严厉打击环境违法的高压态势。2015年以来，中央成立环境保护督察组，主要

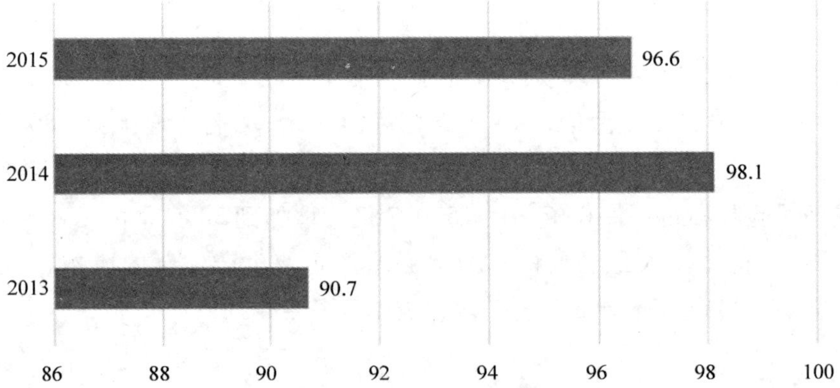

图1-11 全国重点监控企业排污费征收情况（单位：亿元）

资料来源：Wind数据库。

① 引自国家发改委、财政部、环境保护部联合下发的《关于调整排污费征收标准等有关问题的通知》。

督察地方党委、政府环保责任的落实情况，进一步提高了地方政府对环境保护重要性的认识，最终将带来违反环保法律的成本上升。

（四）税费负担总体偏重

2014 年以来，国家出台了一系列结构性减税措施，全国和各省陆续建立了收费目录清单制度，乱收费、乱罚款、乱摊派问题得到一定程度遏制，企业税费负担有所减轻，但企业税费负担总体上偏重的状况没有根本改观。

1. 我国宏观税负仍居历史高位

按照中国政府收入的四大账本划分，可以以四种口径来衡量中国宏观税负。从最常用的公共财政收入口径看，中国近年来的宏观税负指标仍呈现逐年上升态势，到2015 年已达到22.21%；其他三个口径的指标值在2013 年之前大体呈上升态势，近两年有所下降，但仍处于历史较高水平。从最小口径看，税收占 GDP 比重自 2010 年后始终在 18% 以上。加入政府性基金收入和国有资本经营预算收入两项后，宏观税负比口径 2 提高了 7 个百分点，再加入社保基金收入，宏观税负指标又提升了 7 个百分点左右。总体看，近年来大力推进的各项减税降费措施取得了较明显的成效，在部分口径的宏观税负上已有所体现，但目前税负水平仍处于历史高位。

表 1-10　**四种口径下的中国宏观税负**　（单位：%）

年份	口径 1（税收收入/GDP）	口径 2（公共财政收入/GDP）	口径 3［（公共财政收入+政府性基金收入+国有资本经营预算收入）/GDP］	口径 4［（公共财政收入+政府性基金收入+国有资本经营预算收入+社保基金收入）/GDP］
2010	17.90	20.32	29.31	33.49
2011	18.53	21.43	29.97	35.29
2012	18.83	21.94	29.25	35.13
2013	18.79	21.96	31.14	37.26
2014	18.73	22.06	30.88	37.24

续表

年份	口径1（税收收入/GDP）	口径2（公共财政收入/GDP）	口径3［（公共财政收入+政府性基金收入+国有资本经营预算收入）/GDP］	口径4［（公共财政收入+政府性基金收入+国有资本经营预算收入+社保基金收入）/GDP］
2015	18.22	22.21	28.78	35.54

资料来源：根据《中国统计年鉴》相关年份数据计算。

2. 与国际水平相比较，中国宏观税费负担较高

根据上述口径的计算，2014年中国最广义口径的宏观税负已超37%，2015年有所下降，但仍超过了主要发达国家30%—35%的平均水平。为了更好地进行国际比较，我们进一步使用税收占GDP比重这一口径计算，① 分为不含社保和包含社保两个口径，同时在计算我国宏观税负值时加入政府性基金收入。② 计算公式如下：

---

① 对宏观税负水平进行国际比较，关键要界定好口径。通常认为宏观税负具有大中小三个度量口径：小口径是指税收收入占GDP的比重，中口径则是指财政收入（包括财政中的非税收入）占GDP的比重，大口径是指全部政府收入（包括财政收入以及政府其他收入）占GDP的比重。哪种口径更为适宜，不同学者从不同角度给出了不同看法。比如，彭高旺、李里（2006），刘新利（2007），刘文谨、陈颁东（2013）等认为小口径才是真正的税负，一方面因为非税收入、社保收入以及其他收入往往有着确定的使用方向，与税收收入一同作为税收负担是不妥的，中口径及大口径属于"经济负担"；另一方面，要从根除中国目前乱收费现象的角度来确定科学合理的宏观税负水平，小口径更为适宜。辛波、司千字（2005），龙朝晖、陈会林（2012）支持使用中口径，理由是小口径不能完全代表政府的财政能力和纳税人的实际负担，而大口径包括"制度外收入"，存在统计技术上的障碍，会降低研究的准确性。王军平（2005），高慧（2006）则认为大口径更客观更全面。还有另外一些研究更为综合考虑，比如认为应将三种不同层次的度量口径结合起来加以判断（廖楚辉、胡涛，2006），认为在国际比较时，与发达国家进行宏观税负的比较应采用大口径，而与发展中国家进行比较应使用中口径（长春税务学院课题组，2008）。依据本报告的研究目的，我们认为采取小口径宏观税负更为适宜。虽然大口径及中口径的宏观税负能更全面地反映微观经济主体的实际经济负担，但是税收收入与非税收收入及政府其他收入之间在法律基础、特征属性、收支管理上都存在着本质区别，笼统地算在一起并不客观。同时，为进行国际比较，也应与IMF和OECD保持一致。

② 社保收入在很多国家都属于通行税种，而中国社会保障基金收入是专设账户，不归属于税收收入。鉴于其在政府收入和企业负担中的地位日益重要。本文将同时使用"不含社保的小口径"和"包含社保的小口径"对宏观税负进行国际比较。不过，《中国统计年鉴》列示的社会保障基金收入包含了缴费收入、政府财政补贴和基金利息收入等，在计算包含社保收入的宏观税负时应避免重复计算，只将其中的社会保障缴费收入计入。

$$F_0 = \frac{Tax}{GDP}$$

$$F_1 = \frac{Tax + Social}{GDP}$$

$$F_{0China} = \frac{Tax + GovFund}{GDP}$$

$$F_{1China} = \frac{Tax + GovFund + Social}{GDP}$$

基于IMF最新的2013年版GFS（Government Finance Statistics）数据库的、世界银行数据库和中国统计年鉴相关数据，我们构建了以2011年数据为主体的78个国家的截面数据集。可以发现，世界主要国家的宏观税负水平不含社保和含社保分别为22.5%和29.6%，而2015年中国不含社保的宏观税负水平是24.4%，包含社保的宏观税负水平为31.16%，明显高于包括主要国家在内的世界平均水平。从总体排位来看，中国宏观税负在主要国家中排序靠前，特别是中国不含社保的宏观税负水平，排在北欧典型的福利国家之后，而比大多数其他类型国家都高。对于不含社保的宏观税负指标，中国排在丹麦、瑞典、挪威、冰岛、芬兰、比利时、新西兰、意大利和英国之后，居第10位。对于包含社保的宏观税负指标上，中国排名20位。

我们进一步考虑了包括人均收入水平、产业结构状况、城镇化率、政治体制、直接税比重和人口密度等影响因素基础上的合意宏观税负水平。[①] 研究发现，中国不含社保口径的宏观税负指标的经验标准为17.65%，包含社保口径的宏观税负指标的经验标准为20.34%。对于不含社保的宏观税负指标，我们以上下相差5个百分点作为基准线；对于包含社保的宏观税负指标，以较为宽松的标准来衡量，即实际值与经验标准上下相差8个百分点作为基准线。[②] 可以发现，中国当前的实际值比经验标准分别高出约7个和11个百分点，落在了基

① 相关数据来自世界银行世界发展指标数据库（WDI）和中国统计年鉴。

② 基准线的设置具有较大灵活性，主要依据实际值和经验标准间差距的国家数目情况来考虑，我们设置的基准线尽量让多数国家落在基准线之内。

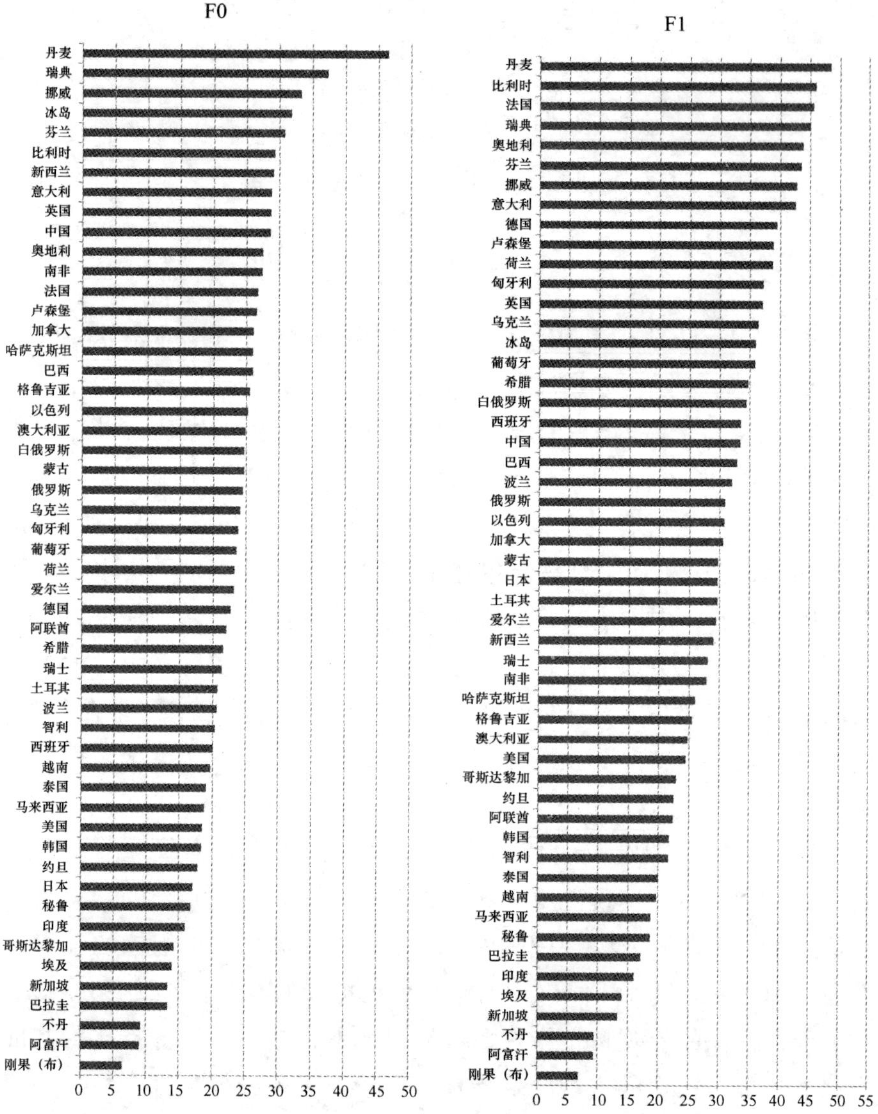

图1－12　国际视角下的中国宏观税负水平

资料来源：根据国际货币基金组织（IMF）的政府财政统计（GFS）数据库2013年版。

准线之外。这进一步表明，在考虑各种影响因素条件下，中国当前的宏观税负水平已经超出了国际经验的合理范围，总体偏重。特别需要

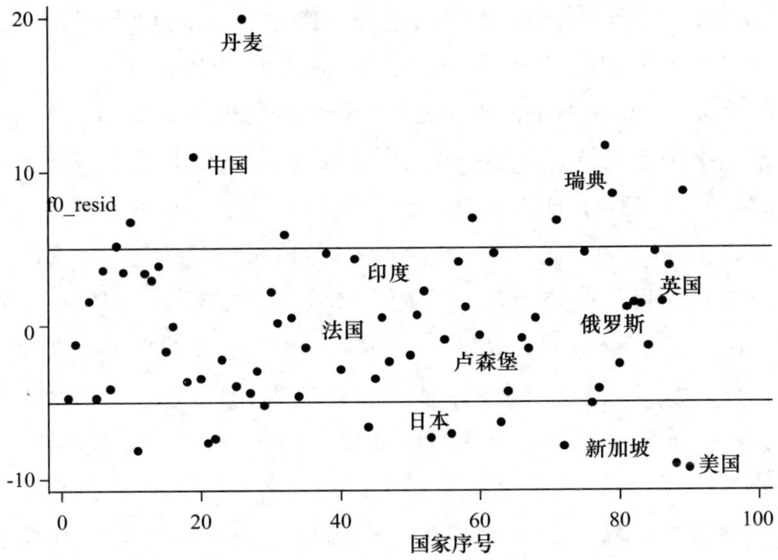

图 1-13　宏观税负合理基准线（不含社保）

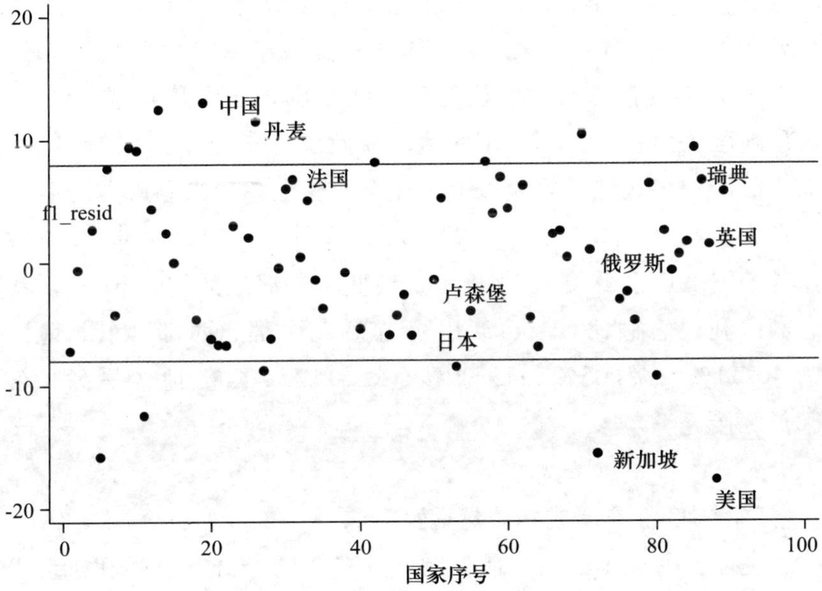

图 1-14　宏观税负合理基准线（含社保）

注意的是，与发达国家实行“高税负、高福利”政策不同，中国是在低福利水平下的高税负，这造成税负痛感更加明显。

3. 中国宏观税负高主要体现为企业部门税负高

根据中国相关统计年鉴数据计算，目前中国企业综合税费负担超过40%，[①] 明显高于OECD国家24%—27%的平均水平。其中，增值税税率以17%为主，比亚太经合组织其他成员国的平均水平高出近4个百分点；所得税税率为25%，而台湾为17%，泰国为10%—12%，韩国为10%—18%，日本为9%—15%，美国为8.84%。除正常税负外，企业还承担着各种政府性基金和行政事业性收费。2015年规模以上工业企业税金总额占利税总额的比重高达44.57%，比2011年提高了4.27个百分点。需要特别指出的是，各行业、各地区企业税收负担呈现差异性特征。虽然铁矿石资源税下调至40%后，矿山企业税费负担仍达25%左右，远高于澳大利亚、巴西等竞争对手4%—10%的水平；煤炭增值税进项税率调整为17%后，煤炭企业增值税实际税负仍在12%左右，约为工业行业平均水平的4倍；交通物流行业“营改增”后，由于燃油、修理等支出很难取得增值税抵扣发票以及人工费等不能纳入增值税进项抵扣范围，实际税负增长40%以上。从地区层面看，西部、东北地区税收负担最重。2014年，东部、中部、西部、东北地区规模以上工业企业税金总额占主营业务收入比重分别为3.89%、4.11%、6.27%、4.97%，其中，西部地区最高，占比是全国平均水平的1.44倍，是最低的东部地区的1.61倍。从税金总额占利税总额比重看，2014年东部、中部、西部、东北地区分别为40.11%、45.05%、55.99%、55.09%，西部地区最高，东北地区与之接近。

（五）制度性交易成本依然偏高

制度性交易成本是由体制机制问题造成的经济、时间和机会等各

---

① 本部分数据主要是根据OECD统计数据及相关国家统计数据计算，中国各行业、各地区数据是根据中国统计年鉴及调查所得数据计算。

种成本。党的十八大以来，中国围绕处理好政府和市场关系，持续推进简政放权、放管结合、优化服务改革和商事制度改革，在一定程度上改善了营商环境，降低了制度性交易成本，但从国际比较角度看，仍有较大下降空间。

1. 从历史比较角度看，中国的制度性交易成本下降了很多

本届政府成立以来，已取消和下放行政审批事项618项，占原有审批事项的36%，提前超额完成本届政府承诺的改革目标。多数省份行政审批事项也减少了50%—70%。中国的营商环境在全球位置逐年上升。然而，由于市场规则不完善、监管措施不到位，部分企业依旧承担着较重的制度性交易成本。如，大多数企业还面临节能评估、安全评价、地震安全性评价、水资源论证、防洪影响评价等数量多、内容杂、程序繁的与行政性审批相关联的强制性服务，明显增加了企业成本。另外，由于缺乏正式制度保障和公平竞争条件，在日常市场管理过程中，一些部门和政府利用行政审批、许可管理等权力，对企业尤其是民营企业进行“寻租”活动，对外来企业实行地区封锁，从而产生了较高的制度性成本。特别是对于中小城市和城镇而言，民企几乎成为当地政府行政摊派、公益募捐、活动赞助甚至接待贵宾的“主力军”。此外，历史遗留问题和企业办社会问题尚未完全解决，也使得国企成本负担较高。

2. 从国际比较角度看，制度性交易成本仍然处于较高水平

与同期发达国家、同等发展水平国家和东亚文化国家相比，中国企业承担的制度性交易成本仍然较高，这削弱了中国营商环境便利化程度，尤其是导致创办企业、完成破产企业等需花费更长时间。根据世界银行统计，2015年，中国营商环境便利化程度不仅低于韩国、日本等东亚国家，而且也低于美国、英国、德国等发达国家，并且还低于处于相似发展阶段的泰国。制度性交易成本的差距尤其体现在了创办企业所需时间长短的差异上。2015年，中国创办企业需要的时间为31.4天，远高于韩国的4天、英国的4.5天、美国的5.6天、德国的10.5天、日本的11.2天，也略高于泰国的27.5天。

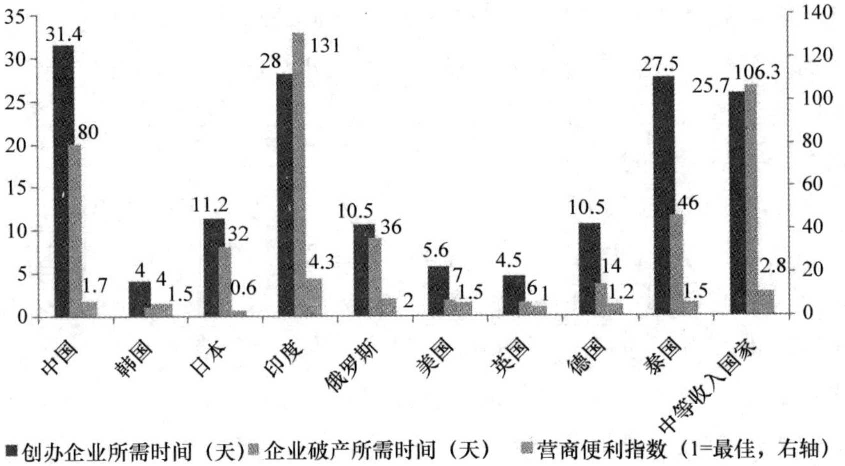

图 1－15　2015 年有关国家创办企业所需时间、企业破产完成时间和营商便利指数

资料来源：世界银行 WDI 数据库。

（六）物流成本负担较重

近年来，由于运输费用、保管费用与管理费用占 GDP 的比重呈下降趋势，中国宏观物流成本有所下降。由于物流成本增长慢于生产经营规模扩大，使得中国企业物流成本负担也呈下降趋势。但是与许多国家相比，中国物流成本仍偏高，高于全球平均水平。

1. 从历史比较角度看，宏观物流成本有所下降

从历年全社会物流总费用与国内生产总值的比率来看，近几年宏观物流成本有所下降。2015 年中国社会物流总费用与 GDP 的比率为 16.0%，总体呈下降趋势。从宏观物流成本的结构看，运输费用、保管费用与管理费用占 GDP 的比重呈下降趋势。运输费用与 GDP 的比率从 1991 年的 13.3% 下降到 2015 年的 8.6%，保管费用与 GDP 的比率从 1991 年的 7.5% 下降到 2015 年的 5.5%，管理费用与 GDP 的比率从 1991 年的 3.2% 下降到 2015 年 2.1%。[①]

① 数据均来自 Wind 数据库。

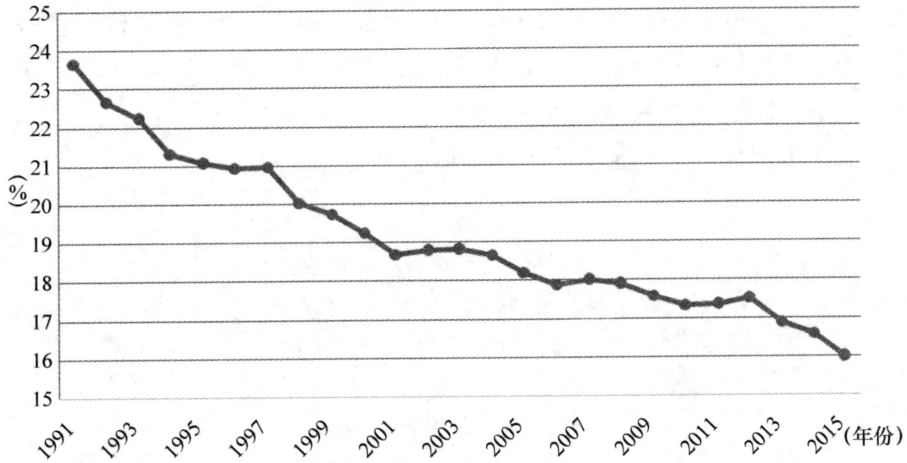

图 1－16　中国社会物流总费用与 GDP 的比率变化趋势

资料来源：Wind 数据库。

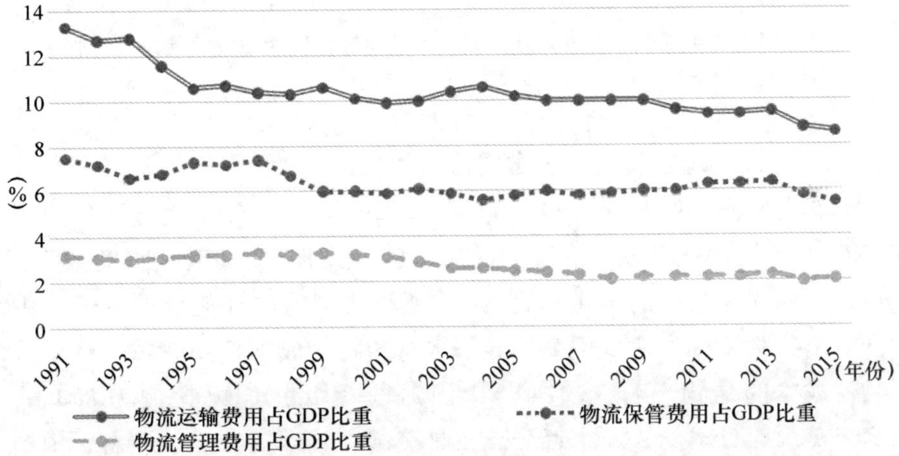

图 1－17　中国运输费用、保管费用、管理费用与 GDP 的比率变化趋势

资料来源：Wind 数据库。

在企业经营层面，近年来由于物流成本增长慢于生产经营规模扩大，总体而言，企业物流成本呈下降趋势。2008—2014 年，中国重点工业、批发和零售业企业的物流成本累计增长了 93.9%，但增速明显回落，由 28.3% 降至 6.9%。同期，企业销售总额累计增长了

123.7%，物流费用率[①]降低了1个百分点，降至8.3%。[②] 总体保持缓慢下降趋势。其中，工业企业物流费用率明显高于批发和零售企业，下降速度也较快，2008年以来二者的差距由1.6个百分点缩小至1.2个百分点，分别降为8.9%和7.7%。[③]

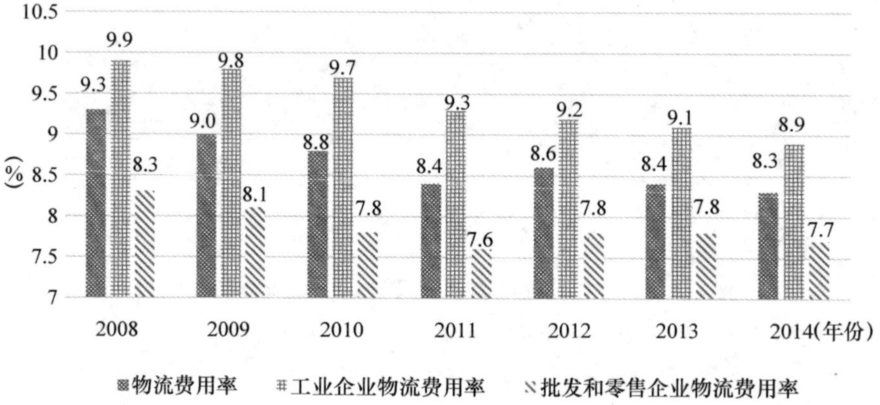

图1-18　2008—2014年重点工业、批发和零售业企业物流费用率变化
资料来源：历年全国重点企业物流统计调查报告。

2. 与许多国家相比，中国物流成本偏高

宏观层面，按照统一口径数据，2014年，中国社会物流总费用与GDP的比率约为美国和日本的2倍、德国的1.9倍、印度的1.3倍、巴西和墨西哥的1.4倍，[④] 这就意味着创造同样规模的GDP，中国付出的物流成本代价更高，经济运行的物流成本负担较重。从宏观物流成本的结构来看，2014年中国运输费用占GDP比例为8.8%，高于美国、日本约3.5个百分点，是美国、日本的1.7倍左右；中国保管费用占GDP比例为5.8%，高于美国、日本约3个百分点，是美国、日本的2.1倍左右；中国管理费用占GDP比例为2%，高于美

① 指企业物流费用占主营业务收入的比重。
② 数据来源于历年全国重点企业物流统计调查报告。
③ 同上。
④ 采用Wind数据库数据计算而得。

国、日本约1.7个百分点，相当于美国的7.3倍、日本的6.7倍。①企业经营层面，2014年，中国重点工业、批发和零售业企业的物流费用率为8.3%，与发达国家相比依然偏高，大约比美国高0.6个百分点、比日本高3.5个百分点。②

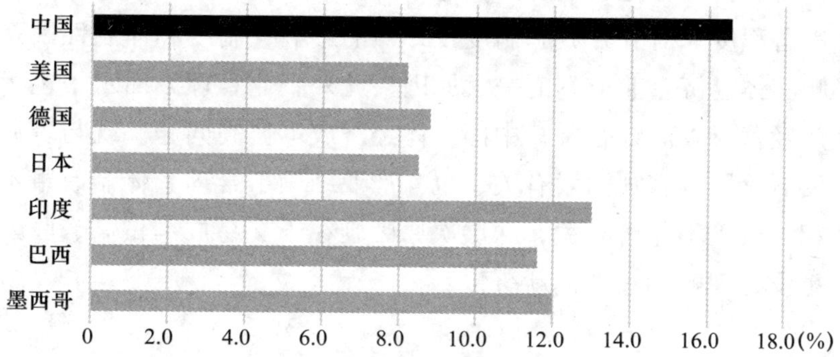

图1－19　2014年部分国家物流成本与GDP比率

资料来源：Armstrong & Associates，Inc。

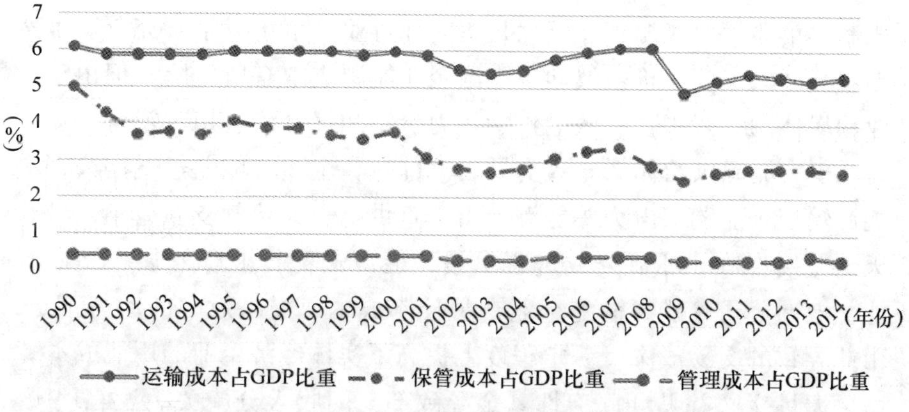

图1－20　2014年美国宏观物流成本结构

资料来源：Wind数据库。

① 采用Wind数据库数据计算而得。

② 同上。

三　成本偏高的主要原因

实体经济企业成本高低主要由市场机制决定，要素禀赋、发展阶段、市场结构等也是影响各国实体经济企业成本的重要因素。受市场体系完善程度、对外开放和制度设计等的影响，制度和体制性因素也是影响实体经济企业成本的一大原因，此外企业管理方面水平也影响其生产经营成本。综合看，中国实体经济成本偏高问题，既与资源禀赋、发展阶段等客观因素有关，也与产业结构不合理、体制改革不到位和相关政策不完善有关，深层次原因则在于交易成本偏高、收入分配关系没有理顺和技术创新缓慢。

（一）管理体制改革滞后和技术创新不足，造成企业能源原材料价格难以合理下降

中国要素市场化改革明显滞后于商品市场，资源性产品价格形成机制改革滞后，能源行业仍然是垄断性行业，市场竞争不充分。虽然随着全球大宗商品价格波动，中国企业能源成本有所下降，但由于行业领域体制性因素，导致电价、热力价格和气价依然相对较高。

现有能源供给体系导致交易成本过高。企业一般通过电网公司等能源输配企业购买电力等能源。由于直供电、天然气支线管道、液化天然气接收站等环节开放进程缓慢，能源输配行业仍然属于垄断行业。电网公司等能源输配企业自身控制成本、提高效率的动力不足，由此导致的交易成本，一定程度上提高了实体经济企业的用能成本。

大量交叉补贴和政府性基金导致部门间收入分配关系没有理顺。中国电价、热价普遍存在不同类型企业用户之间交叉补贴、工商企业补贴居民，部门之间收入分配关系没有理顺，造成企业用户承担较多成本。能源价格中各种基金、资金、附加和专项收费等政府性基金广泛存在。某些地方政府性基金规模较大，政府与企业之间收入分配关系没有理顺，推高了用能成本。例如，根据《2015 年度全国电力价格情况监管通报》，2015 年全国平均销售电价为 64 分/千瓦时，随电

价征收的政府性基金为3.9分/千瓦时，高的省份如重庆已高达6.5分/千瓦时。

节能技术创新支撑不足。在能源有限的情况下，长期看，一国用能成本由单位产出所使用能源量所决定，这进一步取决于一国的技术经济条件，特别是取决于节能技术水平。而中国在节能材料、工艺、装备等节能技术方面总体较为落后。大型企业节能技术水平较高，但广大中小型企业节能技术普及率不高，这必然导致企业用能成本高，并导致单位产出所使用能源量较多。[①]

（二）发展阶段和要素市场化改革不到位，造成企业生产要素成本偏高

1. 劳动力市场分割、社保制度不完善和发展阶段推高企业人工成本

近年中国用工成本攀升较快，既有人口年龄结构变化的客观因素，也存在劳动力市场分割等制度性因素，二者共同作用导致劳动力成本处于上升趋势。

劳动力市场人为分割和劳动力市场政策不完善，导致市场型交易成本偏高。一是劳动力市场分割与户籍制度是中国劳动力成本偏高的制度成因。中国劳动力市场在地区间、城乡间和部门间分割，劳动力流动成本和迁徙成本较高，无形中增加了整体用工成本，不利于利用劳动力市场的竞争机制降低企业用工成本。同时，中国户籍和土地制度改革滞后，导致农村转移人口增速下降，不利于缓解劳动力市场供求关系变化带来的用工成本较快上涨；而附着在户口制度上的医疗、教育、卫生等公共服务成本增长过快，政府对企业这部分支出的补贴与支持力度仍然不够，在一定程度上导致企业用工潜在成本不断增加。二是有关劳动力市场政策也推动了工资成本上升。“十二五”规划纲要提出了逐步提高最低工资标准的改革任务，《“十二五”促进

① 中国单位工业增加值能耗约为世界平均水平的1.5倍，分别是美国、日本和韩国的1.5倍、2.7倍和1.6倍，仅相当于日本20世纪80年代中期水平。

就业规划》和《国务院关于深化收入分配改革若干问题的意见》进一步明确“十二五”时期最低工资年均增幅不低于13%，各地近年来纷纷调高最低工资标准。最低工资标准形成了地区攀比效应，进一步推高了本地相关企业工资成本。此外，从2016年3月起，企业劳务派遣用工须降至10%以下，[①] 这也进一步提高了企业用工成本。

现行社保制度没有理顺企业与政府之间的分配关系，导致企业承担的社保负担较重。一是现收现付的社会保障制度使缴费率长期高位运行。中国社保制度普遍采用现收现付制方式筹资。随着人口老龄化逐步深化，离退休职工人数增速快于在职职工扩面征缴速度，使得养老和医疗保险制度赡养率进一步提高，尤其是对于部分老工业基地、国企占比较高的省份和统筹单位，制度赡养率已突破50%。为确保财务稳健性，社保制度对企业和在职员工的筹资依赖程度加深，要求维持较高的缴费率水平。二是缴费基数与真实负担背离。中国“五险一金”的最高和最低缴费基数增幅，是根据城镇在岗职工平均工资一定比例来确定，并随着社会平均工资的增长而调整。由于中国国有企业和事业单位的工薪收入水平和增长率均显著高于社会平均水平，而非私营单位薪酬结构对通货膨胀、生产成本变动不敏感，不能真实反映社会实际工资情况，导致社会保险缴费基数显著高于实际工资性收入，并对利润薄、工资基数低的中小企业形成明显成本压力。三是“五险一金”设计繁复。中国针对劳动者可能面临的各类风险分别设计有不同的社会保险项目，由于制度设计繁复，同类风险重复保障，导致部分险种基金结余严重，缴费未能得到充分使用。而按照现收现付制“以支定收”原则，留有3个月左右的准备金即可满足基金平稳运行的支付要求。在缴费被大量不合理结存的同时，各项社保制度仍然存在一些保障缺项和保障缝隙，使参保企业和职工并没有获得与缴费水平相匹配的保障获得感。四是地区间费负调剂功能不强。社会保

① 2013年颁布了《劳务派遣暂行规定》，2014年3月1日起实施。规定“用工单位在本规定施行前使用被派遣劳动者数量超过其用工总量10%的，应当制定调整用工方案，于本规定施行之日起2年内降至规定比例”。调研反映，该规定对于用工季节性较强企业的成本影响很大。

障作为国民收入的重要调节工具，缴费负担应该与参保企业和个人经济承受能力相一致。然而，中国各项社保制度统筹层次偏低，养老保险以地区为单位制定缴费政策和待遇领取办法，医疗保险等险种则是地市统筹、分级管理，导致不同地方的缴费负担不一，部分经济发达地区因人口年龄结构年轻，缴费费率低，而经济困难地区反而缴费负担更重，从而形成社会保障的逆向转移支付格局。五是住房公积金制度不合理。根据中国《住房公积金管理条例》的规定，用人单位按照不低于5%、不高于12%的比例缴存住房公积金，职工个人普遍按照等比例配缴，从而使住房公积金综合费率达到10%—24%，成为仅次于养老保险的第二大社保缴费项目。住房公积金的设计初衷，是通过强制储蓄方式为职工购买、建造、翻建、大修自住住房积累资金。从政策实施情况看，由于费率设定水平高，基金缴存充分，公积金使用需求远赶不上公积金的缴存增加，大量公积金不得不沉淀下来，在职工退休时一次性支取，制度的住房保障功能一定程度上虚化，转变为一项津贴性福利制度。

劳动力供求关系变化推高了人工成本。一方面，中国开始进入“人口老龄化”社会，劳动年龄人口绝对数量开始减少。2015年，中国16岁到59岁劳动年龄人口为91096万人，比上年末净减少487万人，出现了自2012年以来的“四连降”。劳动年龄人口占总人口比例也在持续下降，从2012年的69.2%降低到2014年的67%，再降低到2015年的66.3%。与之相对应，中国65岁及以上老龄人口与15岁至64岁人口之比（老年抚养比）也从改革开放初期的8%上升至目前13%以上的较高水平。另一方面，随着中国逐步跨越“刘易斯拐点”，2011年以来农民工总量增速持续回落，2012年至2015年，各年农民工总量增速分别比上年回落0.5个、1.5个、0.5个和0.6个百分点。人口老龄化加深和外出农民工人数增量大幅下降，导致劳动力市场供求关系出现很大变化，这是中国劳动力成本出现长期上升趋势的客观原因。

2. 金融体系不完善、金融结构不合理造成企业融资成本偏高

中国金融体系有两个特点：一是金融结构以间接融资为主，直接

融资占比过小。2016 年末，反映非金融企业融资状况的社会融资规模存量中，直接融资比重仅为 15.2%；二是间接金融供给中，大银行占主导地位，大银行偏向于给大企业提供融资，中小和小微企业融资体系不健全。金融体系不完善、金融结构不合理、金融市场化改革滞后，导致企业融资中交易成本高，部门间收入分配关系也没有理顺，造成企业融资成本偏高。

现有融资体制导致交易成本过高。实体经济企业在融资过程中要承担较高的交易成本。一是由于中国企业的融资结构仍然以间接融资为主，间接融资以银行机构为中介，且由于银行体系由大银行主导，竞争不充分，银行自身控制成本、提高效率的动力不足，由此导致的“无效率”的管理型交易成本，由银行传导给实体经济，结果是提高了实体经济企业的融资成本。二是由于中国信用体系建设滞后，带来了实体经济企业融资过程中较高的市场型交易成本。具体表现为，企业特别是中小微企业为了获得银行贷款，经常需要支付担保费、评估费、联保保证金、公证费等各类费用，这些利息费用之外的附加费用，推高了企业获得融资的实际成本。三是证券市场直接融资，由于受行政审批制度限制，处于供给不足状态，带有行政性的市场准入限制，导致企业上市过程中的交易成本过高，“借壳上市”等现象就印证了这种状况的存在。四是中小微企业通过银行、证券市场等正规融资渠道获得融资存在困难和障碍，一些企业不得不寻求民间融资，由于民间融资非正规的性质，其利率定价、操作程序等不受专业部门监管，规范程度低，也可能增加企业融资过程中的交易成本。

现有融资体制导致部门间分配关系没有理顺。实体经济企业的融资成本偏高，与金融部门和实体经济部门之间分配关系没有理顺有一定的关联。虽然金融部门在准入方面实行牌照制度，是各国普遍采用的方式，但由于中国重事前监管的金融监管模式，对金融机构特别是银行机构的准入限制更为严格，民间资本进入困难，不仅造成金融服务供给相对不足，还使银行机构尤其是大型国有银行获得了一定的垄断权力，由此，在银行机构与实体经济企业的关系中，银行明显居于优势地位，这导致双方在成本分担方面，银行能够将更多成本转嫁给企业。尽管银行从自身盈利考虑，在有能力提高资金价格的情况下，应以这种方式来增加利润，但融资成本过高对实体经济造成了损害，中长期必然会反过来影响银行的发展。中国银行与企业间的这种不合理分配关系，在银行业的高利润以及利差收入占比相对较高等方面有所反映。从世界银行统计的各国银行存贷利差数据看，国际金融危机后尽管中国存贷利差有所收窄，但仍高于加拿大、韩国、日本等国家。一些企业反映，除了收取利息，银行还会在信贷市场供求紧张的时期，对贷款投放附加"以贷转存""存贷挂钩"等不合理条件，变相增加企业实际负担的贷款成本。

表1－11 **中国与主要国家存贷利差**

年份	2008	2009	2010	2011	2012	2013	2014	2015
中国	3.06	3.06	3.06	3.06	3.00	3.00	2.85	2.85
加拿大	3.23	2.30	2.40	2.53	2.52	2.45	2.45	2.70
日本	1.32	1.29	1.10	1.04	0.93	0.76	0.80	
韩国	1.30	2.17	1.66	1.61	1.70	1.75	1.73	1.72

注：美国、英国、意大利无所列年份数据。

资料来源：世界银行数据库。

3. 土地资源日趋紧张、土地使用制度改革不到位，造成企业用地成本较高

中国人多地少，随着工业化城镇化加快推进，可用土地数量不断减少。按照《全国土地利用总体规划纲要（2006—2020年）》，2010年、2020年全国耕地保有量分别保持在18.18亿亩和18.05亿亩，土地资源总体处于紧平衡。目前，中国工业用地大多实行一次性转让50年使用权的土地使用制度，[①] 企业为此需一次性支付出让金，也就是为获得土地使用权提前预支大量的使用费用，导致企业用地成本提

① 中国土地使用权出让最高年限按用途确定。其中，居住用地70年，工业用地50年，教育、科技、文化、卫生、体育用地50年，商业、旅游、娱乐用地40年，综合或者其他用地50年。

高，给资金不是很充裕的中小企业带来的成本压力更大。同时，这种一次性出让制度与企业生命周期不匹配，企业转型、搬迁、退出市场时，土地闲置浪费，无形中加大了企业用地成本。

4. 资源环境约束增强、环境成本内部化政策强化，造成企业环境成本压力陡增

"十二五"以来，中国不可持续发展特征越来越明显，政府显著提高了环境保护标准，并采取严厉措施，将环境保护与企业存续相挂钩，要求企业购置相应的环保设备和工业尾气、工业污水等污染处理装置，部分高排放、高污染行业企业投入大量资金进行环保改造。这些投入是必要的，同时也造成环保成本上升，特别是履行环保责任的企业相对于环保不达标的企业，成本上升更快。随着经济的发展，政府进一步提高环境标准、加大资源环境的约束力是必然，符合经济社会发展的客观规律，这将继续提高企业环境成本。

（三）财税制度不完善、设计不尽合理，造成企业税费负担繁重

税收结构不完善、财政体系不健全、部分制度设计不合理，既不利于理顺政府企业之间的收入分配关系，也增加了税收征管中的交易成本，造成企业费税负担繁重。

1. 征税程序复杂、政策变化频繁增加了税收征管的交易成本

尽管中国税收征管技术已取得很大进步，但在实际征管中仍存在手续繁杂、管理效率低的现象，同时相关政策变化频繁，企业难以及时跟进政策最新变化，造成征管过程中交易成本较高，这属于"无效率"的行政型交易成本，既加重了企业负担，也带来无谓的福利损失。如出口退税政策就因手续繁琐仍存在不能及时足额退税的情况，导致一些企业资金周转困难，出口退税率的频繁调整也导致部分外贸企业特别是劳动密集型外贸企业利润率波动很大。

2. 现行财税体制没有理顺部门间分配关系

中国实体经济企业的税费负担较高，在很大程度上是由于部门间的分配关系没有理顺。

一是以流转税为主体的税收制度导致企业部门税负沉重。除了总

体上税率较高的事实之外，中国以流转税为主的税收制度也是导致企业部分税负重的重要原因。流转税的缴纳主体为企业，纳税份额达90%，而居民部门的直接纳税份额较小。从传导机制看，企业部门缴纳的税费可以通过融入商品价格中转嫁到最终消费者身上，但实际的转嫁程度取决于各行业领域的市场竞争结构情况。对于竞争相对充分的行业来说，实际的税费负担更多是由企业负担。

二是中国目前的指标任务征收模式导致经济下行期企业税负加重。中国财政收入依靠设定增长目标的方式征收，经济上行期税源充足，征收率不需太高就可以完成目标任务；而经济下行期企业生产经营情况不佳、税源不充足，为完成目标任务，就须提高征收率，征收执行也更加严格。这种模式很容易导致经济下行周期时企业的税收负担加重。

三是现行财政体系使地方主动降费难度大。中国地方政府财权与事权不匹配，为了保障地方财政支出，不少地方设立了名目众多的地方税费，如土地使用税、图审费、质检行政费、房产测绘费、房屋登记费、竣工测量费、消防检测费、环保检测费、房产税、印花税、残疾人保障基金、工会经费和社会保险费等，增加了企业税费成本。虽然最近取消了31项全国性及中央部门和单位涉企行政事业性收费，但在地方经济下行和财政紧缩的形势下，地方落实情况并不乐观。

3. 相关制度的不断规范客观上带来企业税负加重

全面实施营改增后更加完整的增值税链条客观上增加部分企业的税收负担。在原营业税制下，部分企业可能会通过不开票等方式隐匿收入来规避税收，改为增值税后，基于上下游之间环环抵扣的需要，企业规避税收的情况受到约束限制。这实际上有利于提高企业税法遵从度，增强中国税收征管的规范性，但在客观上也会带来原有不规范企业税负的增加。

（四）简政放权不到位、行政垄断依然存在及政府规制体系不健全，增加了企业制度性交易成本

中国市场经济体制仍然不成熟，企业生产运营中存在着大量检

验、评估、报批和审批环节，滥用行政权力或依仗行政权力直接干预微观主体竞争、监管标准混乱、多头执法等现象依然存在，导致整体制度性交易成本相对较高，行政型交易成本难以降低。

简政放权落实不彻底。近年来，尽管国务院简政放权力度很大，但是部分领域落实还没完全到位，行政审批环节和要件仍然偏多，项目审批时间依然偏长，尤其是工程建设领域审批环节多、时间长、手续繁杂的问题仍然突出，公章“围城”等广受诟病的问题尚未消除。此外，行政中介环节依然存在，部分中介机构仍然借助行政力量垄断评估服务，“红顶”中介收取企业高额服务费，不仅增加企业生产经营成本，还为权力寻租留下空间。

行政垄断及行政权力使用不当。一是地区封锁导致流通体系分散、层次过多，提高了实体经济企业的流通成本。据商务部对全国主要省（区、市）的相关调查，有20余个省（区、市）产品或服务均遭受不同程度地区封锁，有的情况较为严重。同时，各类地方“土政策”“保护伞”行为阻碍实体经济企业正常的跨区兼并重组和连锁经营，阻碍要素和生产资料跨区域自由流动，增加了企业市场准入和流通成本。二是公共项目招投标和集中采购领域存在乱象，如公共项目招投标缺少规范性和透明度，采购权力机构与供应商企业之间的纵向串谋、供应商之间的平行串谋以及供应商在采购合同执行过程中的失信行为等。在地方公共项目招投标过程中，存在人为设计串标、陪标及各式排他性的“隐形门槛”，部分地方集中招标采购前后需要经过多道确认或审批程序，增加了实体经济企业的制度性交易成本。

政府规制体系不健全。一是标准体系处于空白或混乱状态，国家、行业和地区标准总计超过10万项，数量众多且修订较慢，“标龄”比发达国家高出1倍，现有42个政府部门制定发布68类行业标准，标准“碎片化”问题十分严重，其中有大量不该强制执行的技术要求仍被当作强制性标准，使得企业无所适从；而在一些新产业和新业态领域，标准体系则处在空白状态，企业无规可依，企业在从事相关产品生产经营时需要花费高昂的搜寻和协调成本。二是缺少必要的监管信息共享和协调，实体经济企业在应对环评、安评、水评、能评、雷评、消评、震评、交评等监管部门检查与验收时，因监管部门间各自独立、缺乏协调，经常需要反复提交同样或类似信息，增加了企业成本。此外，价格规制体系不完善难以提供明确预期。因自然垄断或尚不具备竞争条件，电力、天然气、成品油、铁路运输等产品和服务等行业的价格仍以政府规制为主，但因价格规制体系尚不完善，不能为企业投资和运营活动安排提供明确预期和合理信号，增加了交易成本以及其他不合理成本。

政府公共服务不到位。近年各级政府不断加大优化服务的力度，政府服务已有明显改善。然而，在改革过程中，政府服务需求表达机制不畅、绩效评估机制缺失等仍没有完全改变，使得中国政府服务薄弱的局面没有根本转变，服务碎片化、差异化、属地化、低水平、低效率等问题依然存在，主动服务意识仍然不强，不作为、乱作为、慢作为等没有完全解决，企业对于政府降低制度性交易成本举措的感受度仍然不强。尤其是优化政府服务的体制机制尚未彻底转变，新常态仍出老招，公共产品短缺、公共服务薄弱等问题依然突出，提高企业对于降成本感受度受到制约。

（五）物流市场分割、交通管理水平不高及物流组织效率较低，造成企业物流成本居高不下

交通运输业税费负担较重、铁路运输业高度垄断、物流行业市场分割、物流业管理部门各自为政，导致了物流业交易成本较高，部门间分配关系没有理顺，造成企业的物流成本偏高。同时，由于依托新技术新业态创新服务供给模式的能力不足，导致物流业创新发展缓慢，也进一步增加了企业的物流成本。

1. 交通运输业税费负担较重、物流市场分割、铁路运输业垄断增加了交易成本

中国实体经济企业的物流成本较高，在一定程度上与物流业的行政型、市场型及管理型交易成本较高有关。

交通运输业税费负担较重加重了企业的物流成本。“营改增”后，部分运输企业税负不降反增。目前，人力资本等费用尚未纳入增值税

进项税抵扣范围，与此同时，尚未考虑交通运输业全国运输过程中取得增值税专用发票的现实问题，如虽然汽油费已纳入抵扣范围，但是由于运输司机一般单独分次加油，有时无法取得增值税专用发票，使得本可以抵扣的项目却无法抵扣，最终造成税负不降反增。运输企业实际税负的增加，通过转嫁成本进一步推高了企业的物流成本。另外，政府对物流行业监管相对简单粗暴，以罚代管，多头管理，铁路建设基金、港口建设费、进城通行费、进出口环节经营服务性收费等物流领域涉企收费项目繁多。交通运输业税费负担较重增加了物流企业承担的行政型交易成本，通过成本转嫁进一步加重了企业的负担。

专栏 中国进出口环节收费仍然较高导致外贸企业负担较重

目前，中国进出口环节收费仍然较高。主要表现在：一是项目多。据不完全统计，目前进出口环节收费项目约 93 项。其中，行政事业性收费约 12 项，经营服务性收费约 81 项，涉及报关、报检、港口、船公司、银行等多个主体。二是费用高。据对外贸易经济合作企业协会对全国 20 个主要港口的调查统计显示，2015 年中国货主支付的码头作业费约 1470 亿元，加上单证费、提单费、文件费、改单费、集装箱铅封费等其他 20 多种附加费，总金额高达 2000 亿元之多。一些沿海港口的拖轮费比台湾贵十几倍，比韩国、越南、新加坡、日本贵五六倍。据调研了解到，中国集装箱装卸费约为韩国的 2 倍，港口收费占外贸销售额的比重约为 15%，而韩国仅为 9%。

资料来源：根据调研资料整理。

地方利益驱动导致市场分割，增加了企业物流成本。地方政府政绩观驱动下违背产业集聚效应客观逻辑的产业发展扭曲思维以及地方利益驱动下的市场分割，产生了较高的行政型交易成本，是导致中国实体经济部门物流成本相对偏高的核心因素。各个地区的政府官员在以获得当地 GDP 增长为目标的政绩观驱动下，并不是按照当地资源和要素的禀赋条件以及原有的传统产业发展基础来谋划产业布局，而是以能否短期内带来 GDP 规模以及本地区今后财政收入为核心目标，在“抓大项目”“抓央企项目”“抓外商项目”招商引资逻辑的激励下，依靠违背市场公平竞争机制的各种优惠政策手段来吸引各种项目投资。在这种发展思维的激励之下，各地政府对发展物流产业的恶性竞争以及不合理财政补贴奖励政策，造就了物流产业目前“小、散、弱”的发展格局以及物流市场分割现象，造成货物流动往往是单向流动而非双向流动的普遍现象，未能充分利用物流产业现有的运能以及物流企业自身的规模经济和范围经济，制约了物流的网络化组织和一体化运营，由此产生的交易成本在一定程度上增加了企业的物流成本。

铁路运输行业高度垄断提高了企业的物流成本。中国铁路运输领域仍高度垄断，市场化进程缓慢，总体缺乏竞争力，由此产生了较高的市场型和管理型交易成本。通过成本转嫁到接受服务的企业，提高了企业的物流成本。

2. 现行物流管理体制、运输结构等方面没有理顺部门间分配关系

现行物流管理体制在一定程度上提高了企业的物流成本。物流业是一个复合型产业，其发展涉及国家宏观经济与对外贸易，涉及铁路、公路、水路和空运等多种运输方式。中国物流业的管理权限分别归属于不同部门，主要涉及发改、交通、经信、口岸监管、商务、国土、税务等部门。在对物流业的实际监管过程中，由于各部门之间缺少有效的沟通与协调，各自为政，使得原本应具备系统性资源配置的物流业被分割开来，这样就难以形成综合性、社会性、系统性的物流配送体系，在一定程度上提高了企业的物流成本。

运输结构不合理不利于降低企业物流成本。目前，由于各种运输方式市场开放程度不一，难以进行合理分工和有效衔接，使得各种运输方式发展不平衡、不协调，导致运输结构不合理，多式联运未得到充分发展，进而无法有效降低企业的物流成本。与公路相比，铁路、内河、民航发展明显落后。目前，中国公路承担了全社会75.4%的货运量，特别是在大宗物资和长距离运输中，公路承担的比重也较高。虽然由于近期交通部发布《超限运输车辆行驶公路管理规定》

后，铁路运输量有所提升，但是长期以来，由于铁路运价加上中转相关费用已远超过公路运输费用，使得铁路运输在与公路的竞争中并不占优势。长江黄金水道等内河航运资源没有得到充分利用，特别是在内贸运输中的作用还未有效发挥。由于公路运输的市场开放与竞争程度远高于其他运输方式，价格长期较低，但当前的价格是建立在普遍性的违法违规和恶性竞争基础上，造成较高的外部成本，而且也不利于形成合理的运输结构。长期而言，将不利于物流成本降低。

设施条件相对落后和结构性短缺增加了物流成本。由于建设规划缺少合理统筹，中国物流基础设施条件依然相对落后，存在结构性短缺以及存量设施能力未充分发挥的问题。中国交通网络覆盖面、通达度不足，技术等级偏低，收费型高速公路发展迅速，非收费型普通国省道发展缓慢，二级及以上公路比重不足13%，仍有2%和10%左右的乡镇和建制村未通油（水泥）路，铁路电气化率60%左右，三级及以上内河航道比重仅为10%左右。[①] 交通基础设施区域间发展不协调且差距较大，东部地区基础设施较为完善，而中西部地区仍相对缺乏，部分跨区域通道能力短缺问题依然突出。同时，综合交通枢纽建设滞后，专业化仓储设施稀缺，高标准物流仓储人均面积不足。薄弱的交通基础设施条件降低了物流运营效率，从而增加了企业的物流成本。

物流业要素使用成本上升带来了全社会企业物流成本提高。由于政府和企业间、资本和劳动间的收入分配关系尚未理顺，导致物流企业用工成本、用地价格呈逐年提高趋势。目前，物流企业用工成本、用地价格、仓库租金是影响企业物流成本的主要因素。根据中国物流与采购联合会印发的《2015 年度物流企业负担及营商情况调查报告》，近年来，物流企业用工成本呈逐年提高趋势，2015 年重点物流企业人力成本占主营业务成本的25%，比上年提高2个百分点；企业用工成本比上年增长13%，增幅提高3个百分点。与此同时，物流企业用地价格和仓库租金也持续上涨。物流企业经营成本的上升，通过

① 根据 Wind 数据库数据计算而得。

成本转嫁到接受服务的企业，必然带来全社会企业物流成本的提高。

3. 依托新技术新业态创新服务供给模式不足导致物流业创新发展缓慢

目前，中国企业物流组织方式、运行模式较为落后，依托新技术新业态创新服务供给模式的能力不足，导致物流业创新发展缓慢，进而降低了物流管理效率，通过成本转嫁到接受服务的企业，进一步增加了企业的物流成本。当前中国物流需求与供给仍处于运输、仓储、配送等简单业务模式阶段，按照供应链的运作要求，开展综合性、一体化、可视化、敏捷化的物流组织的比重较低，智能物流等现代化的管理手段尚未得到广泛应用。具体来看，中国物流技术装备标准化程度较低，物联网、互联网、大数据、云计算、北斗导航等智能技术推广应用进程缓慢，对物流全过程缺乏实时跟踪与智能控制，无法在供应链上下游形成无缝对接和物流供需资源精准匹配，造成了物流管理效率低下，服务水平难以满足新经济的需求。数据表明，当前中国物流成本中管理成本比重较大，高出美国8个百分点，若能降至与美国同等水平，将带动物流成本占GDP的比重大幅下降。

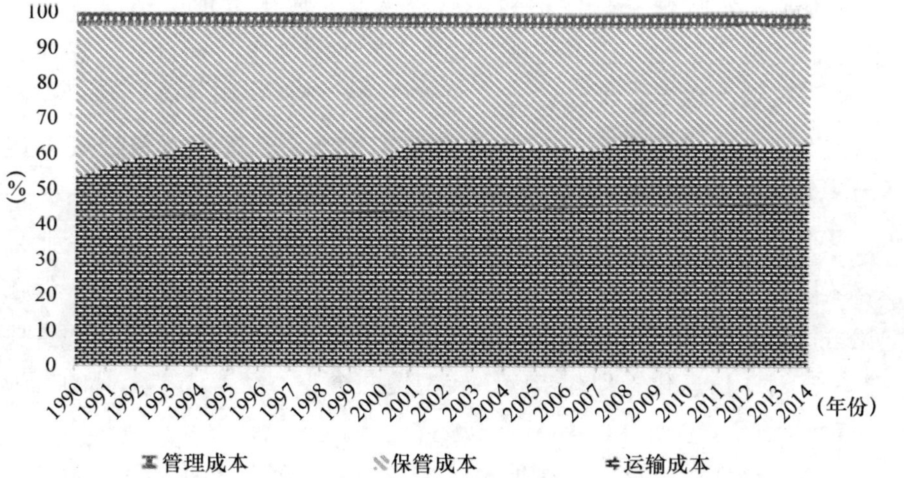

图1-21 美国物流成本结构

资料来源：Wind数据库。

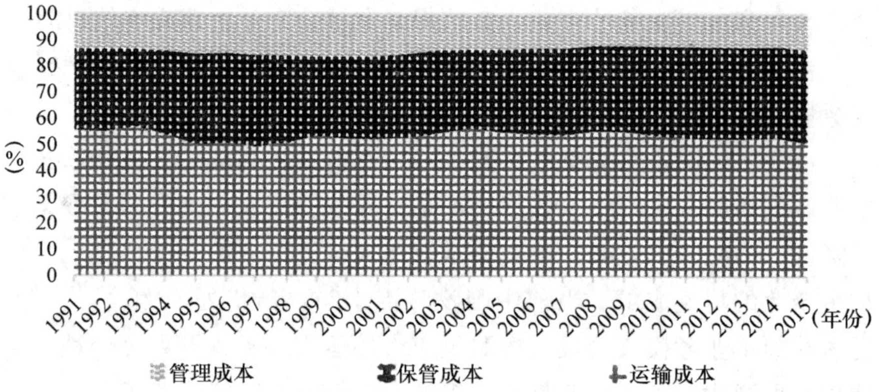

图 1－22　中国物流成本结构

资料来源：Wind 数据库。

（六）企业管理制度不完善、技术手段不先进，造成内部管理成本虚高，管理型交易成本难以降低

虽然提升自身经营管理水平是企业追求效益的内生动力，但受国有企业改革不到位、民营企业管理水平、管理方式和技术手段不高等因素影响，企业内部管理成本偏高，管理型交易成本难以降低。

企业成本管理系统性不强。部分企业在成本管理中不注重系统性，往往顾此失彼，达不到预期效果。有的只注重生产过程，忽视了销售、供应过程中发生的成本；有的只注重制造费用管理，却忽视产品前期研发的成本管理；有的只注重实物产品管理，而忽视资本成本、人力成本和环境等非实物成本的管理，增加企业内部交易成本。

企业管理缺乏技术手段支撑。随着经济发展进入新常态，企业只有从以往的粗放式管理转为精细化管理，才能进一步降低成本，保住竞争优势，信息化平台建设及应用是提升企业精细化管理水平的重要抓手。对于信息化管理起步晚、转型慢的企业，经营成本上升的压力相对增大。

企业降低成本存在着认识误区。一些企业在降低成本过程中，急功近利、顾此失彼、杀鸡取卵。如，盲目压低采购成本，使原材料质量下降；将成本优势片面理解为单纯降低生产成本或大力削减机构、减少人工、降低福利，将成本降低视为供应链各环节成本均最低，忽略产品开发、技术研发对产品成本的影响等。

四　成本下降空间和时间特征的基本判断

中国实体经济企业成本高企，是趋势性、政策性、制度性等因素共同作用的结果。结合中国所处的发展阶段、资源禀赋和体制特征，并参照世界主要国家实体经济企业成本变化规律，综合判断中国实体经济企业成本下降的空间分布和时间特征如下。

（一）最可能降低的成本及其下降空间

当前企业税费、融资、社保费用、用电等成本中包含有政策设计不合理或政策调整不到位而造成的额外负担。加快调整政策，对降低企业成本可以起到立竿见影的作用，带动企业成本短期内快速下降。

1. 税收占国民生产总值比例的实际值高出理论值约 8 个百分点左右，税费成本仍有较大下调空间

与世界主要可比国家相比，中国的宏观税负偏重。基于世界银行 WDI 数据库 2000—2014 年的跨国面板数据构建理论模型，综合考虑发展阶段、资源禀赋等发展因素对税收占国民生产总值比例的影响，并进一步将中国相关经济变量数据代入估计的理论模型，测算中国税收占国民生产总值比例的理论值。结果表明，按照世界银行口径，中国税收占国民生产总值比例的实际值与理论值变化趋势基本一致，说明中国宏观税负的演变符合世界一般规律，并基本符合中国发展阶段特征。同时，中国当前税收占国民生产总值比例的实际值高出理论值约 8 个百分点左右，说明中国当前税负成本仍然偏高，有较大下调空间。从现实情况看，企业税费负担重，与税收结构不完善、财政体系不健全密切相关。中国税收的 90% 是向企业征收的，此外，各级地方还设立了名目众多的政府性基金和行政事业性收费，企业承担的税负和非税支出负担都很大。通过建立规范的消费型增值税制度、清理规范涉企收费、取消减免一批政府性基金等方式，可以在短期减少企

业税费成本。

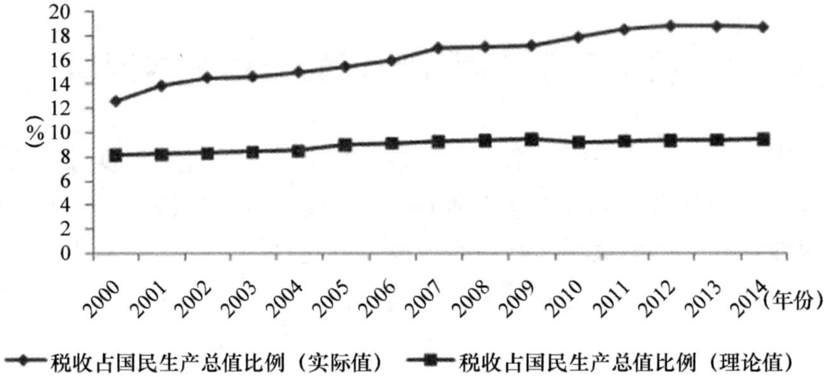

图 1-23 2000—2014 年税收占国民生产总值比例的实际值与理论值

资料来源：世界银行 WDI 数据库，国家统计局，课题组测算。

2. 贷款利率的实际值高出理论值约 0.3 个百分点左右，融资成本仍有一定下降空间

与世界主要可比国家相比，中国的贷款利率偏高。基于世界银行 WDI 数据库 2000—2014 年的跨国面板数据构建理论模型，综合考虑发展阶段、资源禀赋等发展因素对贷款利率的影响，并进一步将中国相关经济变量数据代入估计的理论模型，测算中国贷款利率的理论值。结果表明，中国贷款利率的实际值与理论值变化趋势基本一致，说明中国贷款利率的演变符合世界一般规律，并基本符合中国发展阶段特征。同时，中国当前贷款利率的实际值高出理论值约 0.3 个百分点左右，说明中国融资成本略高，仍有一定下调空间。现实情况看，中国贷款利率偏高，与中国金融体系不完善、金融结构不合理、金融市场化改革滞后等有关。进一步深化金融体系改革，充分拓宽融资渠道、切实降低风险溢价，同时继续利用降息降准空间，引导利率成本下降，并加快规范清理银行为企业提供信贷服务时的各种“霸王”条款，健全政策性融资担保体系等，有望在短期内降低企业融资成本。

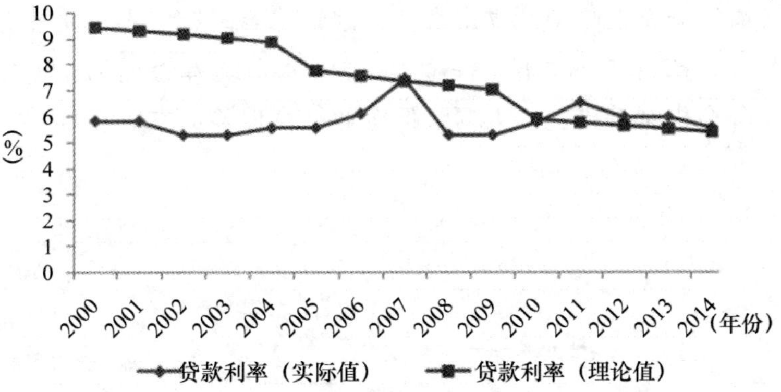

图 1－24　2000—2014 年贷款利率的实际值与理论值

资料来源：世界银行 WDI 数据库，课题组测算。

3. 社会缴款占收入比例的实际值高出理论值约 2 个百分点左右，社会保障成本仍有较大下调空间

与世界主要国家相比，中国的社会保险缴费水平偏高。基于世界银行 WDI 数据库 2000—2014 年的跨国面板数据构建理论模型，综合考虑发展阶段、资源禀赋等发展因素对社会缴款占收入比例①的影响，并进一步将中国相关经济变量数据代入估计的理论模型，测算中国社会缴款占收入比例的理论值。结果表明，中国社会缴款占收入比例的实际值与理论值变化趋势基本一致，说明中国社会保障成本的演变符合世界一般规律，并基本符合中国发展阶段特征。同时，中国当前的社会缴款占收入比例的实际值高出理论值约 2 个百分点左右，说明中国当前社会保障成本偏高，仍有较大下调空间。从现实情况看，中国社会保险按照现收现付制“以支定收”原则、根据名义工资确定社保缴费，当前企业承担的城镇职工养老、医疗、失业、工伤、生育等五项保险总费率约达 28.5%，企业社保费率总体偏重。在不考虑公积金缴费水平情况下，可以通过下调缴费基数、养老保险费率、失业保险费率、医疗保险费率等方式，降低企业负担。同时，也还可通过

① 世界银行 WDI 数据库将社会缴款占收入比例定义为，职工、用人单位、个体经营者所缴纳的社会保障缴款和其他无法确认来源的缴款占收入的比例。

强化政府在社会保障中的支出责任，划转部分国有资本充实社会保障基金，配套精简归并“五险一金”，加强基金统筹管理和完善公积金缓缴、降缴机制等措施，大幅降低企业社会保障成本。

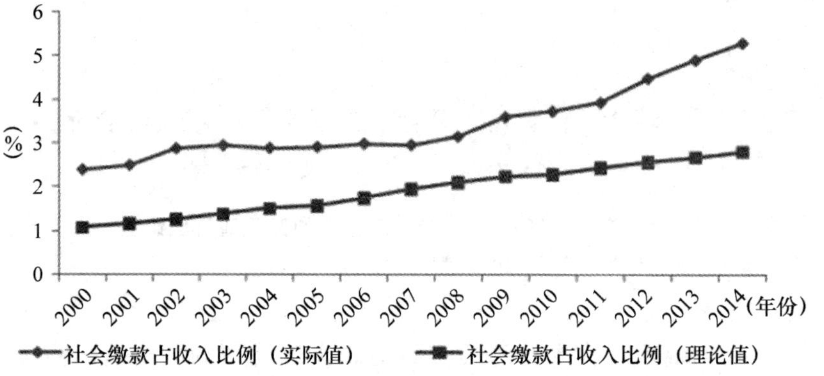

图 1-25　2000—2014 年社会缴款占收入比例的实际值与理论值

资料来源：世界银行 WDI 数据库，国家统计局，课题组测算。

4. 电价的实际值高出理论值约 0.03 美元/千瓦时左右，电价还有一定下调空间

与世界主要国家相比，中国电力价格高于多数可比国家。基于世界银行 WDI 数据库，2000—2014 年的跨国面板数据构建理论模型，综合考虑发展阶段、资源禀赋等发展因素对电价的影响，并进一步将中国相关经济变量数据代入估计的理论模型，测算中国电价的理论值。测算结果表明，电价的实际值与理论值变化趋势基本一致，说明中国电价的演变符合世界一般规律，并基本符合中国发展阶段特征。同时，中国当前的电价实际值高出理论值约 0.03 美元/千瓦时左右，说明中国当前电价仍然偏高，还有一定下调空间。从现实情况看，中国电价偏高还与中国电价形成机制不畅、政府性基金及附加过重等有很大关系，可以通过构建竞争有效的市场结构、加快输配电价格改革、降低燃煤机组上网电价、取消政府性基金及附加等来降低实体企业用电成本。

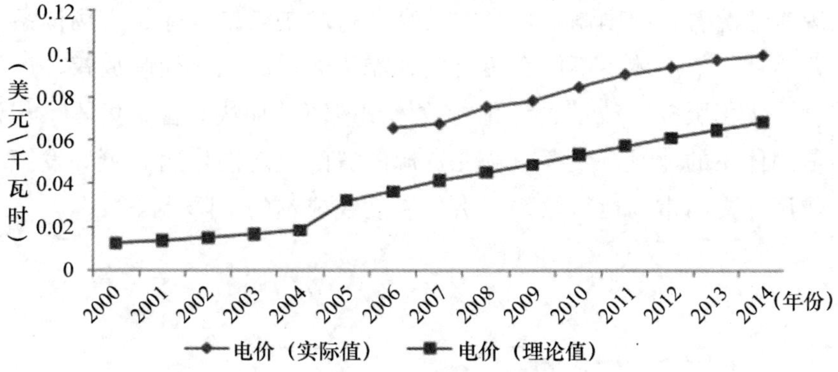

图 1－26　2000—2014 年电价的实际值与理论值

资料来源：世界银行 WDI 数据库，国际能源署，课题组测算。

（二）可能通过长期制度建设降低的成本

行政管理、交通管理体制等领域改革不到位加重了企业的成本负担。加快推进体制改革和制度建设，可以引导企业成本长期持续下降，是降低实体经济企业的“治本之方”。

1. 以创办企业所需时间为指标度量中国制度性成本，高出理论值约 10 天左右，制度性成本仍有较大下降空间

中国政府不仅在注册、审批、市场准入等方面拥有市场管制权力，掌握着税收优惠、政策补贴等权限，还对土地、资金等关键性资源拥有较强的控制力和影响力。由于行政管理体制很多方面难以量化，我们以创办企业所需时间为指标度量中国制度性成本。研究表明，中国创办企业所需时间不仅高于日本、韩国等东亚国家，也高于美国、英国等发达国家。基于世界银行 WDI 数据库 2000—2014 年的跨国面板数据构建理论模型，综合考虑发展阶段、资源禀赋等发展因素对创办企业所需时间的影响，并进一步将中国相关经济变量数据代入估计的理论模型，测算中国创办企业所需时间的理论值。测算结果表明，中国创办企业所需时间的实际值与理论值变化趋势基本一致，说明中国制度性成本的演变符合世界一般规律，并基本符合中国发展阶段特征。同时，中国当前创办企业所需时间的实际值高出理论值约 10 天左右，说明中国目前的制度性成本偏高，仍有较大下调空间。

从现实情况看，中国制度性成本较高与行政垄断未根除、市场体系不完善、社会信用体系不健全等有关，需要通过深化“简政放权、放管结合、优化服务”改革，深化行政体制改革、加快完善市场体系与社会信用体系的建设，发挥市场在资源配置的决定性作用和更好发挥政府作用，提高市场运行效率、引导制度性成本的下降。

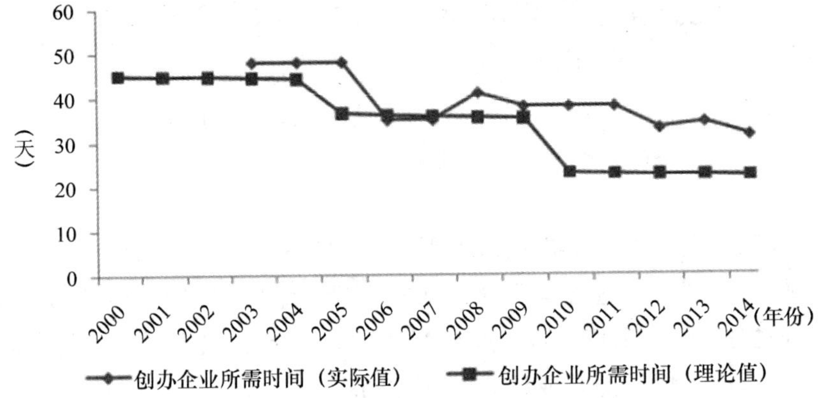

图1－27　2000—2014年创办企业所需时间的实际值与理论值

资料来源：世界银行WDI数据库，课题组测算。

2. 物流绩效指数的实际值低于理论值约0.1左右，物流成本还有一定下降空间

21世纪以来，中国的物流绩效指数不仅低于日本、韩国等东亚国家，也低于美国、英国等发达国家。基于世界银行WDI数据库2000—2014年的跨国面板数据构建理论模型，综合考虑发展阶段、资源禀赋等发展因素对物流绩效指数的影响，并进一步将中国相关经济变量数据代入估计的理论模型，测算中国物流绩效指数的理论值。测算结果表明，中国物流绩效指数的实际值与理论值变化趋势基本一致，说明中国物流绩效的演变符合世界一般规律，并基本符合中国发展阶段特征。同时，中国当前物流绩效指数的实际值低于理论值约0.1左右，说明中国物流绩效偏低、成本偏高，物流绩效还有提高空间、物流成本仍有一定下降空间。从现实情况看，中国物流绩效偏

低、成本偏高，与物流市场行业垄断与过度竞争并存、条块分割和行政壁垒广泛存在、交通体制改革滞后、物流组织水平较低等有关，加快完善现代市场体系、改革交通体制等，提高物流组织效率等，都可以降低物流成本。

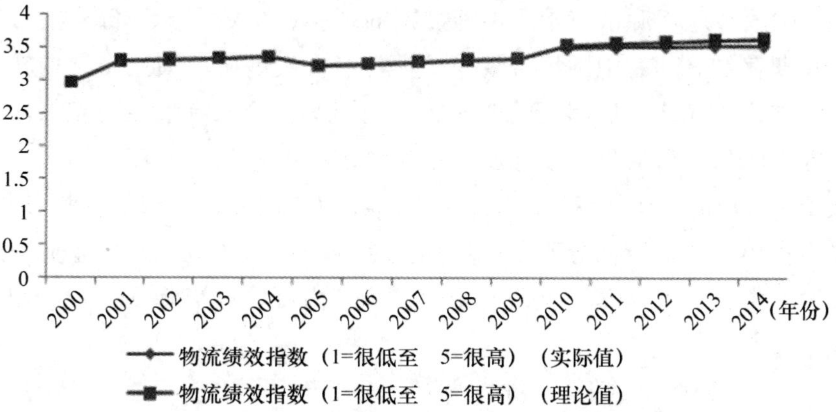

图 1－28 2000—2014 年物流绩效指数的实际值与理论值

资料来源：世界银行 WDI 数据库，课题组测算。

（三）长期内难以下降并可能上升的成本

劳动力、土地、能源和环境治理等成本是伴随资源禀赋变化和发展阶段提高而引致的趋势性成本，长期看这类成本必然上升，是实体经济企业必须承受的“硬成本”，但部分成本可以通过降低其上涨速度和幅度而在短期内给企业“缓压减负”。

1. 用工成本随发展阶段提高而上升

中国当前的劳动力工资大幅上升，已大大超过印度、越南等东南亚国家。从世界主要国家发展经验来看，随着发展阶段上升，企业支付给雇员的工资、福利等将逐步增加，人口老龄化所致的劳动力供给下降推动的劳动力市场供求关系变化，也能倒逼工资成本上升。再加上中国不断出台政策要求逐步提高最低工资标准，由此还形成了地区攀比效应推高各地企业工资水平，并进一步产生传导效应间接抬高职工医疗期待遇、试用期待遇、加班补贴等企业用工成本。可见，实体经济企业用工成本上升已经成为长期趋势。在企业经营环境恶化的背景下，放缓最低工资提高标准以减缓人工成本上升的速度，鼓励职工和企业共渡难关，在一定程度上也可以降低实体经济企业成本。

2. 土地成本随经济转型升级而上升

中国土地资源供需矛盾不断加剧的现实，决定了土地价格上涨压力长期存在。随着中国经济规模扩大、经济发展阶段演进、结构转型升级加快等经济发展因素的变化，土地资源供给的有限性与需求的无限性之间的矛盾会进一步加剧。但按照现行土地出让制度，一次性收取未来40年、50年不等的土地出让金，无疑增加了企业使用土地的成本支出，引入分期分阶段等更加灵活的土地出让方式，使企业支付较少的资金，就能获得土地使用权，短期内可以适当降低企业的用地成本。

3. 能源成本随用能标准提高而上升

受能源资源约束强化、能源价格市场形成机制逐步形成、用能标准不断提高等的影响，能源价格升高是长期趋势。当前，煤炭已实现市场定价，但煤价中煤炭开发利用的生态环境成本，实体企业用煤成本已无下降空间。成品油价格已基本实现与国际接轨，而国内石油资源综合开发成本仍远高于国际油价、石油生产企业税负水平已处于较低水平，实体企业用油成本下调空间有限。天然气价格形成机制已逐步完善，而国内天然气开发成本和进口天然气价格仍均较高，实体企业用气成本下调空间也受制约。此外，短期内，可替代再生能源还难以普及、新的能源利用技术方兴未艾，企业用能结构不会出现较大变化，而随着中国逐步完善能源价格的市场形成机制、提高用能标准、积极推进科学高效用能，长期内，国内实体企业用能成本不仅难以下降反而还有可能攀升。但是，短期内受全球能源市场供需宽松，石油、天然气价格低迷等周期性因素影响，中国存在从国际市场获取低价优质能源资源的潜力，能源价格有小幅下降空间。

4. 环境成本随生态约束强化而上升

近年来，社会各界对环境质量的要求越来越高，党的十八届三中全会对生态文明建设做出战略部署。随着环境治理压力增加和生态文明制度不断完善，企业环境成本不断提高，则是不可逆转的趋势。

五　降成本的总体思路和实施方略

总体思路：在明确“降什么、谁来降、怎么降”的基础上，以降低企业的税费负担、融资成本、制度性交易成本、人工成本、用能用地成本、物流成本为重点，坚持理顺关系与重点突破相结合、市场决定与政府推动相结合、政策引导与企业主导相结合、立足当前与统筹长远相结合、分类施策与纵横联动相结合的方略，按照“加减乘除”协同推进、“加法”要精准、“减法”要到位、“乘法”要灵活、“除法”要彻底的路径，有效降低实体经济企业成本，优化企业发展环境，助推企业转型升级，进一步提升产业竞争力，增强经济持续稳定增长动力。

（一）明确“降什么、谁来降、怎么降”

“降什么、谁来降、怎么降”既是关乎降低实体经济企业成本的理论问题，也是指导降成本工作的根本性问题。

1. 关于“降什么”

首先，必须明确不是所有成本都能简单地进行国际比较。受资源禀赋、发展阶段、经济体制、社会文化传统等因素的影响，企业生产成本构成不尽相同。每个国家和地区的土地、能矿、劳动力资源不同，用地成本、能源成本和人工成本自然不同。一般而言，处于发展水平较低的国家和地区，各类要素资源相对丰裕，而由于基础设施不完善和企业技术水平低，原材料、能源、运输等成本占企业经营成本比例较大；发展水平较高的国家和地区，劳动力相对缺乏、环境治理要求高、产品技术含量高，劳动力、环保治理和研发投入在企业经营成本中占有较大比例。经济体制和社会文化传统不同的国家，行政管理、财税、金融、社会保障等制度不同，必然影响企业的交易成本、税收负担、融资成本和人工成本等。不同国家、不同的社保制度下，企业承担的社会保障费用差别很大，典型的如，中国实行以间接税为主的税制，税收主要来自企业，美国以家庭、个人缴税为主，企业缴税为辅。由于企业成本是以上多种因素共同作用的结果，企业成本构成及其在总成本中占比差别很大，很难通过国际比较，简单地做出一个国家和地区的某项成本偏高偏低的价值判断。

其次，必须明确不是所有成本都能降、都需要降。正是由于企业成本是发展阶段、经济体制、资源禀赋、社会文化传统等多种因素综合作用的结果，降成本需要综合考虑，不能不顾实际地要求降低所有成本。典型的如，虽然当前企业用工成本居高不下矛盾十分突出，但当前中国收入分配总体上有利于资本、不利于劳动，降低企业用工成本与党的十八大提出的“努力实现居民收入增长和经济发展同步、劳动报酬增长和劳动生产率提高同步”相悖，不宜出台有利于资方不利于劳方的政策。当前降低企业人工支出成本采取的措施是阶段性降低企业社保缴费率的方法，强化政府在社会保障中的支出责任。但中国社保资金本身缺口就很大，当前经济形势不好，财政收入受到很大影响，财政收支矛盾突显，在这种情况下，降低社会保费率缺乏可持续，处理不好将影响社会保障可持续发展。土地、能源和环境治理等成本是伴随资源禀赋变化和发展阶段提高而引致的趋势性上升成本，是实体经济企业必须承受的“硬成本”，下降空间很有限，尤其是随着环境治理压力增加和生态文明制度不断完善，企业环境成本不断提高，则是不可逆转的趋势，因此不能通过降低环保标准来降低成本。

2. 关于“谁来降”

首先，必须明确不是所有成本都应、都能由政府降。实体经济企业成本一定程度上反映了不同经济主体间的收入分配关系，比如税费体现的是政府与企业之间的收入分配关系，融资成本体现实体部门与金融部门的利润分配关系，用工成本体现资本与劳动之间的收入分配关系，能源原材料成本体现实体经济上下游行业之间的成本及收入分配关系。在降低实体经济企业成本中，政府只能通过适度降低税费负担、引导资金流向实体经济、优化生产经营环境等来帮助企业降成本。相反，企业是生产主体，可以通过改变生产投入结构、提高技术创新水平、改变生产组织方式、提高管理效率等内涵挖潜方式降低成本，应成为降低成本、提质增效的主力军。因此，降成本中要克服“等靠要”的思想，不能把降低成本政策的效果变成培养企业对国家政策的依赖和惯性，甚至是激活僵尸企业的最后一根稻草，要坚持企业主体，激发企业规范治理、修炼内功和转型升级的主观能动性，更好引导企业降低管理成本，提升品牌质量，提高竞争实力。

其次，必须明确不是所有成本都应、都能由中央政府降。即便可以通过政府降低税费、优化环境来帮助企业降低的成本，也需要中央与地方政府协调推进、形成合力。在中央统一领导、地方分级管理的制度安排下，地方政府在经济社会管理方面享有一定自主权限，比如省级政府可以设置政府性基金、涉企收费项目等权限。由于各地自行制定的政策和企业生产经营情况差异较大，中央出台的降成本措施原则性大于操作性，许多重要措施需要地方出台配套措施、细化落实。近年来中央政府出台的一些税收优惠和减免措施没有落实到位，与一些地方没有制定配套措施或在落实中打折扣有很大关系。此外，地方政府更了解本地企业生产经营的“堵点”“痛点”和“难点”，在帮助企业降低成本中更有信息优势，因此，降低实体经济企业成本需要中央和地方政府密切配合、共同努力。

3. 关于“怎么降”

首先，不能只顾降成本的短期效果。降成本目的是改变企业生产经营环境，通过振兴实体经济，促进经济持续稳定发展。和其他政策一样，降成本政策也具有“双刃剑”特征，必须统筹考虑、缜密设计、严格按照政策初衷落实，否则可能给国民经济和社会发展带来其他不良影响。典型的如，降低融资成本最快的办法是实施宽松货币政策，但由于货币政策传导机制不畅、实体经济缺乏投资热点等，2015年以来多次降准降息，信贷基金没有流向实体经济，反而进入股市、楼市，导致了资产价格泡沫，为中长期经济发展带来了隐患，因此，降融资成本一定要谨防加剧资产泡沫风险。又如，降低税费负担是政府让利于企业、帮助企业降低成本的直接途径，但当前经济下行压力大、财政收入锐减，随着减税力度加大，财政收支矛盾可能进一步加大。再如，降成本中，尽管政府不提倡降低人工成本，但一些企业变相降低人工成本，这必然影响居民收入和消费，长远看不利于扩大内需尤其是消费需求，影响中国经济自主增长能力。

其次，不能为降成本而降成本。降成本的目的是为企业减负增效，关键在增效、目的在增效，途径在于促进企业转型升级、提高盈利能力和市场竞争力。因此，出台降成本政策措施时，既要考虑为企业提供休养生息环境，也要注重引导企业转型升级和提高市场竞争力，因此要加强政策联动性、注重政策系统配套性。

再次，不能“一刀切”降成本。企业成本与所处地区的产业结构和配套条件、自身所处行业和发展阶段密切相关，不同行业的景气变化、行业特性和市场结构不同，不同地区的产业结构、资源禀赋、区位条件不同，直接决定了企业成本千差万别，也决定了不同企业对成本上涨的承受能力和降低成本的诉求不尽相同。因此，降成本不能“一刀切”，而应正确认识和理解企业成本，明确不合理的企业成本及其成因，明确降成本重点，针对不同地区、不同行业、不同企业类型和处于不同发展阶段的企业制定针对性强的举措。

（二）明确降低实体经济企业成本的方略

企业成本构成的复杂性和差异性，降低成本涉及因素的系统性和关联性，直接决定了降低实体经济企业成本工作的长期性和艰巨性，因此，建议按照以下方略确定政府、企业在降成本中的作用、稳步推进降成本。

理顺关系，重点突破。由于实体经济企业成本涉及国民经济多个部门的收入分配关系，降成本既要全面深入分析实体经济企业成本高企的多种因素，加快理顺各方面的成本利润和收入分配关系，消除或抵制实体企业成本过快上升趋势，也要抓住当前税费和融资成本占企业成本比例高的主要矛盾，采取普惠性降税、普遍性降费、适度降准降息等措施，推动政府让利于企业、金融部门让利于实体部门。

市场决定，政府推动。坚持发挥市场在资源配置中的决定性作用和更好发挥政府作用相结合，既要充分认识到成本是否合理主要由市场决定的，一些成本如人工成本、环境治理成本上升是必然趋势，也要树立“放水养鱼”理念，在经济下行的大背景下，政府要加快放权让利，给企业休养生息空间。此外，还必须认识到降低企业成本不是要保护落后产能和落后企业，对于那些技术落后的僵尸企业，要分类引导其破产和转型。

政策引导，企业主导。走内外结合道路，坚持政策引导与企业主导并重，既要加快出台降低实体经济企业成本的政策措施，为企业轻装上阵和转型发展创造良好的外部环境，也要发挥企业的主观能动性，引导企业提高技术、工艺和管理水平，发展新技术、新模式、新业态，增加产品品种、提高产品品质、创立知名品牌，提高对成本上升的消纳能力和市场竞争力。

立足当前，统筹长远。坚持短期政策调整与长期制度改革相结合，既要依据实体经济企业成本下降的空间分布和时间特征，加快制定针对性、操作性强的政策，引导税费、融资、社保缴费等政策性因素引致的成本短期内快速下降，也要加快财税、金融、社保、行政管理等领域的改革部署，着力解决抬高实体经济企业成本的体制机制矛盾，从根本上消除企业成本高的制度因素。

分类施策，纵横联动。既要抓住企业成本高企的政策性、制度性因素统一出台政策，也要结合中国产业结构调整优化方向及不同成本的属性特征，对不同地区、不同行业和处于不同发展阶段的企业制定针对性、可操作性强的政策措施。由于企业成本涉及多方面多维度，降成本需要各地区各部门协调统一，按照中央地方间“纵向贯通”和政府部门间“横向联通”的思路，统一部署、协同并进。

（三）合理选择降低实体经济企业成本的路径

围绕提高企业竞争优势，结合中国经济结构调整和经济体制改革方向，“加减乘除”协同推进，打好降低实体经济企业成本的“组合拳”，夯实实体经济运行的根基。

“加法”要精准。在经济下行、企业困难的条件下，政府应该通过增加赤字、增加税种、增加支出，扩大调整降成本政策的空间，提高降成本的可行性和效果。将财政赤字率提高到3%或更高的水平，财政支出向“互联网＋”、创新平台建设、社会保障基金、物流基础设施等与企业降低成本密切相关的领域倾斜，为降低实体经济企业成本提供良好环境。逐步增加直接税的税种，加快开征房产税、遗产税和环境税等地方税种，缓解财政收入不足，为减少间接税和普惠性降税提供新空间。以国有股减持、划拨等方式将部分国有企业的国有权益划拨全国社会保障基金，为降低企业社会保险费提供补充。

“减法”要到位。按照“扩围、减税、清费”的思路，调整财税制度和政策，将企业税费成本切实减到位，为企业创造低税率、零收费的经营环境。推进“普惠性降税”，减征增值税、扩大增值税可抵扣范围、扩大研发费用加计扣除范围、降低企业所得税率、扩大减半征收企业所得税范围。实行普遍性降费，加大对国家层面设立的政府性基金、行政事业性收费、政府定价管理的服务性收费项目的清理规范力度，对确有必要征收的项目，推进“费改税”，全面清理涉企收费，简化进出口环节收费。研究精简归并“五险一金”，将生育保险和医疗保险合并，取消住房公积金，并降低职工基础养老金和住房公积金缴费率。完善政策性融资担保体系，着力减少中小企业融资中的各类中间附加费用。

“乘法”要灵活。中国企业能否大幅降低成本，并在全球竞争中永立不败之地，最终取决于技术创新能力。加快为企业创新清障搭台，引导企业灵活应对技术、产业和市场变革，积极开发利用新技术、新产业、新业态、新模式，充分发挥创新对降成本的放大效应作为“乘法”，从根本上提高企业的市场竞争力。积极推进大众创业、万众创新，建设一批众创空间、创新苗圃等公共服务平台，支持各类市场主体不断开办新企业、开发新产品、开拓新市场。推动“互联网＋”行动计划，引导企业结合自身特点，灵活运用互联网平台，开发新产品、发展新业态、开拓新市场，充分发挥互联网对产业和企业创新的促进作用。加强知识产权保护和社会信用体系建设，加大对仿冒、剽窃创新产品及失信行为的惩戒力度，创造激励创新创业的市场和政策环境。引导企业加强技术、工艺和管理等创新，提高企业降成本和增效率能力。

“除法”要彻底。相关领域改革尚未到位而导致的制度障碍和交易成本，是企业成本高企的主要原因之一。降低企业成本，必须加快相关领域改革，破除制度障碍，大幅降低制度性交易成本，为企业提供良好的营商环境。围绕理顺政府与市场、政府与企业、政府与社会、中央与地方、政府部门之间的关系，按照纵深化、系统化和条理化的思路，深入推进简政放权、放管结合、优化服务改革，全面实施负面清单管理制度，普遍推行阳光化网络化审批，积极运用互联网、云计算、大数据等信息化手段，为企业提供质量高效、方便快捷的公共服务，全面推行“阳光”监管与“智能”监管，努力清除阻碍创新发展的“堵点”、影响干事创业的“痛点”和监管服务的“盲点”，大幅降低企业制度性交易成本。加快建立统一开放竞争有序的市场体系，清除市场壁垒和区域分割，降低市场交易成本。改革土地出让制度和出让方式，加快土地出让金向土地使用税转变，允许分期分阶段出让、弹性出让、先租后让等多种供地方式，使企业能够以前期付出较低成本的方式，及时获得土地使用权并获取收益。

六　降成本的对策建议

按照长短结合，完善政策和健全制度并举的思路，采取针对性、系统性措施，短期内引导企业成本在预期范围快速下降，同时创造企业成本长期下降的制度环境，有效降低实体经济企业成本。

（一）加快完善政策措施，引导企业成本在预期范围内快速下降

短期内，在现行制度框架内，能源原材料、生产要素、税费、制度交易性成本都有一定下降空间，应找出成本高企的症结，出台政策措施，引导成本尽快下降。

1. 合理降低能源原材料成本

能源原材料成本涉及实体经济部门之间的成本收入关系，在管理体制和价格形成机制改革尚未到位前，可通过以下措施引导企业

能源原材料成本合理下降。一是循序渐进减少电力交叉补贴，综合平衡各地工商业和居民电价承受能力，逐步提高居民电价，减少居民用户电价补贴，减少工商业内部交叉补贴，真实反映供电成本的销售电价体系，有效降低工商业用户电价。二是规范政府性基金和附加，制定政府性基金和附加的退出机制，将具有税收性质、没有特定受益人的政府性基金和附加改为税，如农网还贷基金等相关开支可从税收收入中安排，为电力用户减轻经济负担。三是削减电价中不合理的政府性基金和附加，通过设定期限、设定上限、清理交叉重复费用等方法，减少政府通过从电价中收取政府性基金和附加补贴其他部门与获益群体的做法，避免电力用户承担过重的社会责任。四是围绕节能产品、节能工厂、节能园区和节能供应链，加强标准体系和评价机制建设，进一步加强政策支持，推动节能投入，促进节能技术的发展与应用。

2. 有效降低生产要素成本

在不影响社保基金稳定运行和劳动者收入的前提下，多措并举理顺政府和企业间的收入分配关系，降低劳动力成本。一是降低城镇职工基本养老保险单位缴费率，在不降低劳动者收入基础上，减轻企业负担的费用。加快城镇职工养老保险基金全国统筹，以有效调节各地收支盈余和缺口资金，提高基金利用效率，并使中央财政保障基金缺口得到有效弥补。二是支持有条件的地区对城镇职工基本医疗保险和失业保险单位缴费部分实行阶段性费率下调。对医疗保险基金目前为盈余状态的地区，失业保险基金结余能够支付 12 个月以上失业保险待遇的统筹地区，在不影响支付的情况下，允许在经济下行周期实施阶段性降费措施，以减轻企业劳动力成本。三是调整养老保险缴费基数和最低标准。将养老保险缴费基数由城镇非私营单位平均工资调整为城镇全体单位平均工资，并将其最低标准由城镇单位平均工资的 60% 调整为 50%。这一措施既能改变当前基数代表性不足的不合理状况，又有利于降低养老保险缴费水平。四是允许地方根据经济发展情况阶段性下调公积金缴纳比例下限，并适当降低困难企业申请缓缴住房公积金的条件要求。根据当前住房公积金缴纳和使用情况，实施阶段性降缴、缓缴对其使用并不会产生明显负面影响，但如完善相关机制，将有助于降低部分企业的劳动力成本。五是提高企业培训职工费用抵扣所得税比例。这一措施既能使对职工进行培训的企业税收负担有所降低，还能鼓励更多企业对职工进行培训，提高劳动生产率，间接促进企业劳动力成本降低。六是完善最低工资调整机制。由于经济形势变化，近年最低工资较快上调的政策操作也应加以转变，因此建议中央注意在平衡好劳动者利益与降成本要求两者关系基础上，引导地方政府适度放缓上调最低工资的速度。六是鼓励和支持劳动力供给短缺、劳动力成本较高的地区通过政府和社会资本合作方式，设立制造业转型升级引导基金，以拨贷联动、贷款贴息、融资租赁等方式，加快实施“机器换人”和智能制造战略。

以增加供给、定向支持、规范信贷操作为重点，有效降低资金成本。一是实施相机、灵活的货币政策操作，保持流动性合理充裕，促进信贷供给增加，引导利率水平下行。定向支持薄弱环节和重点领域，继续采取定向降准、中期借贷便利（MLF）等操作，引导银行等金融机构加大对小微企业、“三农”等的支持力度，缓解其融资难、融资贵问题。二是降低贷款中间环节成本，严禁银行对贷款投放附加“以贷转存”“存贷挂钩”等不合理条件，避免企业贷款除利息外还要付出额外成本。清理银行中间业务不合理收费，促进企业相关成本降低。三是降低银行拨备覆盖率和拨贷比标准，放宽不良贷款核销要求，以释放银行可贷资金，促进信贷供给增加进而降低贷款利率水平。取消对企业集团设立的财务公司法定存款准备金要求，提高企业集团内部资金的利用效率，降低资金成本。四是发挥开发性金融、政策性金融作用，定向提供低成本资金，推动相关企业融资成本下降。五是开展金融服务创新，加大信用贷款、知识产权质押贷款、应收款质押贷款力度，使企业获得更多、更便捷、更廉价的信贷服务。六是加快企业资金周转。引导银行优化借新还旧的程序和服务，利用网上银行等提供贷款额度循环使用、企业自主操作随借随还的新型信贷产品，减少企业融资过程中因新旧贷款不衔接而寻求高成本“过桥”资金的情况。

以完善土地供给方式和提高利用效率为重点，降低土地成本。加快完善工业用地出让制度，在招拍挂基础上，允许分期分阶段出让、弹性出让、先租后让等多种供地方式，通过引入更加灵活的交易方式，使企业能够根据实际情况，以前期付出较低成本的方式，及时获得土地使用权并获取收益，同时提高土地利用的整体效率，减少浪费。对利用“三旧”改造用地的制造企业，适当减免土地增值税、城镇提地使用税等税费。

3. 合理降低税费负担

针对企业税费负担居高不下的问题，从以下几方面积极推进普惠性减税和普遍性降费。

加大已有政策的宣传和落实。对已发布的减税降费及补贴政策，特别是2014年以来出台政策，应强化宣传力度，主动积极引导企业实现规范经营以纳入政策优惠范围，帮助企业争取相关优惠政策。同时，在实施企业减税降费政策后，着重评估政策效应及中间可能存在的梗阻，及时进行调整。比如，对于营改增改革，针对一些环节不能实现抵扣的情况，应加快推动全链条增值税发票开立，尽可能在技术上解决缺乏抵扣凭证的问题。伴随日益扩大的增值税体量，应综合考虑财政负担能力、出口贸易发展以及区域均衡发展等方面情况，科学界定出口退税率。针对依靠过渡政策才实现税负不增的建筑等行业，应尽快研究过渡期之后的相关制度设计，更好促进行业发展。

完善增值税降低企业成本的政策。一是研究降低和简并增值税税率。营改增全面实施后，中国增值税税率高且档次多，包括17%、13%、11%、6%和零税率等五档，再加上小规模纳税人的3%征收率，税制较为复杂，不同行业、不同类型纳税人适用税率差异较大，一些行业的进项税和销项税差异较大，这些都影响增值税中性作用的发挥。建议将17%增值税税率降至15%，合并13%和11%两档税率为11%一档税率，将增值税小规模纳税人增值税征收率由目前3%降低到1%左右，将目前各行业实行的增值税率减按降低2—3个百分点征收。二是扩大增值税进项税额抵扣范围。目前增值税抵扣项目仍然有限，通常限于固定资产投资等“硬件”，而体现人力成本、资金成本等“软件”的因素尚没有纳入抵扣范围，不利于激发人力资本要素的积极性。下一步实施减税，应扩大增值税可抵扣范围，允许矿山企业购置土地使用权、探矿权等价款纳入抵扣范围，允许部分人员费用、过路过桥费、保险费等纳入交通运输业增值税进项税抵扣范围，将不动产、人力资本、贷款利息成本等纳入进项税额抵扣范围，推动抵扣链条完整，进一步减轻企业税负。

实施降低企业所得税税收负担的政策。一是将企业所得税税率适当降低1—2个百分点，对高新技术企业的所得税税率也做更大程度的下调。二是将现有小型微利企业减半征收所得税政策扩展到年所得税纳税额在30万—100万元的中小企业。三是扩大固定资产加速折旧所得税优惠范围，将固定资产加速折旧政策从目前制造业领域扩大到所有工业行业；对企业新购进的用于替代劳动力的设备给予加速折旧企业所得税优惠政策；建议对所有行业企业新购进的用于替代劳动力的仪器、设备单位价值不超过1000万元的，允许一次性计入当期成本费用在计算应纳税所得额时扣除，不再分年度计算折旧，单位价值超过1000万元的，可以缩短折旧年限或采取加速折旧的方法。以上政策能减轻企业税收负担，同时能够激发更多企业设备更新的积极性，从而使那些饱受人工成本上升冲击的企业更愿意为替代劳动力而进行设备更新，解决用工贵问题。四是进一步鼓励企业加大研发投入。对于目前研发费用未形成无形资产的，在据实扣除的基础上，按100%加计扣除（目前为50%）。五是制定中小微企业吸纳就业困难人员、农民工、大学生的税收优惠政策。在进一步减轻企业税收负担的同时，还能够增加劳动供给，一定程度上有助于缓解用工贵问题。

推进资源税清费立税。将具有税收性质的收费基金适当并入资源税，取缔越权、违规设立的收费基金。加快实施从价计征。根据油气、矿石、煤炭等矿产资源品级、开采难度等，分档设置不同资源税税率，在体现矿产资源价值的同时，降低困难企业负担。

完善出口退税政策。进一步落实出口退税企业分类管理办法，加快出口退税进度，确保及时足额退税。研究取消煤炭、钢铁、有色金属、化工等特殊困难行业部分产品的出口暂定关税，恢复出口退税，并适当提高退税率。

实施普遍性降费政策。一是加大对国家层面设立的政府性基金、行政事业性收费、政府定价管理的服务性收费项目的清理规范力度。按照“税收法定”原则，加快税费改革，推进“费改税”工作，将确有征收必要的政府性基金、行政事业性收费等涉企收费并入税收。建议免除钢铁行业资源综合利用电厂的“重大水利工程建设基金”，鼓励企业综合利用资源和节能减排。二是全面清理涉企收费。研究制定“涉企收费清单”，严格按照目录清单管理，遏制各种乱收费行为。三是全面清理进出口环节涉企收费。取消各种与行政职权挂钩且无法律依据的中介服务收费和各类保障金；推动海关、出入境检验检疫部门尽快引进行业准入和自助审核制度，加大力度引入承接第三方中介机构，由外贸企业按“自愿委托、有偿服务”原则自主选择服务机构。

4. 努力降低物流成本

从降低交易成本、理顺部门间分配关系以及改进组织、管理方式入手，以降低税负和要素使用成本、规范收费、引导企业提高物流运作效率为重点，努力降低企业物流成本。

降低物流业税负、统一税率。合并“货物运输服务”和“物流辅助服务”两个税目，统一设置“综合物流服务”税目，统一执行6%的税率。完善增值税抵扣范围，将部分人力资本纳入其中，同时简化开具增值税专项发票的流程和手续，进一步降低运输企业的税收负担。实施物流企业所得税统一缴纳，充分考虑物流网络化运作特点，在全国范围内经营和设置分支机构的物流企业由总机构统一缴纳所得税，便于企业在集团内部统筹盈亏，鼓励企业开展网络化经营，支持企业做大做强。

降低物流行业要素使用成本。一方面降低物流业资源土地使用成本。完善落实支持物流业发展的用地政策，超前规划物流功能区。在土地利用总体规划、城市总体规划、综合交通规划、商业网点规划中充分考虑并统筹保障物流业发展的合理用地需求，改变物流业“频繁搬迁、刚建就搬、越搬越远、越搬越散”的状况。优化物流业用地空间布局，合理确定用地规模和强度，发挥土地集约利用效率，降低土地使用成本。另一方面，降低物流行业人工成本。针对物流业劳动密集型、人员流动大特点，完善和落实社保与最低工资等相关制度，阶段性降低企业职工基本养老保险单位缴费比例，阶段性降低失业保险费率，规范和阶段性适当降低住房公积金缴存比例，以及在分拨和中转中心积极采用机器代替人力等，控制用工成本。同时，顺应物流业转型升级和智能化发展趋势，加大技术人员培训力度，提高物流行业劳动生产率。①

继续减少物流行业行政事业性收费。取消二级维护车辆检测收费、综合性能技术等级评定收费、公路超限运输赔（补）偿费、汽车驾驶员培训行业管理费等应取消而未取消的收费；规范公路收费，降低并统一收费标准，撤并收费站点，控制收费公路规模，加强公路罚款的约束，杜绝公路“乱罚款”；进一步降低船舶吨税、货物港务费、设备使用费和设施保安费等港口规费和使费，结合重大危险源风险等级，改进船舶使费计费方法。

引导企业提高物流运作效率。以智能物流为主攻方向，促进产业升级和效率提升，提升物流管理与服务的专业化水平，大力发展一体化、自动化、可视化、敏捷化的精益物流，继续推进“互联网＋高效物流”。打造一体衔接的物流运营服务网络，按照供应链一体化运作要求，鼓励物流企业依托新技术和新业态创新物流服务供给模式，提供物流整体解决方案，以更加完善的物流服务支撑企业扩大产品市场份额和国际竞争力，从而降低单位物流成本。继续推进物流社会化进程，引导企业专注主业经营、外包物流业务。构建统一开放的物流大市场，加快培育专业化第三方物流企业，鼓励自建物流体系的电子商务、制造业、批发零售等企业开放物流资源，提供第三方服务。

适度进一步调减铁路货物运价。改进铁路运输计费方法，支持各铁路局根据本地区经济实际情况进行差别化定价，取消专用线额外费

① 汪鸣、谢雨蓉、樊一江等：《降低物流成本的空间、路径与重点措施》，国宏高端智库微信公众号2016年8月23日。

用和重复收费，降低企业使用地方铁路的成本。

（二）深入推进体制改革，营造实体企业成本长期持续稳定下降的制度环境

1. 加快垄断行业改革，引导能源原材料成本稳步下降

深化煤炭、石油、天然气、电力体制改革，在能源可竞争环节进一步打破垄断，逐步实现竞争性环节市场定价，在垄断环节强化成本监管。一方面，积极推进直接交易，适当放宽参与条件，扩大参与范围，促进企业尤其是用电、气较大的企业通过直接交易享受到较低的价格，允许工业园区中小企业集体直购电，以降低用能成本。另一方面，完善输配电价格体系。在省级电网输配电价格改革试点基础上，进一步建立健全由省级电网共用网络输配电价、专项服务价格、辅助服务价格构成的输配电价体系。引入反映地理位置、输电阻塞等情况的价格信号，进一步完善省级电网共用网络价格；研究用户侧接出价政策，完善专项服务价格；研究引入市场竞价机制，完善辅助服务价格。

2. 加快要素市场化改革，引导劳动力、资金和土地成本趋于合理

降低人工成本。破除制约形成劳动力统一市场及政府和企业间合理收入分配关系的体制机制障碍，通过降低市场型交易成本来降低人工成本。一是应加快构建统一开放、竞争有序的劳动力市场体系，推动户籍制度改革，促进劳动力合理流动，以劳动力供求的有效对接推动形成更加合理的工资水平。二是精简整合社会保险项目，考虑在落实基本医疗和生育保险合并实施举措的基础上，进一步整合工伤保险，实现三险合并实施。通过集合风险管理，盘活利用存量基金等方式，提高缴费资金使用效率，在此基础上适度降低单位缴费率。三是应动态提高个人所得税免征额，实现居民收入特别是劳动报酬的合理税负。

降低资金成本，一是加大银行业对内开放水平，大力发展民营银行及多种类型的地方性、中小型金融机构，促进金融服务多元化和金

融业竞争加强。二是改革国有银行考核机制，弱化利润目标，主要以资本充足率等审慎监管指标要求实现金融风险的有效防控，在其他方面减少行政干预，充分发挥市场机制、上市公司治理机制等的作用。三是完善政策性融资担保体系，设立国家融资担保基金，发挥政策性担保机构作用，降低企业特别是中小企业贷款过程中缺少担保及担保费率高的问题。四是发展直接融资，进一步完善多层次资本市场，实施股票发行注册制改革，促进创业板与新三板建立转板机制；加快发展债券市场，丰富债券品种，扩大项目收益债、资产支持证券发行规模，允许发行高收益企业债券，从而拓宽企业融资渠道，降低融资成本。五是规范发展互联网金融，开展小额股权众筹试点，发挥互联网金融相对于传统金融在信息处理、汇集零散资金等方面的优势，促进企业融资成本下降。六是通过推进外债管理制度改革，使企业更多更好利用境外低成本资金。

降低土地成本，主要是建立城乡统一的建设用地交易市场，赋予交易方必要的自主权，实行更市场化的交易制度，实现土地资源更有效配置和利用，减少闲置、浪费等，促进土地价格向合理水平回归。

3. 进一步优化税制结构和社会保障费用分担机制，降低企业税费成本

优化税制结构，要坚持税收法定原则，不断完善税制，合理确定税负。一是逐渐降低间接税比重，增加直接税比重，建立“动态最优税费结构”，将企业税费负担与经济增长形势挂钩，实行动态调整，通过税收调整熨平经济波动。二是理顺中央地方财政关系，加快落实《关于推进中央与地方财政事权和支出责任划分改革的指导意见》，建议以明显不合理事权与支出责任调整为突破口，对各级政府事权与支出责任进行全面系统优化调整。三是建立规范政府性基金和行政事业性收费的长效机制，引入第三方评估机制，科学论证政府性基金和行政事业性收费的必要性和合理性，建立目录清单制度和资金使用绩效评估机制，动态更新征收目录和征收水平。加强监督检查，完善举报和查处机制，及时发现和查处乱收费的行为。在减轻企业负担的同时，要从提高国家治理能力的视角规范政府行

为，使政府治理经济的过程、方式、能力能够更加公开透明，同时也使财政性资金管理纳入统一、规范的轨道上来。四是规范税收征管模式，科学预测和确定财政收入预算目标，将其作为预期性任务而非强制性任务。科学设计税收征收管理系统，要求各部门、各地区按照应征则征、不应征则不征的要求，坚决不摊派任务，不征过头税。利用信息技术手段，简化征收程序，保持政策连续性和稳定性，降低行政型交易成本。

完善社会保障费用分担机制，应根据经济发展水平，逐渐对社会保障费用标准和分担比例进行动态调整，形成合理的分担机制。实施国有股减持补充社保，通过国有股减持、划拨等渠道将20%左右国有企业的国有权益划拨全国社会保障基金。

4. 完善交通运输管理体制，改善物流业发展基础条件和市场环境

理顺部门间的关系，多管齐下降低流通成本。一是加快物流管理体制改革，打破物流管理条块分割局面，理顺交管、运管、路政等部门管理职责，统一交通执法，提高通关效率和国际运输便利化水平。二是构建统一开放、竞争有序的市场环境，加快推进铁路等垄断行业改革，规范公路、港口等行业市场竞争秩序，打破行业垄断和区域分割，促进物流要素自由流通，扶持多式联运经营人、综合物流运营商的发展。同时，通过税收、产业及区域协调等政策，支持物流平台建设和物流网络一体化发展，引导企业物流服务社会化和物流企业专业化运作，支持物流行业诚信体系和担保机制建设。三是加快消除滋生权力寻租的制度和政策，针对公路养护部门因人员超编、经费压力而产生的寻租动机和违规罚款等问题，应在合理精简部门人员编制的基础上，切实落实燃油税中部分收入用于支持公路养护的政策，保障基本的公路养护功能的正常运转。同时，应建立对相关政府部门人员执法行为的公开监督机制，加大对违规、违法执法行为的问责和惩罚力度。四是创新交通设施建设投融资机制，积极设立由财政资金引导的交通产业发展基金、现代物流产业基金试点，引入社会资本，探索新的融资渠道，构建可持续的交通设施建设投融资机制，为物流产业发

展提供可持续的基础设施支撑。五是完善交通运输管理方法，简政放权，将卡车等车型名录审批制改为备案制，对城市配送车辆与普通货运车辆进行分类管理，对符合要求的城市配送车辆按照公共交通管理，给予道路通行权。选择部分城市开展取消通行证试点，加强城市配送体系建设和管理。六是大力构建和完善低成本的全国运输网络体系，加强物流基础设施网络建设，加快推进联通国内、国际主要经济区域的物流通道建设，努力形成京沪、京广、欧亚大陆桥、中欧铁路大通道、长江黄金水道等若干条货畅其流、经济便捷的跨区域物流大通道，提升东部繁忙拥挤路段通行能力，加快中西部地区交通网络建设和等级提升，尽快打通进出疆、出入藏通道。① 统筹物流园区与产业园区布局，加强设施衔接与匹配。

5. 深化简政放权改革，大幅降低制度性交易成本

深入推进简政放权、放管结合、优化服务改革。进一步减少行政审批事项、简化审批环节。加强央地间“纵向贯通”和部门间“横向联通”，推进简政放权改革向纵横联动、协同并进转变，按照纵向权力下放条理化、横向权力配置系统化思路，合理配置纵横权力，推动同一重要事项所涉及的部门、地方同步放开、同步下放，实现放接有序。健全权力下放的督查、检查机制，做好权力下放、对接与利用的第三方评估。构建全过程、立体式、开放型、现代化的政府监管体系，创新监管方式，加强对放权事项的监管。围绕补位和升级，继续优化公共服务，加快为市场主体营造公平竞争秩序、为创新创业提供全方位综合服务，完善社会信用体系，大幅降低制度成本和交易成本。

一是进一步理顺关系。简政放权是降低制度性交易成本的核心，其本质是把本来属于市场、公众、企业、社会组织和地方政府的权力交出去，充分尊重市场主体和基层政府的权利，发挥其应有作用，最大限度地增进经济社会发展活力、创造力和运行效率，实现市场

① 汪鸣、谢雨蓉、樊一江等：《降低物流成本的空间、路径与重点措施》，国宏高端智库微信公众号2016年8月23日。

自主调节、社会自我治理、政府有效管理的无缝衔接和良好共治。因此，针对目前存在问题，需进一步理顺政府和市场的关系、政府与社会的关系、中央和地方各级政府的关系，以及政府部门内部间的关系。

二是加强改革的同步性。应加快优化权力配置，加强中央地方间“纵向贯通”和部门间“横向联通”，实现简政放权改革从分头分层推进向纵横联动、协同并进转变。在合理配置纵横权力基础上，推动同一重要事项所涉及的部门、地方同步放开、同步下放，实现放接有序。同时，要按照事权与财权对等及职能、机构与编制相统一的原则，做好“人、财、物”协调统一，调整财政资源的分配，加强基层工作人员的履职培训交流，以提高基层接好权、用好权的能力。

三是加快提升公共服务。应在近年来各级政府加强服务的基础上，围绕补位和升级，继续优化服务。尤其需要适应新常态，创新公共服务发展机制，探索政府与社会合作新方式，撬动社会资本参与公共产品和公共服务供给，并根据地方承担的基本公共服务职责划转相应的财力人力物力，做好基本公共服务兜底职责。同时，要加强政府服务提供的绩效管理，保障应该提供的服务提供到位、提供正确、服务质量高效、服务方便快捷，积极有效运用网络媒体等方式监督服务质量，及时反馈出现的问题。

（三）加快推出配套措施，努力防范改革风险

为应对部分降低成本措施可能产生的风险和矛盾，特别是结构性减税和降低社保费率所带来的财政收支矛盾和社保基金缺口等问题，应对劳动力、土地、资源环境等部分成本长期上升的挑战，应该出台各类配套措施，给减税降费带来新空间，并给产业转型升级和企业提高核心竞争力注入新动力。

1. 多措并举缓解财政收支矛盾

目前，面对财政收支矛盾凸显的问题，需要采取以下措施来缓解财政收入不足，从而给减税降费带来新空间。

一是完善现行税种，突出结构性减税中“增税”的调节作用。完

善现行房产税，适时开征住房保有环节的房产税，并实行差别征收；及时开征社会保障税和遗产税、赠与税，改变目前社会保障资金以缴费形式筹集的模式，切实增强社会保障资金来源的稳定性与可持续性；完善现行增值税，适当减少税率档次，趋向单一税率，有效避免多档次税率可能带来的税制复杂、征管困难等问题；扩大消费税的征收范围并提高消费税税率，将资源消耗比较大的消费品和对那些外部负效应明显的行业产品纳入消费税征税范围，以矫正其外溢成本。另外，应适当提高高尔夫球及球具、游艇及实木地板等税目的税率；构建和完善生态税收体系。扩大资源税的课税范围，积极研究开征环境保护税。

二是通过“借力”缓解财政收支矛盾。创新投入方式，对公共基础设施、公共服务和扶贫开发等，可以通过 PPP、投资基金、政府购买服务等方式，吸引更多的社会资本参与，与政府合力推进经济社会发展，提升公共服务水平。

三是加强税收征管。在强化税收征管力度的同时，积极开展税务稽查工作，强化对重点行业和重点税源企业的税收风险防控，从而稳定税源、增强税基，并有效防止偷漏税现象的发生。除此之外，还需进一步开展盘活存量资金的工作，减少统筹使用存量资金的制度障碍。对规范地方政府性债务管理政策，应坚持疏堵结合，加快存量债务分类处理进程，畅通地方政府合法融资渠道。同时，科学安排支出，确保有限资金用于重点领域和关键环节。加大对财政支出绩效的评估，不断优化资金使用结构，提高资金使用效益。

2. 通过“组合拳”应对社保基金缺口

为有效缓解降低社保费率后出现的社会保障基金缺口的问题，首先可通过一系列的组合政策，增强基金自身的收支平衡能力，为降低费率创造条件。如，实施养老保险基础养老金全国统筹、实行渐进式的延迟退休政策、加强养老保险基金的投资运营、进一步完善养老保险的个人账户等。另外，实施国有股减持补充社保基金政策。建议通过国有股减持、划拨等渠道将部分国有企业的国有权益划拨全国社会保障基金。最后，加大财政“托底”的责任。

3. 引导企业提高创新能力

长期看，劳动年龄人口减少、资源环境约束强化是大趋势，降低企业成本的幅度有限。中国企业能否在全球竞争中永立不败之地，最终取决于企业技术创新能力。应鼓励企业增加研发投入，加快提高研发投入占企业销售收入比重。完善企业研发费用加计扣除、固定资产加速折旧等鼓励企业技术创新的财税金融政策，引导规模以上制造企业建立研发中心、技术中心、检测中心、重点实验室等各类研发机构，加强产研联合和资源整合。积极推进大众创业、万众创新，建设一批众创空间、创新苗圃等公共服务平台，支持各类市场主体不断开办新企业、开发新产品、开拓新市场。鼓励大企业、研究院所向社会开放研发测试、生产装备、创业孵化等资源，把大众创业、万众创新和传统制造业转型升级紧密结合起来。

（执笔人：吴晓华、郭春丽、王元、李清彬、刘方、易信、成卓）

参考文献：

1. J. R. Hicks, *The Theory of Wages*, London: Macmillan, 1932 (2nd ed., 1963).

2. 世界银行：《2016 年营商环境报告》，2016 年。

3. 李连成：《推进交通运输供给侧改革的基本思路》，《调查研究建议（内部资料）》2016 年第 98 期。

4. 王佳元：《我国物流产业政策的发展历程与转型思考》，《调查研究建议（内部资料）》2016 年第 93 期。

5. 刘昭然：《新常态下我国货运需求结构将加快调整》，《调查研究建议（内部资料）》2016 年第 80 期。

6. 樊桦：《铁路运输服务转型升级迫在眉睫》，《调查研究建议（内部资料）》2016 年第 41 期。

7. 国家发改委宏观经济研究院内部报告：《我国财税体制改革研究》，2014 年。

8. 周其仁：《制造业成本优势的变化》，《2005 年春季 CCER 中国经济观察》2005 年总第 1 期。

9. 贺兴东：《改善长江多式联运供给降低全域物流成本》，《中国经贸导刊》2017 年第 3 期。

10. 丁金学、樊一江：《发展多式联运促进新一轮产业布局空间优化》，《调查研究建议（内部资料）》2016 年第 79 期。

11. 王学力：《我国人工成本现状、问题与对策建议》，《经济研究参考》2016 年第 44 期。

12. 郑皓文：《关于如何降低物流运输成本的思考》，《经营管理者》2016 年第 32 期。

13. 洪江源：《供应链一体化创新模式的分享》，《中国物流与采购》2016 年第 23 期。

14. 韩宏：《推进铁路供给侧改革培育物流发展新动能》，《铁路采购与物流》2016 年第 12 期。

15. 汪鸣、谢雨蓉、樊一江、贺兴东、王淑伟：《降低物流成本长期路径与当期措施》，《中国经贸导刊》2016 年第 10 期。

16. 盛朝迅、黄汉权：《中美制造业成本比较及对策建议》，《宏观经济管理》2016 年第 9 期。

17. 马静漪：《关于物流成本的研究综述》，《时代金融》2016 年第 8 期。

18. 高子良：《制造业成本上升的质量忧患》，《中国质量万里行》2016 年第 7 期。

19. 汪亚平：《发展多式联运降低企业物流成本》，《中国物流与采购》2016 年第 7 期。

20. 徐春雨、孙丹：《降低物流成本的策略和方法研究》，《中国管理信息化》2016 年第 6 期。

21. 冯朝军：《降低中国企业物流成本的途径浅析》，《成都行政学院学报》2016 年第 5 期。

22. 陈巍嘉：《物流仓储管理机制优化策略》，《中国管理信息化》2016 年第 4 期。

23. 国家发展和改革委员会产业经济与技术经济研究所课题组：《降低我国制造业成本的关键点和难点研究》，《经济纵横》2016 年第 4 期。

24. 刘瑶、卢升荣：《甩挂运输对降低物流企业运输成本的计算与分析》，《物流工程与管理》2016 年第 3 期。

25. 王晓丽：《我国物流业“十二五”发展成就与“十三五”展望》，《物流工程与管理》2016 年第 2 期。

26. 王朋吾:《美德日物流企业成本控制的成功经验与借鉴》,《商业经济》2016 年第 1 期。

27. 赵展慧、顾仲阳:《降成本“组合拳”怎么打》,《人民日报》2016 年 1 月 4 日第 17 版。

28. 宋立、郭春丽:《中国经济新常态》,言实出版社 2015 年版。

29. 何生荣:《让简政放权真正放到实处》,《红旗文稿》2015 年第 19 期。

30. 刘维寅:《把握重点纵深推进简政放权与政府职能转变》,《机构与行政》2015 年第 8 期。

31. 王君琦:《简政放权关键在政策落地》,《学习时报》2015 年 5 月 18 日。

32. 张占斌:《经济新常态下简政放权改革新突破》,《行政管理改革》2015 年第 1 期。

33. 马小丽:《构建企业人工成本宏观检测系统》,中国劳动社会保障出版社 2014 年版。

34. 张定安:《全面推进地方政府简政放权和行政审批制度改革的对策建议》,《中国行政管理》2014 年第 8 期。

35. 魏礼群:《继续深入推进行政审批制度改革》,《人民日报》2014 年 7 月 31 日。

36. 刘媛媛、刘斌:《劳动保护、成本粘性与企业应对》,《经济研究》2014 年第 5 期。

37. 国家发改委经济研究所课题组:《我国宏观税负研究》,《经济研究参考》2014 年第 2 期。

38. 薛澜:《行政审批改革的最大难点》,《人民论坛》2013 年第 25 期。

39. 杨文进:《略论“高成本”的经济学涵义——我国高成本的形成原因及其影响分析》,《商业经济与管理》2013 年第 7 期。

40. 蔡进:《我国物流业的机遇与挑战》,《经济日报》2013 年 3 月 2 日第 12 版。

41. 刘文谨、陈颁东:《我国宏观税负水平和结构的国际比较及税制结构优化》,《税收经济研究》2013 年第 3 期。

42. 夏吉姣:《制造业成本居高的原因分析及有效降低成本的对策》,《山西经济管理干部学院学报》2013 年第 3 期。

43. 蔡进:《建立现代物流一体化运作模式》,《经济日报》2013 年 1 月 21 日第 13 版。

44. 张军：《我国企业用工成本上升问题探索》，《价格理论与实践》2013 年第 1 期。

45. 丁俊发：《流通成本高、效率低问题的冷思考》，《中国流通经济》2012 年第 12 期。

46. 王金照、王金石：《工业增加值率的国际比较及启示》，《经济纵横》2012 年第 8 期。

47. 蔡涛：《工业增加值率反映经济效率的证伪》，《科学经济社会》2012 年第 4 期。

48. 龙朝晖、陈会林：《我国宏观税负的口径选择、弹性比及与居民消费关系的实证研究》，《税收经济研究》2012 年第 3 期。

49. 赵东明：《基于定量和边际分析的降低我国社会物流总费用占 GDP 比重研究》，《物流工程与管理》2012 年第 3 期。

50. 唐志良、刘建江：《美国再工业化对我国制造业发展的负面影响研究》，《国际商务：对外经济贸易大学学报》2012 年第 2 期。

51. 赵嘉、唐家龙：《美国产业结构演进与现代产业体系发展及其对中国的启示——基于美国 1947—2009 年经济数据的考察》，《科学学与科学技术管理》2012 年第 1 期。

52. 金碚：《中国企业竞争力报告（2011）》，社会科学文献出版社 2011 年版。

53. 刘瑞翔：《中国的增加值率为什么会出现下降？——基于非竞争型投入产出框架的视角》，《南方经济》2011 年第 9 期。

54. 卓俭华、朱训伟：《当前中国用工成本上升的原因分析及对策》，《经济与管理》2011 年第 7 期。

55. 刘社建：《劳动力人工成本上升与经济发展转型——以上海为例》，《兰州商学院学报》2011 年第 2 期。

56. 李永刚：《中国宏观税负高吗》，《社会科学研究》2010 年第 6 期。

57. 董志勇、邓丽：《宏观税负的影响因素分析》，《技术经济与管理研究》2010 年第 3 期。

58. 沈利生：《中国经济增长质量与增加值率变动分析》，《吉林大学社会科学学报》2009 年第 3 期。

59. 许建国、刘源：《关于宏观税负问题研究的文献述评》，《财贸经济》

2009 年第 1 期。

60. 王峰：《我国产业结构的增加值率分析》，《边疆经济与文化》2007 年第 4 期。

61. 廖楚辉、胡涛：《对我国宏观税负水平判断的几点认识》，《税务研究》2006 年第 12 期

62. 沈利生、王恒：《增加值率下降意味着什么》，《经济研究》2006 年第 3 期。

63. 邓戬：《关于宏观税负的国际比较分析》，《当代财经》2003 年第 8 期。

64. 靳东升、陈琍：《20 世纪 90 年代宏观税负的国际比较》，《涉外税务》2003 年第 5 期。

65. 郭克莎：《制造业生产效率的国际比较》，《中国工业经济》2000 年第 9 期。

66. 黄家明、方卫东：《交易费用理论：从科斯到威廉姆森》，《哈尔滨工业大学学报》2000 年第 3 期。

67. 安体富、岳树民：《我国宏观税负水平的分析判断及其调整》，《经济研究》1999 年第 3 期。

分　论　篇

第二章　以深化改革为抓手降低制度性交易成本

摘要： 制度性交易成本可分为行政型、市场型和管理型。行政型交易成本来自地区封锁、招投标暗箱操作等行政垄断，以及规制体系不健全导致的标准混乱、多头执法。市场型交易成本来自排除或限制市场竞争的各类垄断行为和信用机制不健全导致的逆向选择与道德风险。管理型交易成本主要指垄断企业内部交易成本上升及向下游竞争性企业尤其是中小企业转嫁的问题。制度性交易成本不是越小越好，存在“有效率”与“无效率”之分，需要对症下药，既要最大限度减少政府对微观主体的不当干预，清租降费，切实削减“无效率”的制度性交易成本存量；又要通过培育竞争性要素市场，建立健全市场法治体系、政府规制体系、竞争政策体系和社会信用体系，切实提高经济运行效率，防范“无效率”的制度性交易成本反弹。同时，以合法产权和收益为参照，推动全社会建立制度性交易成本的合理分担机制，尽可能减少向分散而弱势的中小企业摊派或转嫁成本。

在经济新常态下，中国发展面临的主要矛盾是供需结构性失衡，主要表现为供给结构难以灵活适应需求结构的变化。从供给侧入手，以深化改革为抓手，促进体制机制创新，切实降低制度性交易成本，增强实体经济企业活力和要素资源配置效率，推动结构优化和质量升级，增强内生性发展动能，这是解决中国经济社会发展深层次问题的治本良方，是促进经济平稳健康持续发展的重要保障。

一　制度性交易成本的理论分析和现实情况

近年来，中国实体经济效益出现较大幅波动，资源依赖型、过剩产能负担较重的部分地区和行业企业一度陷入经济降速与效益下滑的泥淖。深入推进供给侧结构性改革，亟待采取行之有效的措施切实降低实体经济企业成本，增强其内生发展的动能。在融资成本、税费成本、流通成本、用能用地用人成本下降空间越来越小的情况下，采取针对性措施降低各类制度性交易成本具有相当的现实意义和紧迫性。明确制度性交易成本的内涵、分类及其规模，是分析如何降低制度性交易成本的逻辑起点。

（一）制度性交易成本的概念和分类

从新制度经济学的视角来看，交易成本（Transaction Cost，又译交易费用）是伴随社会分工和交易行为产生的，社会化大分工提高经济运行效率的同时自然会带来一定规模的交易成本。制度性交易成本指的是动用资源建立、维护、使用、改变法律、制度和组织等方面涉及的所有成本。企业的融资成本、税费成本、物流成本、用能用地用人成本等包括两部分，一部分是直接物耗成本，另一部分是与法律法规、组织体系相关的制度建设或运营成本（见表2-1）。可见，制度性交易成本是不同于可测量的直接物耗成本的一种相对成本的概念，其产生于实体经济各类交易之中，直接影响实体经济企业活动的组织方式及运行机制。

按交易的范围和主体可以划分为三类。一是市场型交易成本，即因为信息不对称和市场不确定性导致的各类资源配置的损耗；二是管理型交易成本，企业内部包括人财物管理、信息技术投入、公共关系及游说产生的成本，包括后勤成本、质量控制与风险控制成本等；三是行政型交易成本，包括建立、维持和改变体制中正式或非正式组织的各类成本。国外研究也将后一类成本称作政治型交易成本，因其涉及政党、工会、雇主协会等院外压力集团的建立和运作。

图 2-1　制度性交易成本与其他成本的关系

资料来源：课题组绘制。

按交易流程和作用也可以分为三类。一是搜寻和信息成本，企业为了搜寻愿意与其交易的个人或组织而产生的广告、公关和推销费用，及为参加有组织的市场平台（如股市、期货市场、展览会等）而付出的成本。二是谈判和决策成本，包括处理搜集到信息所涉及的成本、支付顾问费用及为达成一致性决策而进行讨价还价的成本。三是监督和执行合同的费用，合约各方的欺诈或机会主义行为可能导致不良后果，为避免这些行为导致的社会总产出或总福利水平损失，需要花费成本监督合同执行过程和效果。

制度性交易成本存在“有效率”和“无效率”之分，需对症下药。对于制度性交易成本的判断，需要借助整个经济运行的成本—收益分析框架。能够带来经济效率提升的是“有效率的交易成本”，比如完善统一的流通体系和监管体系，有助于提升社会总福利或净福利。相反，无法带来效率改善甚至是降低效率的是“无效率的交易成本”，比如地方设立单行标准或人为分割封锁市场，可能会导致社会总福利或净福利损耗。目前，中国“无效率”的制度性交易成本的主要来源是行政型交易成本，此外，因垄断导致的市场型和管理型交易成本也不可小觑（见表 2-1）。

制度性交易成本也存在固定成本与可变成本之分。固定交易成本是用于建立组织、制度安排的成本，可变交易成本是因交易数量或规模变化带来的成本。在经济社会体制基本定型的国家或地区，制度性交易成本当中的固定成本占比趋于缩小，而中国这类体制转轨期的经济体，制度性交易成本当中固定成本的比重相对较高。为此，我们既要降低制度性交易成本当中“无效率”的存量部分，又要防止新增加“无效率”的交易成本。

表2－1　　**“无效率”的制度性交易成本来源和结构**

表现与根源 \ 交易成本类型			搜寻和信息成本	议价和决策成本	监督和执行成本
行政型	行政垄断	地区分割	☆	☆	
		招投标和集中采购乱象	☆	☆	☆☆
	规制体系不健全	标准空白或混乱	☆☆		☆
		多块分头监管		☆☆☆	
		价格规制失范	☆☆☆		☆
市场型	垄断结构与垄断行为	不公平的市场准入	☆	☆☆	☆
		垄断高价和垄断低价	☆	☆☆	☆
		歧视性定价	☆☆	☆	☆
		垄断协议	☆☆	☆	☆
	信用机制缺失	上下游实体企业之间	☆	☆	☆☆☆
		银行和实体企业之间	☆☆	☆	☆☆☆
管理型	垄断企业内部	租金耗散	☆☆	☆	☆
		内部X非效率	☆	☆☆	☆☆

（二）制度性交易成本的估算方法

判断经济发展的指标是社会净福利而不是交易成本水平，“零制度性交易成本”只存在于新古典经济学的假设框架之中，对于现实世界的市场经济而言，制度性交易成本并非越小越好。已有类似研究用以估算交易成本的方法大体分为两类。

1. 第一类是价差推断法

即通过产品零售价与出厂价之差、银行贷款利息与存款利息之差、企业的间接费用支出、政府日常行政费用支出等，来推断流通、融资、企业内部和行政组织等各种渠道产生的交易成本规模。考虑到企业需要进行复杂交易时，一般需要借助金融、会计、律师、环保、建筑等专业性机构提供的“专业性服务”，这类专业性服务收入在国民经济统计账户上有相应体现，也能够用以估算交易成本规模。上述估算方法得出的是交易成本，实际上比制度性交易成本的范围要广，一般需要剔除各类交易的直接物耗才是制度性交易成本。通过此类方法，Wallis 和 North（1988）对20 世纪70 年代美国的估算结果是，交易成本占国民生产总值（GNP）的比重在46.7%—54.7%，而且他们发现1870—1970 年间，交易成本比重翻了一番。他们指出推动交易成本增长的原因包括三个方面：一是经济社会日趋复杂，市场不确定性和信息不对称广泛存在，签订和执行合约显得越来越重要；二是生产和运输技术变革推动各类专业性交易服务需求增长，社会分工越来越细，专业化收益明显增加；三是运用政治制度重构产权的费用不断降低，由政府部门代替个体决策，而交易成本由多个经济部门分担，虽然交易成本增加了，但是生产成本得以大幅下降，经济运行效率得到明显提升。①

以医药行业为例，据此类方法初步估算，医药领域仅流通环节产生的制度性交易成本就相当于国外的2—3 倍。国内外已有研究，通过最终销售价格减去平均生产成本、平均运输费、平均流转税等计算流通环节产生的交易成本。因为国外流通体系比较健全，基本形成全国（甚至是欧盟）统一大市场且流通体系层次较少，所以流通环节制度性交易成本占终端消费价格的比重较少，为20%—30%。② 中国情况比较复杂，因为流通体系内部嵌套的层次太多而且存在严重地区封锁，所以这个比重可能会翻番。以药品流通为例，从药品销售价格构成的国外情况来看，批发零售等流通环节收入占20%—30%，而中国竟然占到80%，这其中大部分是地区分割导致的制度性交易成本。从交易成本的具体结构来看，生产流通企业为

① ［美］埃里克·弗鲁伯顿、［德］鲁道夫·芮切特：《新制度经济学——一个交易费用分析范式》，姜建强、罗长远译，上海人民出版社2015 年版，第30 页。

② 德国1959 年数据，在116 种非食品的商品组中，平均推销成本相当于最终销售价格的49%，减去3.7%的平均运输费和7%的平均流转税，由此测出市场型交易成本相当于最终消费价格的38.3%。

了批号、定价、招标、目录而公关主管机构的费用占20%左右；医院固定的药品加成是15%；医院科室和医生“暗扣”即灰色收入占到30%—40%（见图2－2）；个人代理商（又称“居间人”或“药虫”）的中间费占5%；真正属于流通企业的价值分配不足10%。流通环节的交易成本过高，因为流通层次和环节过多，中间需要经过多次转手让票据反复流动以满足洗钱规模的要求，不然很难洗出巨额的“以药养医”费用，根本上还是地区分割和“医药不分”的体制使然。

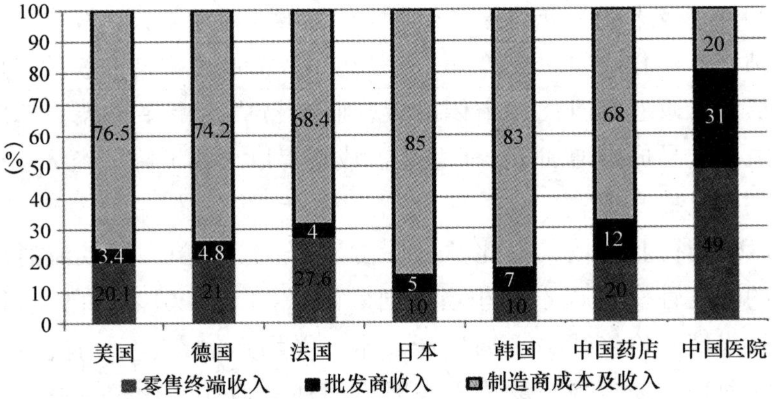

图2－2　中国医院零售药品价值分配的国际比较

注：按照每100元当地货币健保支付价格的价值分配大致测算。

资料来源：秦脉医药咨询公司《医疗机构药品供应保障国际比较》（内部报告）2013。

2. 第二类是租金估算法

根据寻租经济学，垄断通过扭曲资源配置会造成两类损失，一是社会净福利损失，可通过“哈伯格三角形”度量，另一类是消费者转移给垄断厂商的剩余，可通过“塔洛克四边形”度量。克鲁格《寻租成本的政治经济学》（1988）曾经测量过印度、土耳其等国家在进口数量限制条件下，为争夺进口许可证而产生的寻租规模，1964年在印度大体上是146亿卢比，占国民总收入的7.3%。其认为政府限制经济活动的行为带来了租金，有时争夺租金采取发放许可证等完全合法形式，有时也采取行贿、贪污、走私和黑市交易等方式。胡鞍钢、过勇（2003）指出，行业垄断造成的租金，既包括垄断价格体现的垄断厂商对消费者剩余的侵占，也包括行业垄断部门巧立名目非法收取的各项费用，即将高收入、高投资通过高价格转嫁给其他企业或消费者。过勇和胡鞍钢据此估算了2000年中国电力、煤气及水生产与供应、邮电通信业、航空运输业、铁路运输业四个行业的租金耗散的情况，仅职工工资一项导致的租金耗散就高达278.2亿元。采取类似方法，丁启军和伊淑彪（2008）对2006年石油、电力、煤炭、银行等行业寻租成本的估算结果是4485.73亿元，占GDP的比重达2.12%。

表2-2　　制度性交易成本的规模及导致的社会福利净损失

（单位：亿元）

事项行业	内部生产效率损失	寻租成本	账面利润	社会福利净损失
石油和天然气开采业	651.16	343.946	3652.12	2323.613
烟草制品业	221.674	210.7887	465.78	449.1213
电力、热力的生产和供应业	3868.552	449.8739	1689.34	3003.883
煤炭开采和洗选业	1045.264	1145.886	690.54	1440.845
石油加工、炼焦及核燃料加工业	2880.654	144.6808	-312.24	1356.547
燃气生产和供应业	157.896	56.18887	29.83	121.9574
铁路运输业	457.3	236.0994	78.0	385.6997
邮政业	129.96	67.09705	-11	93.02852
航空运输业	384	198.2554	68.6	325.4277
电信和其他信息传输服务业	1027.28	530.3744	1347.4	1452.527
银行业	2135.508	1102.541	1349.8	2293.925
总和	12959.25	4485.732	9048.17	13246.58
占GDP的比重	6.14%	2.12%	4.29%	6.28%

资料来源：丁启军和伊淑彪（2008）。

二 制度性交易成本居高不下的主要原因

（一）行政型交易成本是加重实体企业负担的主要来源

在中国，“无效率”的行政型交易成本主要包括两个方面：一是行政垄断，即滥用行政权力或依仗行政势力直接干预微观主体竞争，主要是地区封锁、公共项目招投标的暗箱操作；二是政府规制体系不健全，主要是标准混乱、多头执法等。

1. 地区封锁妨碍实体经济企业公平竞争

地区封锁导致流通体系分散、层次过多，提高了实体经济企业的流通成本。据商务部对全国主要省（区、市）的相关调查，有20余个省（区、市）产品或服务均遭受不同程度地区封锁，有的情况较为严重。近年来，各类地方“土政策”、保护伞行为阻碍实体经济企业正常的跨区兼并重组和连锁经营，阻碍要素和生产资料跨区域自由流动，增加了企业市场准入和流通成本。以药品流通行业为例，地区封锁是导致中国药品生产和流通“小散乱差”的根源。一是地方政府采用歧视性价格、重复检验认证等方式限制外省生产的中成药、医疗器械进入本地市场，或阻碍本地药材、原料药等销往外地。二是对不在本地登记注册和纳税的外来企业，地方政府采取多种隐性限制与干预措施，阻碍并购本地企业或在本地开展连锁经营。由此造成了中国药品零售环节连锁率较低，大约40多万家零售药店当中连锁药店竟不到40%。三是为了千方百计留住本地税收，部分省市集中采购要求投标主体必须在本地设立子公司，中标生产企业要选择本地的配送企业，由此加剧了流通体系的分散与低效。目前，中国有1万多家药品流通企业，其中80%以上都是地域性小公司。四是地方政府对当地骨干药企或招商引资重点医药产业项目采取有弹性的、差别化的监管措施，比如放松质检、环保标准，阻挠外来执法部门现场检查或限定检查时段，不允许罚款或尽可能少罚款等。例如，当年“毒胶囊”事件涉及10多个省份的数十家药企，从事后处理结果来看，因这一事件倒闭的药企寥寥无几，多数都在各地政府庇护下躲过一劫。

2. 公共项目招投标和集中采购存在暗箱操作

（1）在公共项目招投标和集中采购领域存在大量乱象。目前，中国公共项目招投标缺少规范性和透明度，存在采购权力机构与供应商企业之间的纵向串谋、供应商之间的平行串谋以及供应商在采购合同执行过程中的大量失信行为。在地方公共项目招投标过程中，存在人为设计串标、陪标及各式排他性的“隐形门槛”，部分地方集中招标采购前后需要经过多道确认或审批程序，为公权力寻租留有较大操作空间。同样以药品市场为例，政府集中采购是药品进入公立医疗机构的前置“关卡”。各地药品集中采购平台多数是隶属卫生部门的行政机构或下属单位，行政色彩极为浓厚，其凭借行政权力和垄断势力，采取收取巨额保证金等方式排除或限制药企市场竞争。

（2）招投标机构或集采平台收取高额保证金存在暗箱操作。以药品行业为例，各地药品集采平台单方面向药企收取而不向医疗机构收取，只监督药品及时供应而不监督医院及时付款，实际上是将监督执行合约的交易成本全部转嫁给处于弱势地位的中小药企。近期，不断曝光各地收取天价保证金事件，蚌埠收取履约保证金 1.5 亿元，广德县收取 480 万元的质量保证金，宿州 50 个品种参选保证金合计 500 万元。福建集采平台出台了专门的履约保证金管理细则，不仅向入围目录的药企收取保证金，还根据承担配送采购片区的数量向配送企业征收 10 万—30 万元不等的保证金。而且，对药品集采平台归还保证金及擅自挪用并没有限制，直接增加了企业资金成本压力，导致资金链紧张的企业不得不放弃投标。

3. 标准空白或混乱导致企业信息搜寻成本高昂

（1）从标准数量来看。目前国家、行业和地区标准总计超过 10 万项，数量众多且修订较慢，“标龄”比发达国家高出 1 倍，其中有大量不该强制执行的技术要求仍被当作强制性标准，使得企业无所适从，亟待进行清理和规范。新产业和新业态领域，多处在标准空白状态，企业无规可依，增大了信息搜寻成本。

（2）从制定主体来看。现有 42 个政府部门制定发布 68 类行业标准，标准“碎片化”问题十分严重，常因“一标多门”而互相掣肘。

例如，室内空气质量标准涉及卫生、环保、住建、建材等多部门，涉及10多项强制性标准，企业在从事相关产品生产经营时需要花费高昂的搜寻和协调成本。

（3）从标准体系构成来看。90%以上都是沿袭自计划经济时代的工业产品标准，与公共安全相关的卫生、环保标准比重不足10%，而且，涉及安全和环保的标准越重要越“难产”。例如，电动自行车标准涉及1.3亿用户出行安全，但因相关部门与产业立场严重对立，竟然10年未完成修订，令相关行业企业无所适从。又如，2200多种食品添加剂当中有超过60%的添加剂没有配套的安全检测标准，这增大了食品安全风险和监督执行安全目标的交易成本。

4. “九龙治水”的监管体制导致企业协调和决策成本居高不下

“放管服”改革尚待进一步深化。在中国，特定行业监管职能无论由单一机构承担还是由多个机构共同承担，市场准入、服务质量、投资审批、价格核定等往往由多个部门参与，职能分割与重叠比较普遍。例如，环保监管职能分散在发展改革委、环保部、工信部、国土部、水利部、林业局和海洋局等多个部委，由于难以达成共识甚至存在明显分歧而导致重大监管决策难以及时出台。实体经济企业作为环保领域被执法的“行政相对人”，自然要承担这些制度性交易成本的“大头”。安全生产领域的情况与环保领域类似。目前，安全生产执法和劳动者权益保障仍处于“各自为政”状态，而且作为安全生产监察重中之重的特种设备安全监管仍面临分段监管的窘境。以重要特种设备气瓶产品为例，从制造、运输、储存到经营仍由质监、安监、运输、消防、住建五个部门分段“把守”，在险情处置与案件处理过程中经常发生相互推卸责任的情况。从事相关产品生产经营的企业需要跑遍所有部门，申领事前许可和运营资质，一旦出现险情需要接受多个部门的检查与处罚。调研发现，实体经济企业一度需要面对环评、安评、水评、能评、雷评、消评、震评、交评之类的花样繁多的监管部门检查与验收，不仅需要反复提交同样或类似信息，而且需要应对内容和程序相近的繁琐检查，可谓不胜其扰。近两三年来，通过深化“放管服”改革，相关方面得到了一定缓解，但是在局部地区尤其是基层，相关问题依旧比较严重。

政府部门之间仍然存在“信息孤岛”问题。工商、公安、环保、海关、安监、质检、建设、气象、水利、交通、地震等部门掌握大量市场主体基本情况和违法违规信息，但囿于部门利益和管辖权限制，部门之间存在明显的信息“隔离带”。据国际开放知识基金会评估，中国政府部门间数据开放度很低，在国际上排名57位，开放度不足40%（见图2－3）。由此造成市场主体不得不向多个部门重复提交信息、多次验证信息，增加市场主体交易成本的同时也增加了行政管理成本。此外，多个部门的检查与验收，经常伴随较多不合理的收费项目，以及要求企业从指定供货商购买设备，实际上是将多头执法的交易成本直接转嫁给了实体企业。2015年以来，中央加大对多头监管重复检查项目的清理工作，部分评价项目已明令取消，但是基层执行仍有不到位的地方。特别是在中小城市和乡镇，部分民营企业仍然是当地政府部门反复检查、多次摊派、募捐赞助和接待来宾的埋单主体。

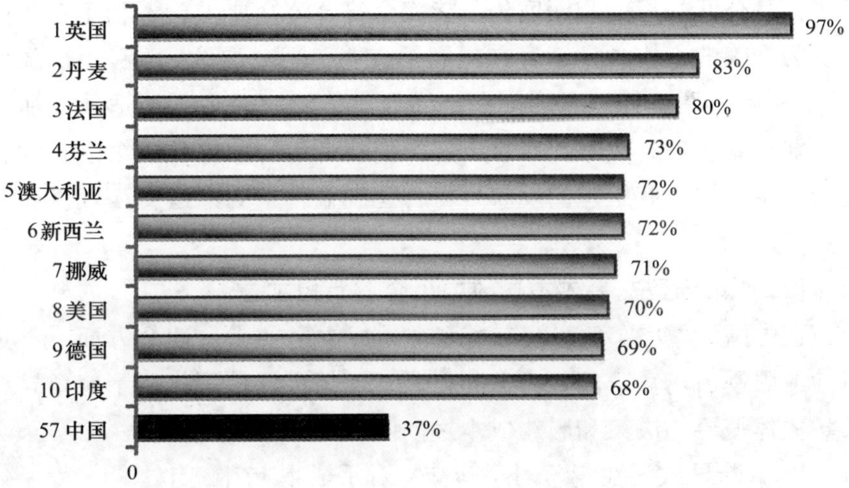

图2－3　中国政府数据开放度的国际比较

注：由开放知识基金会评定，涉及公共交通时刻表、财政预算和支出、选举结果、企业注册、高清地图、统计、司法、邮编、环境污染等数据。

资料来源：http：//index. okfn. org。

5. 价格规制体系不完善难以提供明确预期

电力、天然气、成品油、铁路运输等产品和服务，是实体经济运行和发展的基础。目前，因自然垄断或尚不具备竞争条件，这些行业的价格仍以政府规制为主，但因价格规制体系尚不完善，不能为企业投资和运营活动安排提供明确预期和合理信号，增加了交易成本以及其他不合理成本。比如，适应价格规制需要的规制成本制度尚未建立，价格规制机构缺少对影响价格水平的最关键因素——投资成本的规制权利，国有企业薪酬管理体制不健全，导致不合理成本难以约束；确定价格水平和结构的规则不够细化，制约合理价格水平和结构的形成；一些已建立的价格调整机制因受多种因素干扰难以完全落实，全面、规范的价格调整机制尚在建立之中。又如，各类用户价格存在严重的交叉补贴，不合理地增加了工商业用户的成本，降低了其经济竞争力，并造成了对高收入阶层的不合理补贴；不同地区之间也存在一定的价格交叉补贴，不利于引导资源在地区间的合理配置。此外，信息公开的广度和深度仍不能完全符合公众要求，不利于企业形成较为准确的价格预期，存在规则不透明，朝令夕改、“涨得快降得慢”、多年不调价等一系列问题，导致实体经济企业无所适从，加剧了企业搜寻和信息成本。而且，各类消费者参与和监督决策的条件和能力不足，缺乏有组织的反映自身合理利益诉求的渠道。

（二）市场型交易成本导致中小企业负担加重

在中国，“无效率”的市场型交易成本主要来自两个方面：一是排除或限制市场竞争的各类垄断行为，二是市场信用机制不健全导致市场主体搜寻、决策和履约成本过高问题。

1. 垄断导致潜在竞争对手和交易对手成本上升

对潜在竞争对手的影响主要来自不公平的市场准入，而对交易对手的影响则是由各种垄断行为导致的，包括滥用市场支配地位、达成垄断协议、具有排除竞争影响的经营者集中行为等。

（1）不公平的市场准入。在市场准入未完全放开的情况下，一些企业为进入相关行业往往游走在政策的边缘地带，或利用管理中存在的一些漏洞“先上船，后补票”，或通过借用资质等方式曲线进入。一些不公平的市场准入条件极大地增加了企业经营成本，一方面，企业在进入相关行业后面临很大的不确定性，可能因触碰政策红线而不得不退出，可能因违反各种规定面临经济上的处罚，另一方面，即使进入相关行业，企业也会面临不公平竞争，为获得相同的客户资源，需要付出更多的人力、物力和时间成本。目前，电信、铁路等是行政主管部门人为设置进入壁垒最严重的行业之一。政府对电信业务经营按照电信业务分类，实行许可制度，对有资格经营电信业务的企业作出了严格规定，需要取得主管部门的经营许可证。铁路部门也利用其行政权力设置了一些市场壁垒，只允许某些特定的企业或产品进入铁路市场。铁道部在撤销前，其投资比例长期以来占全部铁路投资比例的80%以上，其他投资者所占比重相加也基本不超过20%，并且这些投资一般是以与铁道部合作投资的形式完成的。

（2）垄断高价和垄断低价。垄断者往往可以利用其市场支配地位，在将其产品出售给下游企业时制定不公平的垄断高价，在采购上游供货商提供的产品时制定不公平的垄断低价。电信收费过高是中国电信行业长期以来被诟病的问题之一。以互联网收费为例，2011年信息化蓝皮书《中国信息化形势分析与预测》指出，中国宽带速率不及OECD国家的1/10，资费是发达国家平均水平的3—4倍。铁路服务和铁路系统内销售商品也经常会出现垄断高价，包括企业在购买铁路货运服务时支付的各种不合理费用等。垄断低价则主要表现在铁路部门在铁路建设和运营招标过程中利用优势地位，人为压低设备供应商和建设者的合同价格。

（3）歧视性定价。歧视性定价是具有市场支配地位的商品或服务提供商在向不同的接受者提供相同等级、相同质量的商品或服务时，在接受者之间实行不同的销售价格或收费标准。在垄断者实施价格歧视时，下游企业往往承担了更高的成本。在2011年，国家发展和改革委员会发起的对中国电信和中国联通反垄断调查中，价格歧视是对两家公司提出的重要指控之一。在两家公司此后的整改声明中，也直接或间接地承认了存在价格歧视问题。

（4）垄断协议。可分为横向垄断协议与纵向垄断协议。其中横向垄断协议是指具有竞争关系经营者之间达成的垄断协议，有时也称作卡特尔。横向垄断协议的形式包括实施固定价格、限制产量、划分市场、限制购买或开发、联合抵制其他竞争对手、串通投标等排除、限制竞争的行为。横向垄断协议的例子有很多，比如浙江省财险公司垄断协议案。该案件的决定书认定浙江省保险行业协会和多家财产保险公司组织或参与达成、实施固定商业车险费率的协议，组织或参与达成、实施固定、变更商业车险代理手续费的协议。这些行为导致部分企业承担了过高的保险费率，在一定程度上增加了企业的成本。因其价格垄断行为，相关企业被处以1.1亿元的高额罚款。纵向垄断协议是市场上出于不同经营层次的企业之间通过协议、决定或其他协同方式实施的排除、限制竞争行为，包括市场分割、数量强制、转售价格维持、歧视性价格折扣、排他性销售、排他性购买、进场费等多种形式。比如，铁路部门就存在多个方面的指定交易，包括火车上和火车站内的商品销售，火车票务代理等。近年来，汽车销售行业的纵向垄断协议也受到反垄断部门关注，2015年江苏省物价局查明奔驰公司与江苏省内经销商达成并实施了部分车型整车及部分配件最低转售价格的垄断协议，并依据反垄断法律法规对奔驰汽车价格垄断案作出行政处罚，对奔驰公司罚款3.5亿元，对部分经销商罚款786.9万元。

2. 市场信用机制不健全导致实体企业成本上升

（1）社会信用法律和制度不完善推高信息甄别和监督执行成本。一是法律不健全。从立法角度看，尚未制定专门的法律来全面规范信用信息的公开和使用、信息主体的权益保护，公开的信用信息与非公开的信用信息区分及使用缺乏法律依据等，相关部门及地方规章建设水平不一，有的还相对滞后。具备信息优势的一方往往能够借此获取一定收益，而不具备信息优势的一方则可能出现损失，这种损失可能反映了企业成本的上升。这会导致严重的逆向选择问题，一些缺乏信用、扰乱市场秩序的企业混于恪守信用、遵纪守法的企业中间，最终导致“劣币驱逐良币”，整个市场环境受到损害，市场主体需要付出更多成本才能够获取信息甄别商家的优劣。从执法角度看，一方面企业制假售假、商业欺诈、逃债骗贷现象仍然突出，不少行为不能依法受到惩处；另一方面，即使法院对市场主体信用问题作出了判决，法院判决得不到有效执行也会引发一系列导致信用缺失的连锁反应。这会导致严重的道德风险问题，由于企业的违法违规行为不能被其交易对手所观察到，即便被发现也不能得到有效的惩处，企业就会更加倾向于通过违法违规行为获取短期收益。这样对于所有的企业而言，都需要付出更高成本来保障合同的监督和执行。二是社会信用制度存在不足。表现为国家信用监管职能分散、没有形成全国统一的信用信息共享平台、行政管理的条块分割限制了信用信息的共享；信用中介市场发展滞后，守信激励机制不健全、失信惩戒机制薄弱，个人信用制度基本没有建立，社会信用缺乏统一标准等。由于法律和制度不完善，导致企业需要付出更多人力和物力对交易对手行为进行监督，在执行合同过程中也会面临更多不确定性，需要付出更多执行成本。

（2）守信激励和失信惩戒机制不完善导致监督和执行成本过高。只有对市场主体守信行为予以激励，对失信行为予以惩罚，社会信用体系才能真正发挥作用，公平竞争才能真正得以实现，企业的议价和决策成本、监督和执行成本才能得到有效控制。目前，中国的守信激励机制和失信惩罚机制均不健全。在市场竞争中，没有给诚实守信者提供发展机遇和发展空间的激励，其公平竞争、守信履约行为难以通过现有信用体系为其他市场主体所认知，无法为其带来可观的经济收益。同时，惩戒失信违约行为的有力措施欠缺，企业生产的假冒伪劣商品、问题食品和问题药品能堂而皇之地进入市场，企业在交易环节的恶意违约、诈骗，侵犯知识产权，恶意骗取贷款等行为没有受到法律制约，失信成本过低，失信者的发展机会、利益没有因失信行为而受到限制或损失。奖惩机制未建立导致市场主体陷入“囚徒困境”，竞相钻法律和制度的空子，采取不正当手段参与市场竞争。表面上看，单个企业通过投机行为节约了自身成本，提升了收益，但从整个市场看，所有企业的交易成本都上升了。守法守信的企业为了识别竞争对手或交易对象恶意违约、诈骗、侵犯知识产权、制假售假等行为，需要付出更多的搜寻和信息成本；在初步甄别交易对手后，因为对手可能存在失信行为，企业的议价和决策又面临更多不确定性，需要就更多的情形作出评估，提高了企业议价和决策的成本；如果企业的合法权益因上述行为受到损害后，又需要通过自身努力去维护自己的权益，从而承担了更多的监督和执行成本。

（3）信用信息平台不完善导致搜寻和信息成本过高。联合征信数据平台是社会信用建设的先导性、基础性工程。目前，中国的信用信息共享、信用评价和信用管理工作还有待提升。一是缺乏各部门信用信息资料的互联互通。企业及个人信用信息广泛分散在工商、税务、公安、金融等职能部门，缺少互联互通和共享。二是信用评价标准不一。信用信息的管理部门都有各自的信用等级评价标准和评定办法，缺乏一个协调统一的评价机构和评定方法。三是信用管理不够完善。多数企业没有建立信用管理机制，没有专人收集交易伙伴的资信档案，对客户信用风险缺少系统、科学的研究，政府部门也缺少对信用管理的指导性政策和措施。上述问题导致部门与地方、区域与区域、部门与部门间的合作与交流不够，信用体系难以有效运转，无法形成对公平竞争的有效支撑。在金融领域，上述问题的影响尤为突出，在企业信息本已广泛存在于工商、税务等各个部门的情况下，由于缺乏信息共享平台，银行在授信过程中往往需要企业报送大量的材料，加重了企业的负担，增加了企业成本；银行自身又需要花费大量的人力物力对相关材料进行审查，反过来又增加了银行的成本。在银行对企业信用情况缺乏了解的情况下，银行资金使用的效率大打折扣，而企业也难以以合理的成本获得急需的资金，资金配置效率低下导致企业承担更高的成本。

（三）管理型交易成本由垄断企业转嫁给下游中小企业

市场经济条件下，垄断本身并不必然带来无效率的资源配置，垄断可能产生一定的收益，包括节省固定成本、激励企业创新等。但在更多情况下，垄断可能导致社会福利的净损失，可能带来垄断企业内部交易成本上升及向下游竞争性企业尤其是中小企业转嫁。

1. 垄断企业向下游竞争性企业和终端消费者转嫁管理型交易成

本。长期以来，中国垄断行业的国有企业普遍因“高价格、高工资、低效率”的“两高一低”问题受到诟病。从职工平均工资来看，1992 年以后，电、燃气及水生产供给行业与全国平均工资的差距逐年拉大，增速明显高于全国水平（见图 2－4），这说明了“高工资”情况较为普遍。用成本费用利润率衡量效率的话，燃气、电力热力和自来水行业的波动幅度较大，电力热力行业在 2007 年以前一直高于全国水平，2008—2013 年明显低于全国水平，自来水行业从 2000 年以来一直比全国平均水平低，近两三年才有所好转，燃气行业 2006 年以来开始超过全国平均水平，但 2010 年以来下降速度较快（见图 2－5），这在某种程度上能够说明垄断行业相对低效率的问题。由此可见，公用事业等垄断行业企业内部存在较高的管理型交易成本，此类成本是由全社会分担的，通过水、电、气、热等公用事业产品向广大下游实体经济企业和终端居民用户传导。

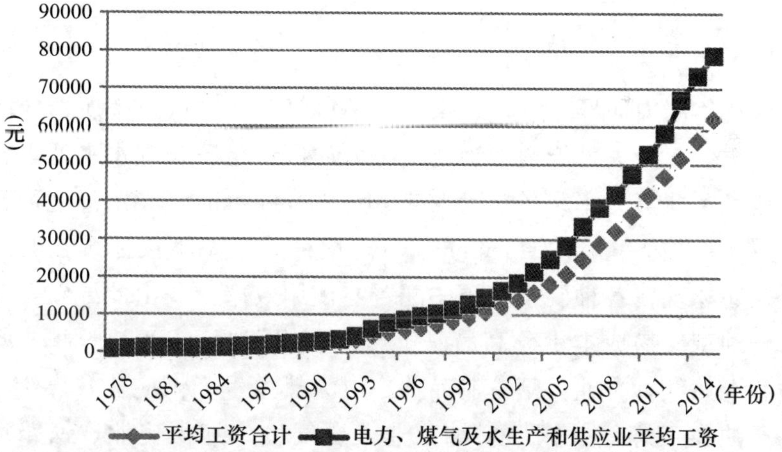

图 2－4　行业平均工资和水电气生产供应行业平均工资比较

资料来源：《中国统计年鉴》相关年份。

2. 垄断企业导致的内部效率损失和寻租成本较高。当垄断企业为寻求垄断地位或被其垄断地位所困时，垄断可能会带来企业自身成本上升，主要包括两个方面。一是内部效率损失，是指垄断企业因缺

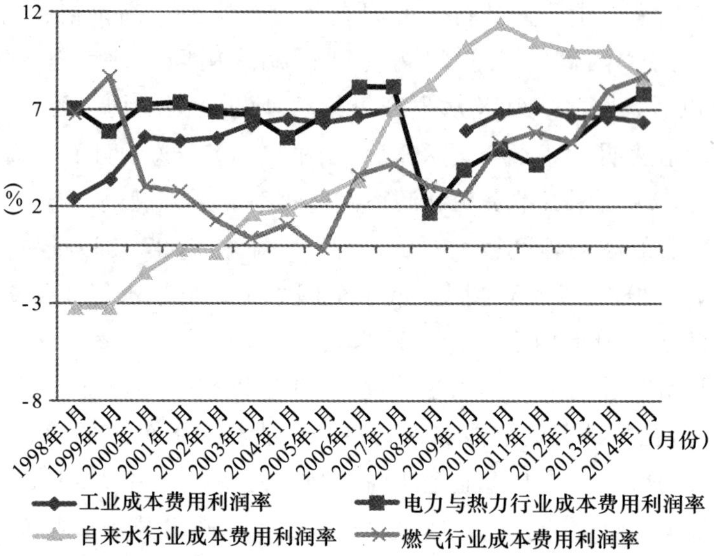

图2-5　工业、电力与热力、燃气、自来水行业成本费用利润率比较

注：成本费用利润率 = 利润总额/成本费用总额 ×100%。

资料来源：《中国统计年鉴》相关年份。

少外部竞争压力而导致管理、生产、销售等方面的低效率所造成的损失。内部效率损失可能表现为员工努力动机不足，管理水平低下，研发和技术革新努力不足等。鲁宾斯坦（Leibenstein）首先将这种状态称为“X-非效率”（X-Inefficiency）。这种无效率不仅体现在时间效率上，还体现在各种要素资源的配置与使用效率上，由此导致企业内部的管理型交易成本十分高昂。丁启军和伊淑彪（2008）对2006年石油和天然气开采业、烟草制品业、电力热力生产供应业、煤炭采选业、石油加工炼焦及核燃料加工业、燃气生产和供应业、铁路运输业、邮政业、航空运输业、电信和其他信息传输服务业、银行业等11行业的内部效率损失的估算结果是12959.25亿元，占GDP的比重高达6.14%。二是寻租成本或称为租金耗散，是指垄断企业为了获得并维持其垄断地位从而得到垄断利润所从事的一种非生产性寻利活动付出的成本，包括企业进行院外游说、广告宣传、贿赂等成本。在寻租过程中，企业往往不是通过扩大生产、降低成本、提高产品质量、进行技术革新的方式来增加利润，而是把大量的人员、资金用于争取政府的种种优惠，以维系其垄断地位。这一部分支出既没有带来消费者剩余，也没有增加企业利润，而是以一定形式自我耗散掉了。

三　降低制度性交易成本的对策建议

降低实体经济企业交易成本，要正本清源、对症下药，既要最大限度减少行政机构对微观市场主体的不当过度干预，清租降费，大力削减“无效率”的制度性交易成本存量；又要通过培育和发展土地、资本、劳动力、技术等要素的竞争性市场体系，扩大要素资源供给规模，优化供给结构，建立健全现代市场法治体系、政府规制体系、竞争政策体系和社会信用体系，切实提高市场经济运行效率，全面改善经济发展质量，从而防止新增“无效率”的制度性交易成本，并尽可能减少制度性交易成本向分散而弱势的中小民营企业转嫁。

（一）全面清理和废除妨碍统一市场建设的地方保护行为

对国务院和各地文件进行全面而系统的清理，但凡是法无实据、有损人民群众合法权益的，都要尽快废止或重新修订。地方政府要做好相关规范性文件和不规范行为的清理工作。尤其是清理围绕籍贯、规模、资产、资质设置的阻碍并购和连锁经营的限制性条款及行为，取消各地各行业阻碍商品和要素自由流通的单行政策。

取消限制企业兼并重组和增加企业兼并重组负担的不合理规定，禁止违背企业意愿的“拉郎配”行为。支持企业根据市场情况跨区域经营，切实解决跨地区经营企业汇总纳税等触及地方利益的棘手问题。由此，各地方政府及所属部门不得以任何形式要求在本地经营的外地企业必须设立独立的法人机构，限制或排斥外地企业在本地设立分支机构。

（二）纠正行政部门在招投标和集中采购过程中的失范行为

应在政府采购和公众招投标过程中充分引入自由竞争机制，彻底消除披着政府采购合法外衣的各类权力寻租行为。切实降低中小企业参加政府采购和公共项目招投标的门槛，纠正实践当中政府采购流程不清和保证金管理比较混乱的问题，明确规定行政机构采购人不得向供应商收取履约保证金，不得将中标后成交供应商交纳的投标保证金擅自转为履约保证金，不得私自挪用、滥用中标保证金，明确规定保证金返还时限，并对公共部门采购资金支付时限、支付方式及相应违约条款做出明确规定。探索建立重点领域供应商信用评级制度，加大供应商参与寻租的机会成本。全面推广和完善政府采购电子化平台和规范流程，加强对政府招投标和集中采购管理人员的培训与内部监督。

（三）加快建立竞争性要素市场和现代流通体系

1. 建立健全要素资源与产权交易市场。整合各地分散的工程项目招投标、土地使用权和矿产权出让、国有产权交易、政府采购等公共平台，建设统一的公共资源交易平台，适时整合房地产、人力资源、金融证券等要素和国有企业实物资产、知识产权、农村产权、环境产权等各类权属交易平台，推动建立多品种、多层次融合发展的全国公共资源与产权交易共同市场。制定统一交易规则和交易保障机制，抓紧出台电子交易公共服务系统技术的国家标准。吸引更多市场主体和公共资源管理部门参与公共资源交易平台建设、运行与维护，建立主要区域和省（市）符合地方实际的公共资源和产权交易子市场和子平台，鼓励交易主体跨区域自主选择交易市场或平台。

2. 推动信息资源平台建设，切实降低企业搜寻和信息成本。大力推进信息基础设施建设和信息技术升级，提升信息采集、传递和使用专业化程度，提高全国公共数据网络利用率与用户联网数量，促进信息资源高效传递与有偿共享。建立健全信息和大数据交易服务平台，盘活全国数据信息资源，推动数据交易相关法律法规和行业规范确立，建立一套安全可信、公开透明的隐私保护、定价与交易规则，提升数据信息市场交易的监管水平和效率，实现信息资源高效利用，切实降低全社会尤其是实体企业承担的各类信息成本。

3. 引入新型流通业态，构建现代流通服务网络。推动传统流通经营模式向现代流通经营模式转变，从关注有形市场、显性市场、传统市场、低附加值市场向注重无形市场、潜在市场、新兴市场和高附加值市场转变。从零散采购、分散配送、非连锁化经营向集中采购、统一配送和连锁化经营转变。着力完善要素流通网络体系，改造疏密无序、地区发展不平衡的流通网络布局，借助物联网、云计算等电子信息技术，建立扁平化、更加高效率的现代流通服务网络。

（四）健全规制标准、组织体系和决策机制

1. 建立统一而权威的标准管理体制。一是尽快出台国家《标准法》修正案。根据新形势、新情况调整标准制定范围，确立国家标准审查评估制度。借鉴欧盟建设统一标准体系的经验，以提高中外企业标准达标便捷度为目标，颁布标准化行为规范指南。二是建立统一而权威的标准管理体制。由国务院或法律授权的标准化管理机构统一发布强制性标准，各专业部门的技术性标准要纳入统一管理体系，并确保部门标准信息的互联互通。同时要改革推荐性（或自愿性）标准管理制度，建立第三方评价和公平公正的采信机制，激励有条件的学会、协会、产业联盟参与制定推荐性标准。三是大幅削减强制性标准数量。严格限定在保障人身健康和生命财产安全、生态安全等领域，突出“兜底线”的作用。与简政放权、取消和下放行政审批权改革相配套，要大幅减少政府部门对工业领域具体产品性能、规格标准的限定，同时要限制地方制定的技术类强制性标准数量，防止形成市场进入壁垒。四要建设全国统一的标准化信息服务网络，防止地方标准构成市场准入和流通的技术壁垒。汇集国家、地方标准信息，为市场主体提供一站式查询服务。以全国组织代码信息为基础，建设企业产品、服务标准信息公示系统，为上下游企业之间，企业与消费者之间相互选择创造便利条件，节省交易成本。

2. 完善规制组织体系，提高权威性和一致性。针对实体经济企业日常需要面对多个部门多项检查和评价的问题，首先需要大幅减少前置性许可及相关的检查项目，确有必要保留的许可检查项目要进一

步规范行为，明确标准和流程，尽可能合并相同或类似检查，大幅缩短检查和办理时限，以减少部门寻租的空间，切实降低实体企业承担的交易成本。建议在地方成立市政公用事业规制委员会，综合承担准入、投资、价格、服务质量等规制职能，以便加强统一规制，减少多部门分段规制可能产生的“无效”交易成本。对于社会性规制而言，建立健全统一而权威的规制机构有助于降低实体企业承担的制度性交易成本。在食药安全方面，应参照药品加强对食品等健康产品的专业性规制，建立最严格的覆盖研制、生产、销售、使用等全过程的规制体系，推动基层食药与工商、质检等部门成立综合执法队伍，力争由一个执法部门面对生产经营企业。在安全生产领域，要完善统一的特种设备安全监察体系，整合针对生产行为的综合规制与针对设备的专项规制，从而消除因“多龙治水”给生产经营企业带来的交易成本。

3. 推动价格规制体系现代化，引导企业形成合理预期。转变理念，将政府定价明确定位于价格规制，属经济性规制范畴，目的是平衡各方经济利益关系，维护包括工商业用户在内的所有消费者的权益。设立职能完备的规制机构，加强行业规划和项目审批的成本—收益分析，完善国有企业薪酬管理体制，有效约束被规制企业不合理成本；按行业设立规制成本制度，建立反映行业特点和价格规制要求的成本分类规则，建立定价成本定期报送、评估机制，提高价格规制效率；引入成熟规范的定价方法，提供合理价格信号；建立和严格执行规范的价格调整机制，提供合理预期。在各行业整合随价征收的政府性基金，并统一为行业公益基金，用于普遍服务、节能环保等公益性目的，从而为逐步解决交叉补贴创造条件，逐步减少价格信号的扭曲，降低工商业用户不合理经济负担。完善规则制定和执行的程序，加大信息公开力度。在规制机构内部设立专职的消费者联系部门，为各类消费者建立代表其利益的组织、有效参与决策创造条件。

（五）强化垄断行业改革，完善竞争政策体系

1. 通过深化垄断行业国企改革规制行政垄断。对于仍保留在市场准入负面清单之内的垄断性业务，要结合国有企业改革，进一步深

化垄断行业改革，增强垄断行业国有企业的公益性。要加强顶层设计，进行系统的改革和攻坚，准确定位垄断行业内的国有企业，明确目标，规范行为，坚决切断政府行业管理部门和企业间的经济利益关系，加强监督管理，充分体现垄断行业公益性，减少社会对垄断性国企的诟病。在推进企业改革改制过程中，要重点规范国有资产评估转让，加强国有产权交易流转监管，严格操作流程，防止国有资产流失。加快完善针对国有企业和国有资本的国家审计监督体系，加强对垄断行业国有企业重大决策、重要人事任免、重大项目执行、大宗物品采购、大额预算支出执行情况的全过程监督，杜绝暗箱操作，阻断垄断国企与行业主管部门及相关公共机构之间的非法或灰色利益输送，确保反行政垄断持续有效推进，从而大幅削减“无效率”的制度性交易成本。

2. 完善反垄断法律法规和各种指引文件。加强反垄断执法有利于降低因垄断而导致的各种制度性交易成本，但反垄断是一项庞杂的工作，垄断行为的类型众多，相关执法过程的经济学分析和法律分析较为艰深，具体的执法过程较为复杂。尽管反垄断领域法律法规的制订工作已经取得了一定进展，但要形成完善的反垄断法律体系仍然任重道远。未来中国仍需花大力气完善反垄断的各项配套法规，包括定时发布竞争政策报告，对市场的竞争状况进行评估；制订《横向并购指南》，对企业的横向并购行为进行规范；制订《纵向约束指南》，划分纵向约束的类别，明确纵向约束经济分析和法律实施的关键因素和主要步骤；制订《反垄断罚金指南》《反垄断宽大政策指南》，形成完整、具体、透明的宽大政策立法；制订反垄断诸领域的豁免条例，对于特定行业内对竞争影响较小的特定行为予以豁免；建立反垄断的安全港制度，对于竞争较为充分的行业、市场势力非常小的市场主体的部分行为给予免除审查和处罚的待遇。

3. 大力强化反垄断执法。一是要加大反垄断侦查和执法方面的投入，相关部门必须有更强大的执法队伍，更高的执法权限，更严厉的处罚措施，更紧密的部门合作。二是要加强反垄断行政执法与私人执行上的协调。反垄断政策实施中，除行政执法外还存在反垄断的私人执行，即市场中的私人参与者基于《反垄断法》的规定提起民事诉讼，以维护其个体利益或公共利益不受损害。随着反垄断的基本理念逐渐深入人心，私人执行在反垄断实施中扮演着日趋重要的角色，二者协调得当可以更好地发挥反垄断政策效果。尤其是在上游垄断行为导致企业成本上升时，要鼓励拿起《反垄断法》的武器保护其合法权益，合理降低成本。三是加强反垄断国际合作。随着全球化的推进，各国的联系日益密切，有大量的跨国公司在中国开展业务，中国企业也逐渐走向全球。无论是国外企业还是中国企业在涉及反竞争行为时，往往会牵涉多国消费者的利益和社会福利。因此，加强各国反垄断机构之间的交流与协调，推动各国在竞争执法上的合作，对于共同维护公平有序的竞争秩序，提高各国经济运行的效率，防止国外企业利用市场支配地位向国内企业转嫁成本有着十分重要的意义。要与其他国家和地区在反垄断领域建立良好的合作机制，深化相互之间的合作关系。

4. 在全社会范围培育和传播竞争文化。竞争文化往往伴随着市场经济的发展而发展，竞争文化的培育与反垄断实践是相辅相成的，竞争文化会推动反垄断法律的实施，也会随着反垄断实践的深入而不断成熟。针对中国竞争文化发育不足、竞争政策认识不到位的问题，需要通过扩大宣传，加强企业、消费者以及各级政府对反垄断工作的认识，构建良好的竞争文化环境，为反垄断法的贯彻实施创造有利条件。通过竞争文化的培育可以降低垄断带来的寻租成本，也可以通过提升企业的内部效率达到降低生产经营成本的目标。在培育竞争文化方面尤其要处理好竞争政策和产业政策的关系，由原来的产业政策优先，逐渐调整为以竞争政策优先、产业政策与竞争政策兼容和互补的公共政策体系。一是确定竞争政策的优先地位，在竞争政策的框架下完成产业政策的设计和实施。二是提升竞争政策设计的兼容性，为具有积极影响的产业政策留出政策操作的空间，减少不同政策间的摩擦。三是区分产业政策与竞争政策的时间周期，选择性产业政策对市场运行的调控只能在短期内存在，在中长期内，仍要确立竞争政策的优先政策地位。

5. 鼓励高端智库深化反垄断经济学与法学研究。国内主要高端智库需要结合理论前沿与中国反垄断实践深入研究，为反垄断执法奠定坚实的理论基础。尤其是要加强对新经济时代产业动态以及相关领域经济学和法学前沿的跟踪。在新经济时代，随着技术不断革新以及互联网对各传统产业的渗透，一些新的产业形态和商业模式不断涌现，经营者的定价策略、盈利模式都会出现一些不同于传统产业的变化，人们对市场边界的认识、对市场份额的计算也会不同于传统产业。需要就相关产业如何划定市场边界，如何衡量竞争、效率和福利水平进行深入研究，并充分动用研究的最新成果，保护企业的正当权益，有效降低企业成本，促进新产业、新模式健康发展。

（六）健全社会信用体系，完善履约监督机制

信用是市场经济的基石，健全社会信用体系是促进市场公平竞争的必要条件，也是降低实体企业成本的有效手段。只有让失信者寸步难行，让守信者一路畅通，才能够真正减少那些违背市场竞争原则和侵害消费者权益的行为，减少企业的搜寻和信息成本、议价和决策成本以及监督和执行成本。

1. 不断完善社会信用方面的法律法规和各项制度，加强信用基础设施建设。贯彻落实《社会信用体系建设规划纲要（2014—2020年）》，建立统一信用代码制度、信用信息记录和征集制度，不断完善信用信息共享交换平台。通过形成统一信用代码为每一家企业明确一个信用“身份证号”，以该“身份证号”为基础，对企业的信用行为形成准确、可追溯的记录，以多种方式征集、整合信用记录，将相关记录录入信用信息共享交换平台。

2. 着力减少银行与企业、企业与企业之间的信用信息不对称。要通过建立信用信息公开、共享制度和信用报告应用制度，逐步开放信用信息共享交换平台，有序公开企业信用信息，推动企业信息在不同部门、不同地方和不同行业间共享，将相关信息作为政府政策实施和企业市场决策的重要参考依据，促进企业自觉守信。要充分发挥技术进步在信用信息共享中的关键作用，通过互联网、大数据、云计算

等新技术、新工具优化企业信用评价的方法与流程，推动企业信用的共享和应用。

3. 强化企业信用评价和评价结果的应用。加快建立信用评价制度，构建协调统一的评价机构和评定方法，并以评估结果为基础建立联合激励和惩戒制度。通过政府与市场化机构相结合的方式，充分利用大数据对市场主体进行信用评价，将信用评价的依据从银行信贷拓展到法院执行、食品药品安全、环境保护、安全生产、税收征缴等领域，利用信用评价的结果开展跨部门的守信联合激励和失信联合惩戒，建立严重失信黑名单和行业禁入制度，使守信者处处受益，失信者寸步难行。

4. 加快重点领域信用建设，加大重点行业的监管力度。一方面，要引导企业建立内部信用管理制度，加强对信用服务机构和从业人员的监管，强化企业提升信用、珍惜信用的内生动力机制。另一方面，要完善信用市场监管体制，推动银行、证券、法院、工商、税务、环保、食药监、安监等部门在公共管理中加强事中事后信用监管，将信用方面的监管结果纳入相关部门的绩效考核。

（执笔人：臧跃茹、刘泉红、郭丽岩、刘志成、杨娟）

参考文献：

1. 丁启军、伊淑彪：《中国行政垄断行业效率损失研究》，《山西财经大学学报》2008 年第 12 期。

2. 过勇、胡鞍钢：《行政垄断、寻租与腐败——转型经济的腐败机理分析》，《经济社会体制比较》2003 年第 2 期。

3. 于良春、张伟：《中国行业性行政垄断的强度与效率损失研究》，《经济研究》2010 年第 3 期。

4. 周宏仁：《信息化蓝皮书：中国信息化形势分析与预测 2011》，社会科学文献出版社 2011 年版。

5. ［美］埃里克·弗鲁伯顿、［德］鲁道夫·芮切特：《新制度经济学——一个交易费用分析范式》，姜建强、罗长远译，上海人民出版社 2015 年版。

6. ［日］柳川隆、川滨升：《竞争策略与竞争政策》，胡秋阳、李玥译，中国人民大学出版社 2013 年版。

7. Guo, Y., & Hu, A., "The Administrative Monopoly in China's Economic Transition", *Communist and Post-Communist Studies*, Vol. 37, No. 2, 2004, pp. 265 – 280.

第三章　降低实体经济企业税负成本

摘要： 成本有多重含义和多种划分方法，要科学认识当前降低企业成本问题的实质，守住宏观政策与微观行为之间的合理界限，降低和减少乱干预、不当干预。税收与企业成本呈交叉关系，降低税负与扩大企业投资只存在间接相关关系，不是企业扩大投资的主要影响因素。从浙江、广东、云南、陕西、山东、湖北6省3789户大中小微各类企业、增加值约占全国GDP的1%、2009—2014年的税负变动调查情况看，2009—2011年期间，中国企业税负出现不同程度下降；但自2012年以来，随着宏观经济持续下行，各类企业税收负担均有明显上升。小微企业、增值税纳税人、社保类收费负担较重，体现了此期间内所实施的减税政策效果不及预期，积极财政政策名实难称。2016年3%的预算赤字将为实施更具针对性的减税政策提供必要的财力空间。结构性减税应更加注重向商品劳务税、社保收费、小微企业等税费和企业领域推进，切实帮助企业进一步降低成本费用负担。

微观层面上，中国企业税负到底高不高，哪些企业高？宏观层面上，中国减税空间到底有多大，需要对谁减税？彻底搞清这两个问题，是制定和实施结构性减税政策、增强政策针对性和有效性的重要基础和前提。

一　税负与企业成本的关系

深刻理解成本和企业成本基本含义，对于实施宏观干预、提高干预精度和有效性、降低和减少乱干预、不当干预具有重要意义。

(一) 成本有多重含义和多种划分方法

1. 经济学含义——经济成本。经济学意义上的“成本”概念主要指经济成本，具有比较宽泛的经济含义。经济成本是指厂商用于生产商品或劳务的生产要素价值，有时经济学家也用机会成本来代替成本概念。经济学从不同角度对成本进行划分。

第一，成本可划分为企业成本和完全成本。厂商的企业成本是指采用通常的会计方法计算出来的全部货币支出，包括所有付款和厂商订立的契约所规定的债务以及厂房设备折旧的账面成本等的货币费用总额。厂商的完全成本是指企业成本加机会成本和正常利润。正常利润包括企业主自己所投入的资金的利息和企业主所提供的劳务应得的薪金。

第二，成本可区分为隐性成本和显性成本。隐性成本是指厂商自己提供的资源所应支付的费用，如厂商自己所拥有的厂房设备的折旧费和所投资金的利息，以及厂商所提供的劳务的价值。有时也被看作企业的正常利润。显性成本是指会计方法记入账面成本的费用，相当于企业成本。

第三，成本又可区分为固定成本和变动成本。固定成本是指那些厂商即使暂时停产也必须支付的费用，如厂商设备投资的利息、折旧费、维修费、保险费、某些税金以及对即使在停产期间也要继续雇佣的人员所支付的工资和薪金等。变动成本是指随产量增减而变动的成本，包括劳动工资、原材料、燃料和动力等要素价格的支付。

第四，从分析方法上，成本可以区分为总成本、平均成本和边际成本。总成本是指厂商生产一定数量商品和劳务的全部费用。它又可以分为支出成本和非支出成本。支出成本指在形式上必须由企业支出的那部分成本，如工资、利息、地租、原材料价格等。非支出成本指在形式上没有支付的归企业主所有的那部分成本，如折旧费和企业主收入等。平均成本是指单位产量所分摊的成本。边际成本是指增加一个单位产量所引起的总成本的增加量。

第五，从时间上可划分为短期成本和长期成本。短期成本包括固定成本和变动成本。在长期中，不存在固定成本和变动成本的区别。

第六，在福利经济学中成本还被区分为对单个生产者和消费者来说的私人成本和对社会整体来说的社会成本。

2. 管理学含义——会计成本。管理学意义上的“成本”概念主要指会计成本，含义一般比较明确。会计成本是会计记录在公司账册上的客观的和有形的支出，包括生产、销售过程中发生的原料、动力、工资、租金、广告、利息等支出，按照中国财务制度，总成本费用由生产成本、管理费用、财务费用和销售费用组成。

生产成本是生产单位为生产产品或提供劳务而发生的各项生产费用，包括各项直接支出和制造费用。直接支出包括直接材料（原材料、辅助材料、备品备件、燃料及动力等）、直接工资（生产人员的工资、补贴等）、其他直接支出（如福利费）；制造费用是指企业内的分厂、车间为组织和管理生产所发生的各项费用，包括分厂、车间管理人员工资、折旧费、维修费、修理费及其他制造费用（办公费、差旅费、劳保费等）。

管理费用是指企业行政管理部门为管理和组织经营而发生的各项费用。包括管理人员工资和福利费、公司一级折旧费、修理费、技术转让费、无形资产和递延资产摊销费及其他管理费用（办公费、差旅费、劳保费、土地使用税等）。

财务费用是指为筹集资金而发生的各项费用，包括生产经营期间发生的利息净支出及其财务费用（汇兑净损失、银行手续费等）。

销售费用是指为销售产品和提供劳务而发生的各项费用，包括销售部门人员工资、职工福利费、运输费及其他销售费用（广告费、办公费、差旅费）。

管理费用、财务费用和销售费用称为期间费用，直接计入企业当期损益。

3. 经济成本与会计成本的区别与联系。会计成本是显性成本，可用货币计量，可在会计账目上反映出来。隐性成本往往不被管理者所认识。它与显性成本即会计成本有很大不同。一般来说隐性成本不能直接从账面上反映出来，因而难以精确计量。比如，机会成本就属于隐性成本。

经济成本是显性成本与隐性成本二者之和，是一个比会计成本含义更广泛、内容更丰富的概念。经济成本几乎涉及企业所有经营内容和领域。经济成本是企业运作过程中的全部成本，有些经济成本项目没有被人们认识到，也有些经济成本虽为人所知，但却没有把其当作独立的成本项目来进行分析，比如组织成本。企业只有销售最终产品和向外提供服务才能从市场取得收入，而在企业内部为了组织生产，就要建立各种组织。特别是对于大企业，其组织可能是相当庞大的，组织结构可能是相当复杂的，而要维持这些组织的正常运转就必然有支出，有时支出可能很大，这些支出就是组织成本。

企业中的组织成本通常不构成独立的成本项目，因而企业没有对它进行单独的核算和分析。其实组织成本在企业中的总成本构成中占有极其重要的地位，它同样由显性部分和隐性部分构成。其中管理人员工资、组织机构运作经费等都属于组织成本的显性部分，而如果由于组织机构臃肿等原因而降低了组织机构的效率等，就属于组织成本的隐性部分。企业的隐性成本还有很多表现。如影响力成本、权威失灵成本、信息失真成本等。

既然经济成本比会计成本含义更广泛、内容更丰富，因此经济决策过程中不仅要考虑会计成本，更要考虑经济成本。只有在显性成本和隐性成本方面同时取得优势，企业才能在总成本上取得优势，才能在激烈竞争中独占鳌头。

4. 当前问题的实质。第一，政府帮助企业降成本问题的实质是实施政府宏观干预。无论从经济运行形势还是干预工具的选择上，帮助企业降成本的干预政策既超出了政府的基本职能范围，也僭越了宏观政策与微观行为之间的合理界限，为经济学常识所不多见。

第二，政府帮助企业降成本能够操作的空间并不大，除非大规模地进行制度改革。从经济成本看，宏观政策能够抓到手上的恐怕只有显性成本和会计成本项目，隐性成本往往并非宏观政策所能改变，只能通过制度改革来切实提高效率。

第三，政府帮助企业降显性成本可能会有所效果但不宜形成过高预期。显性成本绝大多数是企业市场交易的真实支出，是市场竞争的客观反映。仅有少部分成本费用涉及宏观政策层面，比如，财务费用中的融资成本（与中国实行的有管理的浮动利率有关）、管理费用中的部分税费支出（而不是全部）、垄断和管制行业生产的产品价格（如电价、水价、油气价等）。

（二）税收与企业成本的基本关系

1. 税收的本质。税收是国家或政府为了履行其职能凭借其政治权力而进行的具有强制性、固定性和无偿性的征课。从理论上讲，纯正的税收（如单一人头税）是法人和自然人的一种缴纳义务，它难以避免，与企业的生产经营活动无关，并非企业成本的构成要素，也就不构成企业的生产成本。但是，在非单一人头税的情况下，国家或政府规定的缴纳义务需要依托一定的征税基础进行计算缴纳，从而产生出不同税种和不同的纳税义务负担人，造成缴税人和实际负担人的脱离。这其中有部分税种针对企业生产经营计算缴纳，这部分税种则会构成企业成本；而很大部分则是依托企业生产的产品进行计算并垫付，而后再由企业通过商品价格渠道向广大消费者收取，其实质是由消费者承担纳税义务，这部分税收则不应当认为是企业成本。

2. 部分税种由企业承担构成企业成本。在会计成本“管理费用”中核算的税种绝大部分与企业的生产经营有关，在理论上构成企业的生产成本，应当由企业承担，如企业缴纳的房产税、城镇土地使用税、耕地占用税、车船税、船舶吨税、契税、印花税等。企业所得税从成本核算方面不属于成本项目，而是成本扣除后的企业盈余，但从更广泛的经济成本角度讲，也应当归属于企业投资的大成本范围中的组成部分，只不过它不在通常的显性成本或者会计成本之列。

3. 部分税种理论上不由企业承担，价内税设置下是否构成企业成本取决于企业能否成功转嫁。在会计核算中单独进行核算的绝大部分流转税种，如增值税、消费税、营业税、城市维护建设税、进出口关税等，在理论上并非针对企业生产经营征税，而是针对企业产品的最终消费者征税，从税负归宿角度讲，并不属于企业成本的组成部分。但在中国目前所实行的价内税商品定价方式下，商品流转税能否顺利转嫁，最终实现消费者负担流转税，取决于单个企业的市场竞争能力。竞争能力强的企业，能够出清其产品，实现流转税完全转嫁，这部分税收就不构成企业成本；相反，竞争能力弱的企业，若要出清其产品不得不降价以求，那么流转税就不能转嫁或者不能完全转嫁，这部分税收就会构成企业成本。所以，流转税是否构成企业成本，在价内税税收制度下，取决于单个企业的竞争能力，不能一概而论。但在国际普遍实行的价外税制度下，流转税则完全由消费者承担，不构成企业成本。

4. 绝大多数政府规费构成企业成本。与税收不同，政府收取的绝大多数规费基本类似于政府提供具体服务所收取的服务价格或者折扣价格，企业规费支出一般与企业从政府手中购买的具体服务具有一定对应性，在本质上属于企业的生产投入，在理论上构成企业成本，是企业成本的重要组成内容。

（三）降低税负与扩大企业投资的关系

毋庸置疑，降低税费会为企业扩大投资规模提供一定的资金支持，有利于企业扩大投资。但是，企业是否能够扩大投资从根本上取决于其战略和预期，尤其是企业预期对于企业微观行为具有决定性作用。税费负担对于扩大企业投资只存在间接相关性，不起决定性作用。在企业投资决策的诸多影响因素中，市场环境对于企业投资决策具有重要影响，它直接左右企业投资的涨跌起伏和潮起潮落，改善市场环境、提高企业预期是有效扩大企业投资的根本途径。宏观政策应更多在隐性成本领域下功夫。

二　我国企业整体税负基本情况

2012 年 6—10 月，国家发改委宏观经济研究院《我国宏观税负研究》课题组联合国家税务总局收入规划与核算司，对浙江、广东、云南、陕西、山东5省420多个细分行业中的1634户企业2009—2011年的各类税费支出进行了全面调查。湖北省地税局2012年也曾组织对全省企业2011年的税负进行调查，2015年3—6月又对全省10个大类行业2155户企业2014年度的税费负担进行了抽样调查。3家单位的三次调查在地域范围上相互补充，在样本时限上具有连续性。这些范围涉及全国东中西6省、时间连续6年、增加值约占全国GDP 1%的税负调查，较为客观真实地反映了近几年来中国企业税负的变化情况：企业整体税负2009—2011年有所下降，2012年以来有所上升。

（一）从相关税费占企业增加值的比率看，浙江、广东、云南、陕西、山东5省样本企业与GDP相关的“正税”占企业增加值的比率（纯粹税收负担F0）2009—2011年分别为9.20%、8.99%和6.44%，三年中降低2.76个百分点；与GDP相关的“正税”以及费、基金和其他类似政府性收费合计占企业增加值的比率（国民经济税收负担F1）分别为12.32%、12.03%和8.60%，三年中降低3.72个百分点；按照IMF和OECD计算口径所测算的企业税收负担（国际可比税收负担F2）分别为12.62%、12.30%和8.78%，三年中降低3.83个百分点，体现了2009—2011年结构性减税等积极财政政策的实际效果。

（二）从相关税费占企业当年营业收入的比率看，湖北省2014年样本企业的综合负担（包括三部分：含社会保险费的税收负担，由政府性基金、专项规费、行政事业性收费、罚没款项等组成的财政负担，由职工福利、义务捐赠、责任共建、其他摊派等组成的社会负担）率为7.61%，比2011年上升0.66个百分点。其中，税收负担率为6.55%（剔除社保费后的实际税收负担率为5.69%），财政负担率为0.39%，社会负担率为0.67%，分别比2011年上升0.33个、0.01个和0.32个百分点。

（三）考虑到2011年以来中国积极财政政策转型、适度宽松货币政策退出、企业恢复自增长时期的效益下滑和增加值降低等基本情况，2012—2014年相关税费占企业增加值的比率上升幅度远高于其占当年营业收入比率的上升幅度，说明2012年以来企业税负存在整体加重趋势。

三　按规模分行业不同企业的税负状况

（一）小微企业税收负担总体是大中型企业的2—3倍以上

1. 微型企业税收负担部分年份超过企业增加值的40%。2009年和2010年，微型企业F0、F1、F2的税收负担分别为37.06%、44.66%、45.02%和28.43%、33.26%、33.85%，高出相应年份大型企业26.69个、31.02个、31.12个和18.54个、20.22个、20.57个百分点，是大型企业的2.5—3.6倍。

2. 小型企业2011年税收负担最高。F0、F1、F2的税收负担分别为15.05%、21.36%和22.40%，高出大型企业8.28个、12.49个和13.37个百分点，是大型企业的2.3倍左右。

3. 小微企业2014年税收负担居首，对非税负担敏感性强。从相关税费占企业当年营业收入的比率看，湖北省小微企业2014年税费综合负担率为7.67%，既高于全省样本企业综合负担率0.06个百分点，更高于大型企业；其销售利润率与综合负担率之比为2.95∶7.67，表明小微企业相当一部分经营收入被税费负担所抵消，企业利润微薄。由于面向企业的行政收费多、罚款多，并且不考虑小微企业的负担能力，一律实行按项目（次）收费或罚款，有关财政返还又远低于大型企业，小微企业对非税负担敏感性极强。湖北省800户样本小微企业财政负担率为0.43%，分别高出大中型企业0.02个和0.09个百分点。2014年其营业收入仅为大型企业的3.52%，但承担的罚款却是大型企业的1.68倍；小微企业获得的财政补贴仅相当于大型企业获得补贴的2.02%。

（二）增值税纳税人的税收负担总体是营业税纳税人的1—2倍以上

2010年，F0、F1、F2口径的税收负担，增值税纳税人比营业税纳税人平均高出0.56个、3.45个、3.67个百分点，分别是营业税纳税人的1.06倍、1.29倍和1.30倍。2011年，三个口径的税收负担差距大幅扩大，增值税纳税人比营业税纳税人平均高出5.33个、9.36个、9.72个百分点，分别是营业税纳税人的1.90倍、2.25倍和2.28倍。

由于增值税纳税人多为工商业实体部门，考虑到近年来中国经济下行，实体经济疲软，融资、用工、用电成本负担重，效益下滑，"营改增"后纳入增值税管理的原营业税纳税行业增值税抵扣困难等相关因素，目前增值税纳税人与营业税纳税人的税收负担差距比2009—2011年期间会进一步上升。2014年，湖北省2155户样本企业成本费用支出占总收入的比率平均为90.18%，其中制造业则高达95.50%，高出全部样本企业5.32个百分点；制造业亏损面35.9%，亏损额占样本企业总亏损额的45.6%。增值税纳税人企业增加值进一步降低，从而进一步提高其税收负担率。

（三）增值税小规模纳税人的税收负担总体是一般纳税人的1—2倍以上

2009年，F0、F1、F2口径的税收负担，小规模纳税人比一般纳税人平均高出10.73个、10.20个、9.81个百分点，分别是一般纳税人的2.23倍、1.68倍和1.63倍。2011年，三个口径的税收负担，小规模纳税人比一般纳税人平均高出10.53个、11.21个、10.87个百分点，分别是一般纳税人的2.00倍、1.70倍和1.66倍。

随着2012年以来中国经济增速逐步走低，小规模企业经营状况持续恶化，其与一般纳税人等大中型企业的税收负担差距进一步扩大。2014年，湖北省大型企业亏损面为23.5%，小微企业亏损面则达到50.9%，高出27.4个百分点，这无疑会进一步提高增值税小规模纳税人的税收负担率。

（四）企业社保费负担进一步加重

2014年湖北省全部样本企业缴纳的社保费占工资总额的比率由

2011年的19.07%提高到22.57%，三年提高3.5个百分点；2014年企业社会保险费占企业经营收入的比率为0.86%，比2011年上升了0.08个百分点。其中小微企业社保费占企业经营收入的比率为1.18%，比2011年上升0.4个百分点，大大高于大型企业0.84%和中型企业0.91%的负担水平。

四　企业税负上升的基本原因

（一）宏观经济持续下行，企业亏损面扩大

近年来，受金融危机持续深化影响，中国宏观经济逐步走低，企业经营环境普遍不佳，特别是微型企业生产经营状况恶化。2010年微型企业主营业务收入、其他业务收入、营业外收入、实现GDP规模同比大幅下降73.17%、31.54%、52.18%和20.55%；2011年微型企业主营业务利润、利润总额、净利润、实现GDP规模同比大幅下降41.74%、46.17%、40.9%和12.65%。湖北省2014年全部样本企业平均营业利润率为9.02%，比2011年下降1.13个百分点。样本亏损企业比率达到38.65%，比2011年扩大5.2个百分点。其中采矿业亏损面48.9%、住宿餐饮业亏损面达到61.54%。企业经营状况萎缩客观上会进一步抬高税费负担率。

（二）企业直接成本费用持续增加，增值能力下降

近年来，虽然工业生产者购进价格指数连续下跌，企业原材料成本压力有所缓解，但融资成本、用工成本、用电成本负担仍然较重，成为影响企业效益的最大因素。

1. 融资成本持续上升，融资难、用资贵问题依然突出。2010—2011年，浙江、广东、云南、陕西、山东5省成功贷款的样本微型企业仅占7.42%和8.58%，远低于大型企业44.35%的成功贷款比率。微型企业融资条件也非常苛刻。2010年，成功贷款的微型企业，其融资成本费用占融资金额的比率平均高达12.35%，高出该年度大型企业融资费用率6.64个百分点。虽然2011年微型企业融

资条件有所改善，比2011年大幅降低了6.51个百分点，但能够成功融资的微型企业仍非常有限。2014年，在湖北省样本企业银行贷款余额中，65.8%为大型企业借款，小微企业借款仅占7.7%；盈利企业借款占69.8%，亏损企业借款占30.2%，表明银行贷款重点流向了大型企业和效益好的企业，中小企业融资仍然艰难。从资金成本看，不含金融企业的样本企业2014年企业财务费用占营业费用的20.05%，比2011年提高1个百分点，其中房地产业财务费用占比高达37.74%。

2. 企业用工成本持续攀升。按照企业实际支付工资统计，2014年湖北省样本企业职工人均年工资5.71万元，大大高于全省公布社会平均工资额。其中大型企业为6.39万元，中型企业为4.89万元，小微企业4.41万元。虽然小微企业工资标准低于大中型企业，但由于资本有机构成过低，其工资支出占营业收入的比率为7.12%，大大高于大型企业3.46%和中型企业4.97%的平均水平，人工成本压力大。特别是用工较多的服务性行业、高劳动强度行业等受用工因素影响更大，如住宿餐饮业工资占成本费用的比率高达16.17%，采矿业达14.58%。与此同时，与工资配套支出的社保费、工会经费、住房公积金、残疾人就业保障金等其他支出也居高不下；有的企业还要承担“养人”保就业、保稳定的社会成本。据估算，部分企业每支付100元工资，其配套支出可达40元以上，工资配套性支出高达40%。

3. 企业用电成本居高不下。在经营负担方面，一些企业对电价成本特别敏感。如有的企业提出，在煤价下跌情况下，煤电价格并未随之下调，无形中抬高了企业成本。

（三）“正税”支出占比高，尤其是商品劳务税收占比过高，造成微型企业高税负

2009年，浙江、广东、云南、陕西、山东5省431户微型企业全年实际纳“正税”占GDP的39.28%（F0口径为37.06%）。其中，所纳增值税、消费税、营业税、车辆购置税、关税等商品劳务税占

“正税”支出总额的92.45%；企业所得税、个人所得税、土地增值税等所得税占“正税”总额的5.75%；房产税、城镇土地使用税、耕地占用税、契税、资源税、车船税、船舶吨税等财产财富税占“正税”总额的0.91%；印花税、城市维护建设税、烟叶税等其他税收仅占“正税”总额的0.88%。

2011年，5省426户微型企业全年实际纳“正税”占GDP的21.63%（F0口径为13.59%）。其中，商品劳务税占“正税”总额的56.26%；所得税占“正税”总额的32.08%；财产财富税占“正税”总额的8.44%；其他税收占“正税”总额的3.22%。

特别是商品劳务税等流转税占比高，在企业效益下滑背景下会大大提高小微企业税收负担。主要原因是无论企业是否盈利，均需要依法缴纳流转税，税收刚性强。2009—2010年，“正税”支出在微型企业税负结构中的占比分别为83.78%和87.20%，其中商品劳务税在税收中的占比分别高达92.45%和78.57%。2011年微型企业税负之所以有较大幅度下降，主要得益于通过税收补贴所实施的结构性减税政策。

（四）非税支出不断上升影响企业税负稳定

1. 非税收入占比在大中小型企业中有逐步提高趋势。2009—2011年，非税收入在5省大中小型企业税负结构中的占比由2009年的5.47%、4.22%、4.25%提高到2011年的6.50%、4.94%和5.05%，分别上升了10.60%、17.06%和18.82%，影响企业税负稳定。

2. 企业缴纳“其他基金”“其他规费”负担加重。2014年湖北省“政府性基金”负担较2011年上升0.09个百分点，达到企业经营收入的0.16%。特别是列入政府“其他基金”的企业负担率由2011年占企业经营收入的0.01%提高到0.08%；列入专项规费的“其他规费”负担率也由2011年占企业经营收入的0.01%提高到0.05%。主要涉及中央有关部委、省级部门要求企业缴纳的各种基金、规费及地方专项收费，如中央决定开征的文化事业建设费、育林基金；地方决定开征的地方水利建设基金、城市公用事业附加等。其中采矿业这类负担最重，达到企业经营收入的3.22%，是全省平均负担的8.3倍，比2011年增加了1.2个百分点。

五 减税的必要性和减税空间

（一）“营改增”等减税效果不及预期

从浙江、广东、云南、陕西、山东、湖北6省2009—2014年企业税负调查，或者全国1%国内生产总值样本企业税负调查情况看，特别是在2011年以来中国宏观经济持续下行的总体背景下，包括“营改增”、小微企业减税在内的一系列改革和减税政策措施并未达到预期效果，企业税负呈现总体上升趋势。主要原因归结为三个方面。

一是经济下行，企业效益下滑，增值能力降低，在现阶段中国流转税占绝对主体且减税幅度较小的情况下，减税规模远远赶不上企业增加值下降规模，企业税负总体表现为不降反升。这一点在小微企业领域体现尤为明显。

二是现行增值税平均税率过高，“营改增”后纳入增值税管理的原营业税纳税企业进入规范化的高税率“车道”。对比增值税纳税人，“营改增”前的企业实际税负据调查一直较低。“营改增”固然可以消除“重复征税”、优化税种结构，但由于受增值税平均税率较高、“营改增”企业合法抵扣困难、增值税管理较原营业税管理规范等因素影响，全面接轨后的“营改增”企业税负“反弹”或进一步上升。

三是在目前小微企业大面积亏损、部分省份亏损面甚至超过50%的情况下，针对小微企业的所得税优惠政策实质上派不上用场，对于促进小微企业发展难以达到预期效果。

（二）财政政策需要真正“积极”

多年来“积极的财政政策”打折效果明显，因对收入预算安排不科学造成大幅超收从而导致赤字刺激力度逐步弱化，“积极的财政政策”并非名义上那么“积极”，个别年份甚至并不真正“积极”。2009年，中国开始实施新一轮积极财政政策，当年预算赤字率为2.79%，年末由超收所实现的实际赤字率为2.02%；2010年预算赤字率为2.62%，年末实际赤字率为1.59%；2011年预算赤字率为1.9%，实际执行则表现为财政盈余。2012年以来，随着刺激性政策措施的逐步退出和转型，中国经济结构进入深度调整时期，收入弹性逐步降低，财政收入中速增长，实际赤字率和预算赤字率之间的背离才逐步有所好转。为实施真正的积极财政政策，突出2016年宏观经济实际需要，中国财政政策需要更加积极，以便向市场释放正能量，进一步激发企业信心。

（三）3%的赤字率能够为进一步减税提供政策空间

2016年，中国财政收入形势面临更大不确定性，客观上增大了对财政赤字的现实需求。近年来，中国经济结构调整持续加速，现行财税体制下税收经济关系正在发生深刻变化，经济增长税收贡献率处于极度不稳定时期；财政收入弹性正逐年下降。2011—2014年，中国经济增长财政收入弹性分别为2.61、1.66、1.31和1.18。2015年前三季度，中国财政收入累计同比增长7.6%，剔除特殊增收因素同口径仅增长5.4%，财政收入增长弹性已降至0.78；全国税收收入同比增长4.3%，税收收入弹性更低。

如果2016年经济增长目标设定为6.5%左右，赤字率按比2015年提高0.6个百分点达到3%，财政收入增长弹性按照0.78测算，则中国2016年预期财政收入增长率为5.1%，比2015年预算增长率降低2.2个百分点，收入规模为16.22万亿元，比2015年预算增加7870亿元。一般预算支出增长若按7.5%安排，规模为18.44亿元。赤字总规模则达到22200亿元，比2015年预算增加6000亿元，这将为实施更大规模的减税提供可能的政策空间。

六　减税政策建议

（一）继续推进“营改增”，普遍降低增值税税率

年内基本完成建筑业、金融业、房地产业等领域的“营改增”，在现行已增加11%和6%两档低税率的基础上，适当简化和降低税率，将增值税的平均税率降低1—2个百分点。按照现行税种收入结构粗略估算，增值税基本税率降低1—2个百分点，大约减税1200亿—2400亿元；适当扩大“营改增”企业抵扣范围，对超税负及时进行税收返还等相关领域改革，大约减税800亿元。两者合计减税2000亿—3000亿元。

（二）针对小微企业实施综合性的税费优惠政策

突出商品劳务税收优惠，将增值税小规模纳税人增值税征收率由目前3%降低到1%左右，并视情况进一步向下调整。对营业税小微企业实行减半征收；对亏损严重缴税困难的住宿餐饮企业，按程序给予延期缴纳房产税、土地使用税等税收优惠。减半征收小微企业相应附加税种。进一步提高小微企业年应纳税所得额所得税优惠标准。适度降低小微企业社保费负担，研究小微企业下调缴费基数和比例的可行性，在不影响积累和支付情况下，灵活、适当降低小微和困难企业缴费标准。

（三）进一步降低部分中高档消费品关税和国内消费税

继续调整部分中高档消费品关税和国内消费税，进一步消减进口汽车、黄金首饰、护肤护发品等大众消费品进口关税税率和国内消费税税率。

（四）进一步提高个人所得税费用扣除标准

在个人所得税综合申报与分类扣除相结合的改革近期难以实施情况下，对现行某些纳税项目进行策略性调整，继续适当提高工资薪金

所得税费用扣除标准，并适当降低税率，切实降低职工税收负担。

（五）“正税清费”，严格控制政府非税收入

增强政府收入的法制性和规范性，加快社会保障“费改税”步伐，适当降低社保缴费基数和标准，大力削减非税收入，通过撤销、合并、削减费率等改革措施，严厉控制非税收入。对采矿企业非税负担进行全面清理，除必须保留的收费项目外，取消一批省部级行政事业收费，合并一批性质相似的收费项目，尝试将一批市场性收费项目交由社会提供服务并按市场机制运行；对保留项目适当降低征收标准，尝试以企业“利润”为依据征收政府性基金或规费，使企业财政负担与自身效益状况相匹配。

（六）大力支持企业减亏减负

按照中央和地方税收“减一点”、政府规费“免一点”、垄断型行业“让一点”、财政出资“补一点”的“四位一体”思路，制定出台扶持新兴产业、转型企业、小微企业、亏损企业、传统出口困难企业的弹性政策和帮扶措施。一是在税收政策上，给予企业加速折旧、提高研发费扣除等优惠政策；加大对亏损企业减免税的支持力度。二是在政府基金和规费上，对符合减免条件的企业按政策及时减免，切实减轻“其他”类名目繁杂、标准含糊的不合理收费。三是对公共服务行业和垄断行业给予让利，适当下调水、电、气等能源成本价格，包括下调工业电价、研究电价挂钩上游成本的价格浮动机制，真正落实企业直供电政策，扩大直供电受益面。四是进一步减免企业融资服务费和手续费，通过资本市场扩大直接融资，降低企业财务费用。五是在财政支持上，建立健全战略性产业扶持引导资金、财政贴息资金、风险保障基金以及中小企业担保机制等。

（执笔人：许生）

参考文献：

1. 许生、李世刚等：《宏观税负论》，中国市场出版社 2013 年版，第 266—562 页。

2. 许生：《我国企业税负调查报告》，财政部财政科学研究所《研究报告》增刊（2013－1）。

第四章　降低实体经济融资成本的金融手段

摘要：尽管中国近年来相继出台了缓解融资难、融资贵的系列政策，但企业广谱融资成本仍然居高不下，从国际比较来看，中国企业综合融资成本仍高于许多国家甚至是发达国家。降低实体经济融资成本是降成本的重要方面，有必要针对中国企业融资成本持续偏高的根本原因对症下药。建议综合运用保持整体流动性合理充裕、扩大对实体经济信贷投放、维持企业资金链条良性运转。充分拓宽融资渠道等多种措施，逐步引导企业融资成本合理下行。

实体经济融资成本偏高是一直以来就存在的问题，只不过在经济上行期间，由于企业利润高涨，能够暂时覆盖高企的融资成本。而在经济下行期，企业经营效益持续下降、亏损严重，这一问题就“水落石出”，被暴露出来。在当前实体经济下行压力不断加大的背景下，降低实体经济融资成本是缓解企业经营困难、稳定经济增长的关键所在。需认识到，融资成本顺周期变动是符合经济规律的，潜在经济增速下行过程中，产业、企业运行每况愈下，资金效率持续下降，全社会风险偏好下行，金融机构惜贷情绪严重，融资成本自然面临上行压力，特别是对于过剩产能行业的企业、小微企业等。降低融资成本应在把握微观主体融资激励的一般规律基础上，把握好该降谁的成本和该怎么降这两个大问题，多措并举、形成合力，在防控金融风险的前提下，引导市场利率下行、降低风险溢价、拓宽融资渠道，增强金融体系对实体经济的资金支持、降低实体经济融资成本。

一 横向比较来看，中国融资成本远高于发达经济体

金融危机后，发达国家普遍实施宽松的货币政策，将政策利率大幅下调至接近于零利率，贷款利率和债券收益率均长期维持在低位，企业融资成本大幅下降。尽管美国自2016年以来结束了量化宽松，并进入加息周期，至2017年3月，美联储已两次提高联邦基准利率，但从实际来看，企业融资成本仍未出现明显上升。与此同时，新兴市场国家利率水平则整体较高。在政策利率、市场利率、贷款利率上，尽管中国低于主要发展中国家，但远高于主要发达国家。

（一）主要发达国家融资成本处于极低水平

此次金融危机爆发后，美、英、德、法、日等国的银行间市场利率一直维持较低水平，国债收益率大多下降至1%以下，企业债收益率、贷款利率等也持续下降。

美联储连续推出四轮量化宽松货币政策，在2008—2015年联邦基金利率（隔夜）目标区间长期处于0—0.25%的历史最低水平，在美联储两次加息之后，目前利率升至0.75%—1%。最优贷款利率自2017年3月以来一直升至3.75%，尽管比2008—2015年3.25%的水平有所升高，但仍处于历史较低水平。截至2017年4月1日，美国联邦基金利率为0.75%—1%，7天银行间同业拆借利率（LIBOR）突破1%，贷款利率3.75%，工商业贷款利差3.1%，10年期国债收益率2.34%，1年期企业债即期收益率1.95%，5年期企业债即期收益率3.2%。

英格兰银行2009年3月开始实施量化宽松货币政策，官方银行利率从5%下调至0.25%，并维持至今。1个月期的银行间拆借月均利率近三年一直维持在0.5%以下。企业贷款月均平均利率从2010年开始缓慢回升，但2016年英国脱欧公投之后，至2017年4月1日维持在2.25%左右的低位。

欧洲央行1个月期的银行间欧元同业拆借利率自2011年下半年以来持续下降，2015年3月开始为负利率，并出台大规模量化宽松政策；贷款便利利率（隔夜）从2008年7月的5.25%下调至2017年3月的0.25%，存款便利利率从3.25%进一步下调至-0.4%。截至2017年4月1日，欧元区基准利率为0.00%，7天欧元同业拆借利率为-0.23%，边际贷款便利利率0.25%，基准德国10年期国债收益率仅为0.34%。德国企业贷款月均平均利率自2012年以来呈现下降态势，2015年10月下降至2.64%，而截至2017年4月1日更是下降至2.15%的极低水平；法国企业贷款利率（1年期）下降到1.12%。

日本银行2010年开始将政策利率无担保拆借利率（隔夜）绝大部分时间维持在0.05%—0.1%的极低水平，并在2016年2月开始了负利率政策，至2017年3月末，日本央行仍维持-0.1%的负利率不变，10年期国债收益率为0。1个月期的东京同业拆借利率自2009年开始下降，降至2017年3月末-0.007%的极低水平。

（二）新兴市场国家融资成本整体偏高

主要发展中国家政策利率水平出现分化，整体保持较高水平。为控制通胀率，巴西从2013年4月开始连续15次加息，将基准利率（SELIC）从7.25%提高到2015年7月的14.25%，而在2016年10月启动了降息周期并持续至今，截至2017年3月末，基准利率下调了2次，降至12.25%。银行间同业拆借利率自2013年12月开始呈上升趋势，2017年3月末，银行间利率（CDI）为13.5%。1年期国债收益率从2013年持续上升，2017年3月末为13.1%。银行贷款利率整体呈下降趋势，从2005年的50%以上下降到2017年3月末的25%左右。

印度在2015年后因贸易赤字好转、通胀水平得到有效控制，将回购利率（隔夜）从8%连续下调至2016年底的6.25%，但在2017年2月，印度央行结束了降息周期，维持回购利率不变，不排除今后有加息可能性。银行间同业拆借利率自2013年下半年持续下降，但至2017年3月末仍然高达6.85%左右。1年期国债收益率自2013年下半年以来有所回落，2017年3月末为7.02%。银行贷款利率先从2010年的8.33%上升到2012年的10.6%，后持续回落至2017年3月末的9.25%。

（三）中国融资成本大幅高于发达国家

尽管2008年金融危机以来中国数次降准降息，至2017年3月末，中国1年期的贷款基准利率降至4.35%，这一利率水平远低于巴西、印度等新兴市场国家，但与欧美等发达国家相比，中国企业融资成本仍然显著偏高。截至2017年4月1日，中国7天银行间同业拆放利率3.08%，活期存款基准利率0.35%，1年期定期存款基准利率1.5%，1年期贷款基准利率4.35%，10年期国债到期收益率3.02%，1年期AAA企业债到期收益率3.31%，5年期AAA企业债到期收益率4.6%。民间借贷利率更是居高不下，截至2017年3月末，全国民间借贷市场利率为7.65%。无论是银行贷款还是债券市场融资，实体经济融资成本至少比美国、欧洲等国家高出50%以上。因此，虽然中国企业融资成本较高有风险溢价较高的因素，但进一步引导企业融资成本下行空间依然很大，政策仍须在此进一步着力。

总体来看，中国融资成本具有以下特征：一是从基准利率来看，短端利率虽然下降，但长端利率水平仍然较高，利率传导机制不畅，2017年以来随着公开市场操作利率向上调整，长端利率尤其是影响到企业融资成本的广谱利率有上升压力。二是表内贷款利率下行比较明显，但表外非标等融资利率水平仍然较高。三是大型企业本身议价能力较强，加上可通过债券融资和股票融资，总体融资成本稳中有降，但小型企业由于议价能力不强、风险较大，其融资成本则相对都比较高。特别是对于中小微企业以及“三农”等薄弱环节，银行贷款一般均比基准利率上浮20%—50%，个别企业甚至上浮80%，且这些企业通常需要提供抵押和融资担保，加上财务审计费、抵押物评估费及登记费等其他费用，将其融资成本推高5—10个百分点。

二　纵向比较来看，利率下降但广谱融资成本仍偏高

当前中国市场利率水平总体上看处于较低水平，部分企业融资成本呈现下行趋势，但全社会广谱融资成本仍然高企，政策受惠主体仍主要集中在发达地区、优势行业和大型企业，中小微企业、创新创业群体等行业资金成本仍然难以下降，部分地区、部分领域、部分企业的年化融资成本仍高达15%以上。

广谱融资成本涵盖了人民币贷款、外币贷款、委托贷款、贷款信托、未贴现银行承兑汇票、企业债券和民间借贷等各种融资渠道的资金成本，债权种类繁杂，经常动态变化，部分资金成本也不透明。我们使用“中信综合融资成本”来评价存量和增量的综合融资成本。2014年12月至2017年3月，未考虑民间借贷的综合融资成本（存量）下降了136个基点，主要是由于以票据融资为代表的短期贷款利率、债券市场收益率以及信托产品收益率均有较大幅度下行。如果考虑利率下降幅度相对较小的民间借贷，则综合融资成本（存量）下降幅度有所缩窄。综合融资成本（增量）与存量指标的趋势保持一致，但增量指标的波动性更大。若不考虑民间借贷，2014年12月至2017年3月，综合融资成本（增量）降低了214个基点，加入民间借贷因素，则下降278个基点。

2014年以来，通过正规金融渠道筹措资金的成本已有大幅下降，短期贷款利率以及债券发行利率的大幅下行。而贷款信托、民间借贷成本在2014年虽有下行但仍处于广谱利率偏高一侧，若这两类融资成本能有效疏导，则可进一步缓解企业筹资压力。

三　结构失衡与经济下行是融资成本高企的主要原因

中国当前融资体系出现截然对立的现实，即一边是巨大的货币存

量和新增融资，另一边是难以下降的融资成本，资金供给过剩与不足的格局并存。这既与中国经济转型升级的宏观发展阶段有关，也有微观主体自身、市场环境等多方面因素。在经济增长率不断下行背景下，各类结构性失衡问题暴露，如实体经济和虚拟经济比例失衡、直接融资和间接融资比例失衡、股权融资和债权融资比例失衡、银行业表内和表外业务失衡、大中型金融机构和小微金融机构发育程度失衡等，成为推高融资成本的主要原因。具体来说，一是由于金融体系结构不合理，直接融资发展滞后，导致货币沉淀严重；二是地方政府和国有企业作为主要的融资主体，存在明显的财务软约束，融资需求刚性较大，长期资金占用问题显著；三是市场化风险定价模式尚未完全建立，刚性兑付尚未真正打破，推升了无风险利率水平。

（一）企业经营效益持续下降

实体经济增长乏力、企业经营效益持续下降，大量企业依靠负债维持运行，一些过剩产能、低效率企业（即“僵尸企业”）占用大量金融资源，阻碍生产率的提高，同时加剧产能过剩，甚至由于能够源源不断获得银行贷款而具有更强的耐亏损能力，从而可能挤出优质企业，导致金融业和实体经济比例失衡。因此一味打压金融业、压缩银行利润，并不能给实体经济带来活力。未来随着“僵尸企业”的债务重组与兼并收购，将释放大量流动性空间，有助于融资成本下降。

（二）直接融资不力导致资金沉淀成本高企

资本市场发展滞后，直接融资渠道不畅导致大量资金沉淀，资金成本高企。目前，银行仍然是绝对主导的金融机构，人民币信贷在社会融资中的占比高达50%以上。银行也是债券市场最大的参与者，商业银行持有量占存量的比重超过60%。股市、PE、VC等股权融资严重滞后于企业对资本金的需求。特别是在2015年股灾之后，股市融资曾一度暂停，于2016年下半年才恢复。在此背景下，银行将短期债务资金与企业的长期投资进行对接，弥补企业资本金的不足，部分充当了资本金的功能。尽管在一定程度上承担了资本市场的职能，客观上支持了实体经济对资本金的需求，但也导致这类资金必然要求与股权性投资相对应的高风险回报，融资成本也一定高于传统的信贷融资。

（三）去杠杆加剧资金紧张局面

2008 年以后，全社会杠杆率尤其是企业部门和地方政府杠杆率，无论是绝对水平还是增加速度都在快速上升。其中，非金融企业部门杠杆率水平所隐含的风险尤其值得关注。各类调控和监管政策着力推动地方政府、非金融企业以及金融业去杠杆。一方面，随着企业负债率的提高，企业经营风险明显升高，利润持续下降，势必影响企业的再融资能力，抬升隐含的资金成本。另一方面，金融机构往往从风险管理角度出发，惜贷情绪上升，对负债率达到行业警戒线的企业会审慎批贷，如果机构风险偏好快速降低，甚至可能出现限贷、抽贷情况。相当一部分企业被迫通过银行以外的途径融资，如民间借贷，进一步抬升了融资成本。

（四）刚性兑付尚未真正打破导致无风险利率上升

中国目前尚未建立起完善的存款保险制度，事实上仍实施以中央政府信用作为担保的隐性担保机制，尽管近年来债券市场的违约案例时有发生，但大多得到了政府兜底，刚性兑付尚未真正打破。这就抹平了不同融资行为的风险利差、期限利差、市场利差，导致高风险利率与无风险利率之间逐步混同，由此拉高了全社会的融资成本。例如，在风险利差方面，5 年期 AA 级企业信用债与相同期限的金融债之间的利差，从 2012 年初的约 250 个基点明显收缩。在期限利差方面，10 年期国开行金融债与 1 年期国开行金融债之间的利差，从 2009 年的近 150 个基点快速收缩至 2017 年 3 月的负利差。在跨市场利差方面，非标债权利率与标准债权利率之间的利差也在明显下降，信托平均收益率与 5 年期 AA 级企业信用债之间的利差，从 2012 年的 300 个基点左右，收缩至 2017 年 3 月的 70—110 个基点左右。同时，各种非标债权也被包装成标准化债权进行投资，比如定向融资工具（PPN）、资产支持证券（ABS）等。这些债券多数对接发行银行自己的理财资金或自营资金，缺乏充分有效的市场，定价的市场化程度较低，流动性极低。

四 保持流动性合理充裕引导市场利率下行

（一）降低银行贷款利率

从货币政策传导机制、银行资金成本、融资企业偿债能力等方面，降低银行资金成本和风险成本，降低对资本回报和盈利的考核要求，降低银行贷款利率和企业融资成本。

——畅通利率传导机制。由于利率传导机制的不畅，传统的降息政策究竟能在多大程度上传导到实体经济部门，确实值得怀疑，但只有货币部门畅通传导机制，才有利于下游环节操作。此外，通过灵活的公开市场操作，充分影响市场预期，可能带来降低社会资本对收益率要求的效果。同时，监管部门应督促银行业加强负债管理，利用发行大额可转让定期存单、发行专项金融债等多种方式，合理扩大资金来源，提高负债来源的主动性和稳定性，降低负债成本。

——增强对市场利率的引导和调控能力。从国际经验来看，利率市场化的过程往往伴随着中央银行传统的政策基准利率的失效，这一矛盾当前显得尤为突出。中国在先后放开贷款和存款利率管制后，仅仅依靠公开市场操作来稳定市场利率面临较多困难。应抓紧围绕打造和完善利率走廊政策，提高 R007、MLF 等短期工具利率在短期金融产品和国债收益率在长期金融产品定价中的基准性作用，逐步收窄走廊宽度，加强货币政策操作的规范性和透明度，充分发挥“预期锚”的引导作用，稳定商业银行预期，疏通利率政策的传导机制，降低短期利率波动性，引导市场利率下行。

（二）增强对实体经济的信贷支持

——鼓励银行增强对实体经济的信贷支持。虽然中国银行体系风险有所上升，但仍保持总体稳健，在经济下行压力加大的背景下，要加强政策引导、鼓励银行增强对实体经济的信贷支持。2016 年末，中国商业银行不良贷款率为 1.74%，贷款拨备率同步上升，拨备覆盖率有所下降。即便如此，中国贷款拨备率仍显著高于德国、法国、美国等银行，拨备覆盖率也明显高于美国、日本等国（美国商业银行拨备覆盖率仅为 86%，日本商业银行拨备覆盖率甚至不到 70%）。在实体经济部门岌岌可危的情况下，金融部门不能过分强调自身安全；一味惜贷限贷，最终实体部门倒下，金融部门也无法独善其身。

——继续推广信贷资产质押再贷款。截至 2016 年末，试点地区的人民银行分支机构以信贷资产质押方式向 31 家地方法人金融机构合计发放信贷政策支持再贷款突破 100 亿元，引导金融机构扩大“三农”、小微企业等国民经济重点领域和薄弱环节信贷投放，一定程度降低了社会融资成本。下一步应继续稳妥推进信贷资产质押再贷款试点，加快加强对地方法人金融机构的贷款企业评级工作，将评级符合标准的信贷资产纳入人民银行发放再贷款可接受的合格抵押品范围，帮助地方法人金融机构解决高等级债券质押品相对不足的问题，为地方法人金融机构提供流动性支持。

——盘活信贷存量，扩大可贷资金。收回沉淀在一些低效、产能过剩行业里的资金，提高资金的周转速度，从而使社会可贷资金增加。继续大力推进信贷资产证券化，提高和扩大证券化产品的基础市场的品种，扩大投资主体和市场的范围，加强信贷资产证券化的力度。加大呆账的核销和信贷资产、不良资产的转按，综合运用现金清收、重组转化、以物抵债、呆账核销、批量转让等手段，及时处置资产损失，从而腾出新的信贷空间。

——进一步发挥财税资金对信贷资金的撬动作用。适当降低或者减免部分有发展前景、符合国家产业政策调整方向企业的税负，利用财政资金进行贷前贴息，进一步发挥财税资金对信贷资金的撬动作用。大力发展政府主导的融资性担保机构和再担保机构，增强担保机构服务实体经济的能力。加快设立国家中小企业发展基金。探索设立小微企业担保风险补偿基金，充分发挥风险补偿的作用，让银行敢贷、能贷、持续贷。

——合理实施动态可调整的监管规则。进一步完善放宽商业银行不良贷款核销的政策和不良贷款核销税前列支相关政策。鼓励银行业根据相关政策，积极采用市场化手段，多渠道、批量化处置不良资产，通过回收再贷、贷款重组以及发放并购贷款等方式，盘活沉淀信贷资金，释放信贷空间。进一步扩大信贷资产证券化发起机构和基础资产范围，稳步推进信贷资产证券化常态化发展，加快信贷资金流转。对国有银行业金融机构的绩效考核评价和汇金公司等银行主要股东对资本回报率的要求，进行逆周期调整。在当前经济下行压力较大的特殊时期，可合理调控绩效考核目标和评价方式，适度降低资本回报率要求。

五　维持企业资金链条

（一）优化借新还旧流程

完善贷款监管和管理制度，进一步出台允许借新还旧的监管措施，延续现有债务链条。对生产经营活动正常、能按时支付利息、担保有效、属于周转性质的贷款仍列为正常贷款；对于部分借新还旧行为，如用发债替代贷款，因其利率低、期限长，更能优化企业债务结构，有利于企业可持续发展，可取消借新还旧归为关注贷款。创新信贷产品，在防范风险前提下，针对不同的企业推出生产经营周转贷款等，对符合条件的企业一定额度的贷款可在规定期限内循环使用。

（二）减少过桥成本

缩短融资链条，降低融资额外成本。清理资金“通道”“过桥”问题，进一步规范同业、信托、委托贷款等业务，清理不必要的资金通道和“过桥”环节，减少银行的资金通道和过桥，使资金供需双方能够直接见面。进一步提高银行信贷审批效率，简化信贷审批手续，减少贷款额外成本。在风险可控的前提下，大力发展信用贷款、无抵押的消费贷款以及信用卡透支等纯信用贷款，降低对抵押担保的依赖，减少信贷成本。

（三）继续发挥融资平台作用

43号文发布后，一方面，地方融资平台不再承担地方政府融资功能，政府信用不再；另一方面，三类债务明确划分后，政府负有担保责任和一定救助责任的债务本质上需要融资平台公司偿还。融资平台融资能力大大下降，信用等级降低，风险溢价明显升高。建议明确赋予融资平台一定年限过渡期，推进平台公司政府性债务确权工作，明确偿还责任，清晰债权关系。加大对平台公司的增信安排和担保支持，有条件的地区可通过政策性担保机构为融资平台公司提供低费率担保、充实平台公司资产、注入优质资产和优质项目等方式，提高其自身融资能力。鼓励转型发展的各级平台公司合并、重组或引进战略投资者进行混合所有制改革，提高公司资产质量水平和市场竞争能力。对于无法按期偿还的债务，通过债转股的形式进行偿还，缓解短期内债务偿还压力。

（四）通过政府增信降低风险溢价

加强信用建设，通过政府增信、扩大中央财政代发地方发债规模、优化评级等，降低市场利率风险加权水平。鼓励担保机构发展，成立企业信用担保基金，引导其提高小型微型企业担保业务规模，合理确定担保费用。设立中小企业投资基金，并通过该基金为中小企业提供融资担保。进一步加大对小型微型企业融资担保的财政支持力度，综合运用业务补助、增量业务奖励、资本投入、代偿补偿、创新奖励等方式，引导担保、金融机构和外贸综合服务企业等为小型微型企业提供融资服务。

六　充分拓宽融资渠道

（一）扩大股权融资规模

相对于庞大的银行为主导的传统间接融资渠道，中国股市这一配置资源的“池子”仍然较小，服务实体经济的积极作用尚未完全彰显，坚持扩大股权融资的信心和决心不应被股灾所动摇。

——进一步完善多层次股权市场。在市场允许和监管允许条件下，降低股权融资门槛，特别是小微和创新型企业上市门槛，取消股票发行的持续盈利条件。建立资本市场小额再融资快速机制，开展股权众筹融资试点。设立上海证券交易所战略新兴板，支持创新创业企业融资。完善相关法律规则，推动特殊股权结构类创业企业在境内上市。增加全国中小企业股份转让系统挂牌公司数量，研究推出向创业板转板试点。

——加强股票市场监管。对股市融资进行严格的资本充足率监管，保障系统性重要金融机构的绝对安全。把股市融资当成具有系统重要性的金融业务来监管，要求提供融资的金融机构为其准备足够的资本金，以便通过资本缓冲来吸收可能的损失，控制风险蔓延。

（二）大力发展融资租赁

大力发展融资租赁行业，鼓励银行、保险、信托、基金等各类金融机构加大对融资租赁公司的支持力度，缓解实体经济部门资金占用压力，有效降低企业固定成本，帮助实体经济部门去杠杆。推动重点领域融资租赁发展，加快发展积极服务于战略性新兴产业、民生领域等重点领域的融资租赁。支持设立面向“三农”、中小微企业的金融租赁公司。鼓励地方政府探索通过风险补偿、奖励、贴息等政策工具，引导融资租赁公司加大对中小微企业的融资支持力度。鼓励各级政府通过融资租赁方式购买和提供公共服务。大力发展跨境租赁，支持内资融资租赁公司发行外债试行登记制管理，支持融资租赁公司开展人民币跨境融资业务，鼓励商业银行利用外汇储备委托贷款支持跨境融资租赁项目。

（三）发挥政策性金融机构低成本优势

充分发挥政策性金融的准财政功能。继续采取中央银行定向委托贷款等降低机构资金成本措施，以及其他定向降准等调控措施，扩大政策性和开发性金融银行提供融资的能力，充分发挥其低成本资金的优势，引导特定金融机构向“三农”、小微企业融资。鼓励定向降准存款类金融机构购买政策金融债或国债，降低长期债券利率，引导长端利率水平下行。对于国家的指令性业务，设置政策性银行与商业银行一般贷款差异化的风险权重。研究探讨政策性银行在资本市场融资的可能，以及放宽在国内或国外发债融资的限制。

（四）加大低利率债券发行规模

稳步扩大政策性金融债券发行规模，加大政策性金融债券品种创新力度，促进低利率、长久期、低杠杆的资金向投资转移。进一步加大专项债券发行力度，通过中央财政给予贴息的方式，支持国开行、农发行定向发行专项债券，填补财政资金缺口，补充项目资本金，降低项目融资成本，拉动固定资产投资。积极发展项目收益债及可转换债券、永续票据等股债结合产品。

总体来说，融资成本可拆解为无风险利率和风险溢价两方面，因此，降低融资成本也可从两方面着力。一方面，着重打通无风险利率到企业融资成本之间的利率传导途径，让企业融资成本真正受惠于政策利率的降低；另一方面，通过定向降准、中央银行结构性扶持贷款、小微企业融资担保等结构性政策，可缩小风险溢价。降低融资成本是循序渐进的过程，短期内应保持流动性合理充裕，通过调整政策利率引导市场利率下行，降低银行贷款利率，同时应维持企业资金链条，优化借新还旧流程，通过政策性金融机构加强对小微企业和薄弱环节的资金支持，缓解其资金供给紧张和债务杠杆过高的问题。长期来看，降低融资成本需从根本上优化中国融资体系结构，大力发展直接融资，提升资金流转效率，发展股权融资，降低企业杠杆。还需强化政府信用和国有企业的财务硬约束，建立起完善的风险定价机制，让“无风险”的归“无风险”，“溢价”的归“溢价”。

（执笔人：张岸元、曹玉瑾）

参考文献：

1. 余永定：《中国企业融资成本为何高企?》，《国际经济评论》2014 年第 6 期。

2. 黄鑫冬：《企业融资成本为何难降？——解析融资体系的结构问题》，《银行家》2014 年第 10 期。

3. 李建军、胡凤云：《中国中小企业融资结构、融资成本与影子信贷市场发展》，《宏观经济研究》2013 年第 5 期。

4. 丰秋惠、刘少英：《我国企业融资成本的影响因素及对策分析》，《新金融》2014 年第 6 期。

第五章　以降低取得成本为核心降低实体经济用地成本

摘要： 实体经济用地成本主要指实体企业为开展正常的经济活动得到可利用土地过程中的所有物质成本，包括土地取得成本和土地开发成本，前者体现于企业向地方政府缴纳的土地出让金、税金、行政事业性收费等，后者体现于企业对土地再开发的支出。降低实体经济用地成本应主要降低土地取得成本，兼顾降低开发成本，即摊薄初始成本、缩减费用成本、分担开发成本和压低交易成本。长期来看，降低用地成本还需要深化土地使用制度和财税体制改革。

一　有关实体经济用地成本的理论简述

用地需要支付成本，既是实践问题，也是理论问题。不同学派对用地成本的性质、来源、类型等解释不同。

（一）地租理论

地租是指土地所有者向土地使用者让渡土地使用权所获得的收入，是土地所有权借以实现的经济形式。英国古典经济学代表大卫·李嘉图认为地租产生的原因是土地数量的有限性和土地质量的差异性，并且认为“当次等肥力的土地投入耕种时，头等土地马上就开始有了地租，而地租额取决于这两份土地在质量的差别”①。马克思认为李嘉图根据从优到劣的耕种顺序来说明级差地租产生前提条件是有问题的。马克思通过绝对地租和级差地租的区别，阐述了地租产生的原因和条件的不同。马克思把包括劣等地在内的全部土地都绝对地要缴纳的地租视为绝对地租，绝对地租是由于土地所有权存在而导致的。马克思将级差地租分为级差地租Ⅰ和级差地租Ⅱ，级差地租Ⅰ产生的条件是土地的肥沃程度不同和土地位置的差异，级差地租Ⅱ产生的条件是对同一块土地连续追加投资所导致的生产率的差别。边际主义则利用生产要素级差效用来解释地租的性质，认为地租性质与资本和劳动的形式是完全对称的，是根据它们的边际产量支付的一种收入形式。

城市地租与农业地租产生机制不同，影响地租的因素也有差异。农业地租主要取决于自然条件，城市地租则更多取决于区位、基础设施投入等社会条件。阿朗索的城市竞标地租理论表明，在单中心城市中，当消费者、企业和市场都达到均衡且城市土地市场处于出清状态时，城市地租与区位条件密切相关，临近城市中心土地的地租，特别是级差地租更高。

（二）土地税收、收费理论

土地税收指国家以土地为征税对象，凭借政治权力并通过法律规定的标准，从土地所有者或土地使用者手中无偿地、强制地取得部分土地收益的一种税收。威廉·配第认为，“劳动是财富之父，土地是财富之母”，社会财富的真正来源是土地和劳动，因此，课税的最终对象也只能是地租及其派生的收入。美国19世纪末期知名社会活动家和经济学家亨利·乔治认为地租的提高是由社会进步引起的，应通过征收单一税将其归为社会所有。马克思的税收理论也认为土地税实质上是对地租收益分配的课税，在实践中以土地价格作为税基，在分

---

① 大卫·李嘉图：《政治经济学及赋税原理》（中译本），商务印书馆1962年版，第58页。

配上属于社会总分配的第二层次。马歇尔认为由于土地供给有限性和公有价值增长等条件，土地要素将为人类提供“永久剩余”①。为维护税收公平，需要对没有劳动和资本支出条件下的“永久剩余”征税。

在中国，除了土地税收外，企业往往还需要支付一些与土地使用相关的费用。这些收费是相关部门和机构依据国家法律、法规和省以上财政部门的规定行使其管理职能，向土地使用者收取的费用，包括证照费等行政管理类收费以及耕地占补平衡费等资源补偿类收费。这些费用的征收具有强制性、特定性和补偿性。

二 中国实体经济用地成本构成及特征分析

中国现行土地管理和使用制度使得实体经济用地成本在构成等方面有其特征。

（一）实体经济用地成本构成

中国实体经济用地成本主要由土地取得和再开发成本两大类组成，可细分为土地出让金、土地占用和使用相关税金、相关行政事业性收费，以及自行开发的投入（参见表5-1）。

1. 土地出让金

土地出让金是土地使用者为获得若干年限②土地使用权的让渡，依据土地管理法、城市房地产管理法等有关法律法规和国家有关政策规定，向土地所有者的代表，即市县人民政府所支付的费用。土地出让金存在的基础是土地所有权与使用权相分离，是土地所有权在经济

① 任旭峰、刘明：《我国土地税费制度的分配效应——基于马歇尔土地价值及税制理论分析》，《税务研究》2011年第12期，第28页。

② 根据1990年《中华人民共和国城镇国有土地使用权出让和转让暂行条例》（中华人民共和国国务院令第55号），土地使用权出让最高年限按用途确定，其中，居住用地70年；工业用地50年；教育、科技、文化、卫生、体育用地50年；商业、旅游、娱乐用地40年；综合或者其他用地50年。

表 5－1　　**实体经济用地成本主体构成**

分类		内容	
土地获得成本	土地出让金	征地和拆迁补偿	土地补偿费、安置补助费、青苗补偿费、地上建（构）筑物补偿费、其他杂物补偿费、留地安置折算金、人员就业折算金额、其他实物补偿安置折算金额、农民社保费用及奖励和补助等
		土地前期开发	出让土地需要进行基础设施建设支出及需要支付的银行贷款本息等支出
		土地出让收益	政府扣除其重地和拆迁补偿、前期开发成本等投入后的净收益
	土地税金	城镇土地使用税、耕地占用税、契税、房地产税等	
	土地使用费	资源补偿类费用	新增建设用地有偿使用费、农耕地占补平衡费
		行政管理类收费	调查、地籍测绘费，土地证工本费等
	其他费用	由于交易所发生的地价评估费、印花税等，可能存在银行贷款利息、法律咨询费等	
土地再开发成本	由于获得土地不能满足实体经济正常生产经营需要，在“土地前期开发”基础上企业自行增加的各类二次开发投入		

说明：根据国务院及有关部门出台条例、办法、决定和通知等相关文件整理。

上的体现，因此具有地租性质。绝对地租由地方政府对国有土地所有权垄断产生，级差地租Ⅰ由地块区位产生，级差地租Ⅱ由地方政府及其相关机构追加开发投资改善环境和基础设施使被开发的土地增值而产生。在中国，用地企业支付的土地出让金涵盖了城市政府征用农村集体土地的补偿费用、取得其他国有土地而发生的拆迁补偿费用、土地前期开发费用，以及政府作为土地所有权代表所获得的土地出让收益。

目前，实体企业获得国有土地使用权让渡的方式主要有协议、招标、拍卖三种方式。其中，招标和拍卖发挥了市场机制，一定程度上是能够反映供求关系的地价；对于协议出让，是各地区在国家最低出让标准要求基础上，因地制宜制定的实际最低出让标准供地协议定价。此外，企业改变土地使用条件依法缴纳的费用、获得划拨土地时弥补拆迁安置的费用、租用土地的租金等也属于企业支付的土地出让金范畴。

2. 与土地占用和使用相关的税金

目前中国涉及土地课税最主要的有城镇土地使用税、耕地占用税、土地增值税、契税、房地产税等。其中的土地增值税计税依据是转让国有土地使用权、地上的建筑物及其附着物取得货币收入、实物收入和其他收入，这部分税收也是前文理论分析中各经济学家所提倡的对土地收益增值部分所征，但此税征收发生于土地使用权转让环节，因此这项税收不应包括在实体经济的用地成本之中。视为用地成本的税收主要是土地使用税、耕地占用税、契税和房地产税。2013 年最新修订的《中华人民共和国城镇土地使用税暂行条例》规定，在城市、县城、建制镇、工矿区范围内使用土地的单位和个人为城镇土地使用税的纳税人，城镇土地使用税按年计算、分期缴纳（参见专栏 1）。

专栏 1　中国城镇土地使用税税额标准

根据 2013 年最新修订的《中华人民共和国城镇土地使用税暂行条例》，已对全国不同级别城市明确了税额标准及各地区的调整幅度（见表 5－2），引导不同规模城市和不同发展水平地区在土地使用税实际缴纳时因地制宜、差异化执行。

表 5－2　　**土地使用税每平方米年税额规定**

	最低税额	各地适用税额幅度
大城市	1.5 元至 30 元	经济落后地区适用税额标准可适当降低，但降低额不得超过最低税额的 30%；经济发达地区适用税额标准报经财政部批准可适当提高
中等城市	1.2 元至 24 元	
小城市	0.9 元至 18 元	
县城、建制镇、工矿区	0.6 元至 12 元	

耕地占用税是占用耕地建房或者从事非农业建设的单位或个人所应缴纳的税种，它以纳税人实际占用的耕地面积为计税依据，按照规定的适用税额一次性征收。契税的纳税义务人是在中国境内转移土

地、房屋权属承受的企业或单位，其中包括土地使用者。对企业而言，房地产税主要是对企业自用房产按原值进行征税。

3. 土地使用费

土地使用费是指土地使用者为获得土地使用权需要向政府缴纳的费用。主要是土地管理部门、财政部门等政府部门依据国家法律、法规和省以上财政部门的规定行使其管理职能，向用地企业收取的费用。目前涉及土地使用方面的行政事业性收费主要包括两大类：

第一，资源补偿类收费。如果土地使用者获得使用权的土地属于新增建设用地或农耕地转化用地，按照国家及省级政府规定需要缴纳相应的新增建设用地有偿使用费、农耕地占补平衡费，占用土地需要复垦的需要缴纳土地复垦费等费用。第二，行政管理类收费。包括征地管理费、土地出让业务费，以及土地权属调查、地籍测绘、注册登记、发证等方面的收费。

4. 土地再开发资金

由于不同类型和地区的实体经济生产经营需求等方面的差异较大，当企业实际拿到的土地不能直接满足经济活动配备需求时，需要对土地进行二次再开发，主要是按经济生产经营要求需要增加相关配套设施建设。

由上述用地成本构成不难看出，对于需要占用一定面积的工商企业而言，土地出让金是土地成本的主要组成部分。这可以从专栏 2 和专栏 3 两个案例中看出。专栏 2 中属于土地出让金所涵盖范畴的征地补偿费、拆迁补偿费、安置房建设费、留用地出让金核拨价值①、社保补贴等组成的土地取得成本明显高于土地再开发成本。专栏 3 中的征地和拆迁补偿支出也是规模最大的支出。由于城镇土地使用税、耕地占用税单位税额并不高，契税也只有成交价格 4% 左右，工业和商业房地产税税率也并不高，这几项合计的土地税金在用地成本中所占比例相对较低。

① 留用地制度是杭州市要求在征用集体所有土地时，按照征地面积的一定比例核定用地指标，让被征地集体经济组织用于组织发展第二、第三产业，壮大集体经济、安置失地农民。

专栏 2　杭州工业用地成本费用构成

根据一项针对杭州工业用地成本费用构成的调研数据显示，工业用地费用主要包括土地取得费和土地开发费用，合计约 166.03 万元/亩。其中，土地取得费用包括征地补偿费用 19.3 万元/亩，占总体成本的 11.6%；拆迁补偿费 50.7 万元/亩，占 30.5%；征地拆迁相关税费 30.72 万元/亩，占 18.5%；安置房建设费 15.609 万元/亩，占 9.4%；留用地出让金核拨价值 27.36 万元/亩，占 16.5%；社保补贴 3.721 万元/亩，占 2.2%；土地开发费用平均为 18.62 万元/亩，占 11.2%。

资料来源：杨君华、林亮：《工业用地成本费用构成研究——以杭州市区留用地制度框架为例》，《中国土地》2015 年第 1 期，第 39—40 页。

专栏 3　河南洛阳工业园区公布土地综合成本构成（2012 年）

征地和拆迁补偿支出：包括土地补偿费、安置补助费，5 万元/亩；青苗补偿费和地上附着物补偿费，2 万—5 万元/亩；宅前补偿费用，根据实际情况发生。

农民社保费：包括用于保持被征地农民原有生活水平补贴支出、补助被征地农民社会保障支出、农业土地开发支出，以及从土地出让收入中安排用于农村饮水、沼气、道路、环境、卫生、教育和文化等基础设施建设项目支出，合计 0.88 万元/亩。

土地开发支出：出让地块平均配套费用，包括出让土地需要进行的相关道路、供水、供电、供气、排水、通信、照明、土地平整等基础设施建设支出，以及相关需要支付的银行贷款本息等支出，参考标准为 2 万—3 万元/亩。

土地报批环节收取的税费：一是新增建设用地有偿使用费，现行标准为 3.74 万元/亩；二是占补平衡费，现行标准为 1 万元/亩；三是土地出让业务费，现行标准为 0.2 万元/亩。

办证环节收费：契税，4%；地籍调查费，企业土地使用面积在 1000 平方米（含 1000 平方米）以下每宗地收 100 元，每超过 500 平方米以内加收 40 元，最高不超过 4 万元；交易费，1.5%；宗地地价评估费，100万元以下（含100万元）4‰，101万—200万元部分3‰，201万—1000万元部分2‰，1001万—2000万元部分1.5‰，2001万—5000万元部分0.8‰，5001万—10000万元部分0.4‰，10000万元以上部分0.1‰。印花税，按所载金额万分之五贴花；土地证工本费20元。

资料来源：洛阳工业园区，http：//www.lygyyq.gov.cn/tzzn.asp？id=544。

（二）中国实体经济用地成本特点

在中国现行的土地出让、管理制度以及财税制度下，实体经济用地成本具有以下特点。

1. 土地取得的初始成本较高

自土地实行有偿使用以来，中国工业用地供应的主流方式为一次性将若干年限（多为50年）的土地使用权出让给用地企业。从企业角度讲，由于一次性支付出让金，开办企业初始投资较大、成本较高，对资金实力不太雄厚的中小企业而言更是如此。当然，从政府角度看，这种供地方式也存在着政府在出让期内对土地难以调控，难以处置低效闲置土地等问题。

2. 行政事业性收费加大了用地成本

如前所述，企业取得土地使用权除了缴纳土地出让金、税金外，还需要缴纳资源补偿类和行政管理类的行政事业性收费。在这些费用中，行政管理类收费额度较小，对企业成本影响也较小，但名目不一的新增建设用地有偿使用费、农耕地占补平衡费、耕地占用补偿、耕地质量补偿、土地复垦费等资源补偿类收费额度相对较大，对提高企业用地成本有较大作用。

3. 不同类型实体经济对用地成本承受力不同

受当前全国产能结构性过剩和经济结构全面调整的影响，实体经济整体发展面临诸多困境和压力，特别是中小企业、新兴成长企业等生存发展的困难较多，对用地成本上升表现显著的刚性压力。相比而言，具有技术、资金等优势的大企业对用地成本更易消化，例如更容易获得银行贷款，或者采取投资战略转移，将占地大的加工制造环节转移到用地成本相对较低的地区等。再如，物流等用地量较大的生产性服务业，对用地成本也较为敏感。另外，从商服和工业用地成本结构比较看，由于商服用地除了在一级市场上直接从国家直接获得土地以外，大多还存在多次转让、转租等情况，因此商服用地的市场价格、交易税费（包括契税等）相比工业用地要高，承受压力更大。

4. 理论成本和实际成本存在差异

在中国，工业企业所缴纳的增值税是地方财政收入的重要来源，工业用工是地方扩大就业的重要途径，因此，对地方政府而言，出让工业用地不是着眼于所获得的各种出让资金收入，而是在于企业投产后缴纳的税收和带动的就业。在这种税收制度背景下，地方政府给予工业企业的土地出让价会显著低于二级市场的转让交易价格甚至低于政府前期开发投入，现实生活中“零地价”“低地价”“负地价”现象较为普遍，[①] 地方政府为鼓励工业发展返还土地出让金及土地使用税金的现象也并不少见。

三　降低实体经济用地成本的思路与路径

降低实体经济用地成本需要与促进加快资源利用方式转变与经济结构升级以及优化国土空间开发格局等经济社会发展的重大战略密切结合。

（一）对当前用地形势的总体把握

把握好当前实体经济用地需求，是明确降低用地成本思路和路径的前提和基础。

1. 成本上升趋势有所缓和

2015 年随着各地区经济结构调整和经济增长速度下行，用地成本上升态势趋缓。这可以从商服用地和工业用地地价反映出来。针对

① 刘戒骄：《工业用地出让和利用制度改革分析》，《中共中央党校学报》2015 年第 19 卷第 2 期，第 65—70 页。

全国直辖市、省会城市和计划单列市等105个主要监测城市地价监测报告显示，进入2015年后，商服地价和工业地价虽在小幅上升，但上升幅度较前两年已有所缩小，这在工业地价中表现得更为明显一些（参见图5-1）。

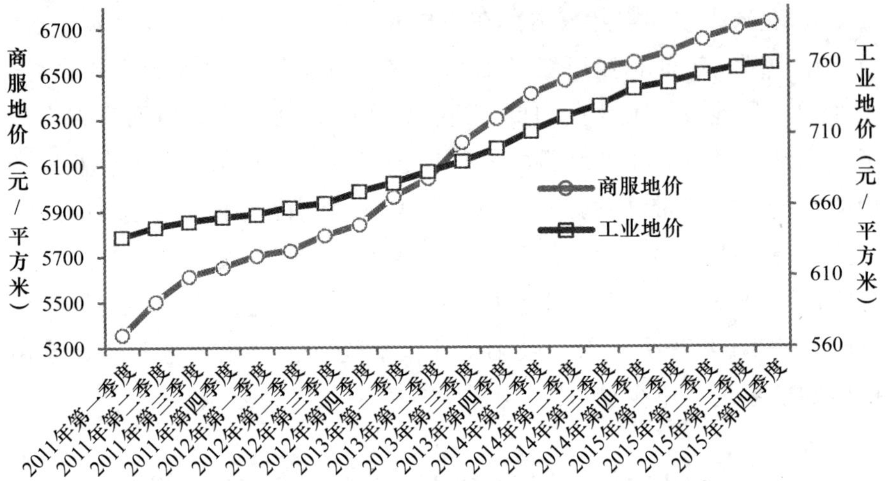

图5-1　“十二五”期间全国商服地价和工业地价变化

资料来源：中国土地勘测规划院、城市地价动态监测组：《各季度全国主要城市地价监测报告》，http：//www. landvalue. com. cn。

2. 用地效率总体不高

当前，中国人均城镇用地达145平方米，人均村庄用地达240平方米，均超过国家标准上限。城镇工矿建设用地中，低效用地约5000平方千米，占全国城市建成区的11%；农村居民点空闲和闲置用地面积达3000万亩左右，相当于现有城镇用地规模的1/4，低效用地达9000万亩以上，相当于现有城镇用地规模的3/4。工业用地容积率平均仅为0.3—0.6。[①] 土地利用粗放扩张，节约集约利用水平较低仍是中国土地利用的主要矛盾。

① 董祚继、田春华：《〈国土资源部关于推进土地节约集约利用的指导意见〉解读之一》，《中国国土资源报》2015年8月20日。

3. 新业态用地有新需求

在制造业与服务业融合、制造业服务化等新形势下发展出来的新产业、新业态，难以按单纯的工业用地、商业用地或科教用地来划分，同时，一些新的创业主体进行生产、研发、创业活动需要更为灵活、便利、价格适宜的创业空间。这对传统的用地管理方式提出了新挑战。

（二）降低实体经济用地成本的原则

根据中国实体经济用地成本构成及特征，结合当前实体经济的用地形势，降低实体经济用地成本应坚持以下原则。

1. 与节约集约利用相结合

用地成本过高会侵蚀实体经济的利润，但如果过低，又会导致土地的粗放利用，需要平衡二者关系。应按照遵循严控增量、盘活存量、优化结构、提高效率的指导方针，在控制建设用地总量和强度的前提下，重点降低那些提高土地利用容积率、加强对城市“三旧”土地利用、积极进行用地再开发等符合节约集约利用要求的工业和商业企业用地成本。

2. 与结构优化升级相结合

在产业结构需要大力调整、空间结构需要进一步优化的当前，降低用地成本应服务于这些任务。在行业上，重点降低符合产业结构升级方向的高技术行业、创新型行业以及一些新业态的用地成本，促进其发展，提高其竞争力，这也是强化供给侧改革的必然要求。[①] 在区域上，以《全国主体功能区规划》划分的区域类型为基础，以《国家新型城镇化规划》为依托，着力降低重点发展地区、城镇化重点地区的用地成本。避免因为降低用地成本而使环保不达标、产能过剩行业继续生产的现象发生。

---

① 唐健：《“供给侧改革”这么热，土地专家有话说》，“土地国策30人”论坛，2015年12月1日。

3. 与制度改革创新相结合

在目前商服和工业用地价格上升趋缓的态势下，大幅度下调用地成本的空间不太大。从成本构成看，土地出让金中相当部分用于征地和拆迁补偿，且随着对农民和城镇居民利益保护的加强，征地拆迁补偿支出不断加大，直接降低土地出让标准并不现实；土地税收和费用大幅下降因会直接减少地方政府财政收入而实施困难。在直接减少费用的基础上，需要通过供地和用地管理、引入社会资本参与土地开发等制度创新以及城乡土地一体化市场构建等改革来降低用地成本。

（三）降低实体经济用地成本的基本路径

降低用地成本需要在兼顾企业和政府利益的同时，实施多种手段的“组合拳”。

1. 弹性出让，积极摊薄初始成本

如前所述，土地出让金之所以成为用地成本的“大头”，主要是因为企业一次性支付多年使用权的出让金。改变一次性支付的情况，可使企业获得土地的成本分摊到企业生命周期之中，不仅有助于降低企业用地初始成本，而且有助于政府调控闲置用地、批而未用土地和低效利用土地的再开发。为此，需要探索更加灵活的弹性出让年期制度，根据产业发展要求和用地单位经营情况确定工业用使用权出让年限，期限届满时，再根据具体情况延长使用期限。在具体供地方式上，可采取先租后让、长期租赁、弹性出让等方式。目前国家有关部门和地方都已开始这方面的探索。

在国家政策方面，在一些新产业和新业态上开始探索长期租赁、租让结合方式。2015 年 9 月，国土资源部联合五部委下发的《关于支持新产业新业态发展促进大众创业万众创新用地的意见》，针对新产业中小企业多、起步阶段竞争力弱、用地期限不确定及在不同发展时期用地规模差别大等特征，提出对这些产业可以采取租赁方式或先租后让、租让结合的方式供应土地，租赁期满符合条件拟转为出让土地的，可以协议方式办理出让手续。在地方政府层面，一些城市，如山东潍坊市于 2015 年 4 月出台了《关于开展工业用地供应制度改革试点工作的意见》，在山东率先实行“先租后让、长期租赁、弹性年期出让”的差别化工业用地供应制度（参见专栏4）。下一阶段，应在总结新产业新业态和试点地区经验的基础上，将弹性灵活的土地出让制度向其他行业和地区推广，切实降低企业开办的初始用地成本。

专栏4　潍坊市工业用地供应制度改革

潍坊市探索实行“先租后让、长期租赁、弹性年期出让”的差别化工业用地供应制度，打破工业用地一次性50年出让的传统单一模式。“先租后让”是指市、县国土资源主管部门设定一定条件，先行以租赁方式将国有建设用地使用权在3—5年内出租给土地使用者，土地使用者向国家缴纳租金并进行开发、使用和经营活动，按照租赁合同约定时间达到约定条件后，可申请将租赁土地转为出让土地的行为。“长期租赁”是指市、县国土资源主管部门作为出租方将国有建设用地使用权在10—20年内出租给土地使用者，由土地使用者向国家缴纳租金的行为。“弹性年期出让”是指市、县国土资源主管部门将国有建设用地使用权在20—50年内出让给土地使用者，由土地使用者向国家缴纳出让金的行为。具体的租赁（出让）年期根据产业生命周期确定，综合考虑企业盈利能力、纳税情况、吸纳就业、投资状况等方面。采用“先租后让”“长期租赁”和“弹性年期出让”方式供应的工业用地，都可以取得国有土地使用权证。

资料来源：《我市如何改革完善工业用地供应制度》，《潍坊日报》2015年5月29日。

2. 政府让利，努力缩减费用成本

地方政府需要从土地出让金、土地税金和收费中让利于企业，减少企业这部分费用支出。主要包括以下四个方面。

第一，缩减土地出让金中政府收益部分。土地出让金除弥补征地、拆迁、一次开发成本外，还有政府净收益。2014年土地出让净收益占全国土地出让收入的21.8%，这一比例与前些年50%以上的水平相比已明显下降，但为促进实体经济发展，仍有一些缩减空间。目前土地出让金扣除征地、拆迁等支出后，30%—50%用于计提多个专项资金，如社会保障资金、农业土地开发资金、廉租住房资金、教育资金、农田水利建设资金、国有土地收益基金、农田基础设施建设资金等，除规定的计提资金外，地方政府还规定了一些其他计提资金，如农民培训资金等。适当压缩这部分计提资金是降低土地出让金的路径之一。压缩的途径一是合并同类资金并下调计提比例，如可考虑合并农田水利建设资金和农田基础设施建设资金，并下调计提比例；二是地方政府计提比例高于国家的，下调至国家确定比例；三是取消一些地方自行设立的计提资金。

第二，给予土地价款征收优惠。国家新近出台的一些政策，如前文提及的《关于支持新产业新业态发展促进大众创业万众创新用地的意见》、2015 年 12 月国家发改委等 7 部委联合下发《关于促进具备条件的开发区向城市综合功能区转型的指导意见》，以及一些地方政府已出台政策，都体现了对于符合转型发展的行业和企业给予土地价款征收优惠的政策导向。这些优惠涉及了土地出让金及部分土地税金的优惠。概括而言，体现了三方面用地价款优惠：一是鼓励土地节约集约利用。如一些地方政府出台规定，对符合规划、不改变土地用途的前提下，现有工业用地提高土地利用率和增加用地容积率的，包括通过厂房加层、厂区改造、内部用地整理等不再征收土地价款。二是扶持新产业、新业态发展。如对于传统产业主体本身通过延伸产业链、拓展上下游业务范围进行融合发展的，允许给予土地年租金或土地收益差价等优惠政策。再如，对充分利用工业厂房、仓储用房、传统商业街等存量房产和土地资源兴办信息服务、研发设计、创意产业等现代服务业的，在确定土地出让底价时，可按不低于所在地土地等别相对应标准的一定标优惠幅度执行。三是支持物流业发展。如一些地方落实物流企业大宗商品仓储设施用地，对这类企业给予减按所属土地等级适用税额标准的 50% 计征城镇土地使用税的政策。同时，一些地方探索将物流企业配送中心、连锁企业配送中心项目内用于建设仓储设施、堆场、货车通道、回转场地及停车场（库）等物流生产性设施用地列入工业、仓储用地范畴。这些政策还需要有关部门和地方政府出台相应的实施方案，以便把原则性的“优惠”具体落实，使企业真正受惠于此。

第三，通过灵活管理土地利用方式给予企业优惠。对于同一地区而言，划拨用地成本低于招拍挂等形式取得的土地，工业用地价格低于商服用地价格，为体现对于服务业发展和创新型企业发展的支持，国家和一些地方政府开始探索通过灵活管理土地利用方式给予企业用地条件优惠。如对于闲置划拨土地上的工业厂房、仓库等用于养老、流通、服务、旅游、文化创意等行业发展，允许企业在一定时间内可继续以划拨方式使用土地，暂不变更土地使用性质。再如，为鼓励开发区、产业集聚区规划建设多层工业厂房、国家大学科技园、科技企业孵化器，供中小企业进行生产、研发、设计、经营多功能复合利用，鼓励工业仓储与商业、办公等功能在同一地块（或同一栋建筑）内混合，允许其用地可按工业用途和科教用途管理。这些政策或做法实际是利用灵活的土地管理方式，让渡了政府可收取的用地价款。这些政策目前也多为原则性意见，需要尽快将这些政策变为可操作的具体措施，如不变更土地使用性质的年限应与个体行业的生命周期吻合，同时应经过较为科学的程序给予论证，而避免政府单方提出过短或过长的期限。

第四，继续降低征转用地收费。2015 年国家已取消各级的征地管理费。一些地方政府自行确定的其他收费，如耕地质量补偿费、新征地工作经费等名目不一的收费也应考虑取消或调低征收额度。

3. 放松管制，多方分担开发成本

前文分析表明，用地企业支付的土地出让金中部分用于弥补政府进行土地一级开发的投入。根据十八届三中全会《中共中央关于全面深化改革若干重大问题的决定》提出“允许社会资本通过特许经营等方式参与城市基础设施投资和运营”的精神，在土地一级开发过程中引入社会资本，可以通过避免由政府主导造成土地一级开发市场垄断以及通过提高土地开发效率，来降低土地一级开发成本，这也有利于降低用地企业所需缴纳的土地出让金。除了土地一级开发市场外，在土地二次开发中探索实行灵活的土地开发方式，也可以降低用地企业成本。如一些地方探索的鼓励原土地使用者以合资入股的方式进行共同开发等做法，有利于原持有人释放土地，从而为企业用地提供了更多选择。此外，一些地方政府探索建立工业转型升级用地开发资金的做法，即从本级除工业以外的土地出让总收入中，按一定比例提取资金，纳入本级财政基金预算管理，专项用于工业用地开发。这也有助于促进增加工业用地供给，同时，与银行借贷和社会融资方式相比，财政资金投入也有利于直接降低土地一级开发成本，从而降低用地企业土地取得成本。

4. 强化改革，大幅压低制度性交易成本

除了资金性成本外，中国尚不健全的土地市场体系以及不完善的土地管理制度，都增加了企业的用地成本。迫切需要深化改革，最大幅度地降低制度性交易成本。一是建立统一、公开的土地交易市场，严格限制隐性交易和私下交易，加强监督检查和诚信体系建设。二是严格限制成片土地的垄断开发，防止圈地、炒地，然后高价转让土地的行为。三是改革完善审批制度，针对现行土地审批制度执行过程中存在的审批权过于集中、审批程序繁杂、重复审查较多、自由裁量权过大等问题，应考虑减少建设用地预审和农用地转用等审批环节，以土地利用规划为依据，按照权责一致原则，建立由国务院、国务院投资主管部门、国务院土地行政主管部门、省级政府或省级土地行政主管部门等不同层级许可的审批制度。

四　降低实体经济用地成本的政策建议

长远来看，降低实体经济的用地成本还需要从完善土地供给、财税等多项措施方面入手。

（一）积极推进农村集体建设用地制度改革

2015—2017 年，全国 33 个县开展土地征收、集体经营性建设用地入市、宅基地制度三项改革，在试点县暂停土地管理法、房地产管理法相关条款的执行，依法改革。2015 年 11 月，中共中央办公厅、国务院办公厅印发《深化农村改革综合性实施方案》，提出：“允许土地利用总体规划和城乡规划确定为工矿仓储、商服等经营性用途的存量农村集体建设用地，与国有建设用地享有同等权利，在符合规划、用途管制和依法取得的前提下，可以出让、租赁、入股，完善入市交易规则、服务监管制度和土地增值收益的合理分配机制。”“探索宅基地有偿使用制度和自愿有偿退出机制，探索农民住房财产权抵押、担保、转让的有效途径。”关于集体经营性建设用地，从目前的一些实践看，通过推进集体建设用地制度改革，能够盘活闲置低效的集体土地，显化集体建设用地的价值，降低征地补偿成本，从长远看有利于降低企业获得土地的成本。关于宅基地，通过探索宅基地的有偿使用制度和自愿有偿退出等机制，有利于农民利用宅基地或闲置宅基地整理，从事休闲农业、乡村旅游等产业，降低农民及回乡农民工创业发展实体经济的成本。因此，应在试点经验的基础上，扩大集体建设用地制度改革试点范围，在更多的地区促进企业用地成本的降低。

（二）深化财税体制改革

从降低实体经济用地成本的角度看，应从两个方面深化财税体制改革。一是加快建立事权和支出责任相适应的财税体制。土地出让金、土地税金和收费基本属地方财政收入，降低实体经济用地成本主要靠地方政府让利，如果让利幅度较大就意味着地方财政收入减少。当前，中央和地方政府在事权与财权划分方面还不尽合理，地方政府承担了与其财力并不对称的基本公共服务，地方财政收入减少不利于地方基本公共服务水平的提高。从长远看，应加快合理划分中央与地方事权的改革，调整中央和地方收入划分，适当“上移”部分地方政府基本公共服务事权，并完善财政转移支付制度，特别是提高一般性转移支付规模和比例，促进财力与事权相匹配。二是完善土地税收制度。目前土地税收的特点是土地增值税高、土地占用和使用税低，即土地转让税高、保有税偏低，这不利于企业节约集约用地和通过挖潜降低用地成本。为此，需要以建立“重保有、轻流转”的土地税费结构为目标，在适当提高土地保有环节税负的基础上，降低流转环节的税负，抑制不合理市场用地需求，促进多余土地通过转让、出租等方式进行市场优化配置。

（三）扩大人口密集地区供地规模

目前建设用地指标管理中总体的方向是控制东部地区的用地规模，扩大中西部地区的用地规模，如国土资源部发布的《关于强化管控落实最严格耕地保护制度的通知》（国土资发〔2014〕18号）提出“重点控制东部地区特别是京津冀、长三角、珠三角三大城市群建设用地规模”。据有关学者研究，供地政策向中西部地区的倾斜，意在支持欠发达地区的发展，但这影响了东部地区的竞争力和整体的资源配置效率，同时也造成中西部土地利用效率的明显恶化。① 东部地区除了像北京、上海、广州等城市的核心区域外，大城市周边及城市群中的中小城市仍是未来支撑我国经济增长的重要潜力地区，不但是实体经济发展最活跃的地区，也是吸纳农业转移人口较多的地区，而一些欠发达地区主要存在的不是无地可供，而是没有企业进入的问题。十八届五中全会关于“十三五”规划的建议中提出“建立城镇建设用地增加规模同吸纳农业转移人口落户数量挂钩机制”。当前应在城市群规划编制过程中，根据未来人口集聚和农业转移人口落户的情况，建立与人口规模相匹配的城镇建设用地增加规模，通过增加对这些地区用地指标供给，增加企业可用土地供给。土地供给量的增加也对下调用地价格，从而降低企业用地成本有着直接促进作用。

（执笔人：申兵、汪阳红、黄征学、张燕）

参考文献：

1. 大卫·李嘉图：《政治经济学及赋税原理》（中译本），商务印书馆1962年版。

① 陆铭等：《偏向中西部的土地供应如何推升了东部的工资》，《中国社会科学》2015年第5期，第59—83页。

2. 董祚继、田春华：《〈国土资源部关于推进土地节约集约利用的指导意见〉解读之一》，《中国国土资源报》2015 年 8 月 20 日。

3. 国土资源部：《2015 年前三季度国土资源主要统计数据》，http：//data. mlr. gov. cn/tjsj/2015/201510/t20151030_ 1385912. htm。

4. 洛阳工业园区，http：//www. lygyyq. gov. cn/tzzn. asp？ id = 544。

5. 陆铭等：《偏向中西部的土地供应如何推升了东部的工资》，《中国社会科学》2015 年第 5 期。

6. 刘戒骄：《工业用地出让和利用制度改革分析》，《中共中央党校学报》2015 年第 19 卷第 2 期。

7. 任旭峰、刘明：《我国土地税费制度的分配效应——基于马歇尔土地价值及税制理论分析》，《税务研究》2011 年第 12 期。

8. 唐健：《"供给侧改革" 这么热，土地专家有话说》，"土地国策 30 人" 论坛，2015 年 12 月 1 日。

9. 杨君华、林亮：《工业用地成本费用构成研究——以杭州市区留用地制度框架为例》，《中国土地》2015 年第 1 期。

10. 中国土地勘测规划院、城市地价动态监测组：《各季度全国主要城市地价监测报告》，http：//www. landvalue. com. cn。

第六章　以社保降费率为突破降低企业用工成本

摘要：2015年12月18—21日中央经济工作会议在北京举行，习近平总书记做重要讲话。他特别强调："要开展降低实体经济企业成本行动，打出'组合拳'。""要降低社会保险费，研究精简归并'五险一金'。"近年来，企业用工成本攀升问题凸显，成为影响企业生产经营平稳的重要因素。从用工成本构成来看，增长较快的为工资成本和社会保障成本。其中工资成本具有明显福利刚性效应，降低用工成本的主要着力点在降低社保费率。通过扩大筹资来源，精简整合五险，加强基金统筹管理和完善公积金缓缴、降缴机制等措施，最终可以实现社保费率普遍下调约4个百分点。

一　中国企业用工成本构成及现状

（一）企业用工成本构成

自2008年金融危机以来，企业用工成本逐年上升问题日渐突出。企业成本影响着企业的利润和可持续发展，用工成本的增加意味着企业利润空间在缩小。关于用工成本的构成，国际劳动统计会议将其界定为雇主雇用劳动力所支付的全部费用，其构成包括七项内容：一是包括非工作时间在内的一切报酬、奖金及其他实物成本；二是住房费用；三是社会保险费用；四是职业培训费用；五是福利费用；六是其他费用；七是各项税收费用。其中，前四项内容被定义为直接人工成本，后三项内容被定义为间接人工成本。[①]

（二）中国企业用工成本持续攀升

经济全球化以来，国内外经济形势密切相关且日趋复杂，国内新型城镇化建设的步伐加快，以及物价水平不断走高和分享企业发展成果等多种因素的影响之下，国内劳动力整体用工成本不断上升。

从工资成本来看，企业工资总额不断上升，且政策性用工成本上升明显。如表6－1所示，以2003年为界，工资总额和平均工资年增长率均以两位数增长，部分年份增长率呈下降趋势，但总体来看工资总额和平均工资均呈上升趋势，这就表明中国企业用工成本中的工资总额部分一直呈上升态势，给企业用工成本增加了不小的负担。

表6－1　　城镇单位就业人员工资总额及平均工资

年份	城镇单位就业人员工资总额（亿元）	工资总额年增长率（%）	城镇单位就业人员平均工资（元）	平均工资年增长率（%）
2003	15329.6	12.4	13969	11.4
2004	17615.0	14.9	15920	14.0
2005	20627.1	17.1	18200	14.3
2006	24262.3	17.6	20856	14.6
2007	29471.5	21.5	24721	18.5
2008	35289.5	19.7	28898	16.9
2009	40288.2	14.2	32244	11.6
2010	47269.9	17.3	36539	13.3
2011	59954.7	26.8	41799	14.4
2012	70914.2	18.3	46769	11.9
2013	93064.3	31.2	51483	10.1
2014	102817.2	10.5	56360	9.5

资料来源：根据《中国统计年鉴2015》整理，http：//www.stats.gov.cn/tjsj/ndsj/。

① 马小丽：《构建企业人工成本宏观检测系统》，中国劳动社会保障出版社2014年版。

从社保成本来看。目前中国社会保险缴费基数规定如下，根据上年度当地社会平均工资确定，不得低于上年度当地社会平均工资的60%，不得超过上年度当地社会平均工资的300%。构成及缴费如下：分别是养老保险（单位缴费20%，个人缴费8%）、医疗保险（单位缴费6%—8%，个人缴费2%）、工伤保险（企业缴费0.2%—1.5%，个人不缴费）、生育保险（企业缴费0.5%，个人不缴费）和失业保险（单位和个人共缴2%）。[①] 几项合计下来，单位和个人社会保险在40%左右，如果加上20%左右的住房公积金，企业缴费负担高达60%以上。为减轻企业缴费负担，2015年2月，国务院常务会议确定将失业保险费率由3%统一降至2%，每年将减轻企业和员工负担400多亿元。2015年6月，国务院常务会议决定，从10月1日起，将工伤保险平均费率由1%降至0.75%，并根据行业风险程度细化基准费率档次，根据工伤发生率对单位（企业）适当上浮或下浮费率；将生育保险费率从不超过1%降到不超过0.5%；工伤保险和生育保险基金超过合理结存量的地区应调低费率。预计每年将减轻企业负担约270亿元。[②] 但总体来看，五险一金的费率降幅仅为2%—3%，企业缴费重的问题没有得到根本缓解，进一步减轻社保负担迫在眉睫。

（三）高用工成本对中国国际竞争力影响

中国经济经过几十年的快速发展已取得了令世人瞩目的成就，GDP总量已经跃居世界第二位，成为世界第二大经济体。而且，伴随着改革开放的不断深入以及加入WTO后参与国际经济交往的不断加深，中国经济已经与世界经济紧密相连，密不可分。近几十年来，借助特有的劳动力成本优势，中国成为全球制造业的转往基地。然而随着中国企业用工成本的快速上升，使中国制造业的竞争优势大打折

① 新浪财经专栏作家孙博：《社保缴费基数何以“逆势而涨”?》，2015年1月5日，http://finance.sina.com.cn/zl/china/20150105/160921226882.shtml。

② 《2015年中国劳动保障十大新闻》，《中国劳动保障报》2016年1月9日，http://www.360doc.com/content/16/0109/07/5299136_526548937.shtml。

扣。“在中国雇用一名工人的花费，在泰国可以雇用1.5名工人，在菲律宾可以雇用2.5名，印尼可以雇用3.5名。”有“世界工厂”之称的中国的劳动力成本廉价的优势正在逐渐被东南亚国家所取代，美国等发达国家也在不断开始吹响“再工业化”“重振制造业”等号角，改革开放以来一直顺风顺水的中国制造业正在面临低端成本与高端技术的夹层式竞争局面。

二　推高中国企业用工成本主要原因

（一）中国工资成本上涨主要原因

从推动工资增长原因来看，既有因为经济发展和社会进步带来的合理增长因素，也受到劳动市场供求结构性不匹配和最低工资传递效应的影响。

1. 经济社会发展推动工资成本上升。改革开放以来，中国经济持续保持30年以上的高速增长，年均经济增速近10%，已稳居中高收入国家行列，2014年人均GDP达到7485美元，比改革开放初期增加了120倍以上。国民经济的蓬勃发展使社会用于初次分配的物质财富更加丰沛。劳动生产率快速提升也为劳动者报酬同步提高奠定了物质基础。劳动生产率是驱动经济发展的核心动力，测算表明，在过去三十多年里，劳动生产率年均提高达到3.6%，对经济增长贡献份额达到37%，使劳动者更加充分参与社会物质财富分配，推动工资合理增长。同时，经济发展还带来劳动者再生产必需的物质消费支出数量和结构发生变化，2010年以来，中国CIP持续保持一定的合理增长水平，粮、菜、水、电等基本生活必需品价格保持上涨态势，商品房价格上涨较快、教育、医疗方面支持不断攀升，这些都对工资成本起到了直接推动作用。

2. 劳动供求关系变化倒逼工资成本上升。当前，中国劳动供求关系已经发生根本性变化，逐步进入人口年龄结构的“刘易斯拐点”，劳动要素资源开始由无限供给向有限供给转变。2012—2014年，中国新增劳动年龄人口分别同比下降345万人、244万人和371

万人。随着新增劳动力供给的下行，城镇净增就业人数也呈现下降趋势，2013 年和 2014 年城镇新增就业人数分别少增了 50 万人和 68 万人。在整体用工供不应求的背景下，劳动力供给与加工制造业、服务业的中低端岗位需求难以对接，大学毕业生等高教育背景劳动者占新生劳动力比例已经提高到50%左右，“90 后”新生代农民工也普遍更加重视发展机会、待遇水平和用工环境，使依赖人工成本的低附加值行业企业“用工荒”问题日益严重，倒逼企业提高工资待遇和福利水平。同时，伴随产业转型升级和“互联网 +”快速发展，技能型人才和高技术人才缺口明显加大。近年来，专业技术人才求人倍率稳定在 1.5 左右，部分地区高级技师求人倍率更是达到 3.9 以上，已经形成劳动者对企业的局部买方市场，根据人社部门发布的工资指导价格，各地高级技师工资水平普遍超过了 12 万元/年。由于互联网产业快速发展，相关人才培养周期较长，部分互联网技术岗位工资价格畸高。据对部分互联网企业调研发现，目前有 3 年的 IOS、安卓等计算机编程经验的技术人员月收入在 2 万元到 3 万元左右，年发薪 14—19 个月。

3. 最低工资传导效应带动工资成本上升。《“十二五”规划纲要》提出了逐步提高最低工资标准的改革任务，《“十二五”促进就业规划》和《国务院关于深化收入分配改革若干问题的意见》进一步明确“十二五”时期最低工资年均增幅不低于 13%。在相关政策指导下，各地近年来纷纷调高最低工资标准，2011—2015 年，最低工资平均增幅分别为 22%、20.2%、17%、14% 和 14%，年均最低工资增长 13% 的目标已经基本达成。不同地区最低工资标准之间也形成了地区攀比效应，如，2015 年武汉市最低工资标准调整后为 1550 元/月，高于周边中心城市南昌、长沙 50—100 元左右，在形成一定的工资优势来吸引农民工流入的同时，也进一步推高本地相关企业的工资价格。

对于劳动密集、低附加值企业，特别是以最低工资标准作为职工依据的中小企业，最低工资标准的调增会使低端劳动力成本上升，形成直接成本冲击。对于一些资本、技术密集和高附加值行业，因为职工医疗期待遇、试用期待遇、加班补贴等与最低工资标准联动，提高最低工资标准也会产生传导效应，间接抬高用工成本。

（二）中国社保成本居高不下的主要原因

人口年龄结构的老化和制度赡养比攀升使社保制度缴费率长期高位运行，同时，缴费基数失真、制度设计繁复和基金管理碎片化等原因使社保负担进一步加重。

1. 主要社保项目老化程度加深。中国社保制度普遍采用现收现付制方式筹资，退休职工的养老金和医疗费用报销均来源于单位和在职职工的缴费，而职工养老和职工医疗保险供款又占到五项社会保险缴费的90%左右。随着人口老龄化逐步深化，养老和医疗保险制度赡养率进一步提高，如，2014年职工基本养老保险参保职工人数为2.55亿人，同比增长5.6%，离退休职工人数为8593.39万人，同比增长6.9%。由于离退休职工人数增速快于在职职工扩面速度，导致在职职工占参保职工总数的比例由2012年的75.53%下降至74.82%，进而使制度内赡养率继续攀升，达到33.66%，同比上升了0.4个百分点。对于部分老工业基地、国企占比较高的省份和统筹单位，制度赡养率已经突破50%，即不足2个在职职工赡养一个离退休职工，制度老化问题已经非常突出（如表6-2所示）。为了确保财务稳健性，社保制度对企业和在职一代的筹资依赖程度加深，要求维持较高的缴费率水平。从实际筹资情况看，养老和医疗保险在当期缴费水平已经无法覆盖退休人员的支出要求。在扣除财政补贴后，2014年全国城镇职工养老保险基金结余比2013年减少了1484.26亿元，已经出现了1321.09亿元的当期赤字，全国共有23个省级统筹单位出现当期收不抵支的情况。在职工基本医疗保险方面，2013年已经有225个统筹单位发生收支缺口，占全国统筹单位的32%，其中多地已经将历史结余全部透支。据测算，按照目前支付需求扩大速度，职工医保制度将在2018年左右发生系统性财务失衡。

表6－2　　2013年部分地区职工养老保险制度赡养结构

省份	参保职工		离退休人员		赡养率（%）
	人数（万人）	增长率（%）	人数（万人）	增长率（%）	
黑龙江	639.86	4.66	422.21	5.12	65.98
新疆①	93.21	2.52	57.08	2.51	61.24
吉林	406.83	2.32	248.36	5.87	61.05
重庆	497.76	5.93	275.36	11.5	53.32
内蒙古	323.79	1.51	172.69	12.9	53.33
四川	1124.07	4.69	596.19	10.07	53.04
甘肃	188.55	2.68	99.85	6.51	52.96

2. 缴费基数与真实负担背离。中国“五险一金”的最高和最低缴费基数增幅根据城镇在岗职工平均工资一定比例来确定，并随着社会平均工资的增长而调整。由于中国国有企业和事业单位的工薪收入水平和增长率都显著高于社会平均水平，并且非私营单位薪酬结构对通货膨胀、生产成本变动不敏感，不能真实反映社会实际工资情况。2011—2014年，中国城镇非私营单位平均工资分别为41799元、46769元、51483元、56339元，和同期城镇私营单位平均工资相比，分别高出17243元、18017元、18768元和19949元。以社会平均工资为社保最低和最高缴费计算基础，会导致社会保险缴费基数显著高于实际工资性收入，使社保缴费名义费率与企业真实负担相背离。缴费基数设定水平过高以及过快增长，会对利润水平薄、工资基数低的中小企业形成明显成本挤压。以北京为例，根据2015年7月起执行的五项社会保险缴费基数调整比例，养老、失业两个险种的职工缴费基数下限按照上年度社会平均工资的40%确定，最低不低于2585元；医疗、工伤和生育保险的缴费基数下限按照上年度职工月均工资的60%确定，最低不低于3878元。而同期北京市最低工资标准仅为每月1720元，分别为最低缴费基数的66.5%和44.4%。由此可见，部

① 仅统计生产建设兵团数据。

分险种中小企业的实际社会保险负担水平会高出名义费率一倍以上。

3. “五险一金”设计繁复。各国在社会保障制度改革发展过程中，对于一些关联度较高的社会风险普遍采用综合保险方式承保，在一种主要保险下面附加若干相关险种，并根据社会风险发展和蔓延情况因地制宜增加保障内容，集约社保缴费，减轻参保成本，也使社保制度更加具有弹性。如，美国养老保险制度兼顾承保了老年、残障和遗属三类风险，德国在20世纪90年代开始在社会健康保险下增设了长期护理保险。中国则针对劳动者可能面临的各类风险分别设计有不同的社会保险项目，由于制度设计繁复，同类风险重复保障，导致部分险种基金结余严重，缴费未能得到充分使用。截至2014年年底，中国失业保险基金累计结存4451亿元，工伤保险累计结存1129亿元，生育保险累计结存593亿元，以当年基金支出为基数来看，积累率已经分别达到723.7%、201.6%和161.1%。而按照现收现付制“以支定收”原则，留有3个月左右的准备金即可满足基金平稳运行的支付要求。在缴费被大量不合理结存的同时，各项社保制度仍然存在一些保障缺项和保障缝隙，如，失业保险领取前置条件苛刻、工伤保险给付范围狭窄、长期护理保障缺失等，使参保企业和职工并没有获得与缴费水平相匹配的保障获得感。

4. 地区间费负调剂功能不强。社会保障作为国民收入的重要调节工具，缴费负担应该与参保企业和个人经济承受能力相一致，即经济条件较好者承担的缴费责任要大于经济条件较差者。然而中国各项社保制度统筹层次偏低，养老保险以地区为单位制定缴费政策和待遇领取办法，医疗保险等险种则是地市统筹、分级管理，不同地方的缴费负担不一。特别是部分经济发达地区人口年龄结构年轻，无收支压力，缴费率就低，而经济困难地区收支压力大，反而缴费率就低，如，广东省和浙江省各地企业职工基本养老保险缴费费率普遍为14%，低于东北和中西部地区6个百分点。同时，发达地区养老金平均水平又远高于经济困难地区，2014年广东省退休职工年人均养老金3.39万元，高于全国水平近40%，形成社会保障的逆向转移支付格局。

5. 住房公积金"多收少支"现象突出。根据中国《住房公积金管理条例》的有关规定，用人单位按照不低于5%和不高于12%的比例缴存住房公积金，职工个人普遍按照等比例配缴，从而使住房公积金综合费率达到10%—24%，成为仅次于养老保险的第二大社保缴费项目。住房公积金的设计初衷，是通过强制储蓄方式为职工购买、建造、翻建、大修自住房积累资金。从政策实施情况看，由于费率设定水平高，基金缴存充分，公积金使用需求远赶不上公积金的缴存增加，大量公积金不得不沉淀下来，在职工退休时候一次性支取，制度的住房保障功能一定程度上虚化，转变为一项津贴性福利制度。2014年，全年住房公积金缴存额12956.87亿元，提取公积金7581.96亿元，仅为58.52%，其中真正住房类消费仅占提取总额的75.37%，基金使用率仅为44.11%。从缴存基金总量来看，扣除提取后的缴存余额37046.83亿元，可满足约4年的公积金提取支付。因此，在不影响职工正常住房保障需求前提下，住房公积金制度存在较大的费率调整空间。

三 结构性改革降低企业用工成本的国际经验

纵观世界经济历史，部分国家通过积极实施供给侧改革，在降低企业用工成本方面取得了一些有益经验，值得我们学习借鉴。

（一）新加坡降低企业用工成本措施

新加坡政府帮助企业降低用工成本。新加坡历史上曾经发生过四次经济危机，即1985、1997、2003年和当下发生的经济危机。这四次经济危机，新加坡采取的应变策略都是发挥公积金制度的作用，从而降低产品的劳动力成本，增强产品出口的竞争能力，尽快跳出经济危机。从中我们可以看出新加坡公积金制度不仅是社会保障制度，更重要的是它起到了经济杠杆的作用。在经济运行处于低谷时期，新加坡政府通过中央公积金调整社会保障项目和标准，从而调节社会总需求，稳定就业，稳定企业员工收入，稳定企业劳动力的成本，稳定公众消费预期，减少经济周期性波动，促进可持续发展。"新加坡政府主要是通过51亿元的雇主补贴来降低劳工成本，从而达到维持就业、维持劳工工资水平的目的。换言之，政府补贴雇主，补贴额为每个职工每月2500元薪金的12%。如果一个企业有500名职工。每个职工的薪水至少是2500元，这个企业每月能省15万元的劳动力成本。这对企业来说，就等于将雇主公积金的缴交率从14.5%降低到5.5%左右。”①

政府帮助企业培养人才，减少企业人才培养成本。新加坡中小企业，是指年营业额低于1亿新元，或雇佣工人少于200人的企业。在新加坡约有18万个工商企业单位，大型企业只有1500多家，中小企业占99%，所雇用员工占劳动人口的65%。中小企业的兴衰，对新加坡的发展有举足轻重的影响。新加坡中小企业发展中遇到的问题与中国中小企业相似，主要集中在三个方面：一是流动资金不足，或资金流动速度慢；二是劳动力成本较高，或来源不足；三是企业创新能力不强，缺少科技支撑。中小企业自己培养科技人才是比较困难的，新加坡政府在这方面给予很多帮助。“2012年，制造业生产力技术中心与制造技术研究院合作，派出350名研究人员到各中小企业，协助其寻找改善工艺流程、提高生产力的途径，推动新技术的应用，或为企业解决具体技术问题。这些研究人员的工资由政府发放，此种做法在世界上还不多见。另外在新加坡的教育事业上，抓住机遇，在优先投资教育的基础上，抢先储备人才，为企业将来减少人力培训成本。新加坡工艺教育学院和理工学院的毕业生是中小企业人才的生力军，这些大专学生普遍接受过经济发展所需的技术训练，拥有较好的专业技能。2013年的财政预算案中，特别拿出了一部分用来为在籍理工学院和工艺教育学院学生提供奖学金资助，条件是这些拿到奖学金的学生在读期间要到中小企业实习，毕业后在中小企业谋职。”②

---

① 来永宝：《新加坡公积金制度在应对经济危机时的作用》，《龙岩学院学报》2010年第3期，第63—66页。

② 张伟成：《新加坡政府在中小企业发展过程中的作用》，《全球科技经济瞭望》2013年第8期，第42—44页。

（二）德国降低企业用工成本措施

2003年，施罗德政府启动名为“2010议程”的改革，把较高的劳动生产率和劳动力成本控制作为德国突出的竞争优势，德国的单位劳动力成本增长率长期处于欧盟国家平均水平以下，仅在欧债危机爆发后出现小幅高于欧盟平均水平情况。

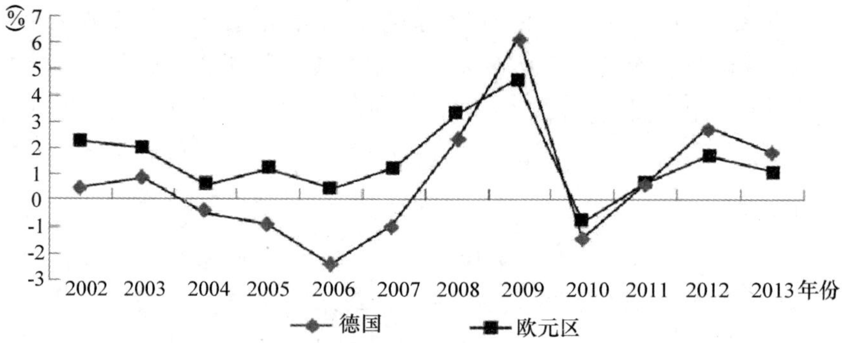

图6-1　欧元正式流通以来德国单位劳动成本增长率

资料来源：丁纯、李君扬：《德国“工业4.0”：内容、动因与前景及其启示》，《德国研究》2014年第4期，第49—66页。

德国控制劳动成本主要做法是“两板斧”。一是提高劳动力素质，带动劳动生产率提升，降低单位劳动成本。同新加坡一样，注重本国教育的发展，尤其是注重为企业培养将来的工作人才，另外，德国的劳动人口素质、生产过程安排以及生产机械化程度等因素也让其企业成本得到了控制。双元制职业教育体系是一种将课堂教育与在职培训整合成两年到三年的模式，为德国的工业制造业源源不断地输送高素质实用性人才；德国人自身严谨务实的品性保证了产品生产过程的高度标准化；德国强大的设计、制造能力也为其资本密集型的机械化生产提供了保障。这使得德国的劳动生产率在欧元区乃至世界范围内都处于领先水平。除了高效的劳动生产率外，德国在控制劳动力成本上升中的努力，也进一步扩大了其产品的国际市场竞争优势。OECD数据显示，在劳动力市场改革及国际对通货膨胀控制的双重影响下，德国从 2003 年开始经历了单位劳动力成本的连续 4 年负增长，之后的经济危机期间德国政府又采取了延长“短时工作补贴”期限等扶持就业计划，劳动力成本进一步大幅上升（经济冲击最严重的 2009 年，单位劳动成本年增长率达到了 6.4%），而后随着 2010 年开始的经济复苏，单位劳动成本又开始不断减少。[①]

有效遏制社会保障费用猛涨是德国另一项非常重要的降低企业用工成本、减轻财政负担的措施。以德国养老金改革为例，通过补贴和减免税，促进和扩展积累型的企业、个人养老保险的作用和企业个人的责任，减轻法定养老保险的压力和国家的责任，积极推动建立作用均等的三层次的养老保险体系，保障养老金总体水平。随着人口老龄化、全球化的成本压力的日益加剧，传统法定养老金采用现收现付的筹资方式，不仅导致依靠其筹资的第一支柱筹资困难加剧，养老金总体金额不断下降，直接让人们的退休金水平无法保证，而且由于社会福利是刚性的，维持法定养老保险运转的缴费率也是刚性的，但是受到成本的严格限制，无法随人口结构恶化而一再上涨。有鉴于此，德国大力推动由单一法定保险为主向储蓄积累型的企业补充和个人养老保险责任分担均等化的模式转型。其主旨是维护养老金总体水平不变，同时减轻第一支柱负担，稳定法定缴费率，遏止成本急速上升，确保德国企业国际竞争力，提供了更加充分的抗经济周期性波动能力。“作为一个近年来出口占 GDP 的比重超过 40%，经常账户盈余对 GDP 的贡献度超过 5% 的国家来说，这一点显得尤为重要，金融危机下德国出口和经济增长的情形就是社保改革成效的最好佐证。”[②]

四　合理降低中国企业用工成本的政策建议

当前，中国经济处于周期性下行阶段，企业微利、负利情况普

① 丁纯、苏升：《在金融危机中德国经济一枝独秀的表现、原因和前景》，《德国研究》2011 年第 4 期，第 27—35 页。

② 丁纯、李君扬：《未雨绸缪的德国社会保障制度改革——金融危机中德国一枝独秀的主因》，《当代世界与社会主义》2012 年第 5 期，第 33—39 页。

遍，为了顶住下行压力，保证经济社会相对平稳运行，应积极采取降低企业用工成本措施，合理规范最低工资增幅，阶段性下调社保费率，允许更多企业缓缴、降缴住房公积金，使职工部分分担经济运行风险。同时，坚持共享发展理念，根据经济筑底企稳和企业生产改善情况，及时、合理增长职工工资，补缴住房公积金等社保待遇。只有建立这样的长期共享经济合约，企业与职工经营风险同担，发展红利共享，短期降低企业用工成本才不至于造成严峻的社会稳定风险问题。

（一）内涵控成本：减轻工资增长对企业成本影响

继续推动劳动者工资收入与劳动生产率同步提高，注重减轻因工资增长形成的企业生产经营成本压力，支持劳动密集企业实施产业转移，逐步解决就业结构性矛盾引起的局部工资结构性失衡，科学确定最低工资增幅和水平，保护企业营利能力。

1. 推动劳动密集型企业向工资“洼地”转移。中国东部沿海省份劳动要素供给日益趋紧，“缺工潮”和“用工荒”日益蔓延，职工生活成本持续上涨，缺乏继续发展劳动密集型产业的空间。顺应经济发展规律，利用中国中西部地区劳动力资源丰富，价格相对较低的优势，支持东部地区劳动密集型企业向中西部地区实施产业转移。同时，坚持未雨绸缪理念，充分认识到随着中国区域间经济社会更加协调发展，中西部地区低劳动成本优势也不可能长期维持。要在产业转移过程中促进企业由劳动密集型向技术密集型转变，改善生产技术水平，广泛使用工业机器人、3D 打印等现代生产手段，积极利用大数据、互联网等创新理念，优化产能结构，改进生产流程，提高产品附加值，节约劳动用工使用数量，提高劳动用工使用质量，降低企业发展水平和产品竞争力对工资成本变动的依赖度，为企业建立健康可持续的内生发展动力。

2. 加快提高劳动生产率。提高劳动力供给素质，提升劳动生产率，使单位劳动要素投入创造更多经济价值，是使企业竞争力与工资持续增长更相适应的治本之策，也是缓解就业结构性矛盾，消除劳动市场局部性工资畸高的根本保障。为此，必须在加强劳动者职业技能培训，壮大专业技能人才队伍方面重点发力。一是要建立更加科学的现代职业教育体系。巩固提高中等职业教育水平、创新发展高等职业教育，优化专业结构，淘汰精简不合理课程和专业设置，建立以职业需求为导向、实践能力培养为重点的人才培养新格局。引导各类职业院校开门办学，推动校企合作，提高职业院校毕业生动手能力。二是要加强各类新成长劳动力的职业技能培训。深入实施农民工职业技能提升计划，扩大初高中毕业生劳动预备之培训范围，完善培训条件，加强职业技术教育内容，切实改善新成长劳动力的技能素质，使劳动供给与用工岗位更加匹配，减轻企业劳动预备培训成本。三是做好高技术人才和重点产业人才准备。根据产业发展要求和用工需求结构，加强对互联网技术人才等产业发展急需专业人才培养，缓解就业市场局部供需矛盾。建立专门公共技能培训基地，根据技术进步要求及时改善实训设备配置水平，更新专门教材。鼓励企业与培训机构合作共同培养人才，提高培训人员的上岗能力，缩短企业再培训周期。

3. 完善最低工资标准确定和调整机制。在维护劳动者合法报酬权益基础上，重视最低工资标准调整对企业整体工资成本的示范和传导效应，明确最低工资功能定位，统筹兼顾多方承受能力，完善最低工资标准计算方法，规范调整范围和调整幅度，促进低收入劳动者工资水平可持续增长。一是明确最低工资“兜底线”的功能定位。一方面，要确保低收入劳动者在法定工作时间提供正常劳动之后，最低工资水平能够满足本人及其抚养、赡养人基本生活需求。同时，最低工资标准要与中国经济发展阶段相适应，与中国经济增速和劳动生产率进步相协调，各地应根据本地经济社会发展情况，把最低工资水平稳定在社会平均工资的40%—45%的合理区间内，防止发生保障“超度”和泛福利化倾向。二是健全完善科学的最低工资计算办法。根据统计技术发展和统计手段改进，及时修改调整恩格尔系数法和比重法测算公式，把大数据等现代计算机统计手段广泛应用于最低工资计算当中，结合社会保障改革修订赡养系数，使最低工资能够真实反映劳动者所必需的劳动报酬水平。三是加强对最低工资调整幅度的指导。按照每两年调整一次的要求，放缓最低工资调整频率，避免连续调整。明确最低工资调整幅度不低于本地 CPI 增长，不高于社会平均工资增幅，在确保低收入劳动者收入购买力不下降的同时，兼顾企业承受能力。

（二）外延降成本：阶段性调整社会保险缴费负担

考虑随着人口老龄化加速，养老和医疗保险制度赡养比系统老化问题更加突出，带来基金支付压力增加并形成新的缴费需求，在当前费基水平下，社保费率中长期缺少可持续下降余地。但也要看到，通过积极实施政策组合拳，做好加减乘除，拓展筹资来源，集合支付需求，可以为在经济下行周期内阶段性降低社保成本负担提供政策回旋空间。同时，建立兼顾经济周期和老龄化情况的费率回调机制，在经济增速恢复到 8% 以上，或者人口赡养条件进一步恶化时候，再对缴费率进行重新调整，恢复筹资水平，保证制度平稳运行。

1. 建立更加可持续的社保筹资机制。要合理确定多方主体筹资责任，充分体现财政对社保的财务保险人角色，建立更加公平的代际筹资机制，继续做大做强全国社保基金，为人口老龄高峰来临时做好资金准备，减轻单位和在职职工的当期缴费压力和远期筹资责任，形成抑制缴费负担进一步攀升的筹资“防火墙”。一是形成财政支持长效机制。切实落实财政最终保险人的兜底角色，优化财政支出结构，进一步缩减行政事业经费支出，将节省出来的资金用于弥补当期社会保险保费缺口。完善国有资本经营预算制度，提高国有资本收益上缴公共财政比例，2020 年提高到 30%，2030 年达到 35%，把新增收益更多用于充实社会保障基金。按照 30% 比例把省属国有资产划拨省级社保基金管理部门，社保基金按股权比例享有出资人权益、参与利润分配。二是推动退休职工合理承担社保缴费责任。适当延长职工养老和职工医疗保险最低缴费年限，把养老保险最低缴费年限统一为 30 年，把各地医疗保险最低缴费年限统一为 25 年，未满医疗保险最低缴费年限职工需按照灵活就业人员标准逐年补缴。参考国际终身参保终身缴费做法，落实权利义务对等原则，加快启动退休人员医保参保缴费改革，根据退休人员实际负担能力，以实际养老金为基数，按照2%费率缴纳个人职工医疗保险保费，同时由养老基金代缴单位缴费部分，实现代际缴费责任的公平化。三是做大社保战略储备基金。加大国有股权资本划拨力度，提高新上市国有企业和海外上市国有企业股权划拨比例，适当增加中央彩票公益金的分配占比，把竞争性领域国有资本退出后的收入按比例充实全国社保基金和国家重要资源收入统筹充实全国社保基金，用于支付老龄高峰时期可能发生的养老和医疗资金缺口，避免因制度老化形成新的社保缴费压力。四是科学测算参保缴费基数。社会保险缴费基数不合理已经成为拉高企业社保成本，挤压企业盈利能力的不能忽视的因素之一。因此，应开始考虑研究完善社会保险缴费基数计算办法，允许企业根据自己真实工资水平确定缴费基数，适度提高缴费上限，加强对瞒报、少报缴费基数违法违规行为的稽核检查，使社会保险费率真实反映企业负担成本，为评估我国社保缴费负担的合理性提供科学的决策依据。

2. 精简整合五项社会保险项目。加快落实五中全会提出“精简合并五险一金”的改革要求。一方面，按照大健康保险思路，在医疗保险与生育保险合并基础上，进一步与工伤保险并轨实施，形成统一健康保险。适度下调健康保险综合费率和工伤保险费率。同时，扩大健康保险保障范围，引入长期护理保险制度，支持失业保险基金就业促进支出，让参保人员有更充分的保障获得感。一是将基本医疗、工伤和生育保险合并实施。在落实十八届五中全会关于基本医疗和生育保险合并实施基础上，进一步整合工伤保险，形成以保障城乡居民健康，消除健康风险因素为导向的社会健康综合保险制度。通过集合风险管理，盘活利用存量基金等方式，提高缴费资金使用效率，使单位缴费率较职工医疗、工伤、生育承保下降1.25个百分点。扩大对工伤认定和补偿范围，对职工日渐多发的办公室类劳损疾病、通勤途中其他意外风险提供医疗费用补偿、医疗期津贴和工伤赔偿。降低生育保障待遇门槛，规定产前健康综合险连续参保满足24个月的参保人员，均可享受生育费用报销和生育津贴待遇。二是推动失业保险降费增效。针对失业保险基金积存过多的情况，加快推动有符合条件的省（区、市）阶段性将失业保险费率由1.5%降至1%，在基金结余能够支付12个月以上失业保险待遇的统筹地区，可申请在经济下行周期阶段性降低单位失业保险缴费率至0.7%。扩大失业保险基金在预防失业、促进就业方面的支付范围，加大对困难企业社保补贴和岗位补贴支持力度，允许失业保险基金用于公共技能基地能力建设。三是在健康综合保险框架下建立长期护理保险制度。根据严峻的老龄化形势和健康风险分担要求，借鉴国际有益经验，在健康综合保险框架下建立多方负担长期护理保险制度。坚持“护理保险跟随健康保险”原则，把健康综合保险参保者均纳入护理保险覆盖范围。在缴费水平方面，按照为失能、半失能老人提供40%—50%的新增护理费成本补偿测算，核定费率为1%，在健康综合险缴费下个人账户列支，不新增加单位和个人缴费。

3. 加强基金统筹调剂和保值增值。坚持提高各项社保制度统筹层次，平衡地区间缴费负担不均问题，实现有效调盈补缺，改革个人账户组织方式，推动社保基金投资扩围，形成投资“反哺”筹资格局，为职工基本养老保险阶段性下调费率腾出空间。一是加快提高各项社保制度统筹层次。社会保险等保障项目遵循大数法则的运行原则，基金统筹层次越高，覆盖人群越广泛，社会保障的互助共济功能和风险分担作用也就越强，对资金利用率也越高。要坚持循序渐进的改革思路，合理、适度地提高其他社会保障项目统筹层次。巩固职工养老保险省级统筹成果，加快推进基础养老金全国统筹，在全国范围内逐步统一单位缴费率，并使现在执行20%和19%单位费率的地区把单位缴费阶段性下调至18%。二是完善个人账户制度。以养老保险制度顶层设计改革为契机，重新优化统账结合制度结构，停止做实个人账户试点，统筹使用个人账户与统筹账户资金，提高资金利用效率，使开展做实个人账户试点地区阶段性下调单位缴费率1—2个百分点。三是进一步提高养老基金增值能力。进一步完善养老基金的投资管理办法，丰富投资领域和投资工具选择，利用全国社保基金的主权基金投资通道，试水养老基金海外投资，特别是探索开展对新兴国家的固定收益类产品投资和基础设施投资，平衡基金运行风险，分享全球经济发展成果。通过形成投资“反哺”筹资格局，减缓因制度老化带来的增加缴费筹资上调压力。

4. 健全住房公积金缓缴、降缴调整机制。中国各类社会保险制度基本为待遇确定型或者以待遇确定型为主，进行缴费负担下调并不直接影响职工的保障待遇水平。而住房公积金采取的是缴费确定型，职工个人账户积累额与企业和职工缴存费率直接关联，考虑个人对“看得见”的福利变化更加敏感，不宜在全国采取普遍的下调公积金费率做法。应以修订《住房公积金管理条例》为契机，针对困难地区和困难企业，建立更加精准的公积金降缴、缓缴调整机制，促进职工与企业合理共担经济风险，在经济周期内平滑优化配置福利成本。一是允许地方根据经济发展情况阶段性降缴公积金下限比例。当前，在内外因素综合作用下，中国部分资源型省份和产业结构单一省份发生了明显的经济增长失速现象。为了促进相关地区经济脱困，应上年度允许地区生产总值增速低于国内生产总值增速30%的省份，以及地区生产总值增速下滑超过40%的省份，在报请国家公积金管理部门批准后，阶段性下调住房公积金缴费下限2个百分点。在经济形势好转之后，即时回调缴费下限到7%，确保职工待遇不下降，实现福利待遇在经济周期间的平滑分配。二是放宽困难企业申请缓缴、降缴门槛。把现在各地困难企业的生产经营困难时限认定门槛从2—3年缩短到1年，更加适应经济形势快速发展变化的要求。即规定企业发生生产经营不稳，在过去1年职工实际工资水平低于本地上年度社会平均工资80%的，可以申请缓缴住房公积金；如企业缓缴公积金满1年，生产经营状况没有明显改善，可以申请降低住房公积金最低缴存比例1—4个百分点；对于因经济形势变化突然发生严重生产经营亏损，在过去6个月职工实际工资水平低于本地上年度社会平均工资60%的，经申请可以直接执行降缴住房公积金程序，帮助企业脱危解困。待单位经济效益好转后，再提高缴存比例或者补缴缓缴。

综上所述，在工资刚性作用下，不存在成本直接下调空间，主要通过多种方式使企业用工成本与企业负担能力更加匹配。企业降低用工成本主要着力点在降低社会保障成本，普遍性费率下调空间约4个百分点。

（执笔人：杨宜勇、关博、田帆、吴香雪）

参考文献：

1. 卓俭华、朱训伟：《当前中国用工成本上升的原因分析及对策》，《经济与管理》2011年第7期。

2. 何勤、王飞鹏：《〈劳动合同法〉实施后企业用工成本的增量分析与应对措施》，《中国劳动关系学院学报》2009年第5期。

3. 丁守海：《最低工资管制的就业效应分析——兼论〈劳动合同法〉的交互影响》，《中国社会科学》2010年第1期。

4. 马双、张劼、朱喜：《最低工资对中国就业和工资水平的影响》，《经济研究》2012年第5期。

5. 郑功成：《从地区分割到全国统筹——中国职工基本养老保险制度深化改革的必由之路》，《中国人民大学学报》2015年第2期。

6. 马小丽：《构建企业人工成本宏观检测系统》，中国劳动社会保障出版社2014年版。

7. 郑秉文：《中国养老金发展报告2014——向名义账户转型》，经济管理出版社2014年版。

8. 刘世锦、刘培林、何建武：《我国未来生产率提升潜力与经济增长前景》，《管理世界》2015年第3期。

9. 刘燕斌：《各国社会保险费率比较和确定费率的国际思考》，第三届中国社会保障论坛，2008年。

10. 陈峰、邓保同：《住房公积金制度普惠的测度与评估》，《华中师范大学学报》（人文与社会科学版）2015年第1期。

11. Zhu Xiaodong, "Understandint China's Growth: Past Present and Future", *Journal of Economic Perspectives*, Vol. 26, No. 4, 2012.

12. Haizheng Li, J. R. Mrozek, "Efficiency and the Mechanism for Funding and Provision of Social Security in China", in Jason Z. Yin, S. Lin, D. F. Gates, *Social Security Reform: Options for China*, New Jersey: World Scientific, 2000, pp. 96 – 116.

13. Jefferson, Gary H., Thomas G. Rawski, Yifang Zhang, "Productivity Growth and Covergence across China's Industrial Economy", *Journal of Chinese Economic and Bussiness Studies*, Vol. 6, No. 2, 2008, pp. 121 – 140.

14. Yang Du, Weiguang Pang, "Minimum Wage Regulation in China and Its Applications to Migrant Workers in the Urban Labor Market", *China & World Economy*, Vol. 17, No. 2, 2009, pp. 79 – 93.

15. Yi Huang, Prakash Loungani, Gewei Wang, "Minimum Wages and Firm Employment: Evidence from China", Federal Resever Bank of Dallas Working Paper No. 173.

16. R. Smyth, "Old Age Pension Reform in China's State-owned Enterprise", *Journal of Aging & Social Policy*, Vol. 11, No. 4, 2000, pp. 69 – 85.

17. Z. Yuan, "Rethinking Pension Reform in China", *China & World Economy*, No. 2, 2005, pp. 39 – 53.

18. Åke Blomqvist, "Health System Reform in China: What Role for Private Insurance?", *China Economic Review*, Vol. 20, No. 4, 2009, pp. 605 – 612.

19. Jane Duckett, Athar Hussain, "Tackling Unemployment in China: State Capacity and Governance Issues", *Pacific Review*, Vol. 21, No. 2, 2008, pp. 211 – 229.

20. M. Burell, "China's Housing Provident Fund: Its Success and Limitations", *Housing Finance International*, No. 3, 2006, pp. 38 – 49.

第七章　优化环境　降低企业物流成本

摘要：与发达国家相比，中国宏观经济运行与微观企业经营的物流成本均较高。宏观物流成本高的主要原因是产业结构偏重且布局不合理，陆域纵深使得大宗物资陆上运距远，随着经济转型升级和布局调整，成本下降的空间较大。微观物流成本高的主要原因是不完善的市场、产业、政策、制度环境，以及相对落后的行业发展水平，造成物流运行效率损失。当前以物流环节让利于制造、流通环节为主的成本下降通道梗阻，且运行不可持续，需要为物流企业减负和提高工商企业物流运行效率来寻找降低成本的新空间。因此，降低物流成本的目标导向不是降低物流服务价格，而是以创新的服务供给、合理的成本结构支撑更大规模的经贸流通和社会产出，需要明确和建立近期优化物流系统、远期重构物流模式的降低宏观和微观物流成本思路。即着眼长远经济转型升级，以及从培育具有国际竞争力的产业集群出发，打造物流供给新体系，有效满足未来产业结构下的物流新需求；针对当前经济下行压力，以发展智能物流为主攻方向，以完善物流业发展的基础条件和强化内外环境建设为重点，以服务型制造和生产型服务业对接、物流与相关产业融合联动创新、物流全过程一体衔接为关键，全面推进供应链提质增效，实现综合成本的不断下降。为此，可以从正税清费、简政放权、规范市场、降低要素使用成本等方面，为降低物流成本提供有效政策支持。初步估算，2020 年社会物流成本与 GDP 的比率能够下降至15%，年节约物流费用约0.6 万—1.5 万亿元。

中国经济下行压力不断增大，扩大内需尤其是扩大投资的政策效果开始递减，供给侧改革的重要性逐渐凸显。当前，中国经济体制改革的思路已经从重需求管理转向了供给侧管理，通过供给侧改革，实现供给侧和需求侧两端发力，确保国民经济长期可持续发展。2016年供给侧结构性改革的主要任务是去产能、去库存、去杠杆、降成本、补短板。

物流成本是经济运行的重要成本，与发达国家甚至一些发展中国家相比，中国物流运行模式落后、成本偏高，既加重了企业负担，又制约了企业转型，影响经济运行效率的持续提升。降低物流成本不仅是供给侧改革的重要内容之一，而且通过供应链传导，对其他领域供给模式和效率的变革具有深远影响。中国全社会物流成本偏高既与基础条件、市场环境、组织管理、体制机制直接关联，更与所处发展阶段下的产业结构水平紧密相关，有一定的现实性与客观性。须顺应经济转型升级的趋势方向和发展要求，准确把握表象矛盾与深层次原因，综合运用短期举措与长期政策，分阶段、分步骤、分行业、分领域，系统性地因业施策，渐次推进，精准发力，降低供应链环节的物流成本，充分释放与激发经济发展活力与动力。

一　全社会物流成本总体水平判断

（一）中国经济运行的物流成本负担较重

2014 年，中国全社会物流总成本与 GDP 的比率为 16.6%，约为美国同期的 2 倍（美国为 8.3%）。与其他国家相比，中国这一指标也偏高，约为日本的 2 倍、德国的 1.9 倍、印度的 1.3 倍、巴西和墨西哥的 1.4 倍，这意味着创造同样规模的 GDP，中国付出的物流成本代价更高，经济运行的物流成本负担较重。

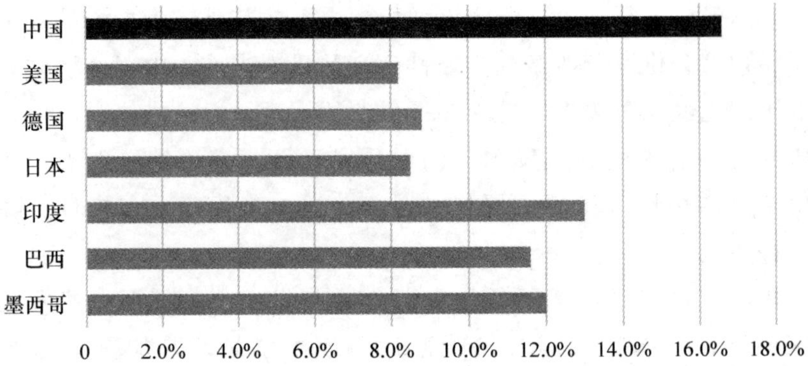

图 7－1 2014 年部分国家物流成本与 GDP 比率

资料来源：Armstrong & Associates，Inc。

（二）中国现阶段经济特征决定了大进大出的物流运行模式

中国社会物流成本偏高的根本原因是产业结构偏重和布局不合理，经济运行产生的物流规模较大。中国工农业增加值占 GDP 的比重约为美国的 2.4 倍、日本的 1.9 倍、德国的 1.7 倍、印度的 1.1 倍、巴西的 1.8 倍、墨西哥的 1.4 倍，而且，产品附加值偏低，工业增加值率为 23%，仅相当于美国的 60%、日本的 55%，当前的产业结构必然形成大进大出的物流运行模式。据测算，中国单位 GDP 产生的货物周转量超过美国的 2 倍，2014 年工业企业存货率为 9.4%，远高于日本等发达国家 5% 的水平，库存的产品价值达到 20 万亿元左右，与 GDP 的比率超过 30%，而美国这一比率仅为 14.6%。另外，中国产业布局不合理，主要资源产地与产品生产地、消费地分离且相隔较远，造成大宗物资大规模、长距离调运，特别是广大内陆地区主要使用成本为海运 5 倍以上的陆路运输，相比于美国、欧洲、日本等国家和地区依靠海运、陆路运距较短的物流模式，成本必然高出许多。总之，运量大、运距长，推高运输成本，产需不能有效衔接、社会库存水平长期偏高，推高保管成本，造成物流总成本居高不下。

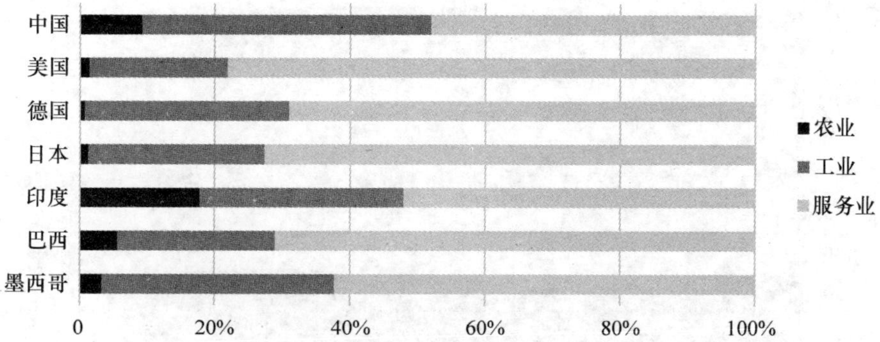

图 7－2　2014 年部分国家产业结构状况

资料来源：世界银行。

中国社会物流成本偏高的直接原因是企业物流管理效率低，物流企业的服务运作水平不高。社会物流成本主要由保管成本、运输成本和管理成本三部分构成，与美国相比，中国社会物流总成本中的管理成本比重明显偏高，约为美国的 3 倍，管理效率与美国存在较大差距。近年来，中国物流管理成本比重总体呈下降趋势，若能降至美国同等水平，即可带动总成本下降约 8 个百分点。

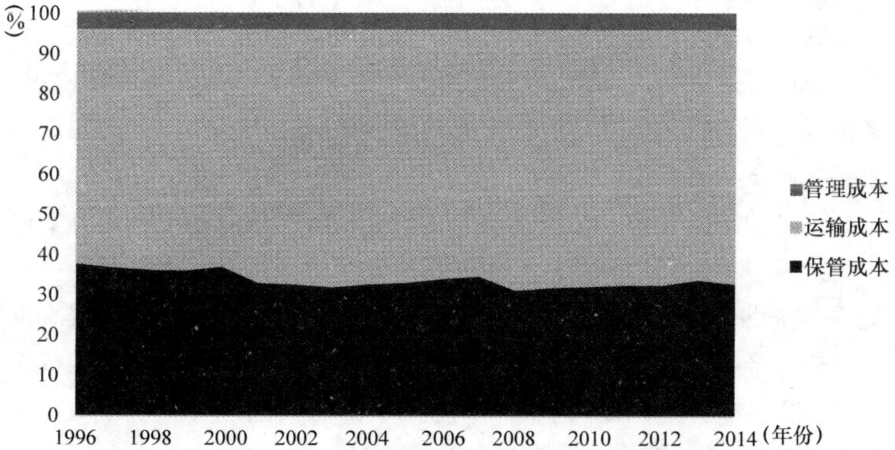

图 7－3　1996—2014 年美国物流成本结构

资料来源：根据 23rd—26th Annual “State of Logistics Report” 统计数据计算。

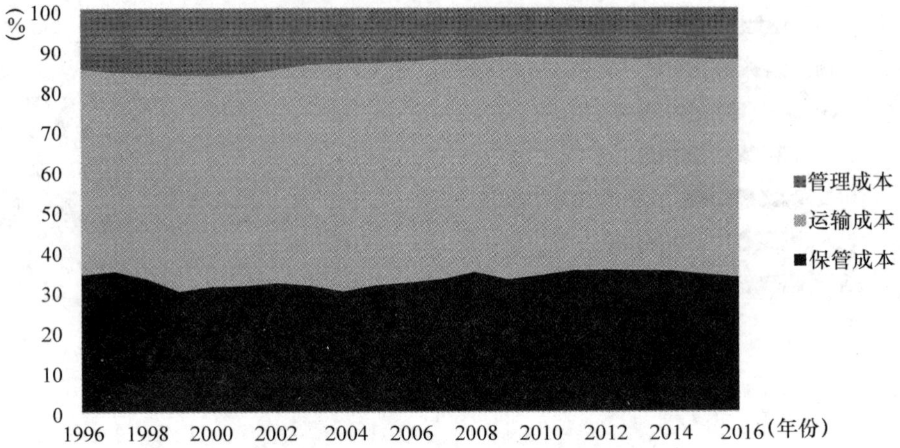

图 7-4　1996—2016 年中国物流成本结构

资料来源：根据《中国物流年鉴》2007—2015 年统计数据计算。

（三）物流成本伴随产业结构与布局调整存在较大下降空间

在当前产业结构与布局下，提高管理效率能够有效降低经济运行的物流成本，不过空间有限，而且应该认识到，中国陆域纵深大、资源分布不均的自然条件必然产生较高的物流成本，在不发生颠覆性技术革命，使陆路出现廉价如海运的物流模式前提下，中国物流成本降至与欧美日同等水平也是不现实的。但产业结构布局调整势在必行，物流业顺应趋势率先调整，将对经济转型升级发挥引领与保障作用，降低成本空间巨大。随着中国发展空间格局的优化，产业迈向中高端水平，经济运行产生的物流规模将大幅下降，需求层次将大幅提升，同时，产业链的发育和产业集群的培育，以及电子商务与快递等新业态的发展，将加速物流运营模式创新，改变供应链物流供给结构。物流是经济发展的先导因素和基础条件，粗放的物流运行模式不仅难以适应未来产业结构下的物流需求，也将加重当前经济转型升级的成本负担。因此，必须瞄准产业结构调整方向，推动物流业提质增效，从供给端开展有效降低物流成本行动，为实体经济发展创造有利环境。

需要注意的是，物流与产业发展关系密切，中国自然条件与产业比较优势是客观存在的，适应产业结构与布局去降低物流成本的单向路径终会遇到瓶颈，若在此基础上逆向考虑依托物流成本比较优势合理布局产业，即进一步发挥黄金水道、沿海地区物流成本优势，布局物流依赖度高的产业，在当前产业转移的重点，也是存在物流成本劣势的广大中西部地区，布局物流生成量小、满足内需和向西辐射为主的产业，形成降低物流成本的双向路径，可实现成本的持续降低。但前提是让市场在资源配置中发挥决定性作用，让物流价格体现真实成本才能发挥逆向调节与引导作用。

二　企业物流成本负担基本情况分析

（一）企业物流成本负担下降，工业领域成本负担大于商业领域

各类工商企业是物流服务的主要需求方，物流成本是其生产经营重要的成本支出项。近年来，由于物流成本增长慢于生产经营规模扩大，总体而言，企业物流成本负担呈下降趋势。2008—2015 年，中

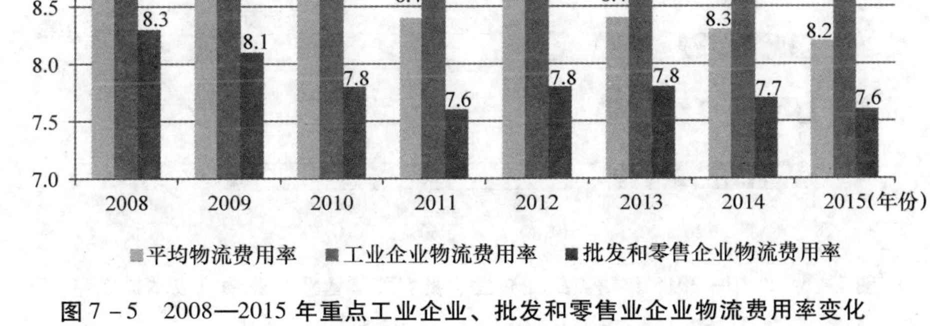

图 7－5　2008—2015 年重点工业企业、批发和零售业企业物流费用率变化

资料来源：根据历年《全国重点企业物流统计调查报告》整理计算。

国重点工业、批发和零售业企业的物流成本累计增长了91.6%，但增速明显回落，由28.3%降至-1.2%。同期，企业销售总额累计增长了126.3%，物流费用率[①]降低了1.1个百分点，降至8.2%，并总体保持缓慢下降趋势，但相比于发达国家依然偏高，大约比美国高0.5个百分点、比日本高3.5个百分点。其中，工业企业物流费用率明显高于批发和零售企业，下降速度也较快，2008年以来二者的差距由1.6个百分点缩小至1.1个百分点，分别降为8.7%和7.6%。

（二）物流成本支出仍集中于运输等传统领域，但结构渐趋优化

在企业物流成本中，保管、运输和管理成本的比例大致为35∶40∶15。运输费用是企业最主要的物流成本支出，2010年以来累计增长了57.9%，增速相对较慢并稳步下降，在总成本中的比例逐年缩小，由于同期企业货运量增长了96.0%，高出运输成本增长38个百分点，说明单位运输成本大幅下降。管理成本累计增长了87.2%，比例小幅上升。保管成本累计增长了92.5%，增长较快，在总成本中

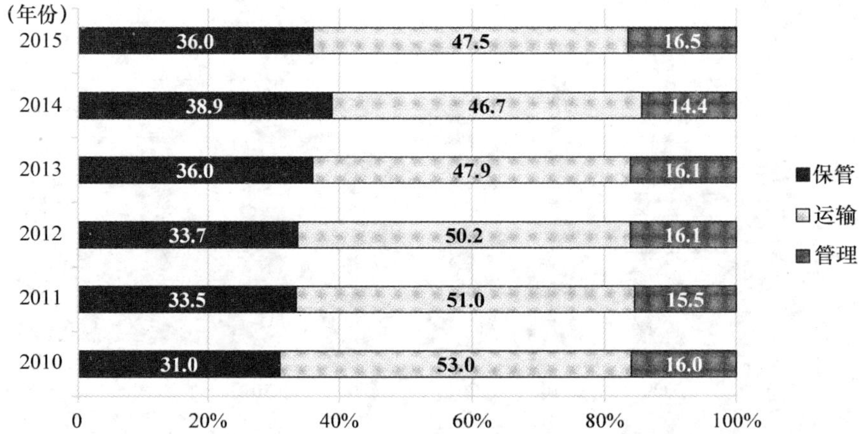

图7-6 2010—2015年重点工业企业、批发和零售业企业物流成本构成变化

资料来源：根据历年《全国重点企业物流统计调查报告》整理计算。

① 指企业物流费用占主营业务收入的比重。

比例明显扩大。其中，仓储成本和利息成本分别增长了 71.7% 和 80.97%，说明存储的单位货值有所提高，同时资金占用成本也升高。货物损耗成本增长最慢，只增长了 30.1%；信息及相关服务成本增长最快，增长了 198.5%，说明企业物流的精细化、信息化水平快速提高，成本结构得到优化。

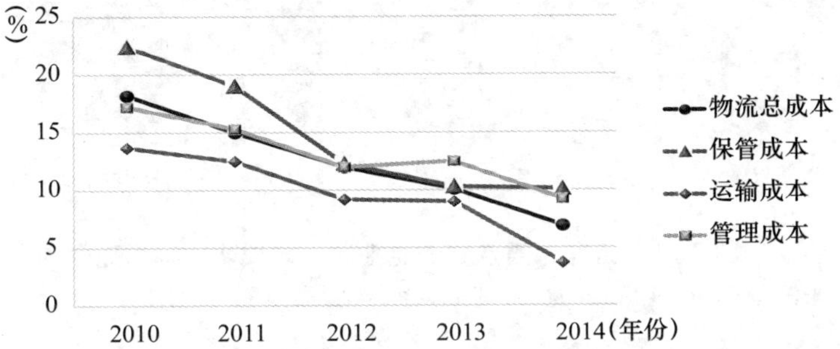

图 7－7　2010—2014 年重点工业企业、批发和零售业企业物流成本增速变化

资料来源：根据历年《全国重点企业物流统计调查报告》整理计算。

（三）以物流企业让利为主的企业物流成本下降通道梗阻且不可持续

近年来，企业物流成本下降的重要原因是物流企业在激烈竞争中不断压缩利润，但进一步压缩的空间已十分有限。2010—2014 年，重点企业物流成本年均增长 12.4%，而物流企业成本增长了 15.4%，收入仅增长 14.7%，同期收入利润率由 11.4% 下降至 6.7%，尤其是道路与水上运输等传统物流领域，2013 年收入利润率已降至 5.1% 和 1.2%，濒临或已经处于亏损状态，继续让利将难以为继。从各项业务来看，一体化服务等新兴领域成长迅猛，但成本快于收入增长，利润空间也在缩小。

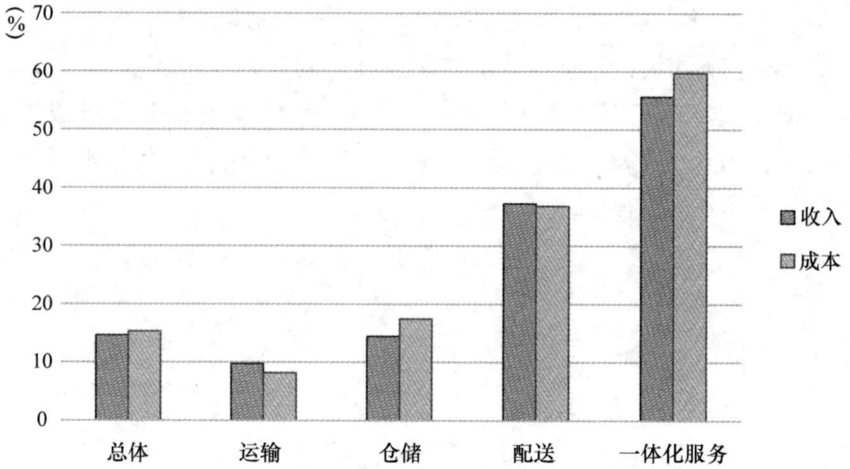

图 7－8　近年来重点物流企业收入与成本年均增速

资料来源：根据历年《全国重点企业物流统计调查报告》整理计算。

（四）为物流企业减负和提高物流运行效率降低成本尚有空间

企业物流成本支出除了一部分自营的物流业务成本以外，主要转化为物流企业的主营业务收入和各种税费，降低成本也应着眼于这三个方面。

1. 企业自营物流业务成本有下降空间

近年来，企业自营物流业务比例逐年下降，国外经验表明，物流社会化、专业化水平提高有利于提高效率、降低成本。目前，重点企业物流外包率已达到65.3%，但专业化第三方物流市场规模仍然偏小，2014年总销售收入为9380亿元，市场份额约为8%，大约比美国低2.9个百分点，比德国和日本低2.5个百分点，在这方面降低物流成本存在空间。

2. 物流企业收入主要取决于物流服务价格，降价空间有限，稳定价格更为现实

目前大多数领域价格竞争已白热化，特别是占业务量份额近半的运输服务，降价难觅空间。如波罗的海综合运价指数（BDI）处于历史低位，远低于盈亏平衡线，公路运价长期走低，部分地区实际价格

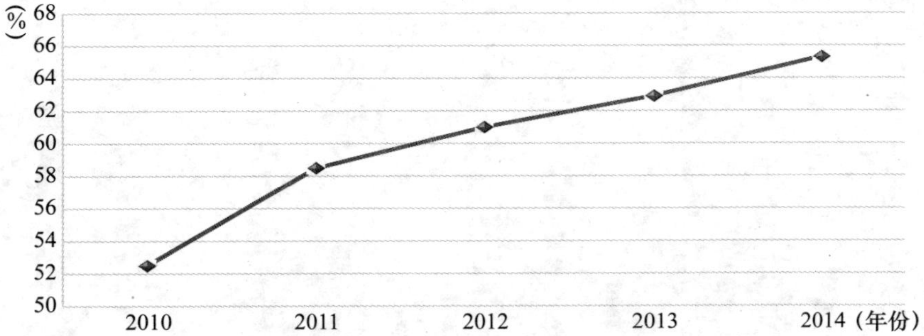

图 7-9 2010—2014 年重点工业企业、批发和零售业企业对外支付物流费用比率变化

资料来源：《2015 全国重点企业物流统计调查报告》。

甚至降至 0.1 元/吨公里，大幅偏离正规经营的最低成本，市场竞争已出现逆淘汰。短期内，若规范市场秩序，可能导致价格上升，但长期看有利于行业健康发展和降低经济社会运行综合成本。因此，当前降低企业物流成本的主要空间在于为物流企业减负，同时，扶助物流企业提升经营管理效率和优化物流组织，提高生产率，以压缩其经营成本，使其在维持合理利润的基础上，稳定价格并尽可能寻找降价空间。

对比中外物流上市公司，国际物流企业的成本控制普遍优于国内企业，而中国为数众多的中小企业，成本控制能力可能更弱，但经营不规范，成本外部化。在成本构成方面，中国人工成本优势较为突出，但总体比例也在走高，由于业务模式越粗放的物流领域，通常人工成本占比也越低，如航运低于铁路运输、铁路运输低于公路运输，因此，随着产业结构调整，物流领域人工成本必然升高，加之中国劳动力成本优势逐渐减弱，未来人工成本控制将更加困难，提高自动化、信息化水平是必然要求。另外，中国物流企业资金、土地、燃料等各类资源要素的使用成本也偏高，物流企业尤其是中小企业盈利能力弱、融资困难、财务成本高，一、二、三线城市土地平均价格分别为 80—100 万元/庙、40—50 万元/庙和 10—15 万元/亩，物流用地得不到保障，有无限外迁趋势，燃料成本占营业成本的 30% 左右，高于许多国际物流企业。

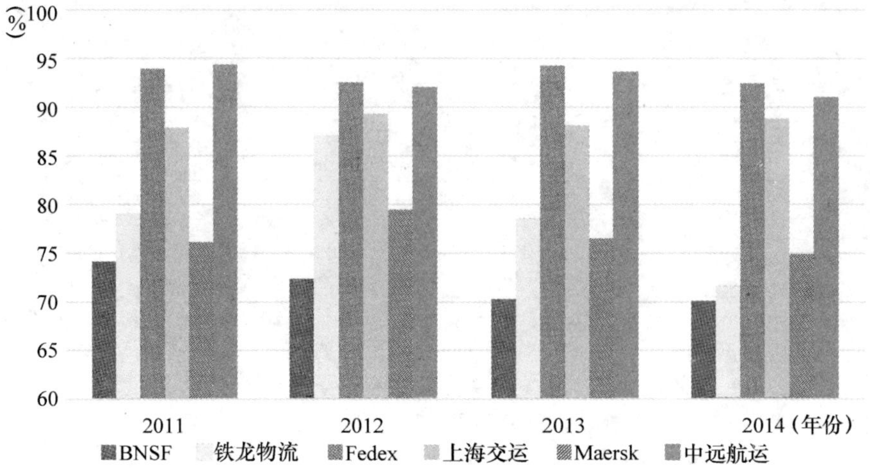

图7-10 2011—2014年国际国内物流企业成本收入比

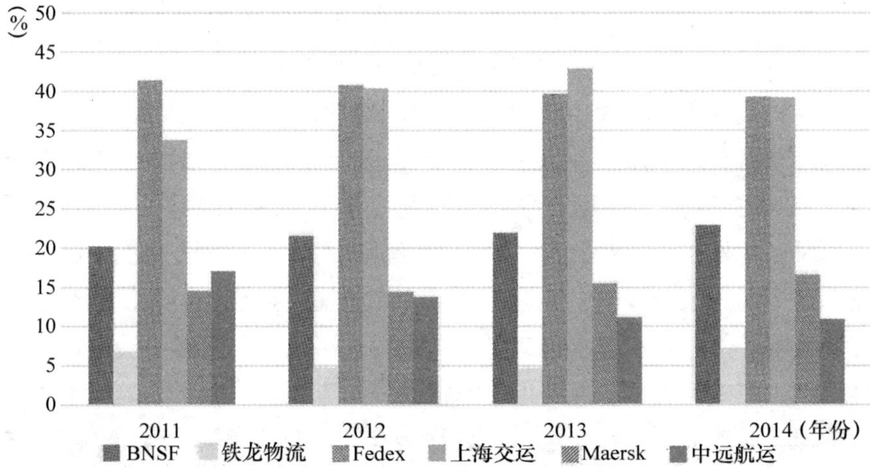

图7-11 2011—2014年国际国内物流企业人工成本占营业成本比重

注：BNSF——美国伯灵顿北方圣太菲铁路运输公司，北美最大铁路公司。

铁龙物流——中铁铁龙集装箱物流股份有限公司。

Fedex——联邦快递，国际性速递公司。

上海交运——上海交运股份有限公司。

Maersk——马士基航运，全球最大集装箱运输公司。

中远航运——中远航运股份有限公司。

资料来源：各公司历年年度报告。

3. 优化物流业发展环境，减少物流领域税费负担是降低成本的主要空间

改善设施条件，提高物流运营效率来降低成本仍有空间。中国物流基础设施条件依然相对落后，存在结构性短缺，存量设施效率未充分发挥。交通网络覆盖面、通达度不足，技术等级偏低，收费型高速公路发展迅速，非收费型普通国省道发展缓慢，二级及以上公路比重不足13%，仍有2%和10%左右的乡镇和建制村未通油（水泥）路，铁路电气化率60%左右，三级及以上内河航道比重仅为10%左右。东部地区基础设施较为完善，而中西部地区仍相对缺乏，部分跨区域通道能力饱和，拥堵严重。综合交通枢纽建设滞后，各种运输方式衔接不畅，专业化仓储设施稀缺，高标准物流仓储人均面积不足美国的2%。物流基础设施是支撑物流运行的基本条件，补足短板、消除瓶颈能够对降低物流成本做出有效贡献。

健全市场体系，优化物流组织来降低成本空间较大。按照供应链管理要求，开展一体化的物流运营，既是提高物流服务水平的保障，也是控制物流成本的重要手段。中国物流市场分割，跨区域、跨领域的物流完整过程被割裂，无法开展高效组织活动。如交通运输领域，各种运输方式市场开放程度不一，难以进行合理分工和无缝衔接，多式联运等高效运输组织方式发展滞后，即使在同一运输方式内部，特别是铁路领域，由于组织不协调、运价不统一等原因，一体化运输衔接问题突出。随着产业向中西部地区转移，沿海港口集疏运半径扩大，发挥铁路在大运量、长距离运输中的比较优势，进一步挖掘长江黄金水道的潜能，在这方面降低物流成本是具有空间的。另外，在国际运输中，中国企业竞争力不强，造成一面是国内物流企业经营困难，另一面对外贸易的物流成本居高不下。协同“一带一路”等全方位对外开放战略，提升中国企业在国际物流市场上的竞争位势，推进便利化运输，外贸物流成本也有可降空间。

鼓励企业创新，丰富物流供给来降低成本长期收益显著。中国物流产业仍处于运输、仓储、配送等简单业务模式阶段，物流组织

方式、运作模式相对落后，市场供求以低质低价服务为主，但经济社会发展也为此付出了其他成本代价。如中国粮食在物流环节的损失浪费量超过700亿斤，农户因产后处置不当损失的粮食比例高达7%—11%；果蔬、肉类、水产品的冷链流通率分别为10%、26%和38%，远低于美、日等发达国家95%的水平，导致生鲜在物流环节的损耗高达25%—30%。因此，改变当前以低层次单一物流服务为主的市场结构，鼓励企业创新商业模式、服务提档升级来降低商品流通的综合成本，存在广阔空间。但是，新型物流供给往往先期投入较大、经营风险较高，而且在服务价格上不占优势，比如德邦物流公司创新的精准卡航/城运服务，价格高达1.38元/吨公里，远高于公路零担货运市场0.4元/吨公里的平均价格。因此，物流的创新多元发展，短期可能带来成本上升，但长期成效会逐步显现。

减少税费负担，激发物流企业发展活力来降低成本收效较快。中国物流领域税收负担较重，据抽样调查，2008—2012年，物流业平均税收负担20.19%，高于全国同期宏观税负水平（18.26%）1.93个百分点，且呈逐年递增趋势。如果考虑到物流企业不作为纳税人但实际负担的隐性税收支出，五年间样本企业实际税负平均水平为26.79%，比宏观税收负担均值高出8.53个百分点，“营改增”后物流企业可抵扣项目减少，实际税负进一步增加。同时，铁路建设基金、港口建设费、过路过桥费、进城通行费等物流领域涉企收费名目繁多，行业监管相对简单粗暴，以罚代管、多头管理、乱收费等进一步加重了企业负担。另外，还有一些破坏市场秩序造成的隐形费用不可忽视，比如港口指定代理等。为物流企业、货主企业等减轻税费负担，将通过供应链快速传导，转化为实体经济物流成本的实质性下降，而且短期来看税收收入下降，但物流业的发展壮大将扩大税基，换来长期的税收增长。

三　有效降低企业物流成本的思路和目标

（一）明确由系统优化到模式重构的递进式降低物流成本思路

宏观层面，中国经济运行物流成本偏高的主要原因是，低端经济形态对物流服务的价格敏感，致使粗放物流供给模式存在规模化需求空间，且这一格局在中国产业结构转型升级完成之前不会得到根本性改变；微观层面，企业生产经营物流成本偏高的主要原因是，不完善的市场、产业、政策、制度环境以及相对落后的行业发展水平造成物流运行效率损失。解决宏观层面的问题需要在经济转型升级的背景和趋势下，以物流供给新模式取代旧模式，培育新需求、适应新需求，这是长期渐进工作；解决微观层面的问题需要以环境建设和行业发展为突破口，为企业松绑减负，优化物流运行组织，提高物流服务效率，这是当下紧迫任务。

因此，按照中央结构性改革战略上坚持持久战，战术上打好歼灭战的总体部署，确定降低中国物流成本的总体思路：着眼长远经济转型升级和产业布局与结构调整方向，构建物流供给新模式，推动物流与经济布局协同发展，与相关产业融合发展，以创新的物流供给体系，引导和适应新的物流需求体系，实现供需契合、成本合理；围绕当前造成企业物流成本居高不下的外因内因，找准主攻方向，聚焦重点领域，突破关键环节，精准消除物流业高效发展的现实制约因素和自身顽疾，提高供应链的物流组织化水平和运行效率，切实降低企业物流成本负担。

（二）确定以创新高效物流支撑产业壮大为导向的降成本目标

中国主要依靠资源要素投入、规模扩张的粗放发展路径难以为继，随着发展方式的转变，无论是生产领域还是消费领域，对物流服务的需求都会上升到更高层次。更好的服务必然要支付更高的费用，降低物流成本若以供应链上下游利益再分配为导向，致力于降低物流费用支出或价格水平，必定难觅出路，只有通过物流体系的健全、物流服务质量与效率的提高，做大做强供应链，支撑制造业、商贸业获取更大的市场规模、更远的辐射范围、更强的产品竞争力，支持消费者获得更好的消费体验与生活品质，推动国家经济体量和发展质量迈上新的台阶，经济社会运行的综合物流成本负担才能得到有效降低，物流业也会实现同步成长。

因此，中国应明确把破除物流业发展的制度性障碍，依靠创新增强物流服务能力，引导和促进经济规模扩张和转型升级作为降低物流成本的主导方向，实现单位物流成本支撑更大的产出规模和经济贸易流通规模，从而达到降低中国企业物流费用率和物流成本与GDP比率的目标。争取到2020年：

——供应链物流服务效率大幅提高，重点工业、批发和零售企业的物流费用率降至7%左右。

——全社会物流成本与GDP的比率降至15%以下，每年节约物流费用0.6万—1.5万亿元。

四　有效降低企业物流成本的主要任务

（一）以打造供给新体系为战略方向推动物流业转型升级

为了适应未来经济与社会结构下的物流需求体系，必须放眼长远，按照新的产业布局、生产方式、生活模式和消费形态打造物流新供给体系。一是要逐步化解传统物流领域的过剩服务能力，引导资源重新配置；二是伴随产业结构调整，升级物流服务，扩大有效供给；三是创造新的物流服务模式，培育新需求，形成新的经济增长点。

1. 稳定大宗物流服务供给规模和调整供给布局

按照当前大宗物资生产、消费基本达到峰值考虑大宗物流服务供给规模上限，原则上不再增加大宗物流总供给能力。根据“一带一路”、京津冀协同发展、长江经济带、新型城镇化等国家战略以及扶贫开发要求，协同产业布局和产业转移，调整大宗物流通道空间布局，加快补足短板领域、薄弱区域和瓶颈环节。逐步化解大宗物流过剩能力，引导相关物流资源流向其他领域。

2. 围绕重要产业链和产业集群构建国家物流体系

根据“中国制造2025”、自由贸易区等国家战略的总体布局，以及加快商贸流通创新发展转型升级等国家政策，针对生产与消费等不同领域、制造与商贸等不同产业，构建与之相适的物流服务体系，纠正供需错位，推动供需匹配。依托新型工业化基地等产业集群，重点围绕工业基础能力、制造业突破发展的十大领域①、优势产业和骨干企业、中小企业集群、国内国际市场，以及逐步形成的全球自由贸易区网络，结合生产性服务业功能区建设，配置物流资源，部署物流组织与环境建设，构建通达全国、连接世界的现代化国家物流体系，以相对低廉的物流成本和便捷高效的服务能力，支撑中国在全球产业再分工中塑造国际竞争新优势。

3. 依托新技术和新业态创新物流服务供给模式

着眼不断涌现的新兴产业、新兴消费领域，以快速更新的技术手段为支撑，促进物流与相关产业融合、军民融合，创新物流服务供给模式，创造物流服务新供给。在智能生产领域，物流由提供配套服务向提供整体解决方案转变，在线上线下互动消费领域，大力发展共同配送、快递快运等新业态，依托移动互联网等技术手段，开发共享、众包等新的物流商业模式。着力推进物流数据资源的开发利用和开放共享，充分整合社会资源提供物流服务，降低物流成本，建设物流产业新生态。

（二）以供应链提质增效为近期重点降低企业物流成本负担

针对当前物流管理效率偏低、成本控制不佳的问题，以发展智能物流为主攻方向，以物流业发展的基础条件和内外环境建设为重点领域，以服务型制造和生产型服务业对接、物流与相关产业融合联动创新、物流全过程一体衔接为关键环节，全面推进供应链提质增效。

① 新一代信息技术产业、高档数控机床和机器人、航空航天装备、海洋工程装备及高技术船舶、先进轨道交通装备、节能与新能源汽车、电力装备、农机装备、新材料和生物医药及高性能医疗器械等。

1. 全面提升智能物流管理水平

加大物流领域的科技要素投入，大力发展智能物流，引领物流产业由劳动密集型向知识密集型转型。推广使用先进物流技术装备，集成物联网、互联网、大数据、云计算、北斗导航等智能化技术，对物流全过程进行实时跟踪与智能控制，提高资源利用率和生产力水平。提升物流管理与服务的专业化水平，重点在现代农业、先进装备制造业、网络零售业、对外贸易等领域发展一体化、自动化、可视化、敏捷化的精益物流，补足危化、冷链等物流领域的短板，继续推进“互联网＋高效物流”。鼓励企业依托信息技术，建设物流产业或服务平台，创新平台组织结构和运行模式，促进供应链上下游无缝对接和物流供需资源精准匹配，延伸征信、金融、咨询等增值服务，以智能物流为纽带，推动供应链向集约化、协同化方向发展，打造智慧供应链。

2. 建设互联互通的物流基础设施系统

加快推进联通国内、国际主要经济区域的物流通道建设，挖掘长江黄金水道物流潜能，以铁路、内河航运、沿海运输为骨干，打造若干货畅其流、经济便捷的跨区域物流大通道，以远洋运输为主体、合理发挥大陆桥作用，畅通国际贸易通道。完善网络结构，提升路网等级，扩大非收费高等级公路规模，加强国省干线、县乡道路建设，提高网络覆盖面与通达度。扩大东部繁忙拥挤路段通行能力，加快中西部地区交通网络建设，尽快打通进出疆、出入藏通道。强化重要沿海沿江港口疏港铁路建设。全面提升上海等国际航运中心、长江航运中心、江海联运中心以及综合交通枢纽功能。加强专业化、现代化铁路货场等建设，战略性谋划航空物流枢纽和专业货运机场布局。统筹物流园区与产业园区布局，鼓励建设高标准仓储设施，发展快递、冷链、危化品等专业化物流设施，加强换装设施设备建设，提升设施衔接与匹配水平。依托物流枢纽促进产业集聚，重点围绕产业链、服务链、供应链分工，打造具有核心竞争力的产业集群，形成枢纽经济，发挥物流设施的规模效应。

3. 打造一体衔接的物流运营服务网络

为物流企业网络化经营、物流过程一体化组织创造环境和条件，提高供应链管理效率，管控物流成本。鼓励物流企业兼并重组，在全球构建经营网络，协同“一带一路”交通互联互通布局海外物流基地和交通战略支点，协同跨境电商的发展在出口重点国家布局海外仓，强大远洋船队、航空机队和国际货代，保证国际物流过程可靠、成本可控。做好政策指导和信息服务，引导企业跨区域、跨领域调动资源和组织货源，提高设施设备利用率和货物周转率，缩短货物滞留物流过程的时间。支持物流网络下沉至乡村，推进邮政网点与其他物流企业开展合作、对接业务。完善地方铁路功能，推动地方铁路与国铁的直通运行，推行运载工具、转运装备、信息规则、票据流程的标准化，大力推广铁水、江海联运和城市共同配送等先进组织方式，强化物流各环节的一体衔接，着力解决铁路进港和车辆进城两个“最后一公里”问题。

4. 构建统一开放的物流大市场

根据物流复合产业的属性特点，构建融合开放、竞争有序的市场体系。加快推进铁路等垄断行业改革，规范公路、港口等行业市场竞争秩序，打破行政藩篱与市场分割，扶持多式联运经营人、综合物流运营商的发展。加快培育专业化第三方物流企业，鼓励自建物流体系的电子商务、制造业、批发零售等企业开放物流资源，提供第三方服务。继续推进物流社会化进程，引导企业专注主业经营、外包物流业务，推广使用第三方物流。推动国际运输便利化，系统谋划国内物流企业与制造业优势产能携手“走出去”，提供配套物流服务，强化物流辐射能力，促进产业融合发展，降低企业“走出去”综合成本，增强竞争优势。

5. 强化企业为主体的管理创新

充分发挥企业的主观能动性，通过管理与服务创新，降低物流成本，引导物流资源流向具有创新能力的企业和领域。鼓励作为物流需求方的工商企业优化自身物流管理，在整合内部资源的基础上，与专业化物流企业开展战略合作，打通供应链上下游，以携手发展壮大供应链为前提，实现物流综合单位成本的降低。支持作为供给方的物流企业创新服务业态与商业模式，开发多元化的物流服务产品，精准满足日益丰富的市场需求，优化物流成本结构，提高物流服务效率与水平。围绕制造业企业服务链条的延伸，针对个性化定制服务、全生命周期管理、网络精准营销和在线支持服务等，提供配套物流服务，促进物流生产性服务和服务型制造的无缝对接、深度融合，探索在经济转型升级中的物流成本节约新路径。

五　有效降低企业物流成本的政策措施

（一）切实减轻物流业税负

统一税率，将“货物运输服务”和“物流辅助服务”两项税目合并，设置为“综合物流服务”税目，执行6%的单一税率。完善燃油费增值税抵扣政策，将部分人员费用、过路过桥费、保险费等纳入增值税进项税的抵扣范围。充分考虑物流网络化运作特点，实施物流企业所得税统一缴纳，即在全国范围内经营和设置分支机构的物流企业由总机构统一缴纳所得税，便于企业在集团内部统筹盈亏，鼓励物流企业开展网络化经营，支持企业做大做强。贯彻落实物流企业大宗商品仓储设施用地城镇土地使用税优惠政策，扩大政策适用范围与延长时限。

（二）规范收费和优化价格

减少行政事业性收费，加快放开物流领域竞争性环节价格。取消二级维护车辆检测收费、综合性能技术等级评定收费、公路超限运输赔（补）偿费、汽车驾驶员培训行业管理费等应取消而未取消的收费。规范公路收费，降低并统一收费标准，撤并收费站点，加强公路罚款的约束性，杜绝公路“乱罚款”。对车辆进城减少费目、合并费种，选择部分城市开展取消通行证试点。建立健全市场化、规范化的港口收费体系，进一步降低船舶吨税、货物港务费、设备使用费和设施保安费等港口规费和使费，结合重大危险源风险等级，改进船舶使费计费方法。适度进一步调减铁路货物运价，形成“一口价”为基准的与其他运输方式合理比价关系。理顺国铁与合资铁路的运输价格标准，改进和完善铁路运输计费方法，支持各铁路局根据本地区经济实际情况进行差别化定价，取消专用线额外费用和重复收费，降低企业使用地方铁路的成本。

（三）加大物流领域简政放权

加快物流管理体制改革，打破条块分割，理顺交管、运管、路政等部门管理职责，推动相关机构合并，统一交通执法。消除滋生权力寻租的制度和政策，建立对相关政府部门人员执法行为的公开监督机制，加大对违规、违法执法行为的问责和惩罚力度。进一步放松物流业管制，完善社会资本准入退出机制，推进铁路、邮政等垄断行业市场化改革，深化国有物流企业改革，发展混合所有制。将卡车等车型名录审批制改为备案制，对城市配送车辆与普通货运车辆进行分类管理，对符合要求的城市配送车辆按照公共交通管理，给予道路通行权，加强城市配送体系建设和管理。完善口岸的交通运输职能，加强与其他部门的衔接配合，提高国际物流通关效率和运输便利化水平。

（四）重塑物流市场秩序

加快物流行业诚信体系和担保机制建设，推动部门之间以及政府、社会、企业之间共建信用档案，共享信用信息，建立健全企业信用动态评价、守信激励和失信惩戒机制，支持以信用为依托的资源整合平台建设，通过全行业信用水平的提升，明确责任，消除“门当户对”“熟人交易”等物流领域潜规则，从而减少中间环节，降低物流成本。完善物流相关法律法规，健全标准体系，建设综合信息服务平台，消除物流各环节无缝衔接的制度性与技术性障碍，为多式联运经营人、综合物流运营商的发展构建基础条件和有力保障。加强市场监管，对利用垄断地位实行业务份额制、指定代理等不正当竞争行为加大整改与处罚力度，鼓励企业创新业务模式、优化经营管理，逐步摆脱同质化竞争。

（五）降低资源要素使用成本

鼓励和引导社会资本进入物流领域，创新物流投融资机制，支持设立物流产业发展基金，探索铁路等行业巨额债务下的融资渠道，控制财务费用，降低物流业资金使用成本。各级政府应从引导和支撑区域长远发展的角度对物流业进行定位，保证土地供给，监管土地用途，推广节地技术，在新型城镇化推进过程中，超前规划物流功能区，引导物流产业有序集聚，改变物流业“频繁搬迁、刚建就搬、越搬越远、越搬越散”的状况，发挥土地集约利用效率，降低物流业土地使用成本。推动国有物流企业工资市场化改革，针对物流业劳动密集型、人员流动性大的特点，研究提高劳务派遣用工比例，完善社保与最低工资等相关制度，顺应物流业转型升级和智能化发展趋势，加大技术人员培训力度，提高全行业劳动生产率，降低人力资源使用成本。

（执笔人：汪鸣、谢雨蓉、樊一江、贺兴东、王淑伟）

参考文献：

1. 汪鸣：《当前形势下降低物流成本的路径与措施问题探讨》，《中国物流与采购》2016 年第 16 期。

2. 谢雨蓉：《正确认识“我国物流成本占 GDP 比重过高”》，《综合运输》2015 年第 1 期。

3. 蒋惠园、杨旸、谢五洲等：《美国企业物流成本的分析与国内降低物流成本的对策》，《武汉理工大学学报交通科学与工程版》2003 年第 1 期。

4. 林健宸：《降低物流成本的对策分析》，《中国财政》2015 年第 6 期。

5. 叶红玲：《交通运输部联合铁总力推铁水联运降低物流成本》，《中国水运》2016 年第 6 期。

6. 秦小艳：《从美国看中国降低物流成本的途径》，《中外企业家》2006 年第 5 期。

7. 付媛媛：《美国、德国物流成本控制的经验分析及借鉴》，《对外经贸实务》2016 年第 4 期。

8. 刘立立：《物流企业的成本控制研究》，硕士学位论文，四川师范大学，2015 年。

9. 大秦铁路股份有限公司：《2011 年年度报告》。

10. 大秦铁路股份有限公司：《2012 年年度报告》。

11. 大秦铁路股份有限公司：《2013 年年度报告》。

12. 大秦铁路股份有限公司：《2014 年年度报告》。

13. 北京首钢股份有限公司：《2011 年年度报告》。

14. 北京首钢股份有限公司：《2012 年年度报告》。

15. 北京首钢股份有限公司：《2013 年年度报告》。

16. 北京首钢股份有限公司：《2014 年年度报告》。

17. 中国铁龙集装箱物流股份有限公司：《2011 年年度报告》。

18. 中国铁龙集装箱物流股份有限公司：《2012 年年度报告》。

19. 中国铁龙集装箱物流股份有限公司：《2013 年年度报告》。

20. 中国铁龙集装箱物流股份有限公司：《2014 年年度报告》。

21. 大同煤业股份有限公司：《2011 年年度报告》。

22. 大同煤业股份有限公司：《2012 年年度报告》。

23. 大同煤业股份有限公司：《2013 年年度报告》。

24. 大同煤业股份有限公司：《2014 年年度报告》。

25. 上海交运股份有限公司：《2011 年年度报告》。

26. 上海交运股份有限公司：《2012 年年度报告》。

27. 上海交运股份有限公司：《2013 年年度报告》。

28. 上海交运股份有限公司：《2014 年年度报告》。

29. 浙江传化股份有限公司：《2011 年年度报告》。

30. 浙江传化股份有限公司：《2012 年年度报告》。

31. 浙江传化股份有限公司：《2013 年年度报告》。

32. 浙江传化股份有限公司：《2014 年年度报告》。

33. 永辉超市股份有限公司：《2011 年年度报告》。

34. 永辉超市股份有限公司：《2012 年年度报告》。

35. 永辉超市股份有限公司：《2013 年年度报告》。

36. 永辉超市股份有限公司：《2014 年年度报告》。

37. 中国国际海运集装箱（集团）股份有限公司：《2011 年年度报告》。

38. 中国国际海运集装箱（集团）股份有限公司：《2012 年年度报告》。

39. 中国国际海运集装箱（集团）股份有限公司：《2013 年年度报告》。
40. 中国国际海运集装箱（集团）股份有限公司：《2014 年年度报告》。
41. 中远航运股份有限公司：《2011 年年度报告》。
42. 中远航运股份有限公司：《2012 年年度报告》。
43. 中远航运股份有限公司：《2013 年年度报告》。
44. 中远航运股份有限公司：《2014 年年度报告》。
45. The Maersk Group，Annual Report 2012.
46. The Maersk Group，Annual Report 2013.
47. The Maersk Group，Annual Report 2014.
48. FedEx Corporation，Annual Report 2012.
49. FedEx Corporation，Annual Report 2013.
50. FedEx Corporation，Annual Report 2014.
51. FedEx Corporation，Annual Report 2015.
52. Wal-Mart Stores，Inc.，Annual Report 2012.
53. Wal-Mart Stores，Inc.，Annual Report 2013.
54. Wal-Mart Stores，Inc.，Annual Report 2014.
55. BNSF Railway Company，Class I Railroad Annual Report 2011.
56. BNSF Railway Company，Class I Railroad Annual Report 2012.
57. BNSF Railway Company，Class I Railroad Annual Report 2013.
58. BNSF Railway Company，Class I Railroad Annual Report 2014.

第八章　以降电价为重点，降低实体经济用能成本

摘要：中国实体经济用能规模巨大，用能成本相对较高。对煤炭、石油、天然气、热力和电力等能源品种的使用成本逐一分析，结果表明，2015年至2016年，煤炭使用成本几无继续下降空间，石油和天然气使用成本下降空间均很有限，热力使用成本具有一定下降空间但影响较小，用电成本下降空间较大，达3—5分/千瓦时。进一步研究显示，销售电价下降能显著降低实体经济用能成本，其中工业用电成本将下降1200亿—2000亿元，短期甚至有望一定程度刺激经济增长。建议兼顾当前和未来，既要全面加快能源体制改革特别是电力市场化改革，真正形成竞争有序的市场结构和市场决定能源价格的机制，让市场来降成本，又要逐步将化石能源使用的外部性成本内部化。

引　言

目前，世界经济在深度调整中曲折复苏，总体需求不振，大宗商品价格持续震荡。中国经济长期向好的基本面没有改变，但面临复杂严峻的内外部环境，经济下行压力较大，实体经济尤其是工业经济运行较为困难，企业效益下滑较为严重。中国经济处于由低端向中高端演化阶段，与发达国家竞争加剧，迫切需要降低成本。面对该形势，习近平总书记提出："要降低成本，帮助企业保持竞争优势。"能源成本是实体经济成本的重要组成部分。在当前经济深度调整与转型升

级的大背景下，切实降低实体经济用能成本，提高能源利用效率，有利于在供给侧提高全要素生产率，挖掘和释放经济增长潜力，筑牢“十三五”经济增长之基；有助于增强实体经济竞争力和盈利能力，推动中国制造走出去。

一 中国实体经济用能成本概况

（一）实体经济用能概况

中国能源消费总量巨大，居世界第一。2014 年，中国能源消费总量高达 42.6 亿吨标准煤，占世界能源消费总量的 23% 之多。

从能源消费行业结构看，中国工业用能始终占据主导地位。2013 年，工业用能占能源消费总量的比重高达 69.8%，其中，制造业用能占比达 57.3%，是最主要的耗能部门。交通运输业也消费了大量能源，用能占比为 8.4%。

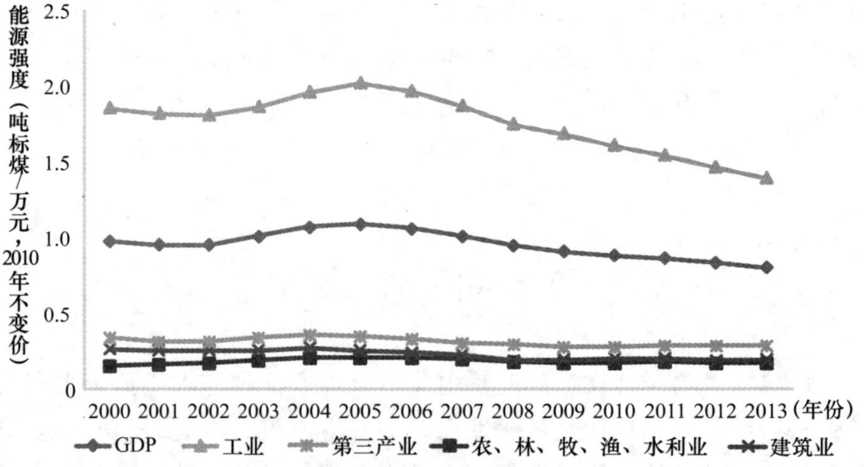

图 8－1 国民经济各行业能源强度

资料来源：《中国能源统计年鉴 2014》；《中国统计公报 2015》。

从能源强度看，工业也远远高于其他行业，见图 8－1。近年来，各行业能源利用效率均在不断提升，能源强度均呈下降趋势，但工业能源强度始终是其他行业的5倍以上。

从工业行业终端用能看，诸多行业对不同能源品种的消耗各有侧重。表8-1列出了2013年工业分行业终端能源消费中，煤、焦炭、油品、天然气、热力、电力消费居前5位的行业消费情况。可以看出，非金属矿物制品业、化学原料和化学制品制造业、黑色金属冶炼和压延加工业是终端用煤大户。黑色金属冶炼和压延加工业是焦炭使用大户。石油加工、炼焦和核燃料加工业，化学原料和化学制品制造业，以及非金属矿物制品业是油品消耗大户。化学原料和化学制品制造业、石油和天然气开采业是天然气消耗大户。热力消耗分布相对均匀，化学原料和化学制品制造业，石油加工、炼焦和核燃料加工业，黑色金属冶炼和压延加工业，纺织业，造纸和纸制品业均是热力消耗大户。基本上各工业行业均大量消耗电力，其中黑色金属冶炼和压延加工业、化学原料和化学制品制造业、有色金属冶炼和压延加工业、非金属矿物制品业是主要的用电大户，而电力、热力生产和供应业自身也消耗大量电力。这些行业呈现出对能源的高消费与强依赖。

表8-1　2013年各能源品种消费前5位的工业行业用能情况

排名	煤（万吨）	焦炭（万吨）	油品（万吨）	天然气（亿立方米）	热力（万百万千焦）	电力（亿千瓦时）
1	非金属矿物制品业	黑色金属冶炼和压延加工业	石油加工、炼焦和核燃料加工业	化学原料和化学制品制造业	化学原料和化学制品制造业	黑色金属冶炼和压延加工业
	30822	39294	5272	241	84223	5704
2	化学原料和化学制品制造业	化学原料和化学制品制造业	化学原料和化学制品制造业	石油和天然气开采业	石油加工、炼焦和核燃料加工业	化学原料和化学制品制造业
	18638	3200	4882	117	34598	4341
3	黑色金属冶炼和压延加工业	非金属矿物制品业	非金属矿物制品业	非金属矿物制品业	黑色金属冶炼和压延加工业	有色金属冶炼和压延加工业
	14265	1048	2230	62	29648	4114

续表

排名	煤（万吨）	焦炭（万吨）	油品（万吨）	天然气（亿立方米）	热力（万百万千焦）	电力（亿千瓦时）
4	煤炭开采和洗选业	通用设备制造业	石油和天然气开采业	黑色金属冶炼和压延加工业	纺织业	电力、热力生产和供应业
	7393	695	628	36	23175	4043
5	石油加工、炼焦和核燃料加工业	有色金属冶炼和压延加工业	有色金属冶炼和压延加工业	石油加工、炼焦和核燃料加工业	造纸和纸制品业	非金属矿物制品业
	4156	574	338	29	17832	3148

资料来源：国家统计局：《中国能源统计年鉴 2014》，中国统计出版社 2015 年版。

（二）实体经济用能成本概况

能源是国民经济重要的生产要素，用能成本是实体经济综合成本的重要组成部分。利用 2012 年中国投入产出基本流量表与能源平衡表（实物量）相关数据，计算了国民经济主要行业用能成本占总投入的比重，见表 8－2。可以看出，在工业与交通运输业的成本结构中，用能成本占比较高，分别为 6.71% 与 17.85%。

表 8－2　　**国民经济主要行业用能成本及占比情况**

主要行业	总投入（亿元）	用能成本（亿元）	用能成本占比（%）
农、林、牧、渔业	89421	2203	2.46
工业	925463	62094	6.71
建筑业	138613	2664	1.92
交通运输业	87052	15536	17.85
其他服务业	361078	7558	2.09

资料来源：作者根据《中国统计年鉴 2013》计算得出。

笔者进一步估算了五大典型制造业的用能成本，见表 8－3。可以看出，2013 年黑色金属冶炼和压延加工业，有色金属冶炼和压延加工业，化学原料和化学制品制造业，石油加工、炼焦和核燃料加工业，非金属矿物制品业用能成本分别为20902、3361、9368、5460、5949亿元。意味着实体经济中的工业部门尤其是传统高耗能制造业支出了巨额的用能成本。在当前经济低迷、需求不振的形势下，这些行业受到成本居高不下的显著影响，行业运营与企业利润受到严重冲击。

表8－3 2013年五大典型制造业用能成本估算

	黑色金属冶炼和压延加工业	有色金属冶炼和压延加工业	化学原料和化学制品制造业	石油加工、炼焦和核燃料加工业	非金属矿物制品业
用能成本（亿元）	20902	3361	9368	5460	5949

资料来源：作者根据《中国统计年鉴2014》计算得出。

（三）全球视角下中国实体经济用能成本相对较高

从实体经济综合成本的国际比较看，中国作为低成本制造业大国的竞争优势正在逐步减弱。波士顿咨询公司选取了工人工资水平、劳动生产率、能源成本、汇率水平作为决定制造业成本竞争力的关键因

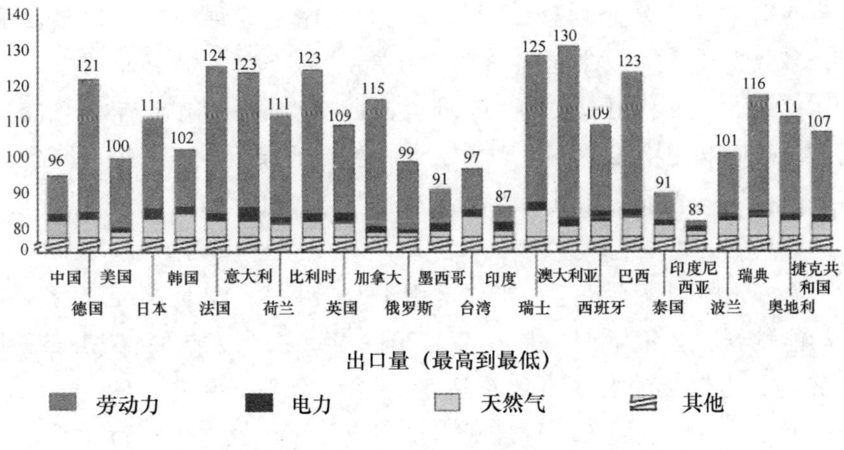

图8－2 2014年制造业成本指数国际比较（美国＝100）

资料来源：波士顿咨询公司（BCG）分析报告。

素，对全球出口排名前25位经济体的制造业成本进行了量化比较，如图8-2所示。可以看出，与美国相比，中国的制造业成本指数与美国已经相差无几。中国成本优势主要体现为劳动力成本低廉，而电力、天然气成本显著高于美国。美国制造业成本优势增强的一个重要原因在于北美页岩油气革命使美国国内能源价格显著下降。美国能源信息署公布，美国2015年能源成本占GDP的比例将降至6.2%，或将创2002年以来新低。而与印度、印度尼西亚、泰国等亚洲国家相比，中国既不具备劳动力成本优势，又负担着更高的用能成本。

与上述两组国家的对比显示，中国实体经济成本优势已经岌岌可危，在全球产业分工竞争格局中面临更严峻的挑战。降低实体经济用能成本，有效改善制造业成本结构，实有必要。

二　降低实体经济用能成本潜力分析

（一）煤炭使用成本几无继续下降空间

目前中国煤炭已实现市场定价，而煤炭价格在煤炭“黄金十年”后已呈现下降趋势，尤其是2015年以来煤炭价格处于低迷区间，甚至80%左右的煤炭企业处于亏损状态，这暗示着煤炭出厂价格已低于大多数煤矿成本。课题组认为，在能源生产和消费革命的大趋势下，在煤炭开发利用引发的生态环境损害的外部性成本远未体现的情况下，政府既无手段，又无理由来进一步降低煤炭价格，进而降低工商业企业用煤成本，相反，保障煤炭企业合理利润及煤炭经济合理运行成为政策的重要选项。

第一，中国煤炭超过一半以上用于发电供热，其他高耗煤行业多是产能过剩、政策限制发展产业。2013年，中国发电供热用煤接近22亿吨，占煤炭消费总量比重达51.3%，生产出电力、热力等二次能源为工商业提供服务，用煤成本也相应传导至发电供热行业。炼焦用煤占比达14.7%，主要用于钢铁、冶金，为受限制发展行业。终端工业也消耗近10亿吨煤炭，占比达23.1%，多为工业窑炉、工业锅炉使用，其中建材窑炉等用煤量较大，也是受限制发展行业。洗选损耗生活及其他行业用煤占比分别为5.3%、2.2%、3.3%，相对较少（见图8－3），且呈现出下降的态势。

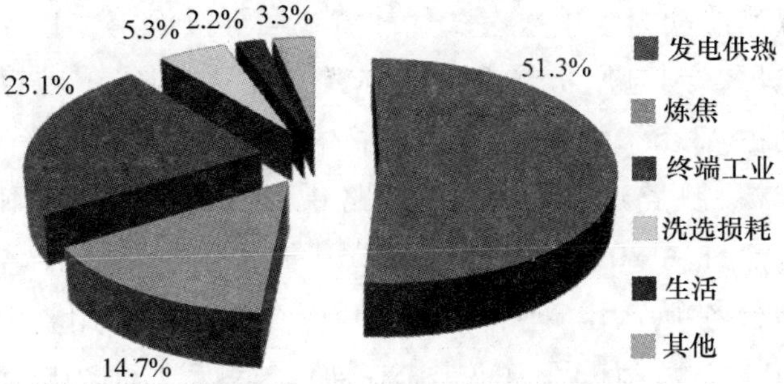

图8－3　2013年我国煤炭消费结构

资料来源：国家统计局：《中国能源统计年鉴2014》，中国统计出版社2015年版。

第二，经历了一系列市场化改革，中国煤炭价格已经逐步实现完全市场定价。改革开放后，中国先放开了地方私营办矿，后又允许地方及乡镇煤矿计划外产量自定价格、议价出售，逐步形成了占绝对比重的中央统配煤由政府定价以及部分煤炭由市场定价的价格双轨制。1993年中国放开华东、华北地区（包括蒙东）和湖南省中央统配煤炭出厂价格以及全国中央统配的洗精煤和电力、冶金行业动力煤价格。1994年全面放开煤价，把定价权交给企业，同时取消对统配煤矿的中央财政补贴。但由于煤电矛盾升级，政府一直干预重点电煤价格。1998年，煤炭又被作为一般竞争性行业，管理权下放至地方政府。21世纪以来，国家允许各类投资主体进入煤炭领域，使煤炭企业真正成为投资经营主体。然而，前十年由于煤炭价格上涨过快、煤电矛盾激化，政府实施了四次电煤指导价干预电煤价格，并实施煤电价格联动政策。2012年年底取消了重点电煤合同价，煤炭价格完全实行市场化。但在“计划电”体制下，煤炭市场价格并不能及时、完全覆盖用电用热行业。2012年后，由于中国经济发展进入新常态，煤炭需求增速持续下降，甚至负增长，煤炭市场开始供大于需局面，煤价大幅下滑，政府再未直接干预煤炭价格。2016年年初，政府制定了煤炭去产能政策，对煤炭价格起到了间接的托底作用。

第三，煤炭中间环节不合理费用大部分已被挤出，煤炭生产环节税费下降空间也相对较小。在煤炭价格高企的2011年，“三西”地区国有重点煤矿的动力煤由大秦线、神黄线运至渤海湾，再经海路运至华东地区电厂，到电厂价格超过900元/吨。每销售1吨煤，煤炭生产成本费用占43.5%，煤矿净收益占7.0%，煤炭生产环节各项税费之和占7.5%，铁路运输货运费、铁路建设基金、电气化附加费以及海运费四者之和占20.0%，中间环节其他费用包括各种名目的出省费、火车站台各项费用、港口停靠费用、公路运输费用、中间商收益等约占22.0%，数额庞大（见图8-4）。然而，到2015年四季度，华东地区煤炭价格已跌至400元/吨左右，“三西”地区煤炭出厂价甚至不足200元/吨。中间成本约200元/吨，基本上是运输费用，出省费、点装费等不合理费用基本被挤出。煤炭出厂价格已普遍低于企业生产成本费用，煤矿效益持续下滑，2014年亏损面达70%，2015年超过80%。此外，煤炭生产环节税费估计已低于30元/吨，主动降税空间相对较小，对改善企业亏损帮助也不大。

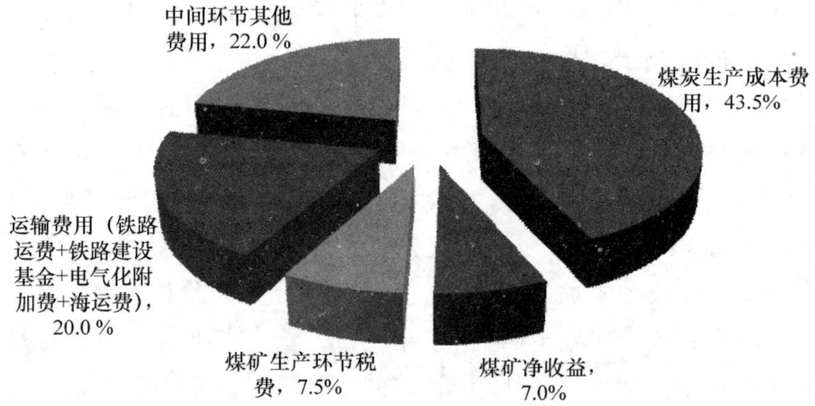

图8-4　2011年“三西”地区国有矿煤炭价格构成

资料来源：苏铭，康晓文（2013）。

第四，当前煤炭价格形成机制尚未充分反映资源稀缺程度，环境外部性成本更是远未体现。目前我国煤炭资源税率为0.3—5元/吨不等，与煤价相比远低于国外8%—10%水平，没有起到调节级差效果，更远不能反映资源稀缺性。煤炭开发利用的环境外部性成本巨大，《煤炭的真实成本》（2008）估计2007年煤炭带来的环境损失达150元/吨，不包括碳排放成本；2014年环保部环境规划院指出中国煤炭环境外部成本达205元/吨，其中煤炭燃烧带来的空气污染与公众健康损失占比达55%。近年来各级政府陆续对煤炭开采征收煤矸石排放费、矿井水排放费、矿山环境恢复治理保证金等环境税费，但加起来也才几十元/吨。煤炭使用的外部性成本体现得更少，能源税、碳税、二氧化硫税等实施与否仍在讨论。

（二）石油使用成本自主下降空间有限

综合考虑成品油定价机制、原油生产成本、炼油成本、税负水平等影响因素，并结合石油行业体制改革分析，认为近期石油产品价格自主下调空间不大。

第一，中国成品油价格基本与国际接轨。中国自2009年5月起实行国内成品油价格与国际原油价格接轨机制，至今已6年多，调价周期已缩短至两周。实践证明，中国现行石油定价机制能够及时反映国内外市场变化、发挥市场配置资源的基础性作用。去年以来，国际石油市场价格大幅下跌，中国成品油价格多次下调，国内汽油和柴油价格也已大幅度下降。按照当前的价格联动机制，如果全球原油市场供大于求情况继续恶化造成国际原油价格继续下跌，那么国内价格仍有望进一步下降，但考虑到国内石油产业发展，国内石油价格下降空间比较有限。

第二，国内原油生产成本较高，石油企业已大幅亏损，上游勘探开发受到严重影响。油价下跌使中国石油采掘业遭受重大损失。随着中国东部陆上主力油田纷纷进入开发中后期，二次、三次产油成为稳产的主要手段，开发边际成本逐年走高，如河南油田东部老区的盈亏平衡点高达每桶85美元。新投产的油气田中深层或超深层、重油稠油、低丰度低渗透的资源比重大，开采成本居高不下。国内石油企业承担的社会责任任务重，石油资源枯竭型油田发展面临困境。上述因素使得国内石油资源综合开发成本已远高于当前国际油价，行业面临亏损境地。此外，低油价使石油公司利润大幅降低，为改善资金状况并配合油气行业体制改革，2015 年年底，中国石油集团以 150 亿元出售了中亚天然气管道资产。国内原油生产成本较高的客观实际使得国际石油价格下降到一定程度以后，国内油价难以继续同步跟进，形成国内油价较国际油价高的局面。

第三，产能过剩，利润压缩，炼油行业成本下降空间不大。2014 年，全国炼油能力达到每年 7.02 亿吨，是年全国原油加工量 4.96 亿吨，炼厂开工率下降至 75%，国内炼油能力明显过剩。此外，自去年以来国际原油价格大幅下挫，国内成品油价格也随之连续下调，但是由于国内油价与国际接轨有一定的滞后期，国内炼厂出现了成品油与原油价格倒挂，部分炼厂出现亏损。炼油行业的充分竞争已经大大压缩了其利润空间，炼油成本进一步下降的潜力不大。

第四，国内石油税负水平已明显下调。中国石油行业税负的主要部分是石油特别收益金、消费税和所得税，2012 年该三项合计占主要石油企业税负总额的 77%—86%，其中石油特别收益金比重约为 14%—28%。但是，今年以来，国际原油价格在每桶 55 美元以下运行持续时间已超过半年，低于石油特别收益金起征点，停止征收特别收益金，国内石油生产企业税负水平明显减低。但再对其他税种降低征收比率，短期内难以实现，进一步减税空间有限。

第五，石油行业市场化改革，有利于促进价格下降。石油行业体制改革的方向是市场化，即破除行政性垄断，放开上游和下游的竞争性领域，完善成品油价格形成机制，放开原油和成品油进出口权，放开原油和成品油市场，这种多主体参与的市场竞争模式将有利于促进石油企业降低生产和流通成本，提高资源配置效率，从而降低成品油价格。但是，在国内石油生产成本已明显高于国际油价的背景下，油气领域市场化改革对促进国内石油价格下降的贡献有限。

（三）天然气使用成本下降空间较小

综合考虑中国天然气价格形成机制、国产气成本、进口气成本、进口权尚未完全放开等影响因素，并结合天然气行业体制改革进程分析，认为近期中国天然气价格下降空间较小。

第一，天然气价格形成机制逐步完善。近两年，中国在全国范围内推行“净回值”法天然气价格机制改革，并于2015年实现存量气与增量气价格并轨。近几年，随着非常规天然气产量迅速提升，国际天然气需求增长乏力，国际天然气市场供大于求，价格大幅度下降。国际天然气价格由20美元/百万btu（英热单位）下降到6—8美元/百万btu。另一方面，随着国内天然气市场需求明显放缓，天然气消费量年均增速由2010年的超过20%大幅回落，2015年仅为5.7%。市场供求形势由偏紧转为宽松。为刺激需求，国家发改委近期调整了天然气门站价的政府指导价格，非居民用气最高门站价格每千立方米降低700元（即每立方米下调0.7元），并将最高门站价格管理改为基准门站价格管理，供需双方可在上浮20%、下浮不限的范围内协商确定具体门站价格，但价格上浮在2016年11月20日后才可实施。此次调价后全国各省门站价的基准价格普遍降低（见表8－4），全国天然气平均价格从年初存量气与增量气并轨后的每立方米2.51元降至每立方米1.81元。考虑到地方根据各自情况调整非居民用气销售价格的工作尚未完成，政策效果并未完全显现，未来一两年，随着天然气价格改革继续推进，国内天然气平均价格有可能进一步下调。

第二，国产天然气成本较高。天然气是近中期中国从高碳能源向低碳能源过渡的重要桥梁，是建设生态文明、治理雾霾的重要抓手。大力开发国内天然气资源，努力提高国内天然气产量是调整中国能源结构的战略选择。但是，中国天然气资源埋藏深，丰度低，储层渗透性差，开发难度大，成本高。国内非常规天然气资源致密气、页岩气、煤层气等地质赋存条件复杂，技术要求高，造成勘探开发成本居高不下，大规模商业化生产面临经济性难题。天然气价格过低将不利于上游勘探开发投入，不利于非常规天然气等战略性资源的技术攻关和产能示范，不利于促进国产气产量的快速增长。

表8-4　2015年11月20日调价后各省非居民天然气门站价格

省份	价格（元/立方米）	省份	价格（元/立方米）
北京	2.00	湖北	1.96
天津	2.00	湖南	1.96
河北	1.98	广东	2.18
山西	1.91	广西	2.01
内蒙古	1.34	海南	1.64
辽宁	1.98	重庆	1.64
吉林	1.76	四川	1.65
黑龙江	1.76	贵州	1.71
上海	2.18	云南	1.71
江苏	2.16	陕西	1.34
浙江	2.17	甘肃	1.43
安徽	2.09	青海	1.27
江西	1.96	宁夏	1.51
山东	1.98	新疆	1.15
河南	2.01		

资料来源：《国家发展改革委关于降低非居民天然气门站价格并进一步推进价格市场化改革的通知》（发改价格〔2015〕2688号）。

第三，进口天然气成本较高。虽然目前国际天然气现货价格大幅下降，但是由于我国进口天然气（管道气和液化天然气）大部分采用长期协议，合同价格较高，且附有“照付不议”条款，而进口的现货天然气比例较小，造成天然气进口平均成本远高于现货市场价格水平。而且，大部分液化天然气接收站尚未实现对第三方的全面开放使用，低价的现货天然气短期内难以进入国内市场，进一步大幅下调国内天然气价格难度较大。

第四，天然气行业体制改革，有利于促进价格下降。正在研究的天然气行业体制改革方案将推动天然气基干管道、支线管道和地方管网共同向第三方公平开放，并进一步促进液化天然气接收站向第三方公平开放。基础设施的无歧视性公平准入将促进上游勘探开发领域的开放和竞争，从而在根本上促进天然气供应成本和市场价格的下降。天然气进口权也将进一步放开，有利于进一步降低中国天然气进口平均价格。

（四）热力使用成本具有一定下降空间

综合考虑热力使用结构、热价形成机制、供热效率等因素，分析认为通过提高效率或减少热力损失，优化热力结构，能够一定程度上降低热力使用成本。

第一，热力是中国工业生产中不可或缺的物质资源。2013 年，中国热力消费量（不包括工厂自备蒸汽锅炉等分散式设备产生的热力）为 12290 万吨标准煤，其中余热回收量约 2657 万吨标准煤，约占全部热力消费量的 20%。热力终端消费呈“工业为主、生活为辅”的结构，工业企业热力资源消费量占全国热力终端消费量的 72.59%，生活热力消费量占 22.61%，商业、建筑业和农业合计热力消费量占比仅不足 5%。[①]

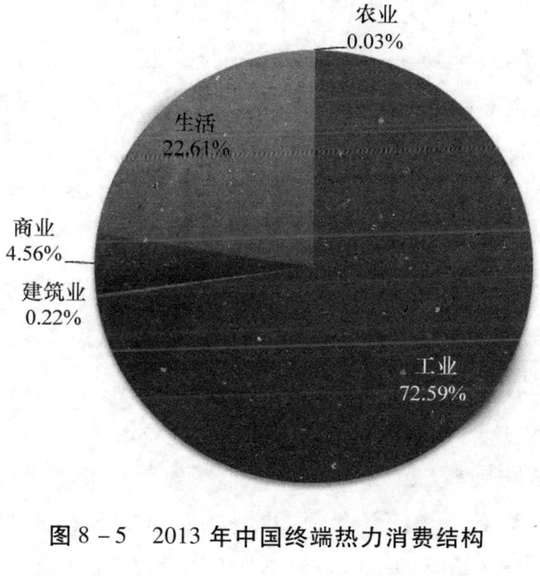

图 8-5　2013 年中国终端热力消费结构

第二，中国热力价格体系和定价机制非常复杂，降价空间不大。

① 国家统计局：《中国能源统计年鉴 2014》，中国统计出版社 2015 年版。

当前，中国热价定价机制原则上实行政府定价或者政府指导价，热力价格由政府价格主管部门按照价格管理权限制定。这种定价模式属于“一地一价”，地区间会存在价格差异。此外，还普遍存在交叉补贴、“福利供热”等现象。城市供热价格由热力出厂价格、管网输送价格和热力销售价格组成，除去企业利税，热力价格主要由热力生产成本、输送成本和配送成本三部分决定。热力生产成本主要由燃料品种、价格和供热设备能效决定。

第三，提高效率或减少热力损失也能有效降低工商业热力成本。一是可通过“上大压小”“分散改集中”等方式，逐步淘汰落后、小规模供热锅炉，通过发挥规模效益提高供热锅炉能效。此外，还应推广精细化配煤、智能控制等先进生产控制技术，实现锅炉运行的系统优化。二是采用变频调速技术可以调整鼓、引风机的转速实现风量调节，可使风机系统节电30%以上；[①] 应用先进补水系统，可以使整个供暖系统恒压运行，还可以节约30%左右的补给水泵运行电能。三是通过推广热力管道直埋技术、热网平衡调节技术、管道充水保护技术，改变当前热力输配管网“大流量、小温差”运行模式，同时加强热力管网监控、减少“跑冒滴漏”现象，可以显著减少热力在输配过程中的损失。总体分析，在不改变当前供热基本模式的前提下，通过提高供热机组效率、应用先进辅助设备和减少热力管网损失，可以降低热力成本约11%左右（如图8－6所示）。按全国热力终端销售平均价格计算，可为实体经济节约热力成本约240亿元。

第四，未来宜进一步通过优化供热方式降低成本。如果从供热成本最小化角度出发，根据终端用户热力需求特点、输送距离等情况，选择最为适宜的供热方式。一是坚持集中供热为主、多种供热方式互为补充的供热发展模式。二是在“化零为整”的同时，鼓励开发利用地热资源、太阳能等清洁能源供热。三是加速推进供热体制改革，为工业低品位余热进入居民生活热力管网提供体制支撑，提高余热资源利用水平，建立综合、多元的全社会供热模式。

① 李文军：《供热系统节能潜力与节能技术》，《建筑与发展》2013年第4期。

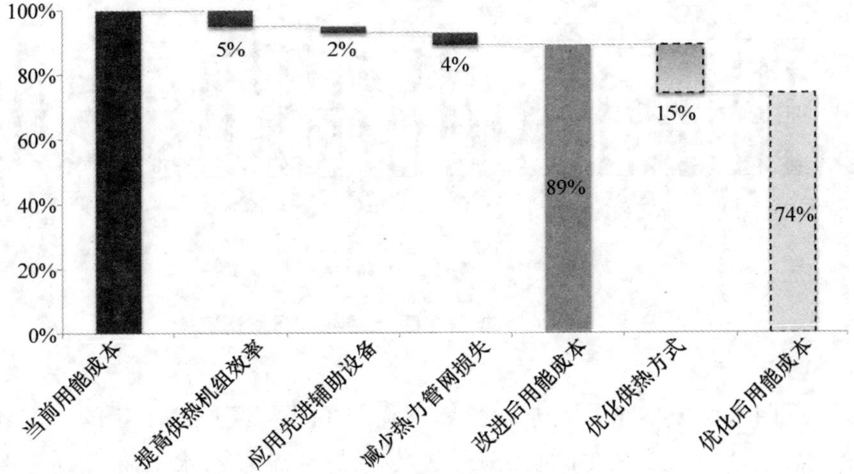

图 8－6　热力成本下降潜力分析

（五）电力使用成本具有较大下降空间

基于电力全产业链分析，中国不同电源电力的技术经济性能改善的空间及成本下降潜力各不相同，电力市场化改革对交易成本下降的潜力不容忽视，输配环节的价格下降潜力也值得关注。总体分析，2015 年至 2016 年中国实体经济用电成本仍存在 3—5 分/千瓦时的下降空间。

1. 煤电成为传统电力成本下降的最重要来源

煤炭价格持续低位，煤电价格具备一定幅度的下降潜力。受全球化石能源消费不振、海外煤炭价格持续走低，加之国内煤炭产能严重过剩，国内煤炭价格持续低迷。国内国际两方面因素决定了中国国内电煤市场短期内很难出现大幅上涨的可能。受之影响，部分煤电企业的盈利能力不断增强，为降低煤电价格提供了重要的窗口期。调研结果表明部分煤电企业在进行超低排放技术改造后，仍有较可观的利润空间。总的来看，2015 年至 2016 年煤电成本下降潜力在 2.5—3.5 分/千瓦时。

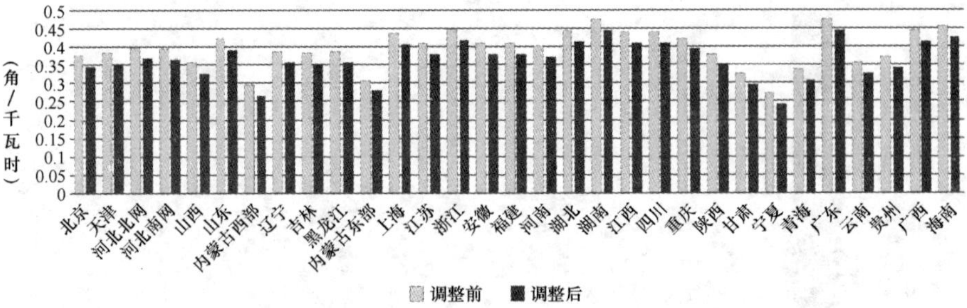

图 8－7　2015 年各省区上网电价调整情况

近期水电成本不具备全国整体下降的条件。经过几十年的开发建设，截至“十二五”时期，国内较容易开发流域的水电资源均已基本开发完毕。未来水电开发的重点将集中在西南部地区，特别是集中在云南、四川、西藏等少数民族聚居地区，开发外部条件越来越差，配套投资越来越大，开发成本越来越高。其次，随着近年来库区移民政策的调整，以及移民补偿安置方式的改进，移民补偿标准已大幅提高，后期扶持力度也不断加大。水电站除按规定缴纳水资源费外，还需要缴纳后期扶持等保障基金。再者，水力资源开发的生态环境限制越来越严，环境保护支出费用也越来越高。因此，与中东部地区相比，考虑到建设环境更加复杂，工程成本和社会成本大幅增加，近期水电价格不具备全国整体下降潜力。

安全标准不断提高、重大装备技术升级，核电建设成本越来越高，不具备下降的可能。日本福岛核电事故后，中国进一步提高核电安全标准，新建核电站以三代核电技术为主。核电安全标准的提高，三代核电技术的引进消化、研发改进、测试调试使得中国新建核电站成本大幅提高。核电新技术利用客观上也需要较长时间的研发试验期，“十三五”时期内国内核电供应依然难以有大幅增加。因此，中国核电除部分成熟机组，可以在保障安全的前提下，通过系统提高效率，适度降低成本，但总体上不具备成本下降的空间。

从上述分析中可以看到，传统电力品种中，煤电在成本方面仍具有一定下降的潜力，水电和核电不具备成本下降空间。2015 年至

2016 年，煤电仍然是电价下降最大的可选项，成本可望下降 2. 5—3. 5 分/千瓦时。

2. 可再生能源电价附加面临上调压力

展望近期风电及光伏发电成本趋势，风电和光伏发电成本在多个方面仍可实现一定幅度的下降。根据国家发展改革委 2015 年 12 月颁布的《国家发展改革委关于完善陆上风电光伏发电上网标杆电价政策的通知》（发改价格〔2015〕3044 号，以下简称《通知》），明确实行陆上风电、光伏发电上网标杆电价随发展规模逐步降低的价格政策。并一并确定了 2016 年陆上风电及光伏发电标杆电价，以及 2018 年陆上风电标杆电价。适当降低了新建陆上风电和光伏发电上网标杆电价。

根据工程造价降低情况和适当的项目资本金收益率水平，《通知》明确，对陆上风电项目上网标杆电价，2016、2018 年一类、二类、三类资源区分别降低 2 分钱、3 分钱，四类资源区分别降低 1 分钱、2 分钱。对光伏发电标杆电价，2016 年一类、二类资源区分别降低 10 分钱、7 分钱，三类资源区降低 2 分钱。《通知》指出，鼓励各地通过招标等市场化方式确定新能源项目业主和上网电价，但通过竞争方式形成的上网电价不得高于国家规定的当地标杆电价水平。

为满足可再生能源电力发展需要近期需上调电价附加标准。根据上述陆上风电及光伏发电电价调整安排及相关定量测算显示，中国可再生能源电价补贴资金收支缺口将逐步加大。在考虑“十三五”期间可再生能源电力成本下降潜力等因素条件下，2015 年至 2020 年间可再生能源发电补贴资金（不含税）需求仍在 605 亿—925 亿元之间。因此，按照目前附加征收标准，“十三五”可征收附加资金已无法满足可再生能源补贴资金需求。因此需在 2016 年及以后再对其进行新一轮调整，如果电价附加水平从 2015 年执行的 0. 015 元/千瓦时调整至 0. 025 元/千瓦时，在考虑风电、光伏等技术成本下降实际和基本实现 2020 年前保持补贴资金总体收支平衡的前提下，“十三五”由于可再生能源发展导致的销售电价水平的上升预期在 0. 01 元/千瓦时左右。

3. 继续深化改革输配电价仍有一定下降潜力

目前中国电价体系主要包括上网电价和销售电价两部分，输配电价主要通过电网购销差价体现。2015 年中国启动推进输配电价改革，并在深圳和蒙西电网实施试点方案。安徽、湖北、宁夏、云南和贵州 5 个省级电网输配电价改革试点方案也获得批准，2016 年有望开始实施。改革后，中国输配电价将由原来的电网平均销售电价扣除平均购电价和输配电损耗后确定，逐步变成按照“准许成本加合理收益”原则核定电网企业准许总收入和输配电价。

做好成本监审及成本调查，有利于提高效率，降低输配成本。输配电价改革的重要任务是开展输配电价测算工作，做好输配电成本监审和成本调查。要严格核减掉与输配电不相关、无偿接收的固定资产、不合理的投资和成本费用，核减掉不应该进入定价成本的开支，有效约束经营者成本不合理的上升。在此基础上，以有效资产为基础测算电网准许总收入和分电压等级输配电价。非试点地区同步开展成本调查，摸清电网输配电资产、成本和企业效益情况，测算电网各电压等级输配电价，为全面推进电价改革做好前期准备工作。

输配电价改革实践，为降低输配成本明确方向。深圳市输配电价改革试点方案核定：2015—2017 年深圳市电网输配电价水平每千瓦时分别为 0. 1435 元、0. 1433 元、0. 1428 元，比 2014 年的 0. 1558 元分别下降 1. 23 分、1. 25 分和 1. 30 分。[①] 按照深圳市 2014 年售电量计算，输配电环节减少收费 9 亿元。同时，深圳购电成本下降 4 亿元左右，总体降价空间 13 亿元。[②] 电价的下降使得深圳商业电价平均降价幅度为 8. 43 分/千瓦时，其中通过输配电价下降实现的商业电价降价幅度为 5. 84 分/千瓦时。通过降价，大幅度减轻深圳市商业、服务业和高新技术等企业电费负担，体现了对商贸流通等现代服务业和高新技术企业的鼓励和支持，符合深圳市产业结构转型升级的战略目

---

① 国家发改委价格司：《深圳市电网输配电价改革试点新电价机制正式实施》，国家发改委网站（www. ndvc. gov. cn）。

② 中国报告大厅：《深圳电改：销售电价下调 1. 23 分，大幅度减轻企业电费负担》，http：//www. chinabgao. com/info/81103. html。

标，也体现了扶持小微企业创业的宗旨。通过对蒙西电网企业进行成本监审，核减与输配电业务无关的资产和不合理成本，核减折旧费、运行维护费等不合理成本费用约 25.79 亿元，可以给大工业用电价提供 2.65 分/千瓦时的下调空间。[①]

实施分电压等级输配电价机制，有利于进一步提高输配电价的合理性。输配电价改革要求核定电网企业准许总收入和分电压等级输配电价。尽管终端销售电价虽然也体现了电压等级差异和用电量规模差异，但是不同电压等级之间的电价差别不大。输配电价改革公布的不同电压等级之间的输配电价差别加大。这就意味着，参与电力市场直接交易的用户按照其电压等级支付输配电价，电压等级越高、用电规模越大的用户通过新的输配电价机制获益最大。电压等级越低、用电规模越小的用户输配电价恐还会提升。国家公布分电压等级输配电价后，电力用户或市场售电主体按其接入电网的电压等级支付输配电价。分电压等级核定的输配电价更能体现输配成本的合理性。分析深圳和蒙西公布的输配电价改革方案与销售电价，可以看出，不同电压等级电价差发生很大变化（见表 8－5 和表 8－6）。根据蒙西电网输配电价机制方案，初步测算，参与电力市场直接交易的用户，除核减输配电环节成本获得电价下降外，220 千伏用户输配电价可以降低 3 分/千瓦时左右，相比 110 千伏用户每度电低 1 分多；110 千伏用户输配电价可以降低 2 分/千瓦时左右。

表 8－5　　**深圳销售电价与输配电价**　　（单位：元/千瓦时）

电压等级	输配		终端	
	2015 年输配电价	电价级差	商业电度电价	电价级差
220 千伏	0.0541	0.1264	0.693	0.075
110 千伏	0.0683	0.1122	0.718	0.05
20 千伏	0.1363	0.0442	0.737	0.031

① 国家发改委价格司：《国家发展改革委关于内蒙古自治区西部电网 2015—2017 年输配电价的批复》（发改价格〔2015〕2200 号）。

续表

电压等级	输配		终端	
	2015年输配电价	电价级差	商业电度电价	电价级差
10千伏	0.1805	0	0.768	0

资料来源：发改价格〔2014〕2998号，深圳市供电局《深圳市工商企业及其他用电电价价目表》。

表8-6　**蒙西销售电价与输配电价**　（单位：元/千瓦时）

电压等级	输配		终端	
	2015年输配电价	电价级差	大工业电度电价	电价级差
220千伏	0.0897	0.0846	0.4208	0.034
110千伏	0.1093	0.065	0.4278	0.027
20千伏	0.1246	0.0497	0.4398	0.015
10千伏	0.1743	0	0.4548	0

资料来源：发改价格〔2015〕2200号，内发改价字〔2015〕1299号。

通过合理的机制设计可以适当降低交叉补贴，从而在一定程度上缓解工业用电高成本压力。为保障民生和社会稳定，中国长期对居民用电和农业用电电价保持在较低水平，势必抬高了工商业用电电价水平。2014年中国一般工商业及其他用电平均电价最高，为85.651分/千瓦时，大工业用电平均电价为65.586分/千瓦时，居民用电平均电价（到户价）最低为55.748分/千瓦时。一般工商业及其他电价是居民电价的1.54倍，大工业用电电价是居民电价的1.18倍。[①] 中国终端用户电价构成与国外电价结构截然相反。2013年美国居民用电价格12.2美分/千瓦时，商业用电价格10.1美分/千瓦时，工业用电价格6.9美分/千瓦时。[②] 居民用电价格最贵，工业用电价格是居民电价的56.6%，商业用电价格是居民电价的82.8%。居民用电价格每

① 国家能源局：《2013—2014年度全国电力企业价格情况监管通报》。

② 美国能源信息署，www.eia.gov。

提高 2 分/千瓦时，工商业用电价格可以相应下降 0.3 分/千瓦时。结合输配电价改革，逐步提高居民用电价格，减少电价交叉补贴，可以有效降低工商业电价。

不合理的政府性基金及附加可能助推电价增高。中国销售电价中包含政府性基金及附加，每度电中包括：农网还贷资金 2 分，国家重大水利工程建设基金 0.4 分，大中型水库移民后期扶持资金 0.31 分，可再生能源电价附加 1.5 分，城市公用事业附加费 0.7 分。2014 年全国平均政府性基金及附加达到 3.9 分/千瓦时，高的省份如重庆已高达 6.6 分/千瓦时。[①] 随着可再生能源的大规模发展，补贴额有缺口，还需增加可再生能源电价附加水平。政府性基金及附加水平不断提高，民众和企业的负担日益加重，也推高电力用户用电成本。

因此，通过输配电价改革，进一步强化电网输配的成本约束，构建竞争有效的市场结构，逐步形成低成本的电价发现机制。近期内通过多措并举，中国各地输配电价普遍存在 2 分/千瓦时左右的下降潜力。

4. 电力市场化交易有利于降低终端用电成本

试点的交易规模不断扩大，试点经验不断增加。2013 年 5 月 15 日，国务院办公厅公布《国务院关于取消和下放一批行政审批项目等事项的决定》，决定取消“电力用户向发电企业直接购电试点”行政审批。从 2013 年下半年到 2014 年年底的一年半时间内，全国直购电试点省份迅速增长到 24 个，除北京、天津、河北、海南、西藏、青海等受电力基础设施等限制，不适合试点外，其他所有省份均进行了试点。

2014 年 1 月 28 日，国家能源局印发的《2014 年市场监管工作要点》明确指出，全面推进电力用户与发电企业直接交易，进一步完善电力用户与发电企业直接交易的准入、交易等制度，扩大交易范围和规模，力争全国大部分省份开展直接交易，交易电量不低于全社会用电量的 3%，并选择部分省份进行深度试点。已经开展试点的省份，

① 国家能源局：《2013—2014 年度全国电力企业价格情况监管通报》。

几乎已经全部公布各自的试点方案、交易规则等规范性文件，在交易模式上，大部分采用双边协商交易、集中撮合交易等模式，部分省份尝试了交易市场在线集中竞价交易、挂牌交易等模式。在交易电量的设计上，从2%到10%不等，其中以2%的居多。

云南省通过设置合理激励方式，实现了电力价格的有序下降。2014年12月22日云南省工信委下发了《2015年云南电力市场化工作方案和实施细则》，“三个主体，一个中心，三个市场，四种模式”（以下简称“3134”）的云南电力市场模式正式形成，市场体系和交易规则不断完善。

参与云南直购电试点的大用户购电价格，由直接交易电价、电网输配电价和政府性基金及附加三部分构成。其中，直接交易电价由电力用户和发电企业协商确定，政府性基金和附加由电网代收。电网输配电价实行两部制电价，基本电价执行云南电网现行销售电价表中的大工业用电的基本电价标准；电量电价为0.125元/千瓦时（不含线损），其中，110千伏电量电价为0.105元/千瓦时，220千伏电量电价为0.086元/千瓦时。耗损率参照近3年实际耗损率，由省内价格部门参照决定。如果按照云南省内平均0.2元/千瓦时左右的水电上网电价计算，加上已获批复的0.125元/千瓦时的输配电价，再加上容量电价（基本电价）和线损，最终直购电销售侧电价在0.4元/千瓦时以内，这较云南0.5元/千瓦时的大工业平均用电价格降低0.1元/千瓦时。

贵州省进一步发挥综合性试点的优势，在电力直接交易中发现低成本价格。贵州电力交易中心自2015年2月开始运行，通过电力交易平台进一步放开电力直接交易市场，推出了年度双边协商、集中竞价和挂牌交易3种交易方式，目前已有14家发电企业和425家电力用户参与，涵盖有色、化工、冶金、建材、煤炭、电子等行业，签约电量达到263.7亿千瓦时，占省内售电量的31%，比例居全国首位。

统计数据表明：截至2015年10月31日，全省电力直接交易电量累计完成142.42亿千瓦时，直接交易电价比用户目录电价降低了5.48分/千瓦时。通过电力直接交易，促进市场在能源资源优化配置中发挥决定性作用，有效遏制了省内工业企业用电量下滑的势头，同时还实现了市场各方互利共赢，进一步推动了节能减排和产业转型升级。

甘肃省大胆实践，通过全电量无基数的电力市场改革，探求高效机组的最低成本。尽管这种实践仍有待改进，但让更多工商业用户看到了电力价格下降的可能。大用户直购电基本思路是以优惠的电价来吸引用电量大的工业企业使用新能源，交易价格与交易量由双方协商确定。根据甘肃省电力公司数据，甘肃省 2015 年度新能源发电企业与电力用户直接交易（大用户）电量为 4489.6 万千瓦时，度电成交价格平均降低 0.31 元。

因此，从目前电力市场化交易实际情况来看，各省（区、市）在交易电量的设计上，从 2% 到 10% 不等，其中以 2% 的居多。由于直购电导致的终端用户购电价格水平的下降潜力在 0.05—0.15 元/千瓦时左右。

三　实体经济用能成本下降的经济影响评估

（一）电价下降能显著降低实体经济用能成本

电力广泛应用于国民经济各个部门，用电成本也成为实体经济中企业综合成本的重要组成部分，其中工业尤其是高耗电制造业对电力依赖程度较高，其成本与利润对电价水平也极为敏感。

由各能源品种使用成本下降潜力分析知，销售电价下降空间较为显著，降幅可达 0.03—0.05 元/千瓦时，对实体经济用能影响也可能最大。

第一，在平均销售电价下降 0.03 元/千瓦时方案下，根据 2013 年、2014 年与 2015 年 1—11 月行业用电量数据，估算了各行业可以节约的用电成本，见表 8－7。其中，工业是耗电大户，电价降低对工业用电成本下降最为显著，2015 年 1—11 月可节约成本超过 1000 亿元，特别是重工业可节约成本 887 亿元，占绝大部分比重。第三产业用电成本同样下降较大，约 200 亿元。假设 2016 年工业用电量与

2014 年基本持平，那么电价下降 0.03 元/千瓦时可节约的工业用电成本将超过 1200 亿元。

表 8－7　**销售电价下降 3 分钱第二、第三产业可节约成本估算**

产业	2013 年		2014 年		2015 年 1—11 月	
	用电量（亿千瓦时）	节约成本（亿元）	用电量（亿千瓦时）	节约成本（亿元）	用电量（亿千瓦时）	节约成本（亿元）
第二产业	39335	1180	41017	1231	36330	1090
工业	38660	1160	40296	1209	35698	1071
轻工业	6427	193	6693	201	6132	184
重工业	32233	967	33603	1008	29566	887
第三产业	6269	188	6670	200	6524	196

资料来源：国家统计局：《中国能源统计年鉴 2014》中国统计出版社 2015 年版；作者计算。

第二，在平均销售电价下降 0.05 元/千瓦时方案下，根据 2013 年、2014 年与 2015 年 1—11 月行业用电量数据，估算了各行业可以节约的用电成本，见表 8－8。可以看出，如果销售电价下降 0.05 元/千瓦时，2015 年 1—11 月实体经济用能成本下降更为可观，其中第二产业可节约用能成本达 1817 亿元，第三产业可节约用能成本 326 亿元。假设 2016 年工业用电量与 2014 年基本持平，那么电价下降 0.05 元/千瓦时分可节约的工业用电成本将超过 2000 亿元。

表 8－8　**销售电价下降 5 分钱第二、第三产业可节约成本估算**

产业	2013 年		2014 年		2015 年 1—11 月	
	用电量（亿千瓦时）	节约成本（亿元）	用电量（亿千瓦时）	节约成本（亿元）	用电量（亿千瓦时）	节约成本（亿元）
第二产业	39335	1967	41017	2051	36330	1817
工业	38660	1933	40296	2015	35698	1785
轻工业	6427	321	6693	335	6132	307

续表

产业	2013 年		2014 年		2015 年 1—11 月	
	用电量（亿千瓦时）	节约成本（亿元）	用电量（亿千瓦时）	节约成本（亿元）	用电量（亿千瓦时）	节约成本（亿元）
重工业	32233	1612	33603	1680	29566	1478
第三产业	6269	313	6670	334	6524	326

资料来源：国家统计局：《中国能源统计年鉴 2014》中国统计出版社 2015 年版；作者计算。

（二）电价下降短期有望一定程度刺激经济增长

电力在国民经济中占据极其重要的地位，生产过程现代化、能源消费电气化使经济增长与电力消费之间关系更为密切。学术界已有一系列文献研究我国能源价格与经济发展的关系。例如，林伯强（2008）运用 CGE 模型的计算结果认为，能源价格调整对经济增长与产业结构调整均有影响；能源价格上涨对中国经济具有紧缩作用，但对不同产业的紧缩程度不一致；对大多数产业而言，相同比例的价格上涨，煤炭的紧缩作用是石油紧缩作用的 2—3 倍；对于非能源密集型的服务业紧缩幅度也达 3 倍。胡宗义和刘亦文（2009）运用 CGE—MCHUGE 模型的计算结果认为，能源价格提高对宏观经济有显著负面影响，其导致的出口下降和投资需求下降分别是短期和长期 GDP 下降的主要原因。苏鹏等（2015）运用静态 CGE 模型的计算结果认为，天然气价格水平的上涨对 GDP、出口、居民消费等有负向冲击，但对进口、投资等有正向影响。

学术界也有文献利用中国数据，探讨电价水平与经济发展的关联，研究电价波动的经济影响，但是结论不一。部分实证研究认为高电价会对国民经济产生实质影响，比如对经济增长率和企业生产成本有负面影响，导致工业产品价格上升，并传导到消费者造成通货膨胀压力。也有部分文献认为高电价对经济发展不会造成明显的负面影响，却能显著地改善电力企业的经营状况，促进电力供应；而降低电价短期能刺激经济，但可能诱导高耗能产业发展，将影响产业结构升级和经济长期增长，形成“低电价陷阱”。还有文献认为，不能笼统地断定电价变化对国民经济的影响程度，而应该分行业、分区域研究，如电价水平对能源、冶金等重化工业影响较大，但是对其他低电耗产业和物价指数的影响并不明显。

当前中国实体经济仍处于低迷区间，工业增加值、工业企业利润、PMI、PPI、用电量等数据并未有显著改善。从短期看，降低销售电价能立竿见影地降低生产成本，改善企业利润，刺激投资和消费，提振实体经济，一定程度上刺激经济增长。对于在本轮经济低迷中下滑最为严重的重工业，尤其是高耗能行业，降低销售电价短期有利于企业脱困。但是，从长期看，销售电价无区别地降低，不利于淘汰落后产能与高耗能行业的转型升级，对长期经济可持续发展可能有负面影响。

（三）电价下降对通货膨胀、财政赤字影响甚微

大量文献探讨了电力价格与通货膨胀的关系，分析了电价波动的传导机制。如李姝和田露露（2014）基于 VAR 模型的实证研究认为，上网电价上涨对中国 PPI 和 CPI 的影响程度较小，没有导致通胀加剧；上网电价波动对 PPI 和 CPI 作用的持续时间分别为 6 个月和 3 个月；价格传导机制主要是从上网电价→PPI 和上网电价→CPI，两者反向传导以及 PPI→CPI 并不畅通，但 CPI→PPI 存在反馈效应。李虹和谢明华（2010）将 2007 年投入产出表应用于投入产出价格影响模型，研究认为电价上调可能诱发通货膨胀，且影响程度可以预测和控制；实施差别电价调整可以从总体上有效降低电价调整对于各种物价的影响，还能降低对居民尤其是农村居民生产和生活的影响。晓宇（2010）认为，电价上涨对 CPI 的影响不明显，但长期看，非居民用电价格的调整会通过影响生产资料价格，进而传导至居民生活用品价格。以上文献主要讨论电价上涨对通货膨胀的影响。反过来，降低电价将直接减少企业的用电支出以及生产经营成本，进而影响企业的定价决策，从而带来产品与服务价格的下调，最终是引致通货膨胀率的

下降。

降低电价对税收与财政赤字的影响主要通过其对电力部门的作用来实现。降低电价挤压了发电企业、电网企业的收入及利润空间，也会影响该行业的税收，还可能传导至其上游企业如煤炭企业，从而对这些部门的税收有一定负向影响。但是，对耗电部门的生产经营是一种利好，从而对这些部门的税收有一定正向影响。整体上看，电价下降对税收与财政赤字的影响较小，而且也无确定性负面影响。

四　降低实体经济用能成本的政策建议

第一，全面加快能源领域市场化改革，真正形成竞争有序的市场结构和市场决定能源价格的机制。以建立健全现代能源市场为目标，深化煤炭、石油、天然气、电力体制改革。在能源可竞争环节进一步打破垄断，逐步实现竞争性环节市场定价，在垄断环节强化成本监管。发挥市场对资源配置的决定作用，加快建立全国性及区域性煤炭、电力、石油、天然气交易市场。进一步放松石油、天然气进口管制，逐步与国际市场全面接轨。

第二，加快推进输配电价改革。全面开展电网企业输配成本调查，全面调查摸清电网输配电资产、成本和企业效益情况。开展输配电定价成本监审，严格核减不相关、不合理投资和成本费用。主管部门要严格审核电网建设项目，考虑社会经济承受能力，谨防电网的过度过快低效投资，避免造成输配电成本的过快增长。各省加快开展分电压等级输配电价核定工作，逐步放开110千伏及以上电压等级大用户参与电力市场直接交易，有效降低电力大用户的用电价格。

第三，循序渐进推动电力交叉补贴机制改革。充分考虑各地区工商业和居民电价承受能力，逐步提高居民电价，减少居民用户电价补贴，减少工商业内部交叉补贴，真实反映供电成本的销售电价体系，有效降低工商业用户电价。改“暗补”为“明补”，妥善处理居民、农业用户等交叉补贴问题。

第四，规范和削减电价中不合理政府性基金和附加收费。制定政府性基金和附加的退出机制，尽量将基金转化为税，为电力用户减轻经济负担。要减少政府通过从电价中收取政府性基金和附加补贴其他部门和获益群体的做法，电力用户承担应该分担的部分，避免部分电力用户承担过重的社会责任。

第五，兼顾长远，逐步将化石能源使用的外部性成本内部化。绿色发展成为时代潮流，中国也正加快推进生态文明建设，不能因短期经济下滑而影响长期可持续发展。对于煤炭、石油等高碳化石能源，首先应逐步减少对其使用的补贴，其次使用它们带来的较高生态环境成本应逐步内部化。对于钢铁、建材等高耗能产业，应继续实施惩罚电价等措施，倒逼落后产能退出或转型。

（执笔人：苏铭、陶冶、李际、杨晶、王娟、熊华文、康晓文、符冠云；审改人：王仲颖、张有生、高虎、时璟丽）

参考文献：

1. 林伯强、牟敦国：《能源价格对宏观经济的影响——基于可计算一般均衡（CGE）的分析》，《经济研究》2008 年第 11 期。

2. 胡宗义、刘亦文：《能源要素价格改革对我国经济发展的影响分析——基于一个动态可计算一般均衡（CGE）模型》，《系统工程》2009 年第 11 期。

3. 李姝、田露露：《上网电价波动对中国 PPI 和 CPI 水平波动的传导机制——基于 VAR 模型的实证分析》，《宏观经济研究》2014 年第 12 期。

4. 苏鹏、张希栋、赫永达：《天然气价格规制的经济效应分析——基于可计算一般均衡 CGE 模型的政策模拟》，《经济问题》2015 年第 11 期。

5. 晓宇：《电价上涨将引发通货膨胀效应》，《经济研究参考》2010 年第 12 期。

6. 李虹、谢明华：《电价波动与通货膨胀：基于煤电价格联动政策效应的分析》，《经济学动态》2010 年第 12 期。

7. 苏铭、康晓文：《我国煤电矛盾中的政府作用研究》，载于《能源问题研究文集 2011—2012》，石油工业出版社 2013 年版。

8. 茅于轼、盛洪、杨富强：《煤炭的真实成本》，煤炭工业出版社 2008

年版。

9. 环保部环境规划研究院：《煤炭环境外部成本核算及内部化方案研究》，2014 年。

10. 国务院发展研究中心、壳牌国际有限公司：《中国中长期能源发展战略研究》，中国发展出版社 2013 年版。

专　题　篇

第九章　降低制造业成本关键点和难点研究

摘要：改革开放以来，依托低成本比较优势，中国制造业快速融入全球产业分工体系，进入发展快车道，成为带动中国经济高速增长的重要动力。而近年来这种情况正在发生重要变化，中国制造业成本逐年走高，部分行业亏损面加大、竞争力下降、对外转移加速，由此导致经济下行压力持续加大。2015年中央经济工作会议提出，要“着力加强结构性改革，在适度扩大总需求的同时，去产能、去库存、去杠杠、降成本、补短板，提高供给体系质量和效率”。在此背景下，客观分析近年来中国制造业成本的变化情况，剖析降低制造业成本的关键点，提出切实可行的对策建议，对于重塑实体经济竞争优势以增强经济持续增长动力具有重要意义。

一　近年来中国制造业成本的变化及其影响

近年来，受劳动力供需变化、资源环境约束增强、金融服务实体经济能力不足和市场体系不完善等诸多因素影响，中国制造业各项主要成本迅速上升，较先行工业化国家和地区的综合成本优势正在逐步丧失，对中国制造业转型升级和竞争力培育形成较大制约。

（一）近年来中国制造业成本变化分析

制造业成本一般包括原料燃料、设备、用工、其他要素、税收、融资和物流等成本和费用。由于不同行业原料和设备成本差异较大，进行全面分析比较困难，这里重点关注用工、其他要素、税收、融资和物流等共性成本。

从国家统计局公布的数据看，2005—2010 年，中国规模以上制造业主营业务成本年均增速（22.8%），低于制造业主营业务收入增速（22.9%）和利润总额增速（29.1%）。2011—2014 年中国规模以上制造业主营业务成本年均增速为 12.7%，明显高于制造业主营业务收入增速（12.2%）和制造业利润总额增速（6.5%），成本增速与主营业务收入、利润增速的关系发生了逆转，导致成本费用利润率由升转降，从 2010 年的 8.3% 下降到 2014 年的 6.5%。在总成本构成中，劳动力、融资、税负等成本增长尤为突出。在制造业主营业务收入、主营业务成本和利润总额增速都大幅下降的情况下，2011—2014 年城镇工业①人员工资总额增速却比 2005—2010 年有所加快，反映出劳动力用工成本呈快速上涨态势。负债增速可以从一个侧面反映企业融资成本情况，近年来企业负债增速虽然有所下降，但仍处于较高水平。主营业务税金及附加、应交增值税总额在 2011—2014 年均以高于 10% 的年均增速增长，保持相对较高格局。

表 9－1　**近年来中国规模以上工业企业成本相关指标及变化**

指标	年份			年均增长（%）	
	2005	2010	2014	2005—2010	2011—2014
利润总额（亿元）	14803	53050	68155	29.1	6.5
主营业务收入（亿元）	248544	697744	1107033	22.9	12.2
主营业务成本（亿元）	209863	585257	943370	22.8	12.7
城镇工业人员工资总额（亿元）	6830	15068	33705	17.1	22.3
负债合计（亿元）	141510	340396	547031	19.2	12.6
主营业务税金及附加（亿元）	2997	11183	16961	30.1	11.0
应交增值税（亿元）	8521	22473	33979	21.4	10.9
成本费用利润率（%）	6.4	8.3	6.5		

资料来源：根据国家统计局 2006 年、2011 年、2015 年《中国统计年鉴》计算。

① 限于数据可得性，暂以工业数据描述相关情况，下同。

1. 用工成本较快上涨

从制造业城镇单位就业人员工资变化看，2005—2014 年，中国制造业城镇单位就业人员工资总额从 5056.8 亿元增长到 27011.4 亿元，增长了 4.34 倍。考虑就业人员增加因素后，制造业城镇单位就业人员平均工资从 2005 年的 15746 元增长到 2014 年的 51518 元，年均增长约 12.6%，其中，2011 年增速超过 20%（见表 9－2）。同期，中国制造业全员劳动生产率增长了 181.4%，年均增长约 6.1%，表明制造业用工成本超过了劳动生产率增长速度，比较劳动生产率优势有所下降。

表 9－2　近年来中国制造业城镇单位就业人员工资与劳动生产率变化

年份	制造业城镇单位就业人员（万人）	制造业城镇单位就业人员工资总额（亿元）	工业（制造业）增加值（亿元）	制造业平均工资（元/人）	平均工资增速（%）	劳动生产率	劳动生产率增速（%）
2005	3210.9	5056.8	77034.4	15746.36	—	23.99	—
2006	3351.6	6035.8	91078.8	18008.71	14.37	27.17	13.27
2007	3465.4	7241.2	110253.9	20895.71	16.03	31.82	17.08
2008	3434.3	8498.9	129929.1	24747.11	18.43	37.83	18.91
2009	3491.9	9302.2	135849	26639.37	7.65	38.90	2.83
2010	3637.2	11140.8	162376.4	30627.96	14.97	44.64	14.75
2011	4088.3	15031.4	191570.8	36766.87	20.04	46.86	4.96
2012	4262.2	17668.1	204539.5	41453.01	12.75	47.99	2.41
2013	5257.9	24566.6	217263.9	46723.22	12.71	41.32	－13.89
2014	5243.1	27011.4	228122.9	51518	10.26	43.51	5.29

资料来源：根据《中国统计年鉴》相关各年计算。

2. 土地成本呈上升态势

从全国主要城市土地出让监测价格来看，2008 年以来出现加速上升态势，尽管 2012 年以来增速有所放缓，但是土地出让价格仍然呈现上升趋势。综合地价由 2012 年第三季度的 3093 元/平方米增加到 2015 年第三季度的 3606 元/平方米，工业用地价格由 2012 年第三季度的 662 元/平方米增加到 2015 年第三季度的 757 元/平方米，分别增长了 16.6% 和 14.4%。

表 9-3　　2012—2015 年中国主要城市土地出让价格

（单位：元/平方米，%）

	2012Q3		2013		2014		2015Q3	
	地价	同比增速	地价	同比增速	地价	同比增速	地价	同比增速
综合	3093	1.77	3349	7.0	3522	5.16	3606	3.30
商业	5793	3.15	6306	7.9	6552	3.90	6701	2.55
工业	662	2.00	700	4.5	742	6.03	757	3.48

资料来源：根据 2012—2015 年全国主要城市地价状况分析报告计算。

3. 能源成本近年来有所下降

从中国工业生产者燃料动力类购进价格指数来看，2005 年以来随着煤炭、石油、天然气价格的快速上涨，中国工业企业用能成本也随之攀升，其中，2008 年涨幅最高，为 20.6%。2009 年受金融危机影响，出现较为明显的下滑，但在"四万亿"等稳增长政策的作用下，2010—2011 年中国工业企业能源成本继续攀升，2012 年与上年基本持平，随后开始下降，目前约为 2010 年的 90%。在此期间，中国先后对汽油和柴油批发价格进行了多轮下调，目前国内油价汽油约为 5.67 元每升，柴油约为 5.28 元每升，[①] 分别比 2008 年的 6.37 元每升和 6.19 元每升下降 11% 和 18.9%，[②] 但相比 2005 年则大幅上涨了 40% 左右。从企业用电成本看，近年来中国先后于 2012 年、2015 年和 2016 年 1 月对全国燃煤发电上网电价进行下调，平均每次调价

① 今日油价查询，汽油价格选择北京地区 93 号汽油价格作为参照系，柴油价格选择北京地区 0 号柴油价格作为参照系，查询日期为 2016 年 1 月 8 日。

② 采用北京市 2008 年 10 月数据，目前油价相比 2005 年仍有较大幅度上升，上升幅度约为 40%。

2—3 分钱，目前中国工业平均电价水平降为 0.53 元/千瓦时，较 2008 年的 0.6 元每度下降 11.7%。单位能耗制造业产出也反映了这一趋势，2013 年中国制造业万吨标煤能耗主营业务收入为 3.77 亿元，比 2009 年的 3.1 亿元提高了 0.67 亿元，相同能耗产出增加，也反映出制造业能源成本占总成本比重的下降。

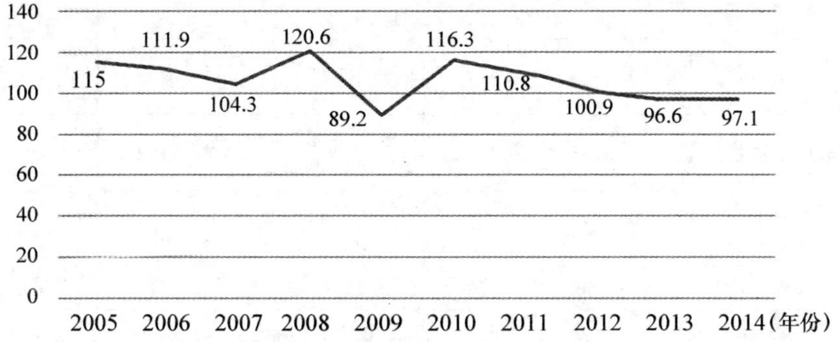

图 9－1　中国工业生产者燃料动力类购进价格指数（上年＝100）

资料来源：《中国统计年鉴 2015》，中国统计出版社 2015 年版。

但也应看到，随着产业增速和效益下滑，一些制造行业的能源成本压力也日渐突出。2013 年，中国规模以上制造业用电总量为 2.9 万亿千瓦时，据此估算，制造业行业平均电费成本占主营业务收入的比重约为 2.2%。不同行业由于能耗强度不同其电力成本水平也差异较大。其中，电费成本占主营业务收入比重高于制造业平均水平的行业主要是高耗能的重化工业，如有色金属冶炼和压延加工业、黑色金属冶炼和压延加工业、非金属矿物制品业电费成本占主营业务收入比重分别为 6%、5.7%、4.1%，由于近年上述行业效益下滑较快甚至处于生存边缘，电力成本高企带来的生存压力尤为突出。在 29 个制造业大类中，有 15 个行业电费成本占主营业务收入比重不足 1%，主要是能耗强度较低的轻工、装备等行业。

表 9－4　　不同制造业用电量和电费成本行业排名（2013 年）

行业	电力消费量（亿千瓦小时）	电费占主营业务收入比例（%）	行业	电力消费量（亿千瓦小时）	电费占主营业务收入比例（%）
制造业总计	28987	2.2	专用设备制造业	409	0.9
有色金属冶炼和压延加工业	4114	6.0	铁路、船舶、航空航天和其他运输设备制造业	211	0.9
黑色金属冶炼和压延加工业	5704	5.7	食品制造业	230	0.8
非金属矿物制品业	3148	4.1	皮革、毛皮、羽毛及其制品和 制鞋业	152	0.8
化学原料和化学制品制造业	4341	3.9	酒、饮料和精制茶制造业	168	0.8
化学纤维制造业	350	3.7	纺织服装、服饰业	214	0.8
造纸和纸制品业	599	3.3	仪器仪表制造业	83	0.7
纺织业	1533	3.0	汽车制造业	674	0.7
橡胶和塑料制品业	1099	2.7	电气机械和器材制造业	650	0.7
金属制品业	1213	2.5	计算机、通信和其他电子设备制造业	809	0.7
木材加工和木、竹、藤、棕、草制品业	269	1.5	农副食品加工业	574	0.7
石油加工、炼焦和核燃料加工业	677	1.2	家具制造业	50	0.5
印刷和记录媒介复制业	110	1.2	烟草制品业	54	0.4
通用设备制造业	746	1.2	文教、工美、体育和娱乐用品制造业	69	0.3
医药制造业	283	0.9			

注：此处电费占主营业务收入比重为估算数据，估算方法：制造行业电费＝行业电力消费量×制造业平均电价，其中，制造业平均电价＝［2013 年一般工商业用电平均电价（843.93 元/千千瓦时）＋2013 年大工业用电平均电价（652.47 元/千千瓦时）］÷2。

资料来源：国家统计局：《中国统计年鉴 2015》，中国统计出版社 2015 年版。

4. 税费成本总体上升

根据国家统计局数据，2014 年包括企业应交增值税、企业所得税和主营业务税金及附加在内的制造业税费成本占制造业主营业务收入比重为 5.74%，比 2010 年的 6.21% 低 0.47 个百分点，但相比 2005 年则高 0.52 个百分点。表明中国制造业总体税费成本较 2005 年有一定幅度的上升。分行业看，烟草制品业税费成本上升最高，达 14.95 个百分点。其次为石油加工、炼焦及核燃料加工业，2015 年主要税金占主营业务收入比重比 2005 年高 6.73 个百分点。专用设备制造业，废弃资源和废旧材料回收加工业，仪器仪表及文化、办公用机械制造业和塑料制品业主要税金占主营业务收入比重上升幅度都超过 2 个百分点。此外，通信设备、计算机及其他电子设备制造业，家具制造业，皮革、毛皮、羽毛（绒）及其制品业，文教体育用品制造业，纺织服装、鞋、帽制造业，金属制品业，化学纤维制造业，电气机械及器材制造业，工艺品及其他制造业，纺织业，农副食品加工业，木材加工及木、竹、藤、棕、草制品业，食品制造业和橡胶制品业税费成本都有所上升。在制造业 30 个细分行业中，只有通用设备制造业、医药制造业、印刷业和记录媒介的复制、有色金属冶炼及压延加工业、造纸及纸制品业、化学原料及化学制品制造业、交通运输设备制造业、黑色金属冶炼及压延加工业、饮料制造业、非金属矿物制品业 10 个行业税费成本同比下降。其中，下降幅度最大的非金属矿物制品业税费成本占比下降幅度为 3.24 个百分点。

表 9-5 **制造业企业主要税金占主营业务收入比重及变化**

行业	主要税金占主营业务收入比（%）			
	2005	2010	2014	2005—2014
制造业平均	5.22	6.21	5.74	0.52
烟草制品业	54.73	65.26	69.68	14.95
石油加工、炼焦及核燃料加工业	4.77	14.04	11.50	6.73
专用设备制造业	4.69	5.66	7.68	2.99

续表

行业	主要税金占主营业务收入比（%）			
	2005	2010	2014	2005—2014
废弃资源和废旧材料回收加工业	3.07	4.70	5.40	2.33
仪器仪表及文化、办公用机械制造业	3.87	5.34	6.06	2.19
塑料制品业	3.79	4.67	5.91	2.12
通信设备、计算机及其他电子设备制造业	2.09	3.12	3.56	1.47
家具制造业	3.67	4.80	5.11	1.44
皮革、毛皮、羽毛（绒）及其制品业	3.86	5.24	5.08	1.22
文教体育用品制造业	3.10	4.06	4.31	1.21
纺织服装、鞋、帽制造业	3.98	5.20	5.14	1.16
金属制品业	4.09	4.96	5.16	1.07
化学纤维制造业	2.57	4.17	3.51	0.94
电气机械及器材制造业	3.87	4.97	4.80	0.93
工艺品及其他制造业	4.21	4.65	4.91	0.70
纺织业	3.88	4.55	4.51	0.63
农副食品加工业	3.04	4.29	3.64	0.60
木材加工及木、竹、藤、棕、草制品业	4.76	5.39	5.16	0.40
食品制造业	5.80	6.39	6.05	0.25
橡胶制品业	4.59	4.86	4.62	0.03
通用设备制造业	5.15	5.64	5.09	-0.06
医药制造业	8.23	8.39	8.06	-0.17
印刷业和记录媒介的复制	6.37	6.23	6.08	-0.29
有色金属冶炼及压延加工业	5.08	4.20	4.70	-0.38
造纸及纸制品业	5.18	5.20	4.62	-0.56
化学原料及化学制品制造业	5.51	5.69	4.81	-0.70
交通运输设备制造业	5.50	7.38	4.65	-0.85
黑色金属冶炼及压延加工业	5.24	3.79	3.17	-2.07
饮料制造业	12.49	10.63	9.52	-2.97
非金属矿物制品业	6.15	6.88	2.91	-3.24

注：①主营业务税金及附加用来核算企业日常主要经营活动应负担的税金及附加，包括营业税、消费税、城市维护建设税、资源税、土地增值税和教育费附加及地方教育费附加等。②企业所得税为估算数据，估算方法：企业所得税 = 利润总额 × 25%（企业所得税率）。

资料来源：根据国家统计局 2006 年、2011 年、2015 年《中国统计年鉴》计算。

5. 融资成本上涨较快

从融资成本看，虽然中国一年期贷款基准利率从 2007 年 12 月的 7.47%，经过 5 次降息、5 次加息和 8 次降息，调整为目前的 4.25%，总体下降幅度达到 43%，并带动人民币贷款加权平均利率显著下滑，但中国制造业实际融资成本并没有显著下降，反而出现了较大幅度的上升。根据 Wind 数据库，2014 年年底中国规模以上工业企业利息支出占主营业务收入比重约为 1.2%，比 2009 年年底的 0.8% 高约 0.4 个百分点，上涨幅度约为 50%。与此同时，规模以上工业企业利息支出占主营业务利润收入比重也大幅提高，从 2010 年 9 月的 6.47% 提高到 2015 年 9 月的 9.20%，提高 2.73 个百分点，上涨幅度为 42.7%。

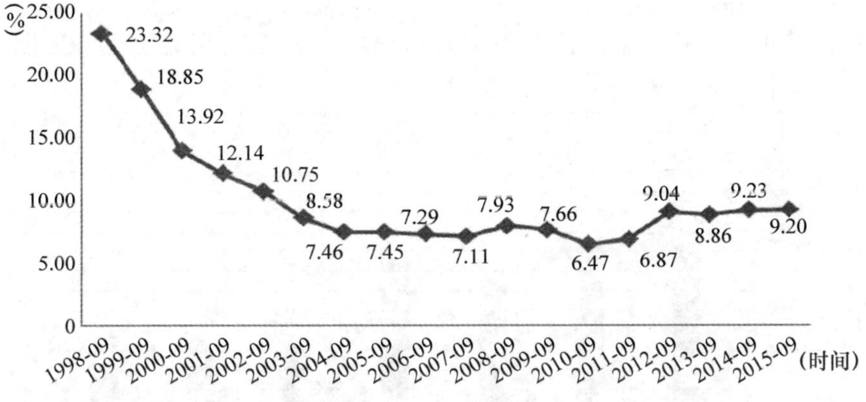

图 9－2　中国规模以上工业企业利息支出占主营业务利润比重

资料来源：Wind。

6. 物流成本有所下降

国际上通常用物流费用率（企业物流成本占产品销售额的比重）来衡量行业物流成本。根据中国物流与采购协会数据，2008 年以来，中国工业、批发和零售企业物流费用率呈下降趋势，2014 年中国工业、批发和零售业企业物流费用率为 8.3%，比 2008 年下降 1 个百分

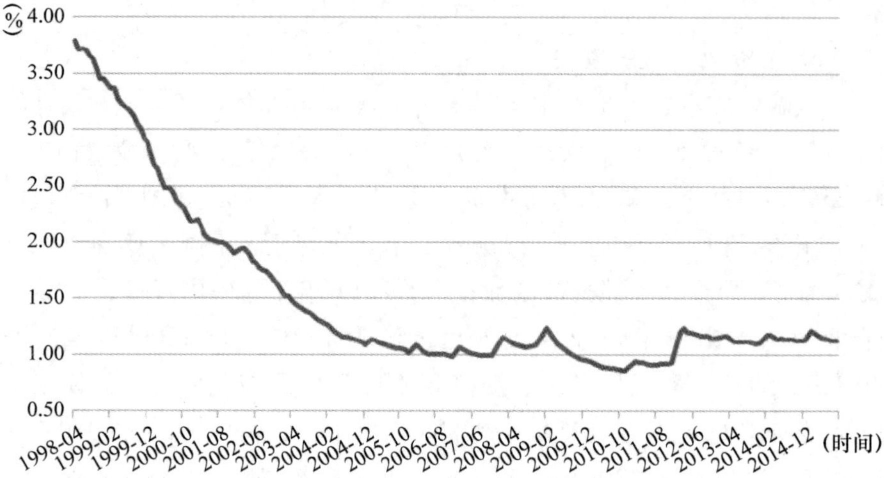

图 9-3 中国规模以上工业企业利息支出占主营业务收入比重

资料来源：Wind。

点。其中，工业企业物流费用率为 8.9%，较 2008 年的 9.9% 也下降了 1 个百分点。

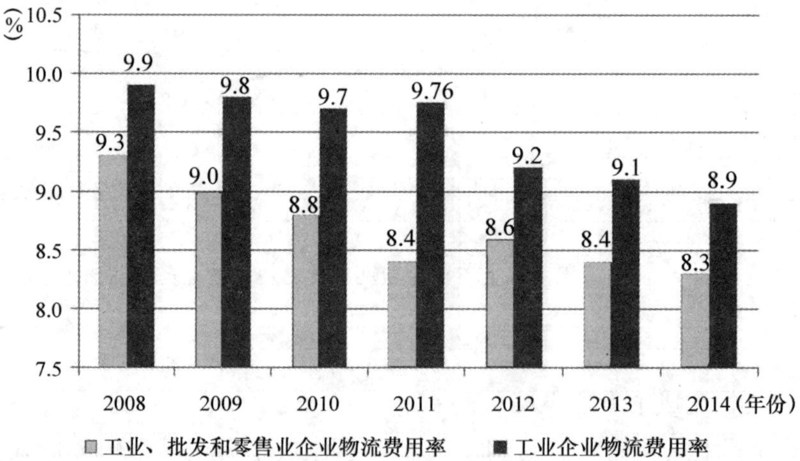

图 9-4 2008 年以来中国工业、批发和零售业企业物流费用率情况

资料来源：中国物流与采购协会。

（二）中国制造业成本国际比较分析

从国际比较看，中国制造业相对于美国、日本、韩国、中国台湾等国家和地区的成本优势正在逐步丧失，在劳动力成本、资源要素价格等方面正面临越南、泰国、马来西亚等国家更低价格的激烈竞争。在税费、融资成本和物流成本方面，则明显超过美国、日本等发达国家，综合成本比较优势大幅下降。

1. 劳动力成本快速上涨，与主要发达国家差距缩小，相比于东南亚等国家已没有优势

目前，主要发达国家制造业工资水平仍明显高于中国，但中国与主要发达国家之间的工资差距正逐渐缩小。以中美比较为例，目前中国制造业每小时人工成本为3美元左右，而美国制造业每小时人工成本在37美元左右，从数量看中国仍具有较为明显的优势。但从发展趋势看，中国制造业每小时人工成本年均增速明显超过美国，与美国的差距越来越小。2004—2014年中国制造业平均工资年均增速超过13%，而同期美国制造业平均工资年均增速不足3%。从劳动生产率看，中国制造业劳动生产率与美国差距较大，但近年来增速明显快于美国，2004—2014年中国制造业全员劳动生产率增长了154%，年均增速接近10%，高于美国同期约5%的年均增速。但从劳动生产率与工资增速的相对比较看，中国劳动生产率增速低于制造业工资增幅，而美国制造业劳动生产率增速高于工资增速，表明中国制造业劳动力成本相对优势正在减弱。

与东南亚等新兴经济体相比，中国制造业平均工资特别是东南沿海地区制造业平均工资已超过大多数东南亚国家，是菲律宾、印度尼西亚、越南、泰国的2倍以上，已经没有成本优势。从社保缴费看，中国制造业企业法定养老保险缴费率为20%、个人为8%，合计为28%；而美国企业承担的养老保险费率仅为6.2%；越南、泰国的比例更低，仅为月薪的2.8%—5%不等。

2. 土地成本相对较高

从土地成本看，根据国土资源部数据，2015年第三季度末全国

105 个重点监测城市工业平均地价约为 757.5 元/平方米，而日本最低为 614 元/平方米，韩国最低为 903 元/平方米，台湾最低约 3325 元/平方米，越南约为 280 元/平方米，泰国约为 765 元/平方米，美国中西部地区最低约为 80 元/平方米。中国工业企业用地成本低于韩国、泰国和中国台湾，但已经超过美国、日本和越南。

3. 能源成本相对较高

受全球能源资源供需格局变化和国内能源价格下调等因素影响，近年来中国企业用能成本有所下降，但相比主要发达国家仍然偏高。从油价看，国际油价从 2008 年的高峰 140 美元每桶下调至目前的 40 美元每桶，下降幅度约为 60%—70%，而同期国内油价下降幅度仅为 10%—20%。从用电成本看，经过 2012 年、2015 年 4 月和 2016 年 1 月三次降价后，目前中国工业用电平均价格约为 0.53 元/千瓦时，而美国东中西部电价差异较大，目前平均水平约为 0.50 元；越南为 0.36—0.62 元。中国用电成本高于美国和越南，但低于日本、韩国、中国台湾和泰国。从天然气价格看，美国页岩气革命使其天然气价格自 2004 年以来下降了 25%—35%。目前，美国天然气价格每立方米约 0.7 元人民币，中国的价格约为 2.9 元，是美国的 4 倍多。

4. 税费成本相对较高

从宏观税负看，根据 OECD 数据，中国宏观税负水平整体低于 OECD 国家，但高于美国、韩国、巴西、南非、墨西哥、印度等主要再工业化国家和新兴经济体。从万元制造业产值税费成本看，目前中国综合平均水平约为 400—500 元，日本约为 230 元，韩国也在 200 元左右。从所得税率看，中国为 15%—25%，美国为 8.84%，日本为 9%—15%，韩国为 10%—18%，中国台湾为 17%，泰国为 10%—12%，中国总体较高。从增值税率看，中国为 17%，韩国为 10%，中国台湾为 5%，均低于中国。越南等地为吸引外资，在某些区域实行“10 免 10 减半”的优惠税收政策。美国为促进制造业回归，采取暂时取消或削减制造业原材料的进口关税，对回流企业给予 20% 的税收抵扣，并提供两年工资税减免等方式降低制造业税收负担，对制造业回流吸引力较大。

5. 融资成本相对较高

从贷款基准利率看，2014 年中国一年期贷款基准利率为 5.6%，高于美国、日本、英国、加拿大等主要国家。2015 年降息后为 4.25%，也高于样本国家。考虑金融机构手续费等因素，从企业实际获得借款成本看，国内最便宜的借款成本年利率在 6% 以上，美国约为 3%—3.5%，日本韩国约为 4%—5%，泰国与中国总体相当，越南高于中国，约为 8.5%—14%。总体看，中国制造业融资成本相对较高，降息政策受惠主体仍集中在发达地区、优势行业和大型企业，中小微企业正规贷款可获得性低，主要商业银行对小微企业贷款利率都比基准利率上浮 20%—45%，加上手续费、承兑贴息、联保保证金、评估费、登记费、担保费、咨询费等各种费用，企业最终融资成本一般都在 15% 以上。[①] 房地产和过剩产能行业融资成本也居高不下，除了需要额外支付担保费、评估费、咨询费外，部分企业还被要求购买银行理财产品或提前还款，实际融资成本更高。

表 9－6　　世界主要国家贷款基准利率　　（单位：%）

年份 国家	2008	2009	2010	2011	2012	2013	2014
中国	5.31	5.31	5.81	6.56	6.00	6.00	5.60
美国	5.09	3.25	3.25	3.25	3.25	3.25	3.25
日本	1.91	1.72	1.60	1.50	1.41	1.30	1.22
英国	4.68	0.64	0.50	0.50	0.50	0.50	0.50
加拿大	4.73	2.40	2.60	3.00	3.00	3.00	3.00
意大利	6.84	4.76	4.03	4.60	5.22	5.14	4.87

资料来源：世界银行数据库。

6. 物流成本高于美日等主要工业化国家

从国际比较看，2012 年，日本和美国各行业物流费用率分别为

① 辜胜阻：《缓解实体经济与小微企业融资成本高的对策思考》，《江西财经大学学报》2015 年第 5 期。

4.7%和7.9%，[①] 而目前中国企业物流费用率分别比日本和美国高3.6和0.4个百分点，总体仍高于美国和日本水平，其中，与日本差距较大，与美国差距较小。

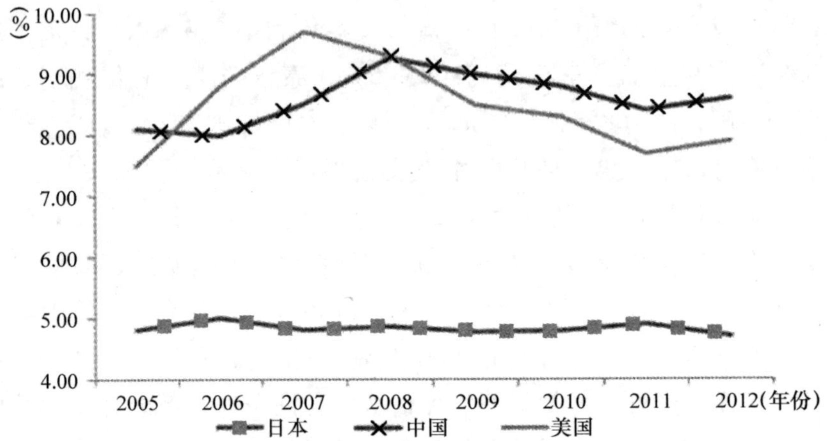

图9-5　2006—2012年中外物流费用率情况对比

资料来源：中国物流与采购协会。

（三）制造业成本上升的影响

当前，随着劳动力供应的减少、资源环境约束增强，加之金融服务实体经济不够、市场体系不完善等诸多因素影响，中国制造业人工成本、税费成本、融资成本和制度性交易成本等综合成本迅速上升，已严重侵蚀了经营主体扩大投资和生产经营的积极性，导致中国原有成本优势被严重削弱，加大了国内承接产业转移的难度，并造成部分地方资本外流、企业外移和产业竞争力下降，成为影响产业经济可持续发展、加剧经济下行压力的重要原因。

一是造成企业亏损面加大。企业成本上升，加之市场需求萎缩引致的市场价格大幅下降，导致企业经营财务状况恶化，企业亏损面不断扩大，甚至出现行业性亏损。2014年，中国规模以上制造业企业

① 日本数据来自日本物流系统协会，美国数据来自美国Establish供应链管理咨询公司。

亏损总额为4453.78亿元，比2010年的1643.7亿元扩大了2810.08亿元。制造业全部亏损企业亏损总额占主营业务收入比重从2010年的0.27%上升至2014年的0.49%，占比扩大了将近一倍。

二是降低制造业产品的国际竞争力。2011年以来的要素成本过快上升使中国部分产品的出口竞争力下降，特别是劳动密集型产品的出口受阻，纺织服装、中高档运动鞋等产品逐渐转移到东南亚等地区，“Made in China”越来越多地被“Made in Vietnam”“Made in Thailand”等替代，中国传统制造业竞争优势减弱。

三是不利于创新和投资。企业成本偏高、宏观税负重、政府部门的储蓄偏好、加上间接税为主的税制使得企业部门的税负过高，严重影响企业投资和技术更新的积极性。根据现金流量表计算，2012年企业税负相当于其含税可支配收入的47.4%。企业成本上升导致的盈利下降，制约了企业扩大再投资规模和用于创新的支出。

四是就业环境和财政增收情况恶化。随着企业亏损面扩大，整体就业环境恶化，就业问题更加严峻，城镇新增农民工就业减少，不少城市务工人员提前返乡，部分工厂开始分批轮流放假，隐性失业上升。同时，企业成本高企，盈利能力下降，导致企业可贡献的税收降低，影响政府财政收入规模。

二　中国降低制造业成本的关键点和难点分析

当前，造成中国制造业成本偏高的因素是多方面的，既有经济发展阶段、要素供需形势变化等客观原因，也有政策与现实不协调、体制改革滞后等主观原因。由于客观原因不以人的意志为转移，积极调整各类政策性和体制性主观因素才是降低制造业成本的关键。为此，在剖析制造业成本现状与构成的基础上，需要深入分析影响企业成本变化的主要因素，从而探寻降低成本的潜力和可能性。

（一）劳动力用工成本仍会缓慢增加

通过历史数据分析，不难发现劳动力成本快速上升是推动中国制造业成本上升的主因。2011—2014 年，城镇制造业就业人员年平均工资从 3. 67 万元提高到 5. 14 万元，年均增长 13. 5%，比同期制造业主营业务收入增速高约 1 个百分点，比利润总额增速高约 7 个百分点。据测算，2014 年，制造业平均人员工资占主营业务收入的比重约为 4. 6%。其中在 29 个制造业行业大类中，有 21 个行业工资成本高于制造业平均水平。尤其是劳动密集度最高的纺织服装、服饰业和皮革、毛皮、羽毛及其制品和制鞋业，其人员工资占主营业务收入的比重甚至超过 10%。

从未来发展态势看，劳动力成本上升趋势难以逆转。这是因为中国制造业劳动力成本上升首先与人口总量和结构变化的客观因素密切相关。当前，中国劳动力供给总量即将见顶趋降，同时农村劳动力已从无限供给转向有限剩余，两者共同作用成为驱动劳动力成本上升的重要动力。上述客观因素不以人的意志为转移，顺势而为才是最好的选择。此外，劳动力成本的合理上升也是提高人民群众收入水平，迈向全面小康社会的重要保证。目前企业的基本社会保障支出既是还历史欠账，也是完善社会保障制度的必要支出，成本具有一定的刚性。展望未来，综合考虑经济增长、经营业绩、最低工资标准和劳动力供给等因素对工资的影响，可以预见，制造业工资成本将会逐年攀升。因此，降低制造业用工成本的空间较小。

表 9 - 7　　2014 年制造业劳动密集度和工资成本行业排名

行业	单位主营业务收入就业（人/亿元）	人员工资占主营业务收入比例（%）	行业	单位主营业务收入就业（人/亿元）	人员工资占主营业务收入比例（%）
制造业平均	90. 1	4. 6	非金属矿物制品业	103. 6	5. 3
纺织服装、服饰业	219. 5	11. 3	造纸和纸制品业	102. 0	5. 2
皮革、毛皮、羽毛及其制品和制鞋业	218. 7	11. 2	专用设备制造业	101. 9	5. 2
其他制造业	169. 0	8. 7	食品制造业	101. 2	5. 2

续表

行业	单位主营业务收入就业（人/亿元）	人员工资占主营业务收入比例（%）	行业	单位主营业务收入就业（人/亿元）	人员工资占主营业务收入比例（%）
家具制造业	165.0	8.5	酒、饮料和精制茶制造业	99.2	5.1
文教、工美、体育和娱乐用品制造业	152.5	7.8	医药制造业	95.2	4.9
印刷和记录媒介复制业	141.8	7.3	电气机械和器材制造业	95.2	4.9
仪器仪表制造业	128.1	6.6	汽车制造业	70.4	3.6
纺织业	128.0	6.6	农副食品加工业	69.0	3.5
橡胶和塑料制品业	114.3	5.9	化学纤维制造业	65.7	3.4
木材加工和木、竹、藤、棕、草制品业	107.4	5.5	化学原料和化学制品制造业	60.0	3.1
铁路、船舶、航空航天和其他运输设备制造业	106.5	5.5	黑色金属冶炼和压延加工业	54.4	2.8
计算机、通信和其他电子设备制造业	106.1	5.4	有色金属冶炼和压延加工业	40.7	2.1
金属制品业	104.4	5.4	烟草制品业	24.1	1.2
通用设备制造业	104.1	5.3	石油加工、炼焦和核燃料加工业	23.6	1.2

注：此处人员工资占主营业务收入比重为估算数据，估算方法：人员工资占主营业务收入比重＝单位主营业务收入就业×2014年城镇制造业就业人员平均工资（51369元）。

资料来源：国家统计局：《中国统计年鉴2015》，中国统计出版社2015年版。

但也不可否认，制造业劳动力成本也受到一些政策性主观因素的显著影响。自2008年以来中国实施了新的《劳动合同法》，相比以往，新法在企业缴纳社会保险、劳动合同违约补偿、职工带薪休假及加班补偿等方面都作了更加严格的规定，其实施一定程度增加了企业用工成本。同时，中国企业承担的社会保险费率明显偏高，在世界各国中排名居前。以月收入为基础，当前“五险一金”社保缴费率占比为66.3%，[①] 其中，由企业负担80%以上，个人负担不到20%。由于中国尚未建立全国统一的社保体系，社保资金在不同区域间难以统筹使用，对于在非户籍地工作的就业人员而言，尽管企业缴纳社保增加了成本支出，但却并未使职工真正受益，因此职工往往更加看重社保缴费之外的实际收入，这也间接地提高了职工工资期望和企业劳动力成本，这里面也有较大的调整空间。

必须看到，当前中国制造业承受劳动力成本上升的能力较弱，根本原因在于企业竞争力不强导致的劳动生产率相对较低。据分析，目前中国制造业劳动生产率仅相当于美国的20%左右和日本、韩国的30%左右，尽管中国名义的劳动力成本仅相当于美国、日本的10%左右和韩国的15%左右，但如果考虑劳动生产率因素，中国制造业实际劳动力成本已经分别达到美国、日本和韩国的40%、25%和50%左右。[②] 从长远而言，提高制造业劳动生产率才是缓解劳动力成本上升的根本之策。

（二）资源要素成本下降空间较小

总体来看，中国除劳动力工资外的资源要素成本比国际平均水平要高。这是因为，中国是资源能源要素相对短缺国家，且经济和社会发展对资源能源要素的需求较大，国际市场对中国供应资源能源要素价格有一定刚性，且与其他国家有一定价差的情况受国际分工和市场竞争格局等因素影响短期难以改变。从资源、能源看，中国是能源短缺的国家，随着能源资源价格市场化程度逐步提高，根据供求关系决定价格的形成机制逐步完善，能源资源价格会更趋于合理，但考虑节能环保、总供求关系和促进国内有关产业持续健康发展因素，中国能

① 以月收入为基础，养老保险缴费率为28%（个人：8%；企业：20%），医保缴费率为12%（个人：2% +3元；企业：10%），住房公积金最高限24%（个人、企业：各12%），此外，企业还需负担1%的失业险，0.3%的工伤险以及0.8%的生育险。

② 德勤有限公司、美国竞争力委员会（U.S. Council on Competitiveness）：《2013年全球制造业竞争力指数》，内部报告。

源综合成本短期内下降的可能性和空间较小。从土地成本看，虽然政府降低土地出让金可以在一定程度上降低制造业企业成本，但地方政府土地收入下降，也会造成政府对企业、社会发展的支持能力减弱，最终仍会对企业产生负面影响。从实际情况看，近年来地方政府低价转让土地行为已经大幅度减小。因此，土地成本不会有较大变化。

（三）融资成本尚有明显下降空间

多年来，“融资难、融资贵”问题始终是困扰制造业企业发展的突出问题。尤其是当前在企业效益普遍下降的情况下，融资成本偏高更是成为推高企业成本的重要因素。2014 年，规模以上制造企业平均资产负债率为55. 8%，在29 个制造业行业大类中，有10 个行业资产负债率高于制造业平均水平。2014 年，规模以上制造业企业负债余额为25. 7 万亿元，根据当年一至三年期人民币贷款基准利率估算，制造业利息成本占主营业务收入比重为2. 5%左右。如果考虑到大量民间借贷成本远高于此基准贷款利率，则制造业实际融资成本可能高于这一水平。从具体行业看，负债率和融资成本较高的行业多数属于效益下滑较显著的资本密集型行业，由此不仅显著增加了相关企业的短期经营压力，也对产业长期持续稳定发展构成很大威胁。

表9－8　　制造业负债和利息成本行业排名（2014 年）

行业	负债（亿元）	利息占主营业务收入比例（%）	行业	负债（亿元）	利息占主营业务收入比例（%）
制造业总计	256695	2. 5	医药制造业	9438	2. 4
铁路、船舶、航空航天和其他运输设备制造业	13555	4. 5	石油加工、炼焦和核燃料加工业	16350	2. 4
黑色金属冶炼和压延加工业	42952	3. 5	酒、饮料和精制茶制造业	6489	2. 4
造纸和纸制品业	7647	3. 4	金属制品业	13199	2. 2

续表

行业	负债（亿元）	利息占主营业务收入比例（%）	行业	负债（亿元）	利息占主营业务收入比例（%）
化学纤维制造业	4009	3.4	印刷和记录媒介复制业	2341	2.1
专用设备制造业	18023	3.1	橡胶和塑料制品业	10035	2.0
其他制造业	1268	2.9	纺织业	12839	2.0
化学原料和化学制品制造业	39667	2.9	家具制造业	2321	1.9
通用设备制造业	21366	2.7	食品制造业	6159	1.8
电气机械和器材制造业	30139	2.7	纺织服装、服饰业	5881	1.7
有色金属冶炼和压延加工业	23061	2.7	文教、工美、体育和娱乐用品 制造业	4112	1.7
汽车制造业	30073	2.7	农副食品加工业	16218	1.5
非金属矿物制品业	24935	2.6	皮革、毛皮、羽毛及其制品和制鞋业	3246	1.4
仪器仪表制造业	3450	2.5	烟草制品业	1822	1.2
计算机、通信和其他电子设备制造业	35172	2.5	木材加工和木、竹、藤、棕、草制品业	2552	1.2

注：此处利息占主营业务收入比例为估算数据，估算方法：利息 = 负债 ×6% 贷款利率（2014 年 11 月 22 日的一至三年期人民币贷款法定基准利率）。

资料来源：国家统计局：《中国统计年鉴 2015》，中国统计出版社 2015 年版。

从实际情况看，中国制造业企业贷款利率水平尽管高于发达经济体水平，却明显低于金砖国家和新兴经济体平均水平。因此，就融资成本而言，下一步继续下调基准利率的空间已经非常有限。但必须看到，银行贷款利率水平并不能充分体现制造业融资成本实际状况。近年来，部分制造企业大量借助所谓“影子银行”渠道高成本融资，由于一些地区金融供给和竞争不足、社会信用基础制度不完善等导致风险溢价提高，融资过程中往往存在一些不合理附加费用从而推高实际融资成本。鉴于银行贷款难度加大，很多制造企业尤其是中小企业普遍采取各种方式的民间金融获取资金，融资成本往往数倍于银行贷款利率。根据相关调查，2014 年第二季度小微工业企业民间借款的年化利率约为 25.1%，下降空间非常大。

（四）制造业税负总水平可以合理降低

当前，中国制造业税费成本总体上升，2014 年包括企业应交增值税、企业所得税和主营业务税金及附加在内的制造业税费成本占制造业主营业务收入比重为 5.74%，比 2005 年提高了 0.52 个百分点，且与制造业主营业务利润率越来越接近，仅低 0.08 个百分点。换言之，三种税金总额接近企业利润总额。而如果进一步考虑企业承担的其他税费用（关税、行政性收费等），同时将企业利润总额扣除企业所得税后计算企业净利润，则制造业企业承担的税费已显著高于其净利润。由于其对于部分效益下滑较大的行业，企业缴纳税费甚至远高于企业利润。与国际平均水平相比，中国制造业负担水平也相对较重。部分数据反映，企业综合税负高、重复征税多、地方收费项目杂、收费政策透明度不高等，助推了制造业企业的税费负担，对企业成本形成了较大的压力。当前，中国在税制、税基税率、费改税等方面仍有较大改革空间。

从具体税种看，中国制造业增值税占主营业务收入比重最高，2014 年达 2.81%。从具体行业看分布也比较均衡，除烟草制品业达到 12.3% 之外，其余多数行业分布在 2%—4%。由于中国增值税税制设计和征收环节存在诸多不规范问题，制造业企业增值税负担总体处于偏高水平，尤其是对于劳动密集企业、折旧占成本费用比例高的企业和中小微利企业而言更为明显。可见，降低增值税潜力相对较大，且能够对降低多数制造行业成本产生较为普遍和积极影响。其次，当前制造业平均企业所得税占主营业务收入比重为 1.45%，受企业盈利水平下降影响处于相对较低的水平；具体行业分布也较为均衡，多数行业在 1%—2%，石油加工、炼焦和核燃料加工业，有色金属冶炼和压延加工业，黑色金属冶炼和压延加工业这一指标已低于1%。尽管如此，考虑到当前企业盈利预期普遍降低的情况，适度降低企业所得税水平有助于增强企业长期发展的信心。假设目前企业收入和利润水平保持不变的静态条件下，根据目前17%的增值税率粗略测算，如果增值税税率下降1个百分点，将有助于促进制造业平均收入利润率提高约0.17个百分点。根据目前25%的企业所得税税率粗略计算，如果企业所得税税率下降1个百分点，将有助于促进制造业平均收入利润率提高约0.06个百分点。最后，2014年，制造业平均主营业务税金及附加占主营业务收入比为1.48%，主营业务税金及附加包括诸多细分税种，其中对烟草、石油、酒类、汽车等特定商品征收的消费税占很大比重。受此影响，烟草制品业主营业务税金及附加占主营业务收入比达到53.94%，石油加工、炼焦和核燃料加工业与酒、饮料和精制茶制造业以及汽车制造业这一指标也相对较高，而其他制造业则普遍低于1%。因此，调整这一税种以降低企业成本的空间和影响范围相对有限。

表9－9 **制造业企业主要税金占主营业务收入比及行业排名（2014年）**

行业	主要税金占主营业务收入比例（%）			
	小计	应缴增值税	企业所得税	主营业务税金及附加
制造业平均	5.74	2.81	1.45	1.48
烟草制品业	69.68	12.33	3.41	53.94
石油加工、炼焦和核燃料加工业	11.50	3.72	0.05	7.74
酒、饮料和精制茶制造业	9.52	3.88	2.55	3.08
医药制造业	8.06	4.75	2.55	0.76
汽车制造业	7.68	3.25	2.27	2.16
印刷和记录媒介复制业	6.08	3.31	2.03	0.73
仪器仪表制造业	6.06	3.33	2.16	0.57
食品制造业	6.05	3.24	2.14	0.68

续表

行业	主要税金占主营业务收入比例（%）			
	小计	应缴增值税	企业所得税	主营业务税金及附加
非金属矿物制品业	5.91	3.36	1.80	0.76
通用设备制造业	5.16	2.87	1.67	0.62
木材加工和木、竹、藤、棕、草制品业	5.16	2.81	1.65	0.70
纺织服装、服饰业	5.14	2.90	1.59	0.65
家具制造业	5.11	2.86	1.61	0.65
专用设备制造业	5.09	2.85	1.62	0.62
皮革、毛皮、羽毛及其制品和制鞋业	5.08	2.78	1.71	0.59
其他制造业	4.91	2.80	1.51	0.60
化学原料和化学制品制造业	4.81	2.74	1.34	0.73
电气机械和器材制造业	4.80	2.77	1.55	0.47
金属制品业	4.70	2.62	1.48	0.60
铁路、船舶、航空航天和其他运输设备制造业	4.65	2.62	1.49	0.54
橡胶和塑料制品业	4.62	2.49	1.58	0.55
造纸和纸制品业	4.62	2.78	1.34	0.49
纺织业	4.51	2.58	1.42	0.52
文教、工美、体育和娱乐用品制造业	4.31	2.39	1.41	0.51
农副食品加工业	3.64	1.89	1.28	0.46
计算机、通信和其他电子设备制造业	3.56	2.03	1.25	0.28
化学纤维制造业	3.51	2.21	1.02	0.28
有色金属冶炼和压延加工业	3.17	2.05	0.81	0.32
黑色金属冶炼和压延加工业	2.91	1.98	0.62	0.32

注：①主营业务税金及附加用来核算企业日常主要经营活动应负担的税金及附加，包括营业税、消费税、城市维护建设税、资源税、土地增值税和教育费附加及地方教育费附加等。②企业所得税为估算数据，估算方法：企业所得税 = 利润总额 ×25%（企业所得税率）。

资料来源：国家统计局：《中国统计年鉴 2015》，中国统计出版社 2015 年版。

（五）物流成本特别是物流管理成本有一定下降空间

从物流费用率看，虽然近年来中国工业企业物流费用率总体呈下降趋势，2014 年为 8.9%，但依然偏高，比日本高 3.6 个百分点。2014 年中国规模以上工业企业共实现主营业务收入 110 万亿元，据此测算，全国规模以上工业企业承担的物流费用约 9.8 万亿元，比当年企业利润总额多 3 万亿元左右。如果将物流费用率下降 1 个百分点，则每年可增加企业经济利润约 1 万亿元，这将有助于大大提升企业的市场竞争力。在物流成本构成中，运输成本占据最大比重，但与发达国家相比，中国企业运输成本占物流成本的比重相对较低，而相应的管理费用比重则明显偏高。2012 年中国社会物流总费用中，运输费用占 52.5%，钢铁、有色金属等行业运输成本占比均低于 60%，而美国平均占 63% 左右；中国管理费用占 12.3%，钢铁、有色金属、农副食品加工业等制造业均在 10% 左右，而美国平均只有 3.8% 左右。当前中国运输价格仍然相对较低。美国水运和铁路平均运价是中国的 3 倍左右，航空平均运价是中国的 1.8 倍，公路平均运价是中国的 1.6 倍。2014 年物流成本构成也反映这一特征。2014 年中国企业运输成本增长 3.7%，增速回落 5.3 个百分点；保管成本增长 10.1%，增速回落

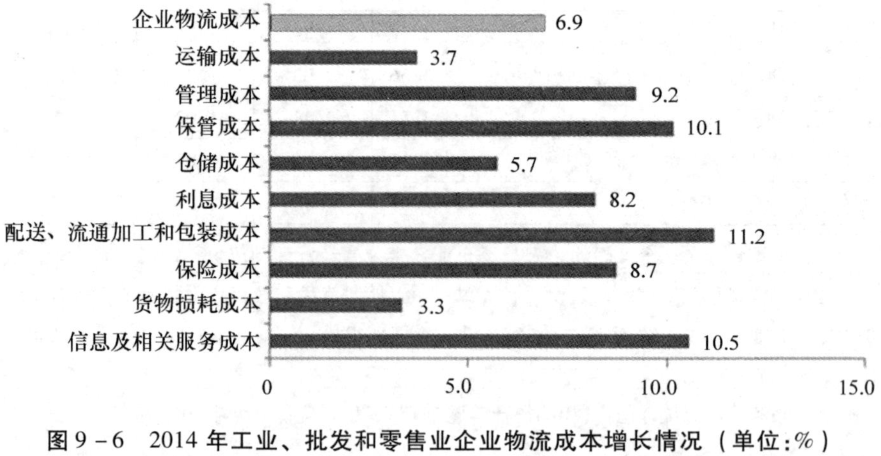

图 9－6　2014 年工业、批发和零售业企业物流成本增长情况（单位：%）

0.2 个百分点；管理成本增长9.2%，增速提高3.3个百分点，管理成本比重持续上升。

目前，中国运输环节仍然存在诸多不合理路桥费用、行政收费及其他隐性成本，在短期内，通过清理规范上述费用有助于降低运输成本。但从长期看，随着中国经济发展水平和人工成本的进一步提升，未来运输成本存在继续上升的压力。因此，降低制造业物流总成本一方面要通过优化管理、压缩不合理的相关费用来延缓运输成本上升步伐；另一方面也要通过推进智慧物流和供应链管理，提高产品流通效率、加快周转速度，从而降低管理、库存及其他物流成本。这不仅需要企业自身改善经营管理效率，也需要政府加快破除制约物流产业发展的政策和体制制约，不断改善物流产业发展环境。值得重视的是，除了实际物流成本偏高，中国制造企业对物流成本的承受能力也明显偏弱，其中深层次原因是中国制造业仍然处于规模扩张的粗放发展阶段，产品附加值和盈利水平普遍较低。也就是说，引导制造业由规模扩张性向质量效益型转型升级才是保障制造业持续发展的关键。此外，从短中期看，推进服务业营改增，扩大物流企业可抵扣项目范围，也是降低物流成本的潜力所在。

表9－10　**当前部分制造行业物流成本构成**　（单位:%）

物流成本	钢铁行业	有色金属行业	农副食品加工业	电器机械行业
总计	100	100	100	100
运输成本	52	57.4	60	59.3
配送、流通加工和包装成本	16	17.3	11	9.9
管理成本	11	8.4	10	21.6
利息成本	4	12.8	4	3.6
仓储成本	4	3.2	13	3.5
货物损耗成本	2	—	—	0.2
其他	11	1.1	2	1.9

资料来源：中国物流与采购联合会。

（六）降低制度性交易成本仍有较大空间

尽管中国市场化改革不断推进，但诸多领域仍然存在一定的体制机制转轨特征。由于体制和政策不适应当前制造业发展的需要，客观上形成了较高的制度性交易成本。首先，产业准入标准不科学。中国制造业诸多行业仍然存在一定的歧视性准入政策。部分行业依然存在不同程度的所有制歧视，部分产业准入标准缺乏科学性和系统性，执行过程中随意性较大，往往人为刻意拔高或降低标准，给企业市场预期和决策带来了很大不确定性，有形无形地增加了企业成本。其次，产业退出机制不健全，仍存在诸多制约落后企业的有效退出的困难和障碍。目前，中国有关企业退出的法律法规条文相对分散，且没有形成系统的法律法规体系，难以对企业退出形成有效的法律保障和约束。由于缺乏有效的产业退出援助和公共服务体系，诸多社会成本被内部化于企业之中。再次，当前政府职能边界仍有模糊之处，政府管制依然存在较强的行政干预色彩。部分行业仍然存在较强的政府管制，针对不同类型企业、不同地区的差异性政策仍难免对市场公平构成一定干扰。在产业政策执行中，以政府选择代替市场机制的管制性特征仍然明显，仍然时常采用产业目录、项目核准与备案、贷款行政核准、强制性清理（淘汰落后产能）等行政性措施，对市场竞争机制的有效发挥形成一定干预。最后，区域条块分割仍然存在，产权制度不完备。阻碍企业跨地区、跨所有制、跨行业兼并重组的行政性壁垒和财税、金融等制度性障碍依然较多，产品、要素等在区域间合理流动机制尚未形成，不利于优化配置资源和提升制造业发展水平。中国产权制度仍不完备，尤其是一些国有企业产权归属模糊不清，大大增加了企业投资经营的交易成本。为此，降低企业面临的诸多制度性交易成本，需要着力加强供给侧结构性改革，加快推进简政放权，不断优化体制和政策环境，增强企业自主发展的内生动力。

三　降低中国低制造业成本的对策建议

进一步做强、做大、做优制造业，打造具有国际竞争力的行业优势，是中国提升综合国力、保障国家安全、建设世界强国的必由之路。一方面要在相当长的时期内合理控制制造业成本，保持必要的成本竞争优势，为产业转型升级赢得更长的窗口机遇期。另一方面，要加快推进供给侧结构性改革，大力推进自主创新，促进制造业转型升级。综上分析，降低税费成本关键要降低主流税率、破解融资成本高企的关键要畅通融资渠道、降低物流成本关键是降低物流管理成本、缓解要素成本压力的根本之策是提高要素产出效率、降低制度性交易成本核心是简政放权。为此，要注重坚持降低实体经济企业成本与提升产业竞争力相结合、坚持政府营造良好外部环境与发挥企业能动性相结合、坚持短期具体措施与中长期全面深化改革相结合、坚持综合施策多策并举与分类施策对症下药相结合“四个结合”，找准政策着力点，多措并举切实降低中国制造业成本。

（一）加快普惠性减税和普遍性降费

一是加快已有政策的落实。对已发布的减税降费及补贴政策，应强化宣传力度，主动积极引导企业实现规范经营以纳入政策优惠范围，帮助企业争取相关优惠政策。加快推进服务业营改增，完善相关配套措施，扩大企业可以抵扣购买服务的进项税额范围，激励企业扩大对服务业的需求，切实降低制造业成本。同时，在实施企业减税降费政策后，着重评估政策效应及中间可能存在的梗阻，及时进行调整。二是进一步减轻小微企业、个体工商户和其他个人的税收负担。建议将小微企业、个体工商户和其他个人的增值税和营业税起征点改为免征额。制定中小微企业吸纳就业困难人员、农民工、大学生的税收优惠政策。三是有针对性地结构性调整税收政策。对企业新购进的用于替代劳动力的设备给予加速折旧企业所得税优惠政策；针对部分行业出口企业，加大产品出口退税支持力度。四是进一步清理涉企收费。全面清理涉企行政事业性收费和政府性基金，涉及行政审批前置、市场监管和准入等具有强制垄断性的经营服务性收费，行业协会商会涉企收费等，清理规范行政审批中介服务事项收费。清理和废除妨碍全国统一市场和公平竞争的各种规定和做法，加强和规范收费公路管理，规范路政管理，最大限度切实加大对公路乱收费、乱罚款的清理整顿力度。

（二）切实降低企业融资成本

一是切实降低银行服务收费。鼓励银行尤其是大型银行创新信贷服务方式，鼓励银行业金融机构单列小微企业信贷计划，实施“无间贷”政策。提高贷款审批和发放效率，清理整顿不合理金融服务收费，降低过高的收费标准，严禁“以贷转存”“存贷挂钩”“连带费用”等变相提高利率、加重企业负担的行为。二是完善中小企业融资市场。继续优化中小企业融资市场的制度安排，促进私募股权和创投基金发展，进一步推进企业资产证券化。适度降低投资者进入新三板市场交易的资本门槛。加强对影子银行、同业业务、理财业务等方面的管理，清理不必要的资金“通道”和“过桥”环节。助推小额贷款与担保公司等非银行金融机构发展，尝试放宽对小额贷款公司的杠杆率限制，允许其跨地区经营、通过资产证券化等多渠道筹资。通过税收优惠等方式适度降低小额贷款公司融资成本。三是引导企业提升融资能力。引导中小企业抱团取暖，积极协作互助，通过各种灵活方式来增强融资能力和发展水平。发挥协会商会等行业组织的桥梁纽带作用，加强政府引导和整体风险评估，适度支持企业通过开展联合担保、集合借贷等方式提高谈判能力和融资成功率。四是推进金融体系改革和结构调整。继续深化政府职能转变，推进国有企业改革和财税改革，简政放权，打破垄断，硬化融资主体财务约束，提高资金使用效率。构建与实体经济相匹配的多层次金融体系、多样化组织体系、立体化服务体系，支持产业链核心企业开展供应链融资，有效整合各种金融资源以服务小微企业。

（三）健全要素供给保障体系

一是加快出台降低企业社保缴费比例实施办法和细则。加快在企业社保缴费较高的省份进行试点，降低中小企业社保缴费比例，适度降低企业的基本养老保险、城镇职工基本医疗保险缴费率。二是加快建设统一的劳动力市场。加快形成统一开放、竞争有序的劳动力市场体系，建立公平竞争保障机制，打破地域分割和行业垄断。深化市场配置要素改革，特别是推动事业单位改革和户籍制度改革，加大教育、医疗和卫生等公共服务的供给覆盖面，降低劳动力自由流动的成本，促进劳动力在城乡、企业、高校、科研机构间有序流动。三是破除能源资源行业垄断。在已有电价和天然气价格下调的基础上，鼓励各地根据产业结构特点和企业实际经营状况，在一定幅度范围内实时进行电价与天然气价的下调。同时，加快在趸售电价、留存电量价格、直购电和富余电量消纳、钢铁企业电价、天然气直供、天然气经营企业成本监审等方面的改革，进一步降低企业能源成本。

（四）消除或降低不合理的物流成本

一是通过体制完善来消除权力寻租的空间。针对公路养护部门因人员超编、经费压力而产生的寻租动机和违规罚款等问题，应在合理精简部门人员编制的基础上，切实落实燃油税中部分收入用于支持公路养护的政策，保障基本的公路养护功能的正常运转。同时，应建立对相关政府部门人员执法行为的公开监督机制，加大对违规、违法执法行为的问责和惩罚力度。坚决制止乱罚款、乱收费，形成长效机制。二是创新交通设施建设投融资机制。积极设立由财政资金引导的交通产业发展基金，引入社会资本，解决“贷款修路、收费还贷”建设模式带来的负面影响，构建可持续的交通设施建设投融资机制，为流通产业发展提供可持续的基础设施支撑。三是进一步取消相关行政性收费。全面落实已经明确的行政事业性收费取消项目，并进一步取消其他相关的行政事业性收费，设立全国性的统一执法和处罚标准，推行交通与路政执法“互认”机制，消除重复罚款。四是进一步降低运输企业的税收负担。完善可抵扣项目的范围是减轻企业税负的重要因素。建议将部分人力资本、行政收费人工费、过路过桥费纳入到增值税进项税的抵扣范围，同时积极支持企业开展智慧物流示范、提升供应链管理水平，降低企业物流成本。

（五）积极降低制度性交易成本

一是实施负面清单管理模式。实施统一的市场准入负面清单，对国资、民资、外资采取一视同仁的市场准入管理模式。在负面清单之外的领域，全面消除各种隐性壁垒。尤其是在制造业行业，全面取消对民间投资的最低注册资本（金）、资质、股东结构、股份比例、技术标准、污染控制、经营范围等限制。二是确保各类市场主体平等使用生产要素，享受同等待遇。加快资金、土地、资源要素等领域的市场化改革，保障各类市场主体获取经济资源尤其是金融资源时机会均等、成本相同，平等使用生产要素；保障各类市场主体在投资核准、政府扶持、参与政府投资和知识产权保护等方面享受同等待遇；保障民营市场主体的职工评聘、社会保险、住房公积金、退休办理等方面的待遇与公办机构一致。三是继续清理和废除不必要的行政干预经济政策。继续取消和下放行政审批事项，严禁部门和地方违法设定行政许可、增加行政许可条件和程序。全面清理和规范行政审批相关前置有偿中介服务事项。全面推广一门受理、并联审批、多证联办的“政务超市”审批服务模式。清理和废除对企业在注销、破产、关闭、搬迁转移时设置的行政障碍。四是加快落实保护私人财产权的法律法规。通过修宪和立法赋予私有财产权以合法身份和平等地位，切实保护民间和中小企业投资及投资后产生的收益，建立针对民间和中小企业投资的法律援助和司法救济制度，确保各类市场主体同等受到法律保护。

（执笔人：付保宗、盛朝迅）

参考文献：

1. 德勤有限公司、美国竞争力委员会（U. S. Council on Competitiveness）：《2013 全球制造业竞争力指数》，内部报告。

2. 齐寅峰：《国际比较视角：中国企业税负失衡》，《董事会》2011 年 1 月。

3. 人民银行货币政策司课题组：《贷款利率、不良贷款率和净息差的国际比较》，财新网（www. caixin. com）2014 年 9 月 17 日。

4. 卓俭华、朱训伟：《当前中国用工成本上升的原因分析及对策》，《经济与管理》2011 年第 7 期。

5. 严言：《降低制度性交易成本是供给侧结构性改革的核心》，《国际金融报》2015 年 11 月 30 日。

6. 黄汉权、郭春丽等：《降低实体经济企业成本的综合性意见》，《国家发改委宏观院内部研究报告》2015 年 12 月。

7. 辜胜阻：《缓解实体经济与小微企业融资成本高的对策思考》，《江西财经大学学报》2015 年第 5 期。

8. 杨青龙、刘启超：《综合成本上涨对产业升级的影响院文献综述》，《江淮论坛》2015 年第 5 期。

9. 中国物流与采购联合会中国物流信息中心：《全国重点企业物流统计调查报告》2015 年 12 月。

10. 安体富、杨金亮：《促进小微企业发展的税收政策研究》，《经济与管理评论》2012 年第 5 期。

第十章 降低政府投资项目融资成本研究

摘要：中国地方政府投资项目融资存在的突出问题是外部融资渠道倚重银行贷款。初步估算目前政府投资项目的综合利息成本约7.2%，加上非利息成本，综合融资成本在9.2%以上，高于现价GDP增速，更大大高于地方政府债平均融资成本。造成地方政府投资项目融资成本高的原因既有投融资、债务管理等体制机制方面的因素，也有融资体系不健全和融资工具缺失等市场因素。为有效降低政府投资项目融资成本，要严格规范政府投资行为，以融资成本可控为核心建立激励约束机制，强化政府投资对融资成本的敏感性；进一步丰富和完善以地方政府债券为主渠道的融资体系，为政府投资项目提供成本合理、期限匹配的融资来源。

一 政府投资项目融资现状

政府投资项目一般指使用各类政府性资金以直接投资或资本金注入方式所进行的固定资产投资建设项目。考虑到地方政府的投资项目在全部政府项目中占主体，① 且其融资问题尤为突出，本报告主要讨论地方政府投资项目。随着经济社会发展以及对基础设施和公共服务

① 以中央预算内投资为例，投资资金主要以投资补助或贷款贴息的方式安排给企业或地方政府投资项目无偿使用，采取直接投资或资本金注入方式安排的资金规模较小，形成的中央预算内直接投资项目数量很少。从固定资产投资（不含农户）项目的隶属关系看，2016年中央项目投资规模仅占4.2%。

需求增加，地方政府投资项目融资需求不断增长。为满足这一需求，近年来，中国地方政府投资项目的融资体系逐渐丰富、投融资模式逐步走向多样化，融资规模也不断扩大，但仍存在外部融资单一、融资成本偏高等突出问题。

（一）政府投资项目融资倚重银行贷款

按照融资过程中形成的资金产权关系，政府投资项目融资方式可以分为债务融资和股权融资两种。债务融资是举债主体负有偿付责任的融资方式，是政府投资项目融资的主体。除债务融资方式外，也有一些政府投资项目通过股权融资方式筹措资金，具体方式有引入社会资本投资基础设施和公用事业领域、向市场出售国有存量资产、引进混合持股、推动政府投资公司上市等，但是，与债务融资规模相比，政府投资项目采用股权融资方式筹措的资金规模相对有限。我们选择地方政府投资项目融资构成中的主体即债务融资，以其融资成本来近似代替总体的融资成本。

政府投资项目债务融资是形成地方政府性债务的主要原因。根据预算法等有关规定和要求，地方政府举借的债务不得用于经常性支出，只能用于公益性资本支出。从地方政府性债务资金投向看，主要用于经济社会发展和人民生活改善相关的基础设施建设和公益性项目。根据审计署披露的信息，2013 年 6 月末地方政府性债务余额支出投向中，用于市政建设、土地收储、交通运输、保障性住房、科教文卫、农林水利、生态建设等基础性、公益性项目的支出占 86.77%，其中绝大部分为政府投资项目。因而，地方政府性债务资金来源结构可基本反映地方政府投资项目债务融资的总体情况。

2013 年 6 月末，地方政府性债务资金①主要来自银行贷款、BT 等应付款、发行债券、信托融资等十余种渠道（见图 10－1）。以国

① 地方政府性债务资金包括政府负有偿还责任的债务、政府负有担保责任的债务、政府可能承担一定救助责任的债务。

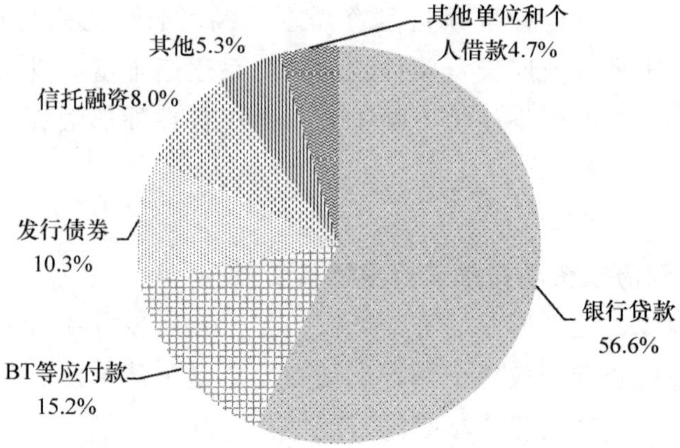

图 10－1　债务融资资金来源结构

注：其他融资渠道包括垫资施工、延期付款，证券、保险业和其他金融机构融资，国债、外债等财政转贷，融资租赁，集资等。

资料来源：国家审计署：《全国政府性债务审计结果》（2013 年）。

内各城市的轨道交通建设项目为例，政府承担新建轨道交通项目的资本金（约 40%），轨道交通公司通过间接融资、直接融资和外资等多种渠道筹措资本金以外的资金（见表 10－1），其中，银行贷款是最主要的外部资金来源，其次是债券、中票等直接债务融资工具。

表 10－1　**地方政府投资项目的资金来源（以城市轨道交通项目为例）**

	资金供给主体		主要资金来源	典型案例
项目资本金	政府投资		轨道交通专项资金	多数项目
			土地出让收入	
			其他	
项目资本金以外资金来源	国内间接融资	政策性银行	银行（团）贷款等	多数项目
		商业银行		

续表

	资金供给主体		主要资金来源	典型案例
项目资本金以外资金来源	国内直接融资	机构及个人投资者	企业债券、中期票据、短期融资券等	2013 年北京市基础设施投资有限公司发行企业债券募集资金 28 个亿用于北京市地铁 6 号线工程等 8 个项目
			发行股票	上海申通地铁集团控股子公司申通地铁 2001 年实现借壳上市
			保险资金债权投资计划	2009 年北京地铁 10 号线项目通过该方式融入 30 亿
			信托计划	2007 年北京轨道交通项目 5 号线及机场线项目运用信托方式从全国社保基金融入 10 亿元
	外资	外国政府、国际金融组织、企业、机构投资者、个人投资者等	外国政府贷款	2009 年重庆市轻轨 1 号线一期工程和 3 号线一期工程项目使用日本不附带条件贷款 227.5 亿日元和德国促进性贷款 1 亿欧元
			出口信贷	2006 年北京地铁 5 号线项目利用出口信贷（由英国汇丰银行提供）采购价值 8000 万美元的进口设备

资料来源：根据公开资料整理。

基于不同渠道债务资金结构的分析，并结合城市轨道交通建设项目的典型案例，地方政府投资项目融资呈现以下特点。

1. 债务资金来源中银行贷款和发行债券占比“一降一升”

2014 年年末，全国地方政府债务余额中银行贷款约占 51%，比 2013 年 6 月末下降了 5.6 个百分点，与 2010 年年末水平相比，下降幅度达到 27 个百分点，银行贷款占比呈现下行趋势。有别于银行贷款的变动走势，发行债券融资的重要性则越来越突出。2013 年 6 月末地方政府性债务资金来源中发行债券约占 10.3%，比 2010 年年末提升了 3.3 个百分点。两相比较，银行贷款占比虽有下降，但仍远远高于发行债券占比。这意味着银行贷款仍然是现阶段地方政府投资项目主要的外源融资渠道。

2. 地方政府债券融资比重明显增加

随着债券发行规模扩大，地方政府债券成为政府投资项目建设的重要资金来源。到2014年年末，约有8%的债务资金通过地方政府债券方式筹措；而在2013年6月末，发行政府债券在全部债务资金来源中的比重仅为3.7%。

3. 信托融资渠道受到青睐

因银行贷款融资主渠道受限，不少地方转向信托等影子银行渠道为政府投资项目进行融资。截至2013年6月末，债务资金余额中信托融资形成的债务约占8.3%。财政部、国家发展和改革委员会等四部委于2012年联合下发《关于制止地方政府违法违规融资行为的通知》（财预〔2012〕463号），禁止融资平台公司通过金融机构中的财务公司、信托公司、基金公司、金融租赁公司、保险公司等为承担的公益性项目建设举借需要财政性资金偿还的债务。这些规定对政府投资项目通过影子银行举债的模式造成冲击，但在银行融资渠道受限的情况下，向影子银行举债仍是地方政府投资项目特别是在建项目重要的替代性融资渠道。据中国信托业协会的统计数据，2015年第三季度末政信合作类信托资产余额比2014年年末增长了10.83%，资产规模达到1.3万亿，占信托全行业管理的信托资产规模的比重达到8.41%。

4. BT等融资模式仍是重要资金来源

针对公益性项目的建设资金缺口，一些地方政府及所属机关事业单位、社会团体等通过委托单位建设并承担逐年回购（BT）责任的方式予以解决。BT方式并不能削减政府的支出责任，只是将即期支付转为延期支付，因此，BT等应付款本质上属于地方政府债务。截至2013年6月末，BT方式产生的地方债务占8.3%，其他应付未付款项占4.8%，施工垫资和延期付款占2.1%，上述各项应付款合计约占15.2%。

（二）政府投资项目融资成本估算

政府投资项目融资成本包括利息成本和非利息成本。其中利息成本的计算是将各项来源的资金成本按照该项来源到位资金规模占融资总量的比重进行加权处理。2015 年实行新预算法后，地方政府债券发行权限扩大，政府投资项目既有融资结构有所改变，综合融资成本也随之发生变动。为便于比较变化前后的融资成本，这里以 2014 年有关数据为基础对政府投资项目融资成本加以估算。

1. 各项主要来源的资金成本

政府投资项目的银行贷款成本可由金融机构贷款（一般贷款）加权平均利率反映出来。据央行统计数据，2014 年第四季度末，贷款加权平均利率为 6.92%。

信托融资成本按基础产业类信托的平均年收益率计算。基础产业类信托主要为政信合作类信托，交易对手基本上为政府融资平台公司，重点投向基础设施等领域，因此，其收益率更接近政府投资项目的信托融资成本。根据用益信托网的统计数据，2014 年累计成立的基础产业类信托（资金运用方式为贷款）的平均年收益率水平为 9.35%。

债券融资成本按各种债券的到期收益率计算。到期收益率水平与债券品种、信用等级、期限等有关，这里选择其中 7 年期城投债（AAA 级）、3 年期中期票据（AAA 级）、1 年期短期融资券（AAA 级）以及 10 年期地方政府债券（AAA 级）等代表性的债权产品进行估算。2014 年年末，7 年期城投债平均到期收益率 6.09%，3 年期中期票据（AAA 级）平均到期收益率 4.72%，1 年期短期融资券（AAA 级）平均到期收益率 4.75%，10 年期地方政府债券（AAA）3.87%。

BT 项目融资成本根据项目投资方的资本回报率计算。按照国内 BT 项目建设的通行做法，投资回报率一般在同期中长期贷款基准利率基础上上浮 3 个百分点左右。假定回购期为 5 年，按 3—5 年人民币贷款基准利率（6%）上浮 3 个百分点测算，BT 项目的投资回报率或融资成本为 9% 左右。

集资以及向其他单位和个人借款的成本参考民间借贷利率水平估算。根据温州指数（全国地区性民间借贷综合利率指数），2014 年年末，全国民间融资综合利率水平达到18.20%。

国债、外贷等财政转贷的资金成本按10年期国债到期收益率估算。据中国债券信息网披露的数据，2014年年末，平均到期收益率为3.62%。

证券、保险业和其他金融机构融资成本参照投资领域为基础产业的资管产品平均年收益率水平估算。据用益信托网公布的2014年统计数据测算，此类资管产品平均年收益率约10.21%。

融资租赁的平均融资成本按11%估算。主要考虑是：融资租赁公司的主要外源融资是银行贷款，利率通常按基准利率上浮10%—30%，按2014年年末3—5年贷款基准利率水平测算，资金成本为6.6%—7.8%。除了传统的银行渠道，通过互联网渠道（P2P平台）融资也是融资租赁公司的重要融资渠道之一，其资金成本一般在7%—12%。若假定融资租赁公司的综合资金成本为8%，回报率按3个百分点估算，承租方的融资成本将达到11%。

其他应付款项因没有明确的投资回报率要求，资金占用方无须付出额外成本或成本很低。还有一些来源的融资规模小，加之没有收益率的公开数据，暂未考虑在内。

2. 综合融资成本

将上述各类资金进行加权处理可估算出政府投资项目的综合利息成本大约为7.2%。

除利息成本外，地方政府投资项目融资过程中还可能发生非利息成本，主要包括通道费、担保费、抵押物评估费、抵押物登记费、财务顾问费、咨询费、审计费、公证费、保险费以及还可能存在的隐性费用成本（如银行要求融资企业存款）等。这些非利息成本至少在2%以上。① 一并考虑利息成本和非利息成本，可大致判断，政府投资项目的综合融资成本在9.2%以上。

① 如广州1年期和3年期融资担保市场平均费率分别为2.62%和5.6%（数据引自Wind数据库）。信托公司通道费率、证券公司债券承销费率通常可达到融资额的1%甚至更高。还可能产生1%—3%的财务顾问费和评估费。

那么，该融资成本水平是偏高、正常还是偏低？我们可选择两个指标作为判断标准：一是反映全社会平均投资回报水平的 GDP 增速。2014 年，中国 GDP 同比增长 7.4%，低于综合融资成本至少 1.8 个百分点。这反映出，政府投资项目的综合融资成本过高，与投资回报水平不匹配。二是地方政府债券融资成本。与 10 年期地方政府债券（AAA 级）成本相比，以银行贷款为主渠道的综合融资成本高出前者 5.33 个百分点。

二　政府投资项目融资成本高的原因分析

造成地方政府投资项目高融资成本的原因，既有政府投融资和债务管理体制机制存在的问题，也与融资体系不健全、融资工具缺失等市场因素直接相关。

（一）地方政府举债和资本预算缺乏有效约束机制

现行的政绩考核评价制度强调 GDP 增长，在追求经济增长型的政绩驱动下，地方政府总是具有突破预算约束限制进而扩大投资规模的冲动，但地方政府财力不可能支撑规模庞大的资本性支出需求，于是催生了过度举债需求。尽管在很长时间内，地方政府没有直接举债权，但事实上地方政府举债有禁无止，几乎总能通过种种融资模式“创新”和变通手法绕开各种监管规定进而实现自身融资目标，到 2010 年年底，全国只有 54 个县级政府没有举借政府性债务，地方政府实际债务存量甚至显著高于中央财政已发行国债的实际余额。这些主要投向基础设施等领域的地方政府建设性债务资金长期游离于财政预算体系之外，其使用和管理信息的透明度严重缺失，这导致地方政府投资项目的债务融资情况没有被有效监管，融资成本也得不到有效控制。同时，针对地方政府债务风险隐患，金融机构必然要求更高的风险溢价，客观上拉高了融资成本。

此外，地方政府举债资金来源与资金运用之间缺乏严格的资本预算。按照资本预算的基本原则，为有效配置有限资本和资源，拟投项目投资回报率应当超过融资成本（即 NPV 大于 0），换言之，具有不同融资成本的融资方式选择受制于拟投项目的回报率水平。然而，目前中国地方政府投资缺乏严格的资本预算，很少顾及融资成本与产出水平之间是否匹配的问题，也没有将从社会发展角度安排项目建设的优先顺序放在重要位置，往往是哪个投资项目能获得资金就先行启动，在启动之后若发现建设资金不足就追加预算，并通过高成本渠道满足低产出在建工程的后续融资需求。这些问题直接拉高了投资项目的融资成本。

（二）地方政府投资对融资成本缺乏敏感性

与以经营绩效最大化为目标的私人投资者相比，由于存在政府干预、激励约束机制缺失、举债权利和偿债责任相脱节等缺陷，地方政府及投融资主体在投融资决策过程中往往更容易偏离经营绩效最大化目标，而直接影响利润的融资成本也就不是重要影响因素，导致对融资成本缺乏敏感性。一是，地方政府投资项目大多为公益或准公益性基础设施，承担了较多的诸如保障民生、服务社会、提供公共产品和服务等政策性负担，具有拉动地方经济发展、追求投资规模等多重目标特征，因此，在政府的干预和要求下，千方百计扩大融资规模、保障项目融资需求成为地方政府投融资主体的工作重心，而将控制融资成本放在次要位置。二是，由于所有者缺位，地方政府投资项目的举债主体更关注自身利益相关的政治的和经济的控制权回报，而往往缺乏像私人投资者那样通过优选融资方式、选择恰当的融资时机进而降低融资成本的强烈动机。三是，地方政府举债权利和偿债责任相脱节，“重借轻还”的倾向尚未扭转。短期内以投资需求为导向大量举债往往能给本届政府带来政绩，而偿债责任却可以留给下届政府或寄望上级政府救助，这种举债权利和偿债责任相脱节的状况导致地方政府往往以扩大举债规模为优先目标，而对融资成本变动不敏感。

（三）主流融资工具与投资项目的收益和期限存在匹配问题

由于基础设施等地方政府投资项目大都带有公益或准公益性质，

项目投入规模大而回报率低，投资回报周期普遍很长，比如国内外城市轨道交通投资项目投资回报周期通常达到30—40年甚至以上。与投资回报周期长的特点相对应的是，为保障项目能够按时还本付息，要求债务融资的期限要与项目投资回报周期相匹配，这样才能确保项目可持续运营，而不至于因还贷陷入资金流断裂。然而，在我国与地方政府投资项目融资需求相匹配的债务融资工具却普遍缺失。作为政府投资项目重要融资来源的银行贷款尤其是商业银行贷款期限普遍相对较短，一般只有10—15年，最长不超过25年；企业债券发行期限一般不超过15年，主要集中在7年期；银行间债券市场发行的非金融企业中期票据的期限一般只有3—5年，极少数中票发行期限可达到15年；基础产业类信托产品的平均期限更短，据用益信托网统计，2011—2015年新成立基础产业类信托产品的平均期限分别为1.72、1.74、1.81、1.78、1.96年。

由于市场上主流融资工具的期限偏短，"借新还旧""拆东墙补西墙"等现象成为地方政府融资的典型特征。根据审计署报告，在2010年的政府性债务余额中，21.30%用于续建以前年度开工项目和偿还以前年度债务本息，到2012年，有2个省级、31个市级、29个县级、148个乡镇政府负有偿还责任债务的借新还旧率超过20%，交通基础设施领域的借新还旧率更高，如4个省本级高速公路债务的借新还旧率超过50%，6个省本级和1个市本级政府还贷二级公路债务借新还旧率达到66.92%。

项目融资期限与投资回报周期之间的不匹配，无疑增加了项目运营期的还贷压力，也加剧了流动性风险。为保障地方政府在建项目的后续融资需求，解决每轮融资之间的时间差问题，不得不承受高息短期融资，加重债务负担。

（四）低成本的地方政府债券融资渠道长期缺乏

因新预算法扩大了地方政府发债权限，2015年中国地方政府债券规模额度达到3.8万亿元（其中3.2万亿元置换债券，6000亿元新增债券），融资成本在3.5%左右。预算法未修订前，明确规定

“除法律和国务院另有规定外，地方政府不得发行地方政府债券”。2009—2014年，通过“代发代还”“自发代还”“自发自还”等模式，累计发行地方政府债券仅1.6万亿元，远远无法满足地方政府投资项目的资金需求。

地方政府债券融资渠道受限的情况下，通过地方融资平台利用土地使用权抵押获取巨额外部融资资金（主要为银行贷款）成为地方政府投资项目的主流融资模式。尽管该模式为地方政府发展公共基础设施提供了重要支撑，但代价是要承担明显高于地方政府债券的融资成本。2008年第四季度末至2014年第四季度末金融机构贷款加权平均利率的均值为6.51%，高于地方政府债券融资成本3个百分点。

地方政府投资项目过于依赖银行贷款，不仅不利于降低融资成本，也将债务融资风险进一步集聚在银行体系，反过来又制约其外部融资总额的增长。特别是一旦遇到信贷政策收紧，可贷资金减少，项目持续融资很容易受到冲击。

（五）政府融资平台公司因银行贷款渠道受限而转向成本更高的隐性债务融资渠道

自2010年国务院及有关部门对政府融资平台进行清理规范以来，以地方政府融资平台为主体、以银行信贷作为主要资金来源的政府投资项目融资模式运用逐渐受到越来越多的限制，一些在建项目遭遇银行业金融机构的抽贷、压贷、停贷，争取增量贷款更是难上加难。在银行对融资平台贷款“控新降旧”的约束下，被挤出的融资需求转向银行之外的融资渠道，通过影子银行体系获得的融资规模迅速膨胀，仅2010年投向基础产业的信托资金规模就达到6122亿元，超过2009年年末基础产业类信托资产余额。一些融资平台公司还通过BT、集资、融资租赁、售后回租、发行理财产品等方式筹措资金。这些融资方式隐蔽性强，不易监管，且融资成本普遍高于同期银行贷款利率。2009年以来信托融资平均成本保持在9%以上，若考虑通道费用等非利息成本，综合成本要超过10%，BT融资年利率甚至可高达20%。

三　降低政府投资项目融资成本的政策建议

有效降低政府投资项目融资成本，应多措并举、分类施策。有效降低融资成本的根本路径是严格规范政府投资行为，增强政府投资项目预算硬约束，提高政府投资对融资成本的敏感性；有效防范地方政府债务风险，切实引导政府投资项目风险溢价下行。在改进政府投融资和债务管理体制机制的同时，进一步丰富和完善融资体系，建立健全地方政府债券融资市场，引导金融机构加大信贷支持力度，提高直接融资比重，为政府投资项目提供成本合理、形式多样、期限匹配的融资服务。

（一）严格规范政府投资行为

对政府投资行为进行严格规范有助于扼制地方政府过度投资和举债冲动，抑制政府投资项目的不合理融资需求，从根本上引导融资成本下行。具体措施主要有五个方面：第一，切实转变政府职能，强化政府公共服务和市场监管职能，建设服务型政府。第二，科学合理界定政府投资边界范围。政府投资要“有所为、有所不为”，有限的政府投资应主要投向有利于维护公共利益，而社会资本不能或不愿投资的行业领域。探索实施政府投资正面清单管理模式，将政府投资边界范围、重点方向及相关职权与依据、行使主体、运行流程等，以清单形式列示出来，向社会公布。第三，改革政绩考核评价制度，进一步扭转和改进单纯以地区生产总值增长论英雄的局面，增加经济发展质量效益、公共服务水平等指标。第四，合理划分中央和地方投资事权。逐步将一部分事关经济社会发展全局的重大投资建设事权，由目前主要由地方政府承担改为主要由中央政府承担，并通过国债等更低成本的融资来源对项目建设资金需求予以支持。第五，依法规范政府投资行为。加快《政府投资条例》的立法进度，确保使用政府性资金进行的固定资产投资活动有法可依，建立健全科学的政府投资决策、建设和监督管理制度，提高投资效益。

（二）健全以降低融资成本为导向的激励约束机制

在地方财力有限的情况下，地方政府通过举债促进经济社会健康发展有其必要性和合理性，但需要秉持融资成本和风险可控的理念和原则，健全激励约束机制，提高对融资成本的敏感度。一是，严格执行新预算法，建立规范的举债融资机制，形成对违法违规融资的惩罚机制。二是，编制统一的政府投资计划，并根据投资项目资金需求情况和地方政府债务长期规划和计划，合理安排资金募集和使用计划。三是，加强政府投资项目融资工作绩效考核，并作为政府工作及领导干部综合考核评价的重要依据。四是，健全地方政府项目投融资主体的法人治理结构，遵循市场化原则，规范举债主体行为，建立“借、用、管、还”相统一的政府举债融资机制，将融资成本节约情况纳入投融资主体的绩效考核体系，努力加强投融资主体与金融机构的谈判议价能力，有效控制融资成本。

（三）分类推进和选择政府投资项目融资模式

根据融资成本与投资回报相适宜的资本预算基本原则，为提高融资资金使用效率，有效降低融资成本，不同性质的政府投资项目应选择差别化融资模式。对于纯公益性项目，统筹财政预算资金予以优先保障，加大地方政府债券资金支持力度。对于准公益性项目，合理利用财政资金的引导和杠杆作用，多渠道吸引金融资本，积极引进社会资本参与投资、建设与运营管理。对于经营性政府投资项目，更多充分发挥项目公司的自筹能力，大力提升公司造血功能和公开市场融资能力。

（四）发挥地方政府债券成本基准的引导作用

改变原先以政府融资平台为主体、财政提供隐性担保或以土地储备抵押支持的融资模式，将地方政府债券市场作为政府投资项目的融资主渠道。以地方政府债券发行成本为基准，引导其他渠道融资成本下行。为发挥成本基准的引导作用，需要建立健全地方政府债券融资市场。一是，适时调整限额规模。结合经济发展水平、地方财政能力和政府投资项目融资需求，建立相适应的限额规模调整机制，适时扩大地方政府发债权，切实保障政府投资项目的合理融资需求。虽然2015年的地方政府债券额度超过2009—2014年已发行地方政府债券的规模总和，但远远不能满足地方政府投资项目融资需求。二是，提高地方政府债券的流动性。扩大投资者范围，鼓励引导社保基金、住房公积金、企业年金等机构投资者积极投资地方政府债券，降低地方政府债券风险权重，提高流动性。三是，改进地方政府债券发行和定价方式。提高地方债发行和定价的市场化程度，使发行利率和风险溢价反映地区间的差异，引导地方政府积极控制和管理债务风险，形成降低融资成本的正向激励机制。

（五）创新政府投资项目融资体系

推动政府投资项目的融资方式由主要依靠间接融资转向更多依靠直接融资，融资结构由债务融资转向股权与债权、债与贷相结合，创新推动保障有力、支撑高效的政府投资项目融资体系。

第一，鼓励金融机构创新贷款产品和服务模式。如针对公共服务领域的政府投资项目，开展特许经营权、排污权、收费权、购买服务协议项下权益以及工程供水、供热、发电、污水垃圾处理等预期收益为担保的贷款业务，允许利用相关收益作为还款来源。鼓励银行业金融机构为投资规模大、建设周期长的政府投资项目通过“投资、贷款、债券、租赁、证券”等综合金融服务，提供期限匹配、成本适当的组合授信支持。推动政府投资项目采取“债贷组合”融资方式，鼓励金融机构利用直接融资和间接融资双重手段，对企业贷款和债券融资进行统筹管理。引导保险资金、社保资金通过股权、债权、基金等方式，投入回收期长、收益稳定的基础设施项目，缓解融资期限与投资回报周期不匹配的问题。

第二，积极对接和利用多层次资本市场，提高直接融资比重。政府投资项目与银行间债券市场要加强对接，鼓励项目投融资主体在发行短期融资券、中期票据、非公开定向债务融资工具的同时，创新运用项目收益票据、资产支持票据、“债贷组合”中期票据等工具，拓宽直接融资渠道。推动和支持符合条件的政府投资项目主体通过发行非上市公司债融资，扩大债券发行渠道和规模。支持节能减排、环境保护、生态建设、应对气候变化等领域政府投资项目发行绿色债券，合理利用优惠政策。积极开展可续期或超长期债券等债券品种创新，支持回收期较长的政府投资项目。

（执笔人：吴亚平、吴有红、邹晓梅）

参考文献：

1.《国务院关于规范地方政府债务管理工作情况的报告》，2015 年 12 月 22 日第十二届全国人民代表大会常务委员会第十八次会议。

2. 审计署：《全国政府性债务审计结果》，2013 年第 32 号公告。

3. 审计署：《36 个地方政府本级政府性债务审计结果》，2013 年第 24 号公告。

4. 吴亚平：《投融资体制改革：何去何从》，经济管理出版社 2013 年版。

5. 刘立峰：《地方政府投资行为及其治理》，《宏观经济研究》2012 年第 7 期。

6. 刘煜辉、沈可挺：《中国地方政府公共资本融资：问题、挑战与对策——基于地方政府融资平台债务状况的分析》，《金融评论》2011 年第 3 期。

7. 温信祥：《社会融资成本高之惑》，《中国金融》2014 年第 18 期。

第十一章　降低中小企业融资成本研究

摘要：近年来中国出台了一系列改善中小企业融资环境的政策，但中小企业融资渠道有限和融资成本高的问题尚未得到根本解决。中小企业风险溢价高、缺乏有效的抵押品，以及中国以国有大型商业银行为主导的金融体系，是造成中小企业融资困境的主要原因。发展中小金融机构，开展中小企业贷款证券化，成立针对中小企业融资的政策性银行或担保机构，大力发展直接融资，探索投贷联动融资机制，推进企业信用体系建设等措施均有助于改善中小企业融资环境，降低中小企业融资成本。

中小企业对经济发展、居民就业和收入增长做出了突出的贡献，是中国市场经济体系不可或缺的组成部分。据统计，中小企业提供了50%以上的税收，创造了60%以上的国内生产总值，提供了80%以上的城镇就业岗位。① 但实践中中小企业却因为信用记录不完善、抵押品缺乏等原因，难以获得银行贷款等外部融资，即使获得融资，也不得不承受较高的融资成本，有时甚至超出其承受能力。“融资难、融资贵”成为中小企业发展壮大的重要瓶颈制约。

---

① 中国新闻网，http：//www. chinanews. com/gn/2014/05 －27/6215933. shtml。

一　中小企业融资现状

近十年，为促进中小企业发展，缓解中小企业融资困境，国务院及各部委出台了一系列改善中小企业融资环境的政策，取得了一定的进展。但总体来讲，中国中小企业“融资难、融资贵”问题仍未解决。

（一）中小企业融资相关政策概述

过去十年，中小企业在中国社会主义市场经济中的重要作用得到普遍认可，有关中小企业“融资难、融资贵”的问题逐渐受到中央政府的重视。国务院和各部委相继出台一系列法律法规，支持中小企业发展，改善中小企业融资环境。例如，2003 年，国务院颁布实施《中华人民共和国中小企业促进法》（以下简称《促进法》），这是国家制定的第一部专门针对中小企业发展的法律，为后续具体促进政策的出台奠定了基础。2009 年，国务院再次下发《关于进一步促进中小企业发展的若干意见》（以下简称《意见》），强化了扶持中小企业发展的决心。

在《促进法》和《意见》的指导下，中国人民银行、财政部、发改委、财政部、银监会、证监会和保监会等部委相继采取了一系列措施，改善中小企业融资环境。首先，加大中小企业财政扶持力度。相继设立科技型中小企业创业投资引导基金、中小企业发展专项资金、中小企业信用担保资金、地方特色产业中小企业发展资金，出台金融企业涉农贷款和中小企业贷款损失准备金税前扣除政策，以及全国中小企业股份转让系统挂牌公司股息红利差别化个人所得税政策等。其次，鼓励并发展多层次的中小企业融资体系。要求大型商业银行成立中小企业金融服务专营机构，批准成立村镇银行、小贷公司和资金互助社等中小金融机构，探索设立中小企业板、全国中小企业股份转让系统和地方产权交易中心等股权融资渠道，发展中小企业私募债券和中小企业集合票据等债务融资工具。最后，促进融资担保公司的发展，推进中小企业信用体系建设等。

国务院办公厅2014年8月颁发的《关于多措并举着力缓解企业融资成本高问题的指导意见》（国办发〔2014〕39号）则专门针对企业特别是小微企业融资成本高、促进金融与实体经济良性互动等问题提出了抑制金融机构筹资成本不合理上升、缩短企业融资链条、大力发展直接融资等九方面举措。

（二）中小企业融资渠道有限

总体来讲，中国中小企业的融资渠道比较狭窄，主要依赖银行贷款和民间借贷，虽然风险投资、股票发行和债券发行等渠道也被使用，但对中小企业的作用非常有限。全国中小企业协会2014年中小企业融资状况调查显示，① 融资困难已经成为影响中小企业发展的第二大障碍，23.50%的被调查企业认为融资困难制约其发展，仅次于宏观经济不景气（49.60%）。在受调查的115家企业中，54%的企业有融资需求，其中58%的企业选择银行贷款，32.30%的企业选择民间借贷，选择网络融资和小额贷款公司的均占12.90%，选择私募股权和风险投资的仅为8.10%。另外，根据广西壮族自治区经委对全区1119户规模以上中小企业融资情况的书面调查统计，仅有30%的中小企业表示可以在银行融资，有40%表示在银行融资较难，有30%表示无法获得银行融资。② 另有资料显示，中关村示范区企业科技活动经费八成来自企业自有资金等内源融资渠道，金融机构贷款占比不足总经费的2%，当前中关村企业有贷户仅为20%左右，这说明科技型中小企业尤其是处于初创期和成长期企业有效贷款需求还没有得到充分满足。③

---

① 中小企业融资状况调研简报，http：//www.ca-sme.org/content/Content/index/id/4351。

② 赵序海：《北部湾中小企业融资现状分析》，《中国经贸》2012年第10期。

③ 中国银行业协会：《探索商业银行投贷联动新模式——英国“中小企业成长基金”启示与借鉴》，《中国银行业》2015年第7期。

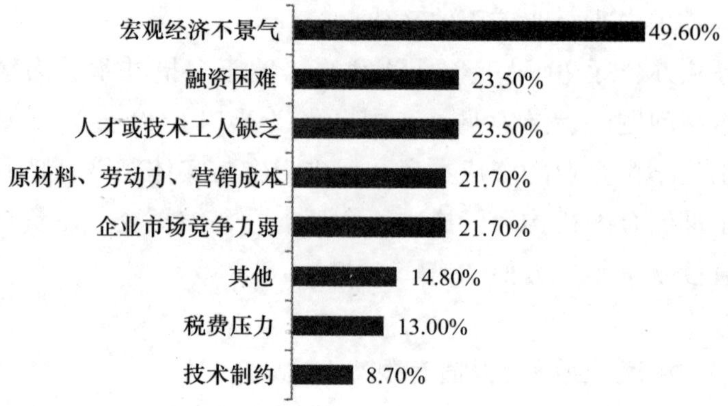

图 11 - 1　制约中小企业发展的主要因素

资料来源：全国中小企业协会。

由此可见，中国中小企业融资来源受限，银行贷款是其最主要的外部融资来源。但银行贷款的条件较为苛刻，难以满足中小企业的融资需求。为了获得融资，中小企业不得不寻求民间借贷等非正规渠道进行融资。

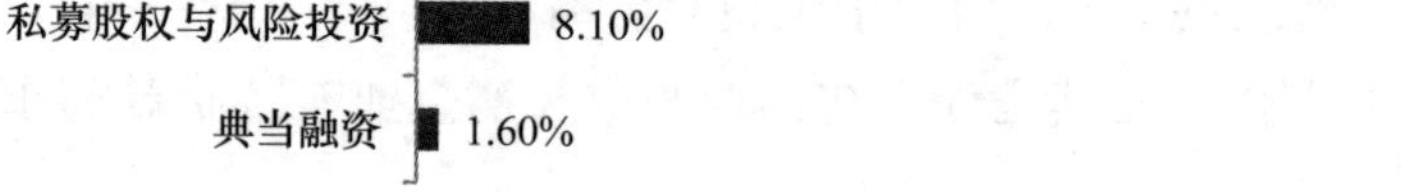

图 11 - 2　中小企业主要融资渠道

资料来源：全国中小企业协会。

（三）中小企业融资成本普遍较高

与中小企业“融资难”并存的另一个问题是“融资贵”，即中小企业的融资成本显著高于其他融资主体，有些甚至已经超过中小企业的承受范围。一些中小企业戏称“是在给金融机构打工”。全国中小企业协会2014年对中小企业融资状况的调查显示，54%的被调查企业认为融资成本较高。中小企业融资成本高主要体现在以下两方面。

首先，中小企业贷款基本与优惠利率无缘，而且还要在基准利率基础上显著上浮。以佛山市为例，2014年佛山市中小微企业发展情况调研报告显示，[①] 中小微企业“融资贵”问题十分突出，一些银行的小微贷款利率平均上浮20%—30%，年化利率高达10%—15%。尽管银监会曾专门下发“七不准”和“四公开”规范银行服务，但在核定贷款额度和贷款利率时，银行差异化定价现象仍十分普遍，中小微企业办理贷款的成本有增无减。

其次，民间融资的利率显著高于银行贷款。为了获得融资，中小微企业很多时候不得不求助于民间融资，但是民间融资的成本更高。如图11－3所示，2015年，温州地区一年期民间融资综合利率均值达15%，大约高出人民银行中长期贷款基准利率10个百分点。

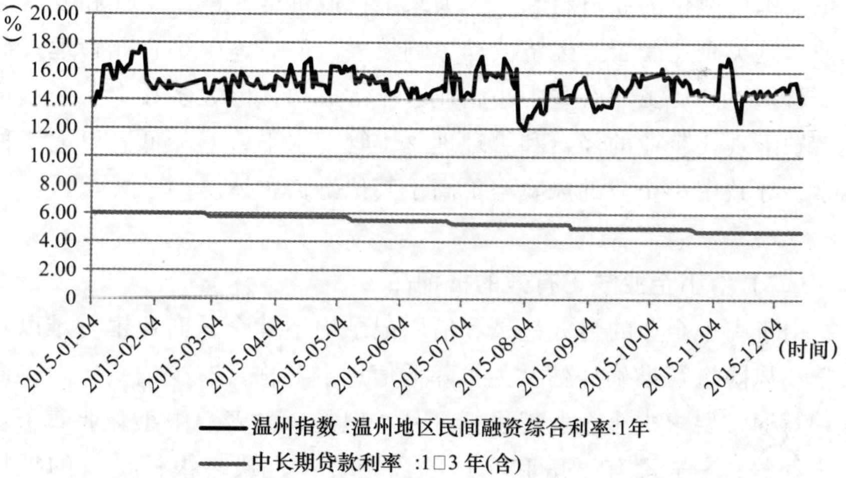

图11－3　民间借贷利率与人民币贷款基准利率比较

资料来源：Wind数据库。

① 《佛山市2014年中小微企业发展情况调研报告》。

二　中小企业融资成本高的原因分析

中小企业融资面临的主要问题体现在融资难和融资贵两个方面，前者是指外部融资的可获得性问题，即中小企业难以获得外部融资；后者是指融资成本问题，即中小企业融资成本太高。中小企业融资难和融资成本高的问题属于世界性的难题。导致中小企业融资成本高的原因是多方面的，有中小企业自身经营风险高、抵押品缺失等自身的问题，也有中国金融组织体系和金融市场体系自身不健全、不完善的因素。

（一）中小企业的风险溢价高

首先，中小企业管理制度存在缺陷。大部分中小企业存在产权界限模糊，产权主体虚置，所有权与经营权不分等问题。其次，中小企业的自身竞争力不强。中国中小企业主要集中于劳动密集型产业，多是依靠国内廉价的原材料和劳动力来维持低价格而得以生存和发展的企业，这类企业受宏观经济波动影响较大。最后，中小企业管理人员素质普遍不高。虽然有些中小企业家非常成功，但大多数中小企业管理者缺乏现代企业的经营和管理理念，管理水平普遍较低。以上三种因素，导致中小企业的风险溢价高于其他融资主体。

（二）中小企业缺乏有效的抵押品

由于中小企业的财务记录和信用记录均不健全，商业银行难以对其信用风险进行准确评估。为了降低信息不对称，减少信贷风险，商业银行通常要求中小企业提供抵押品。但是，大多数中小企业属于轻资产经营，一般没有厂房和土地等固定资产，缺乏银行认可的抵押品。调查显示，82.5% 的小微企业没有自己的厂房，在目前有贷款的企业中，仅 9.8% 的小微企业使用过厂房抵押，6.9% 的小微企业使用过机器设备抵押。[①] 例如，安徽省安庆市某土猪养殖企业负责人表示，虽然面临广阔的市场前景，但是由于资金缺乏，商业银行又不接受活体猪作为抵押发放贷款，该企业的规模一直难以扩大。而且，商业银行在给中小企业提供抵押贷款时，不仅压低质押率，而且要求提供担保，甚至要求联保和互保。

（三）中小企业贷款交易成本高

与大型企业相比，中小企业单笔贷款申请规模小，商业银行难以发挥规模效应。例如，向100位客户分别发放100万元的贷款获得的收入与向一位客户发放1亿元的贷款获得的收入差别不大，但是前者付出的交易费用却是后者的100倍。为了降低经营费用，提高利润率，商业银行，特别是大型商业银行，要么不愿意向中小企业提供贷款服务，要么将提高中小企业贷款利率。

（四）银行业体系以国有大型商业银行为主

虽然，近几年中国的城市商业银行、农村商业银行、村镇银行和小额信贷公司等中小金融机构发展迅猛，但是中国银行业体系仍以四家国有大型商业银行和十余家全国性股份制商业银行为主，竞争性不足。根据银监会公布的资料显示，2015年第二季度，大型商业银行占银行业金融机构总资产的比重为41.2%，股份制商业银行占银行业金融业机构总资产的比重为18.6%，两者在银行业规模中的占比将近60%。

大多数国有商业银行和股份制商业银行都将目标客户定位于大型国有企业、优质民营企业等高质量客户，对中小企业贷款积极性不高，没有动力设计符合中小企业融资需求的信贷产品。据统计，截至2009年年底，大型商业银行、股份制商业银行、城市商业银行和农村合作金融机构中小企业贷款占各自贷款的比重依次为45%、50%、

① 博鳌亚洲论坛：《小微企业融资发展报告：中国现状及亚洲实践》，2013年。

70%和95%。[①] 虽然工农中建四大银行在县级甚至乡镇一级都设置了营业网点，但它们往往将这些营业网点作为吸收存款的手段，而非为地区内中小企业提供信贷服务，因此，一些贫困地区往往成为资金的净输出地。以大别山革命老区为例，2014年大别山革命老区主要地级市的贷存比都要比所在省平均水平低10—30个百分点。

表11－1　**大别山革命老区主要地级市贷存比**

省份	湖北省		河南省		安徽省	
贷存比（%）	69		66		74	
城市	黄冈市	随州市	信阳市	驻马店市	六安市	安庆市
贷存比（%）	41	47	53	47	56	56
差距	28	22	13	19	18	18

资料来源：根据各省及地级市2014年国民经济和社会发展统计公报提供的数据计算所得。

三　降低中小企业融资成本的政策建议

有效降低中小企业融资成本的根本出路在于深化改革，从中小企业融资的供需两方面着手，充分发挥市场和政府的合力，兼顾金融机构和中小企业双方的利益诉求，多措并举，标本兼治，创建多层次的金融组织和市场体系，着力增加针对中小企业的金融产品供给，为中小企业融资营造良好环境。

（一）着力发展贴近中小企业的中小金融机构

与大型商业银行专注于大企业、大项目不同，中小金融机构在服务中小企业方面积极性更高，更具有比较优势。首先，城市商业银行、村镇银行、农村信用社、小额贷款公司、社区银行和农村资金互助社等中小金融机构资产规模小，经营范围窄，在抢占大型国有企业

① 中国中小企业协会。

和优质民营企业方面难以与大型商业银行竞争，因而，与大型银行相比，中小金融机构更倾向于服务中小企业。其次，相比大型商业银行，中小金融机构在服务本地区中小型融资主体上具有比较优势。因为，中小金融机构地域性强，专职于特定地区的金融服务，从而具有良好的人缘和地缘优势，便于和客户沟通，能更为便捷、直接地获得客户信息，从而能够以比大银行低的成本为本地区客户提供个性化的金融产品及服务。因此，大力发展中小金融机构，有利于增加中小企业信贷产品供给，从而推动中小企业融资成本下移。

首先，监管当局应逐渐放松成立地区性中小银行的限制，鼓励民营资本进入银行业，扩大中小型商业银行的数量，打破银行业垄断格局；其次，鼓励地区性商业银行或贷款公司利用其拥有的信息优势，设计符合本地区产业特色的信贷产品，例如，创新抵押担保品的范围，将奶牛、生猪等动物活体纳入抵押担保品范围，积极探索开展产业链金融等；最后，限制地区性中小银行盲目地实行跨区经营，跟风大型商业银行，与大型商业银行开展同质竞争，丧失自身的业务特色。

专栏1　富国银行“企业通”业务介绍①

富国银行是一家总部位于美国加利福尼亚州旧金山的一家具有160多年历史的金融机构，经过160多年的发展，它逐渐从一个地方性社区银行发展成为今天的全球性商业银行。由于在社区银行方面的业务传统，当美国小微企业信贷引起各界关注的时候，富国银行就迅速反应，将小微企业贷款作为自身业务的重要组成部分。

1994年，经过多年开展小微企业信贷的摸索和总结，富国银行发现，若通过常规性企业放贷程序发放小额贷款，会因为操作成本过高而使得业务无法持续。为此，富国银行推出了针对小微企业的信贷产品——“企业通”。“企业通”主要服务于销售额在200万美元

① 中国社会科学院金融研究所“中国普惠金融发展”课题组：《中国普惠金融实践报告》，2013年10月。

以下的小微企业，贷款最高额度为10万美元。与传统企业贷款不同，这类贷款不需小微企业提供任何抵押品。之后，富国银行的小微企业贷款业务迅速发展 。

（1）富国银行“企业通”业务简介

富国银行将小微企业细分为十个类型，分别为加工作坊、初创企业、家庭工厂、个体创业者、无利润企业、服务型小微企业、一般利润企业、科技型企业、高速成长企业和现金流企业等。在对小微企业进行市场细分的基础之上，富国银行将小微企业贷款分为企业通客户和小企业银行客户两大类。对于企业通客户，富国银行将其定位为个人（消费者）市场下的一个特殊的细分市场，而不是企业客户。该产品为年销售额在200万美元以下、雇员在0—19个的全职小企业或无雇员兼职小微企业提供信贷服务。

为了降低交易成本，富国银行针对小微企业的特点，重新设计了小微企业贷款流程。在贷款申请方面，小微企业可以通过电子邮件、电话等形式申请贷款。在审批方面，富国银行使用记分卡及其后台的自动化系统，实现了银行对小微企业贷款申请的自动化审批，从而使得小微企业贷款得以实现批量化审批。在信用控制方面，企业通客户不需要提供任何抵押担保，也不需要分析企业财务报表。

（2）“企业通”业务主要特点和经验

A. 严格的风险管理措施。为了控制风险，富国银行设计出一套记分卡系统，对小微企业贷款申请者进行风险评估。根据企业所处行业、企业经营年限、账户存款月、收入总额、经营场所、企业信用记录、企业金融资金和负债总额七个因子对申请者进行综合打分，筛选出自动通过的申请者、需要淘汰的申请者和需要进一步审核的申请者。该记分卡制度使得富国银行获得了信用良好的小微企业客户，减少了潜在的信贷风险。为了持续地开展风险管理，富国银行还将记分卡技术运用于贷后的风险管理中，使用“行为评分”来监控小微企业借款人的信用状况和变化，通过对拖欠贷款额、贷款目的、超额守信额度等进行综合信用评价，得出结果，进一步决定采取调整贷款定价、提高授信额度、关闭账户等风险管理措施，从而保持业务的稳定性和盈利性。

B. 高效的交叉销售流程。小微企业的单笔贷款金额较少，分摊成本相对较高。为了降低成本提高收益，富国银行通过交叉销售提高小微企业客户的贡献度。通过这种交叉销售模式，富国银行不仅大大提高了小微企业客户资源的利用，创造了巨额的利润，而且也为他们提供了“量体裁衣”的金融服务。截至2012年年底，富国银行零售银行户主拥有的平均产品数量超过6个，批发银行客户平均拥有的产品数量将近7个，理财、经纪和养老客户平均具有10个产品。

（二）发展中小企业贷款证券化

中小企业贷款证券化是指商业银行将中小企业贷款出售给特殊目的公司（Special Purpose Vehicle，SPV），由SPV经过打包和分层等措施，使得该组资产在可预见的未来产生相对稳定的现金流，并在此基础上进行信用增级，最终在资本市场上出售的过程。对于银行而言，中小企业贷款的风险较大，占用银行的资本额度较高，因此，商业银行发放中小企业贷款的积极性不高。资产证券化有助于商业银行将中小企业贷款转移至表外，降低银行风险加权资产，提高商业银行发放中小企业贷款的积极性。金融危机以前，中小企业贷款证券化已经成为一些欧洲国家重要的中小企业融资工具之一。2004—2011年，欧洲中小企业贷款支持证券未偿付余额从21亿欧元增加至1747亿欧元，年均增速30%。受欧洲主权债务危机以及经济衰退的影响，2014年，欧洲中小企业贷款支持证券的余额下降至1068亿欧元。[①]

值得注意的是，与一般企业贷款相比，中小企业贷款异质性强、金额小、频率高，难以发挥规模效应，发起人不愿意设立专门的SPV进行中小企业贷款证券化。因此，中小企业贷款证券化的发展往往需要公共部门的支持以降低其交易成本。欧洲公共部门在推进中小企业贷款证券化方面发挥了积极的作用。例如，德国复兴开发银行（KfW）发起的促进中小企业贷款证券化平台（Promotional Mittelstand

① 美国证券业和金融市场协会（SIFMA）。

Loan Securitization，PROMISE）和真实出售倡议（True Sale Initiative，TSI）、西班牙政府发起的 FTPYME 计划，以及欧洲投资基金（Europe Investment Fund，EIF）提供的信用增级活动。[①] 以西班牙的 FTPYME 计划为例，该计划的特点是通过设立 SPV，从多个发起人处收购中小企业贷款，并在此基础上构建资产池，最后发行资产支持证券。其中，西班牙政府将向 SPV 发行的部分 AAA 级证券提供无条件信用担保，以降低中小企业的融资成本。此外，为了确保市场上中小企业贷款的供给量，西班牙在 1999 年、2001 年和 2003 年颁布的三条关于中小企业贷款证券化的法案中均包括了一项重要的条款，即发行人必须将通过资产证券化所获得资金的一定比例用于中小企业融资。该比例由 2001 年法案的 50% 上调至 2003 年法案的 80%。

中国可以借鉴欧洲的经验，成立中小企业贷款证券化平台，促进中小企业贷款证券化，提高商业银行发放中小企业贷款的积极性，从而扩大中小企业的融资来源。据 Wind 数据库统计，截至 2015 年 10 月，中国累计发行小额信贷资产证券化产品不足 100 亿元，仍有很大的拓展空间。

（三）成立针对中小企业融资服务的政策性银行

在这方面，德国和日本等发达国家的经验和做法值得借鉴。在德国共有中小企业 370 万家，约占德国企业总数的 95%、GDP 的 75%、就业人数的 78%、税收的 70%，中小企业已经成为德国市场经济中最活跃的主体。德国的政策性银行体系较为发达（除国家层面的政策性银行，如德国复兴信贷银行、德国出口信贷银行、德国农业银行外，16 个州中有 11 个州还设立各自的政策性银行）。在缓解中小企业融资难方面，德国特别注重发挥政策性银行的作用。政策性金融机构由政府创立、参股或提供信用保证，所从事的融资活动，不以盈利为目的，而是为了贯彻政府社会经济发展政策意图。德国政策性银行

---

① 邹晓梅、张明、高蓓：《欧洲的资产证券化实践：发展历程、特色产品与启示》，《上海金融》2014 年第 1 期。

体系的主要职责之一就是以较低的利率向中小企业发放贷款。日本对中小企业的贷款援助以政府设立的专门的金融机构为主，主要有“中小企业金融公库”“国民金融公库”“商工组合中央金库”“环境卫生金融公库”等。这些金融机构向中小企业提供低于市场利率2—3个百分点的较长期的优惠贷款。除德国和日本外，世界上还有很多国家也通过设立专业金融机构对中小企业提供信贷支持。如法国的中小企业设备贷款银行、加拿大的联邦企业发展银行、韩国的中小企业银行等，都是政府设立的专门支持中小企业融资的金融机构。

在中国，尽管也有类似上述发达国家的政策性金融机构，如中国进出口银行和中国农业开发银行以及国家开发银行，但这些金融机构的政策性业务尤其是优惠贷款都不是定位于服务中小企业。中国目前缺乏服务于中小企业的政策性金融机构，可考虑成立针对中小企业融资服务的政策性银行，发行政策性金融债筹集资金，向中小企业提供优惠贷款，降低中小企业融资成本。不仅可以考虑设立全国性的中小企业政策性银行，各省也可以设立自己的中小企业政策性银行，以扩大政策性贷款的覆盖面。

（四）支持设立政策性融资担保机构

中央或地方政府可以归集部分财政性资金（例如，与中小企业发展或扶贫相关的资金），建立中小企业信贷风险补偿金、中小企业信用担保公司等融资担保机构，为中小企业贷款提供担保，收取担保费用，与商业银行形成合理的风险共担机制，提高商业银行发放小额信贷的积极性，降低中小企业的融资成本。

中国一些地方政府虽然出资设立了融资性担保公司，但其基本采取市场化方式运作，政策性功能不突出。美国小企业管理局实行的贷款担保计划值得我们借鉴。美国小企业管理局是美国国会成立的专门服务于小企业的联邦机构，向小企业提供融资支持是其重要职能，但是小企业管理局并不直接向小企业提供贷款，而是为商业银行提供的小企业贷款提供担保，并收取担保费，以降低小企业的融资成本（详见专栏2）。

专栏2 美国小企业管理局的贷款担保计划

美国小企业管理局（Small Business Administration，SBA）创建于1953年7月，是美国专门为小企业①服务的联邦机构。SBA主要从改善小企业融资环境，向小企业提供技术援助和培训，帮助小企业获得政府采购合同三个方面支持小企业发展。贷款担保计划（Loan Program）是SBA支持小企业融资的重要举措之一。SBA不直接向小企业提供贷款，而是制定贷款指引，向小企业提供贷款担保，降低小企业贷款风险，提高银行等金融机构向小企业发放贷款的积极性。SBA的贷款担保计划包括四类：

1. 一般性小企业贷款（General Small Business Loan）

一般性小企业贷款是SBA最常提供的贷款担保。SBA规定，单笔贷款金额不得超过500万美元。不动产类贷款、设备贷款和运营资本贷款的最长期限分别为25年、10年和7年。贷款利率由基准利率和利差两部分组成。SBA认可的基准利率有三个：华尔街日报等国家级报纸上公布的基准利率、一个月LIBOR+3%、SBA挂钩利率；利差主要取决于贷款期限，例如，七年期以内的贷款，利差不超过2.25%；七年期以上的贷款，利差不超过2.75%。担保费用由贷款期限和规模决定。15万美元以下的贷款，担保费用为零；15万美元以上、一年期以内的贷款，担保费用为0.25%；一年期以上、15万—70万美元的贷款担保费用为3%；一年以上、70万美元以上的贷款担保费为3.5%；100万美元以上再加收0.25%。担保份额由贷款规模决定。15万美元以内的贷款，最多担保贷款金额的85%；15万美元以上的贷款，最多担保贷款金额的75%；最大担保额度为375万美元。

2. 微型贷款（Microloan Program）

在该计划中，SBA与具有资金借贷、企业管理和援助经验的非营

---

① SBA小企业是指有形资产净值在1950万美元以内，过去两年平均税后收入不超过650万美元的企业。同时，SBA还根据北美行业分类体系（North American Industry Classification System，NAICS）定义了各行业小企业。

利社区组织合作，向其提供资金，让其成为中间贷款人（Intermediary Lender），负责发放并管理微型贷款。微型贷款的金额在5万美元以内，旨在为小企业和特定非营利托儿中心的成立和扩展提供资金。贷款资金不能用于偿还债务或购买房产。借款人可以向SBA认证的中间贷款人提出贷款申请，最长贷款期限为六年，利率由中间贷款人决定，大约在8%—13%。同时，申请人还需要完成SBA要求的相关培训。

3. 房产和设备贷款（Real Estate & Equipment Loans）

SBA规定，该类贷款申请人的有形资产净值不得高于1500万美元，而且过去两年税后收入不得超过500万美元。贷款资金可用于固定资产投资融资，不能用于运营资本、库存、再融资和房产投机。贷款期限为10年或20年。利率与5年期和10年期国库券利率挂钩。担保费用约为本金的3%。最高贷款金额取决于资金使用目的。如果是为了增加就业，最高贷款额可为500万美元；如果是为了实现节能、燃料替代等公共政策目的，最高贷款额可为500万美元，制造业企业最高贷款金额可上升至550万美元。申请人通常需要将拟融资的资产作为抵押品。负责房产和设备贷款计划的主要是全美270家认证发展公司（Certified Development Company，CDC）。CDC是由SBA颁发执照并监管的非营利性服务公司，与贷款人一起合作经营房产和设备贷款，主要工作包括提供部分贷款资金、协助借款人对申请贷款的企业进行严格的信贷审核，评估企业的信用，有效判断企业的还贷能力，把企业迟付、止付贷款的风险减少到最低。

4. 灾后恢复贷款（Disaster Recovery Loans）

SBA还向受到自然灾害影响地区的企业、非营利组织及个人提供灾后恢复贷款担保，帮助他们恢复或替换在灾害中受损的房产、个人财产、机器设备、库存和商业资产。

（五）充分发挥行业协会等中介组织的作用

在中国以大型商业银行为主的银行业格局下，可以考虑利用地区行业协会作为中小型融资主体和大型商业银行、政策性银行之间的融资桥梁，降低信息不对称，提高双方资金供给和需求的对接效率。以国家开发银行为例，作为一家开发性金融机构，国家开发银行除了在各省省会和少数大型城市设有分行外，并未设立其他分支机构。国家开发银行的业务模式以发放大额贷款为主，而中小企业资金需求量小，资金供给和需求难以匹配，协调沟通成本很大。但是，地方性行业协会可以组织协调多家行业内有融资需求的中小企业向国家开发银行联合申请贷款，也可以由地方行业协会直接向国家开发银行申请贷款后，再转贷给有融资需求的会员。地方行业协会作为地方性行业自律组织，对会员的信息掌握比较全面，有利于降低大银行和中小型融资主体之间的信息不对称，解决商业银行和中小企业之间沟通渠道不畅、信任度低的问题，实现供需对接。以国家开发银行河南分行为例，该行通过与各类信用协会合作，累计向大别山革命老区发放中中小企业贷款已超过50亿元，大力支持当地特色产业发展。①

（六）大力发展直接融资

以股票市场融资和债券市场融资为代表的直接融资，一方面可以分散集中在银行体系的风险；另一方面可以为企业提供长期稳定的低成本资金。因此，建议大力发展资本市场，拓宽中小企业融资渠道，降低融资成本。

首先，进一步完善主板、中小板、创业板、全国中小企业股份转让系统和地方产权交易中心等股权转让系统相关制度建设，建立起多层次的股权融资市场，满足不同企业的股权融资需求。完善并简化中小企业股票发行程序，降低中小企业股票发行门槛；其次，丰富债券市场品种，降低中小企业债券的发行门槛，积极发展中小企业集合债券、中小企业信贷资产支持债券、中小企业私募债券、中小企业集合票据等债券品种，培育高收益债券市场；再次，培育多元化的机构投资者，例如，公募基金、私募基金、对冲基金、风险投资基金等，丰

① 国家发改委投资研究所河南调研组调研材料：《分行支持大别山扶贫开发和革命老区振兴情况汇报》，2015年10月19日。

富居民投资渠道，满足居民多样化的投资需求，将更多的资金引入股票市场和债券市场；最后，切实保护投资者的利益。良好的投资者保护环境是债券市场和股票市场健康发展的关键。值得注意的是，保护投资者的权益并不是指政府大包大揽，进行背书，提供刚性兑付，而是要进行充分的信息披露，建立起透明的问责制度，在风险事件发生时，监管机构能够认真负责任地追查，分清权责，做到奖惩分明。

（七）积极探索投贷联动融资机制

投贷联动模式是指商业银行为客户提供信贷支持，VC 或 PE 为企业提供股权融资服务，以“股权 + 债权”的模式，为处于初创期或成长期的中小科技型企业提供融资的模式。该模式一方面可以满足中小企业不同发展阶段的融资需求，解决高科技、新兴产业成长企业由于缺乏抵押物而难以融资的问题，促进高科技、新兴产业的发展；另一方面可以使商业银行在支持中小企业发展的同时分享企业成长收益，提高收入，降低对中小企业授信的风险，解决风险收益不对称的问题。

投贷联动主要有三种可选择模式：其一，商业银行与 VC/ PE 相互参与对方项目评审会/贷审会，以加强对项目的了解，促进双方合作。一般情况下，商业银行是在 VC/PE 投资之后跟进贷款。其二，签订投资联盟协议。VC/PE 与商业银行签署的“投保联盟协议”，商业银行为 VC/PE 提供一定金额的授信额度。在此范围内，VC/PE 下属高科技企业如遇资金短缺，可向商业银行申请贷款，无须经过繁琐的审查，直接用于高科技企业的短期流动资金贷款。其三，商业银行与 VC/PE 共同出资组建新的创业投资企业。其四，组建基金参与股权投资。商业银行使用少量一级资本或发行集合投资计划资金，以股权投资基金方式间接参与中小企业股权投资，并与信贷联动，充分支持中小企业发展。

目前，中国商业银行仍属于分业经营，后两种投贷模式的发挥受到较大限制。但自 2015 年 6 月 11 日，监管层对私募基金业务（PE）开闸后，截至 12 月 10 日已有 17 家商业银行正式获得了 PE 业务牌照。在利率市场化背景下，混业经营将是未来金融市场发展的趋势，投贷混合的融资模式将大有可为。从国际经验来看，英国中小企业成长基金（Business Growth Fund，BGF）的经验值得借鉴（参见专栏3）。

专栏3　英国中小企业成长基金[①]

英国银行业在全球金融危机中遭受重创，银行惜贷现象严重，公司贷款投放大幅降低，贷款主要投向那些可以提供优质抵押品的企业和投资经营更为谨慎的公司，中小企业融资困境突出。为了帮助英国经济复苏，英国银行间协会、巴克莱银行、汇丰银行、劳埃德银行、苏格兰皇家银行和渣打银行等金融机构于2010年年初成立了商业融资工作组，并于2010年10月发表了一份关于英国商业可持续发展的报告，建议重点加强客户关系、金融支持，提供更充分的信息并强化财务教育。

BGF是“英国加强金融支持”战略中的旗舰项目，其投资对象为极具发展潜力和国际化前景的中小型英国企业，旨在帮助这些新创企业进入新的发展阶段并构建可持续发展平台。项目提出后，英国各大银行纷纷表示支持，承诺投资从最初的15亿英镑提升到25亿英镑，并由汇丰银行牵头项目实施。BGF于2011年4月正式运营，在全英共设6个办事机构。BGF通过专业化信息网站接受投资申请并运行投资流程，为高成长企业提供200万—1000万英镑不等的投资资金，以弥补初创融资和主流风投基金之间的市场空白。自从2011年成立以来，BGF已经向100多家公司提供了5亿多英镑的投资，成为英国最活跃的成长资本投资机构。

从组织架构看，BGF的运作独立于控股股东，在全英共建立了8个办公室，雇用了100多名员工，其中超过半数为专业的投资专家。BGF的董事会负责监督机构整体的策略和董事（包括银行股东代表、

① 中国银行业协会：《探索商业银行投贷联动新模式——英国“中小企业成长基金”启示与借鉴》，《中国银行业》2015年第7期。

独立董事、首席执行官以及财务总监），机构设有风险、审计、薪酬和投资委员会。投资委员会由机构管理高层和独立董事组成，主要职责是对每一个投资项目作出决定以及避免利益冲突。

从项目来源看，BGF 的投资项目很大一部分来自银行推荐，也有一部分通过投资顾问、会计师和律师的介绍，越来越多的公司则直接找 BGF 寻求投资。

从投资模式看，BGF 只投少数股权，约占普通股的 10%—40%。被投资公司仍由公司管理层控制，但是一些重大决策（如分红、并购和重要投资等）需要请 BGF 批准后方可实施。BGF 对出售其投资不设定任何时间表，如有需要，BGF 将对成功的企业进行更多的资金投入。不仅如此，BGF 还会任命一个独立董事为公司提供建议，也会推荐合适人选担任公司要职，特别是董事局主席、财务、销售和运营方面的职位，以加强管理层的业务能力。BGF 还建立了强大的人才网络，帮助被投资公司选择最佳的独立董事。

英国金融监管当局允许商业银行将其对 BGF 的投资纳入银行风险加权资产，而非直接扣除资本；允许银行利用杠杆工具投资 BGF 的项目。目前，BGF 的投资收益已经能够支持其日常运作。

（八）继续推进企业信用体系建设

信用也是一种资本，但中国社会信用体系建设刚刚起步。良好的信用体系有助于保存失信者的记录，能够惩恶扬善，提高经济效率，进而对失信行为进行防范。对于中小企业而言，中小企业信用体系建设一方面有助于督促中小企业规范自身经营，健全财务制度，加快建立起现代企业制度；另一方面，有助于约束中小企业的失信行为，促进企业诚实守信，提高资源配置效率，有力地推动信用交易的扩大。

信用体系建设本身对诚信良好的中小企业也是一种正向激励，有利于其提高融资的可获得性并有效降低融资成本。加快企业信用数据库的建立，动态地记录企业在经济交往过程中的信用信息，是企业信用体系建设的核心环节。建议由有关部门组织专业化的第三方机构通过采集、调查、保存、整理及分析企业信用信息，并在此基础上对外提供信用报告查询、信用评价等服务，以此满足从事信用活动的主体在信用交易中识别交易对手的身份以及判断其信用状况的需要。

（执笔人：邹晓梅、吴亚平、吴有红）

参考文献：

1. 赵序海：《北部湾中小企业融资现状分析》，《中国经贸》2012 年第 10 期。

2. 中国银行业协会：《探索商业银行投贷联动新模式——英国“中小企业成长基金”启示与借鉴》，《中国银行业》2015 年第 7 期。

3. 吴亚平：《投融资体制改革：何去何从》，经济管理出版社 2013 年版。

4. 中国社会科学院金融研究所“中国普惠金融发展”课题组：《中国普惠金融实践报告》，2013 年 10 月。

5. 邹晓梅、张明、高蓓：《欧洲的资产证券化实践：发展历程、特色产品与启示》，《上海金融》2014 年第 1 期。

6. 博鳌亚洲论坛：《小微企业融资发展报告：中国现状及亚洲实践》，2013 年。

7. 吴亚平：《从佛山看金融服务实体经济发展的难点和焦点》（内部报告），2014 年 11 月。

第十二章　降低中国外贸企业成本的思路与对策

摘要：当前，中国外贸企业劳动力成本和税收负担仍显著高于多数周边发展中国家，人民币一度升值对中国出口的影响明显，中小微外贸企业融资成本居高不下；而进出口环节收费清理和规范工作虽取得一定成效，但仍呈现项目多、费用高的特点；通关便利化改革成效显著，贸易便利化整体水平已接近发达经济体，但在部分领域仍有较大改进空间。下一步，应从经济成本和时间成本两方面入手，分类降低外贸企业负担及进出口环节税费，进一步提高通关便利化水平，加快完善支持外贸发展的财税金融政策，着力提高质优价廉外贸产品的供给能力。

一　当前中国外贸企业成本现状

（一）外贸企业一般成本现状

中国外贸企业一般成本主要由主营业务成本和期间费用构成。主营业务成本包括原材料成本、劳工成本、生产过程成本等，是外贸企业成本的主要部分；期间费用包括税收、管理费用、财务费用、销售费用等。2016 年下半年以来，随着国际大宗商品价格持续大幅下跌，中国外贸企业投入的原材料成本有所下降，但用工、融资、汇率、环保等方面的成本依然高企，综合成本趋于上升，导致外贸传统竞争优势弱化。

劳动力成本。根据经济学人智库发布的《中国制造业劳动力成本分析》报告预测，到 2019 年，中国制造业劳动力成本将分别达到越南的177%及印度的218%。目前，中国劳动力工资总体水平已明显高于周边多数发展中国家，而沿海贸易大省（市）更为明显。根据《2015年广东省人力资源市场指导价位及行业人工成本信息》，2015年广东省平均人工成本为65956元，其中制造业企业为63021元。据日本贸易振兴机构2016年年初的调查显示，77.8%的企业认为员工工资上涨是其面临的首要经营问题。

表12－1　**若干经济体劳动力月均名义收入**　（单位：美元）

	2008年	2009年	2010年	2011年	2012年	2013年	2014年
中国	379	418	473	542	606	667	—
印度	—	—	80	—	112	—	—
越南	—	119.75	125.95	155.25	187.85	—	—
泰国	267.4	260.8	277.9	298.1	333.0	360.1	—
老挝	—	—	—	—	81	—	—
印度尼西亚	115.8	132.2	141.1	152.9	163.0	190.9	—
菲律宾	163.0	169.9	179.1	185.5	195.0	204.0	—
马来西亚	580.5	584.1	617.6	662.5	698.5	751.2	524
韩国	2112	2168	2228	2332	2398	2493	2588
日本	2969	2415	2429	2434	2441	2425	—

资料来源：国际劳工组织。

融资成本。外贸企业面临信贷成本上升、新批贷款额度减少、贷款审批周期延长导致的流动资金紧缺问题。据广东部分外贸企业反映，目前新批贷款额度只及过去的50%—70%，贷款审批周期从过去的1—2个月延长到3—4个月甚至更长。人民银行广州分行的一份调查结果显示，贷款利率为基准利率1.3—1.5倍的中小企业比重从8.6%上升至26.7%，1.5—2倍的中小企业比重从2.6%上升至10.6%，加上担保费、银行咨询费、财务顾问费等费用，实际融资利率不低于10%。而且，中小外贸企业融资渠道狭窄，获得银行贷款难度较大，对民间借贷依赖程度较高，导致融资成本进一步攀升。

汇率成本。2015 年人民币实际有效汇率上涨 3.93%，名义有效汇率上涨 3.66%，均为连续六年上升，这对出口企业尤其是劳动密集型出口企业而言，将导致其价格竞争力削弱，出口量下滑，收入和利润水平进一步下降。据一项对珠三角 1000 多家中小外贸企业的调查报告显示，20% 的企业正面临因汇率波动而失去订单的困境。

税收负担。从总体税负看，中国税收占 GDP 的比重要高于日本、韩国及周边发展中国家。从贸易税负看，除印度、菲律宾外，中国外贸企业税负仍高于巴西、印尼、马来西亚、日本、韩国等经济体。

出口退税是中国外贸政策的重要组成部分。目前，该政策在实际操作中存在一些问题，减轻外贸企业税负的作用有待进一步提升。一是手续繁杂、管理效率低，仍存在不能及时足额退税的情况，导致一些企业资金周转困难。二是出口退税率频繁调整导致部分外贸企业利润率波动很大。特别是劳动密集型外贸企业利润很大程度依赖于出口退税，退税率微降就可能导致这些企业出现亏损。三是部分行业出口退税率不高，不利于减轻企业税负。目前出口退税率根据产品不同大致分为 0%、5%、9%、13%、15%、17% 六档，多数产品出口退税率低于 17% 的增值税基本税率，不足以完全弥补企业税收成本。

表 12－2　**若干经济体税收收入占 GDP 的比重**　（单位：%）

	2008 年	2009 年	2010 年	2011 年	2012 年	2013 年	2014 年	2015 年
中国	17.3	17.5	19.3	20.2	21.3	21.1	9.67	—
印度	10.75	9.64	10.19	8.98	10.79	10.75	—	—
巴西	15.52	14.40	14.19	14.90	15.52	—	12.76	12.81
泰国	16.45	15.16	15.97	17.55	16.50	16.45	16.03	16.45
老挝	12.10	12.76	12.93	13.68	14.83	12.10	16.06	15.71
印度尼西亚	13.3	11.1	—	—	—	—	—	—
菲律宾	13.59	12.23	12.15	12.38	12.88	13.59	13.59	13.64
马来西亚	14.66	14.94	13.74	15.24	16.10	14.66	14.84	14.3

续表

	2008年	2009年	2010年	2011年	2012年	2013年	2014年	2015年
韩国	15.15	14.29	14.05	14.44	—	—	13.93	14
日本	9.28	8.70	9.14	9.76	10.09	9.28	11.47	—

资料来源：亚洲开发银行、世界银行。

表12-3 国际贸易税占总税收比例 （单位:%）

	2008年	2009年	2010年	2011年	2012年	2013年	2014年	2015年
中国	4.84	3.71	4.44	4.72	—	4.12	2.84	—
印度	14.14	11.41	13.46	13.46	14.87	13.21	—	—
巴西	2.24	2.20	2.23	2.69	2.72	2.49	2.40	2.29
泰国	5.28	4.56	4.52	4.43	4.97	4.11	4.06	3.55
印度尼西亚	2.36	2.10	—	—	—	3.30	2.78	2.28
菲律宾	22.19	19.62	21.46	19.50	18.99	17.80	19.37	17.96
马来西亚	3.39	2.06	2.37	2.21	2.04	2.09	2.07	1.72
韩国	3.56	3.74	4.01	3.82	—	2.76	2.19	2.05
日本	1.33	1.32	1.42	1.61	1.65	1.82	—	—

资料来源：亚洲开发银行、世界银行数据。

注：贸易税负包括进口税、出口税、出口或进口专营利润、汇兑利润和汇兑税。

（二）进出口环节收费现状

中国进出口环节收费主要包括行政事业性收费、政府性基金和经营服务性收费三大类。其中，经营服务性收费包括政府定价的收费和市场调节的收费两类。而港口收费是经营服务性收费中最重要的费用，主要包括两部分：一是船舶费用，即港口使用费，主要是船舶港务费、引航费、拖轮费、停泊费、系解缆费、检疫费、船舶代理费等，即使船舶进出港区没有装卸任何货物，船公司也要支付上述费用。二是货物费用，主要是货物装卸费、货物港务费、港建费、堆存费、安保费、理货费、检验检疫费及代理费等，若涉及货物疏港有疏港费，涉及货物海关查验则有查验辅助作业费，涉及集装箱及货物消毒、卫生、蒸熏处理还有消毒、卫生、蒸熏处理费等。

行政事业性收费、政府性基金以及实行政府定价的经营服务性收费，涉及海关、检验检疫、港口等部门和单位，由中央和省两级财政、价格部门编制目录清单，明确项目名称、设立依据、收费标准等并对社会公布。目录清单以外的其他经营服务收费，涉及相关服务、代理经营企业，由市场进行调节。

近年来，中国坚持将清理和规范进出口环节收费作为改善外贸发展环境、促进外贸稳定增长的重要举措，先后发布多个文件通知进行推动。如，2012 年财政部、国家发展改革委联合下发《关于取消和免收进出口环节有关行政事业性收费的通知》，2014 年国家发展改革委、财政部联合下发《关于整顿规范进出口环节经营性服务和收费的通知》，2015 年国家发展改革委等六部门共同下发《关于进一步清理和规范进出口环节收费的通知》等。目前，全国性及中央部门和单位涉企进出口环节行政事业性收费、全国涉企进出口政府性基金以及中央涉企进出口环节经营服务性收费主要如表 12－4 和表 12－5 所示。

表 12－4　**全国性及中央部门和单位涉企进出口环节行政事业性收费和政府性基金目录**

全国性及中央部门和单位涉企进出口环节行政事业性收费		
部门	收费项目	政策依据
海关	进口货物滞报金	〔1992〕价费字 293 号，海关总署令第 128 号
	知识产权海关保护备案费	计价格〔1999〕1707 号，财综字〔1996〕68 号，计价费〔1996〕1594 号
质检	出入境检验检疫费（不含出口货物、运输工具和集装箱检验检疫费）	财综〔2014〕6 号，财综〔2013〕85 号，财综〔2012〕71 号，发改价格〔2012〕3882 号，发改价格〔2012〕1894 号，财综〔2011〕104 号，财综〔2011〕42 号，发改价格〔2011〕2021 号，财综〔2010〕22 号，发改价格〔2010〕134 号，财综〔2009〕25 号，财综函〔2007〕2 号，财综〔2007〕54 号，发改价格〔2007〕2216 号，财综〔2004〕17 号，财综〔2003〕77 号，发改价格〔2003〕2357 号，国质检财〔2014〕311 号
环保	化学品进口登记费	计价格〔1994〕702 号
食品药品监督	麻醉、精神药品进出口许可证费	财税〔2015〕2 号，计价格〔1995〕340 号

续表

全国涉企进出口政府性基金		
部门	收费项目	政策依据
交通运输	港口建设费	财综〔2011〕29 号，财综〔2011〕100 号，财综〔2012〕40 号

资料来源：财政部。

表 12－5　**中央涉企进出口环节经营服务性收费**

行业主管部门	收费项目	收费范围和对象	执收人
交通运输部	船舶进出港、靠离泊服务收费	港口经营人、引航机构提供船舶进出港、靠离泊服务收取的费用，具体包括引航（移泊）费、拖轮费、停泊费、围油栏费、驳船取送费、特殊平舱费 6 项收费	港口经营人、引航机构
	港口设施保安费	港口经营人、管理人为维护港口设施安全向货主收取的费用	港口经营人、管理人
	货物港务费	港口经营人、管理人为加强对港口公共基础设施维护管理向货主收取的费用	港口经营人、管理人

资料来源：国家发展和改革委员会。

目前，各省级政府定价的经营服务性收费清单存在差异。广东是中国外贸第一大省，进出口额约占中国外贸总额的 1/4，其政府定价的经营服务性收费清单具有一定代表性（见附表 12－1）。

中国进出口环节收费呈现以下特点。一是项目多，涉及报关、报检、港口、船公司、银行等多个主体。二是费用高，据对外贸易经济合作企业协会对全国 20 个主要港口的调查统计显示，去年中国货主支付的码头作业费约 1470 亿元，加上单证费、提单费、文件费、改单费、集装箱铅封费等其他 20 多种附加费，总金额高达 2000 亿元之多。一些沿海港口的拖轮费比台湾贵十几倍，比韩国、越南、新加坡、日本贵五六倍。我们在韩国釜山港调研了解到，中国集装箱装卸费约为韩国的 2 倍，港口收费占外贸销售额的比重约为 15%，而韩国仅为9%。

（三）通关便利化改革进展情况

近年来，中国积极推进通关便利化改革，取得了明显成效。特别是去年国务院发布的《关于印发落实“三互”推进大通关建设改革的通知》，成为此项改革的统领性文件。主要内容有以下方面。

一是加快推进口岸管理相关部门信息互换、监管互认、执法互助。重点在于加快建设信息共享的全国及各地方电子口岸，简化和统一单证格式与数据标准，实现申报人通过“单一窗口”向口岸管理部门一次性申报，口岸管理部门通过电子口岸平台共享信息数据、实施职能管理，执法结果通过“单一窗口”反馈申报人。优化关检合作，积极推行“一次申报、一次查验、一次放行”（“三个一”），海关、检验检疫、边检、交通运输（陆路）、海事（水路）等部门进行联合登临检查和联合查验。目前，上海、广东、天津、福建、江苏等沿海省市的一类口岸已基本实现“单一窗口”和“三个一”，基本完成2015年年底在沿海口岸建成“单一窗口”的工作目标，内地各口岸“单一窗口”和“三个一”工作也在积极推进。多数企业反映，“单一窗口”和“三个一”实施后，报关和查验时间均减少50%以上，通关效率显著提高。

二是积极应用无纸化通关等更加高效的通关模式。2012年8月1日海关启动无纸化通关试点以来，试点范围已扩大到全国海关，业务也由传统的一般贸易、加工贸易扩展到转关货物、邮运货物和自动进口许可证货物等，青岛、广州、宁波等沿海城市海关无纸化通关货物所占比重均已超过95%。

三是加快推进区域通关一体化改革。允许企业自主选择向经营单位注册地海关、货物实际进出境地海关或其直属海关集中报关点办理申报、纳税和查验放行手续，实现“多关如一关”。同时，取消报关企业跨关区从事报关服务的限制，允许报关企业“一地注册，多地报关”。目前，京津冀、长江经济带、广东、东北地区和丝绸之路经济带五个地区的区域通关一体化改革已经基本完成，覆盖全部42个直属海关关区，实现了五大区域之间的"区区联动"。未来将进一步开展全国性一体化通关。区域通关一体化改革后，企业异地通关时间缩短1—1.5天。

四是积极推广上海自贸试验区通关便利化经验。上海自贸试验区出台的"先进区、后报关"等十多项监管创新措施，目前按不同类型已分别在全国海关特殊监管区域或全国海关进行推广（见附表12-2）。其中，"先进区、后报关"和"批次进出、集中申报"两项制度成效最为显著。据各地海关统计，这些监管措施实施后，企业通关时间普遍缩短2—3天，节约物流成本10%以上。

五是加入WTO《贸易便利化协定》。2015年8月，中国正式加入该协定成为第16个成员国。该协定对各成员国口岸基础设施建设、管理方式及口岸管理部门协同合作等方面提出诸多具体要求。目前，中国正在推行的"单一窗口"、通关无纸化、"三个一"等贸易便利化改革措施与该协定的精神和要求基本吻合。加入该协定有助于推动中国贸易便利化规则与国际接轨，更大范围提高中国主要贸易伙伴的贸易便利化水平。

从国际比较看，中国贸易便利化整体水平已与发达国家基本接近。OECD贸易便利化指数（见附表12-3）显示，2015年中国贸易便利化程度为1.41，在144个国家中处于较高水平，显著高于俄罗斯、印度、巴西等发展中大国。特别是在提高自动化程度、简化通关程序以及提高信息可获取性等直接影响通关效率的领域，中国得分由2012年的1.25、1.29和1.56上升到2015年的1.75、1.5和1.8，与美国、香港地区及韩国的水平相当。由于通关效率提高，中国进出口货物通关时间明显缩短。需要说明的是，OECD最新贸易便利化数据是2014年年底、2015年年初对贸易企业进行问卷调查的结果。当时中国区域通关一体化改革刚刚起步，跨区通关尚未实现，因此"国内合作程度"分值不高。但目前中国区域通关一体化改革已取得重大进展，现在中国该项指标值应有明显提升。

然而，中国在跨国合作、文档规范化、上诉可行性、治理与公正等领域的指标值，仍明显低于发达经济体水平，部分指标在2012—

2015年甚至有所下降。与简化通关程序和提高自动化程度等领域相比，虽然这些领域对通关效率的影响不直接，但也不容忽视。从中长期看，相关文档国际化、跨国通关合作积极推进将有利于减少中国和其他国家间的非贸易壁垒，上诉可行性、治理与公正等领域的进一步改善将有利于解决因管理部门官僚主义或相关寻租导致的通关效率较低问题。

二　降低外贸企业成本面临的主要困难

（一）要素成本步入长期上升通道，中国原有的外贸传统优势将趋于弱化

从劳动力成本看，刘易斯转折点的到来和人口抚养比止降反升带来的人口红利消失，导致中国劳动力低成本优势逐步弱化。据联合国预测，中国适龄劳动力人口（15—64岁）在经历了60多年快速增长后，将在2015年达到峰值，而后呈逐年回落态势，劳动力供求关系总体趋紧。按照2020年人均收入比2010年翻一番的目标，假定劳动力成本同比例上升，2010—2020年中国劳动力成本年均增速将达

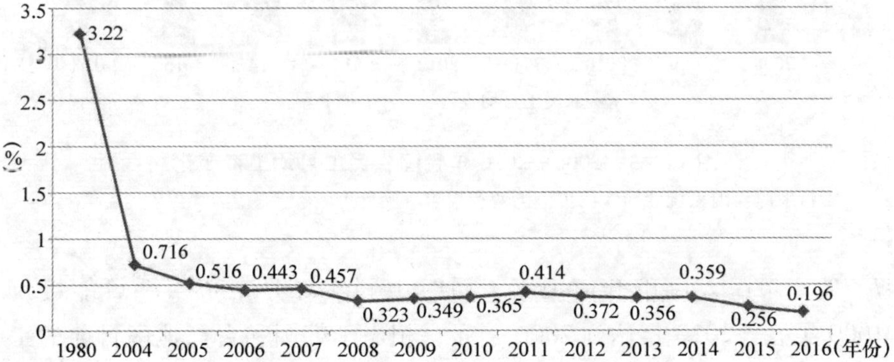

图12－1　1980—2016年中国就业人口增速变化

资料来源：《中国统计年鉴》（历年）、《中华人民共和国2016年国民经济和社会发展统计公报》，并经作者计算。

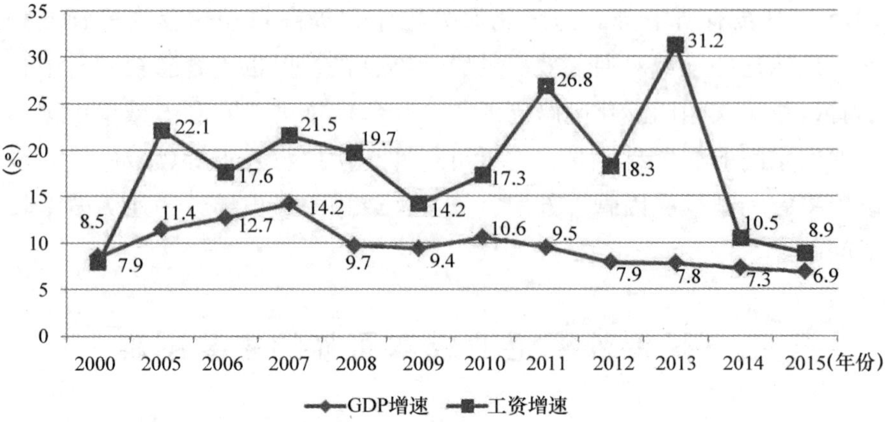

图 12-2 2000—2015 年中国 GDP 增速和工资增速变化

资料来源：《中国统计年鉴》（历年）。

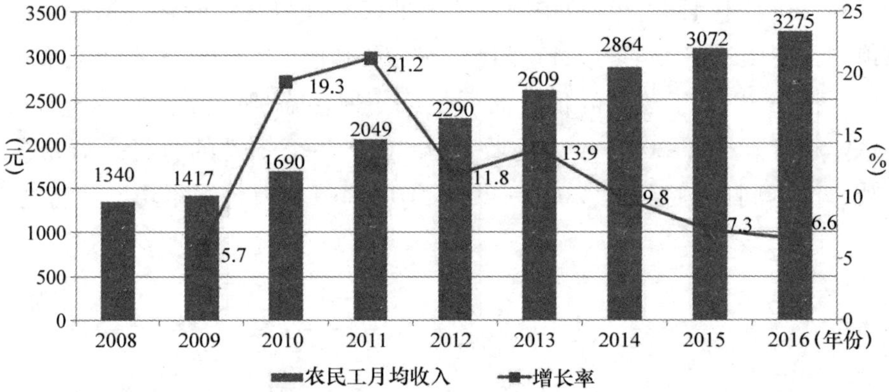

图 12-3 2008—2016 年我国农民工月均工资变化

资料来源：国家统计局农民工监测调查报告（历年）。

7.2%。考虑人民币升值因素，届时中国实际月工资水平可能接近1000 美元，2030 年达到 2000 美元，相当于韩国和台湾地区目前的工资水平。这预示着，“十三五”乃至更长时期中国在全球分工体系的中低端所面临的竞争将更趋激烈。

从环境成本看，中国境内企业为排污支付的费用及违反环保法律的成本将呈长期上升趋势。2014 年 9 月，国家发展和改革委员会、财政部、环境保护部三部委联合下发通知，要求将污水中的化学需氧量、氨氮和5项主要重金属污染物排污费征收标准调整至不低于每污染当量1.4元，废气中的二氧化硫和氮氧化物排污费征收标准调整至不低于每污染当量1.2元，分别将原有标准提升1倍。2014年11月，国务院发布的《关于加强环境监管执法的通知》中明确提出：对各类环境违法行为"零容忍"，坚持重典治乱，铁拳铁规治污，并采取综合手段始终保持严厉打击环境违法的高压态势。2016年公布的《"十三五"规划纲要》明确指出，将加大环境综合治理力度，强化排污者主体责任，严密防控环境风险，实施最严格的环境保护制度。

（二）减免进出口环节收费实质是一个利益再分配过程，将不可避免地会遇到一些掣肘和阻力

目前，中国行政事业性收费虽然纳入收支两条线管理，但毕竟是相关部门的税外收入，降低或取消这部分收费必然会触动其既得利益。政府部门指定机构或港口控股企业提供经营服务，往往收费高、服务差。如，一些口岸服务企业依托行政权力，向货主或航运企业收取不合理的清污费、船舶代理费，或未提供服务即搭车收取垃圾处理费等。一些由港口集团全资或控股设立的企业凭借其优势地位，往往是服务费用项目多且标准高。而要引入竞争机制推动相关费用下降，势必会触动这些"红顶中介"及其背后相关部门和单位的利益，也势必会遭遇"软抵制"。如，2014年交通部把审批理货公司的权限下放到地方交通厅（局），这是中国理货改革的一大进步。但外轮理货公司均由港务集团绝对控股，其收入占港务集团利润的很大部分，若引入新公司必然会触动这部分利益，因此不少港口迄今尚未成立新的理货公司。拖轮企业拥有的相对垄断地位使得拖轮费居高不下，各港口通过各种方式阻止外地拖轮或本地其他系统拖轮参与竞争的例子也不在少数。

进一步推进通关便利化需要更强大的信息技术支撑和口岸管理部门间的内外协调。

一是现阶段中国口岸管理部门的整体技术水平仍不能完全适应通关便利化要求。如，相当一部分口岸尚未采用智能化、信息化通关系统和物流监控系统，无法实现对物流的有效监管；不同口岸管理部门之间数据共享技术难度较大；实施“先进区、后报关”等高效通关模式也需要海关、质检等口岸管理部门高水平信息系统作为支撑。

二是“一次查验”中关检协调配合难度较大。“一次查验”主要有四种模式：以海关为主体联系检验检疫部门进行一次查验；以检验检疫部门为主体联系海关进行一次查验；以企业为主体，国内收货人或其代理分别根据海关和检验检疫的查验要求，协调码头吊箱以及预约查验等工作；以港务部门为主体，根据关检双方的指令协调吊箱，并将吊箱时间通知企业及关检三方。在此过程中，海关关注的是货物的性质、数量、税率等外在特性，检验检疫关注的是货物的质量、安全等内在特性，关检双方监管重点、查验方式、作业场所均存在差异。因此，前两种模式下，都可能导致出现“一次查验”不能满足某方查验要求和相关规范的情况，而第三、第四种模式则要求企、港、关、检四方的密切协调配合，在责任主体不明确的情况下，“一次查验”往往很难得以有效实施。

三是实现“单一窗口”建设中口岸管理部门间的有效协调难度较大。海关、检验检疫均属垂直管理，需要企业提供的相关信息、审核程序、审核时间等均由海关总署和质检总局决定。目前“单一窗口”虽然实现了在一个系统中提供信息，避免了企业向不同口岸管理部门多次提供信息的冗余程序，但由于各口岸管理部门之间尚未真正实现通关信息资源共享，也未能建立一套高效、科学、精准的联合监管机制，仍然存在重复填报、审核流程较为繁琐等问题。

四是中国对国内产品质量安全监管尚不到位，更缺乏口岸管理部门和国内相关监管部门的信息共享和联动机制，中国和其他国家口岸管理部门之间的合作机制也不完善。这不仅加大了口岸管理部门推进贸易便利化的难度，也加大了非法商品流入流出国境的风险。

三　降低外贸企业成本的基本思路和对策建议

（一）基本思路

从经济成本和时间成本两方面入手，分类降低外贸企业及进出口环节税费负担，提高通关便利化水平，完善支持外贸发展的财税金融政策体系，增强质优价廉外贸产品的供给能力。同时，应统筹供给改革和稳定外需，在提升外贸供给的同时，深耕境外市场、挖掘需求潜力。在更好发挥政府作用的同时，让市场在外贸企业资源配置中发挥决定性作用，既要降低税费为企业减负，又要顺应劳动力、土地、能源资源等成本上升趋势，倒逼外贸企业加快培育竞争新优势、提升国际分工地位，按照市场规则实行优胜劣汰、优进优出。

（二）对策建议

1. 分类降低外贸企业负担及进出口环节收费

将外贸企业及进出口环节收费分为三类：一是政府部门履行公共职责的收费；二是政府部门及其下属事业单位或指定企业提供服务的收费；三是港口经营人、管理人以及船公司等提供服务的收费。

对第一类收费，包括企业在海关、质检、环保、食品监督等部门进行备案、登记、录入、数据传输处理等发生的费用，应尽快取消。这些是政府部门依法提供的公共服务，属于部门应有职责范畴，已有财政经费投入，不应再额外收费。同时，应适当提高财政经费保障，避免过大触动既得利益者，以减少改革阻力。

对第二类收费，主要是海关、质检下属机构或指定企业提供查验、相关辅助作业以及消毒、卫生、熏蒸等服务进行的收费，应尽可能降低费用标准，并通过政府购买公共服务增加对相关事业单位和企业的资金保障。这些服务对于保障公众健康、安全等具有重要作用，具有较强的公共品性质，应纳入财政保障。同时，应增强查验针对性和有效性，对没有问题的企业免除查验费用，对有问题的企业加大处罚力度。

对第三类收费，主要是港口经营者、管理者及船公司等提供服务的收费，应加快市场调节步伐。对具有一定垄断经营性质的收费项目，应通过听证会、社会公示征求意见等，使货主等当事人参与价格评估和确定，体现定价的公开、公正和透明性；对具有市场竞争性质的收费项目，应引入招投标机制，通过竞争降低成本、改善管理、提高服务质量。

同时，应建立健全清理乱收费的长效机制。对依法合规设立的进出口环节行政事业性收费、政府性基金以及实施政府定价或指导价的经营服务性收费实行目录清单管理，未列入清单的一律按乱收费予以查处。加快健全清单公布、价格举报、不定期巡查机制，加大处罚力度，坚决防止乱收费反弹，切实降低企业进出口费用负担。

2. 进一步深化通关便利化改革

一是加快推进“单一窗口”建设和关检“三个一”合作，充分整合监管设施资源，全面实现通关作业无纸化，强化大通关协作机制，尽快实现口岸管理相关部门信息互换、监管互认、执法互助。

二是加大国内外通关合作力度。加强与美国、欧盟及“一带一路”沿线国家在法律制度、知识产权保护、监管结果互认和技术标准等的交流合作与互认力度。加快打造全国海关风险防控中心和税收征管中心，建立“一次申报、分步处置”“企业自缴税款、海关稽查”和功能性海关三大制度，进一步推进全国通关一体化。尝试推进口岸管理部门和国内监管部门合作，将部分监管职能转由国内监管部门完成。

三是加快推动口岸管理体制改革。加快推进各口岸管理部门职能整合，优化通关程序，积极推进口岸通关现场非必要执法作业前推后移，彻底改变“九龙治水”的口岸管理格局。

四是提高联合查验效率。以港务部门作为“一次查验”主体，关检双方把需要查验的指令发给港务部门，码头或者查验中心根据关检查验的对碰情况安排吊箱；加大现代信息技术应用，有效实现关检双方查验信息的自动对碰、信息发布与查询；对于部分货物涉及关检双方都要抽样送检且检验鉴定项目一致的，如品名、属性、成分鉴定等，由关检双方约定共同采样送由具有认可资质的检测实验室检测，并实现检测结果互认。

3. 加快完善支持外贸发展的财税金融政策

一是提高出口退税效率。进一步落实出口退税企业分类管理办法，加快出口退税进度，确保及时足额退税。

二是加大出口信用保险支持。扩大短期出口信用保险规模，加大对中小微企业及新兴市场开拓的支持力度，实现大型成套设备出口融资保险应保尽保，进一步简化程序。

三是完善人民币汇率市场化形成机制。扩大人民币汇率双向浮动区间。进一步提高跨境贸易人民币结算便利化水平。发展外汇衍生品市场，帮助企业规避汇率风险，减少汇兑损失。

（执笔人：吴涧生、杨长湧、李大伟、季剑军、金瑞庭）

参考文献：

1. 张蕙、关利欣、李薇、洪俊杰：《打开贸易成本的"黑箱"——一个贸易成本的分析框架》，《财贸经济》2013 年第 8 期。

2. 孙瑾、杨英俊：《中国与"一带一路"主要国家贸易成本的测度与影响因素研究》，《国际贸易问题》2016 年第 5 期。

3. 陈继勇、周琪、姚博明：《中国与欧洲双边纺织品贸易成本测度及其影响因素分析》，《经济管理》2012 年第 12 期。

4. 王宏：《我国对外贸易结构升级的贸易成本分析》，《价格月刊》2015 年第 3 期。

5. 许统生、陈瑾、薛智韵：《中国制造业贸易成本的测度》，《中国工业经济》2011 年第 7 期。

6. 郑先勇、王菲：《对外贸易结构与产业结构影响经济增长文献综述》，《现代商贸工业》2011 年第 3 期。

7. 魏浩、郭也：《中国制造业单位劳动力成本及其国际比较研究》，《统计研究》2013 年第 8 期。

8. 吴涧生、杨长湧、李大伟、季剑军、金瑞庭：《外贸企业降成本迫在眉睫》，《中国发展观察》2016 年 9 月。

9. 张艳艳：《论降低企业成本的有效途径》，《投资与合作》2013 年 7 月。

10. 朱莉：《浅析煤矿企业降成本增效益对策》，《现代商业》2011 年 7 月。

附表 12－1　广东省进出口环节经营服务性收费目录清单

<table>
<tr><th colspan="2">收费项目</th><th>管理权限</th><th>收费主体</th><th>收费对象</th></tr>
<tr><td colspan="2">自愿性商业委托检验鉴定费</td><td rowspan="2">国家定项目
国家定标准</td><td rowspan="3">检验检疫局下属的事业单位或企业</td><td rowspan="3">进出口企业</td></tr>
<tr><td colspan="2">出入境检疫处理费</td></tr>
<tr><td colspan="2">非法定预防接种和体检费</td><td>国家定项目
省定标准</td></tr>
<tr><td rowspan="2">预录入技术设备补偿费</td><td>报关单预录入</td><td rowspan="2">国家定项目
国家定标准</td><td rowspan="2">海关下属事业单位及相关企业</td><td rowspan="2">进出口企业、报关公司</td></tr>
<tr><td>加工贸易台账合同预录入</td></tr>
<tr><td rowspan="3">单证录入和打印费</td><td>新办企业注册备案、企业年审资料、合同备案及合同核销</td><td rowspan="11">省定项目
省定标准</td><td rowspan="11">海关下属事业单位及相关企业</td><td rowspan="11">进出口企业、报关公司</td></tr>
<tr><td>进出口货物转关申报单、进出境货物舱单</td></tr>
<tr><td>进出口商品预归类申报单、进出境汽车载货清单、进出口货物征免税证明单、深加工结转申请表、收发货单（或退货单）</td></tr>
<tr><td colspan="2">电子 IC 卡信息处理费</td></tr>
<tr><td rowspan="4">数据传输处理费</td><td>货物提（舱）单、行邮快件电子申报</td></tr>
<tr><td>运输工具电子申报</td></tr>
<tr><td>货物类进出口电子清单</td></tr>
<tr><td>报关单（证）及合同（含其他备案资料）</td></tr>
<tr><td rowspan="3">系统安装及维护费</td><td>系统安装费</td></tr>
<tr><td>系统维护费（1 套，维护点在各数据中心所在行政区域范围内）</td></tr>
<tr><td>系统维护费（1 套，维护点在各数据中心所在行政区域范围外）</td></tr>
</table>

续表

收费项目		管理权限	收费主体	收费对象
来往港澳小型船舶快速通关系统收费		省定项目 省定标准	来往港澳小型船舶使用“快通系统”的船公司、船务代理公司、港口公司、货运代理、电子报关服务中介公司、进出口公司、物流公司，经委托的服务中介公司及已安装船载收发信装置的船舶	来往港澳小型船舶快速通关系统收费
进出境货运车辆检查场配套服务费	场地使用费	省定项目 地市定标准	进出境货运车辆检查场	进出境货运车辆
	装卸费			
	货物仓储保管费			
	拆柜费			
	车辆停放服务费、超时费、过夜费			
	地磅过磅费			
海关监管仓保管费	仓储费		海关监管仓经营单位	进出口企业
	装卸费			
	叉车服务费			
	货物处理费			

资料来源：广东省发展改革委。

附表12－2　**复制推广的上海自贸试验区14项海关监管改革创新简介**

项目一：先进区，后报关	
改革内容	改革前：在一线进境货物入区环节，企业先向海关申报进境备案清单，海关办理完通关手续后，企业再凭放行单据将货物运至区内
	改革后：对于一线进境货物，海关依托信息化系统，允许企业凭进境货物的舱单信息先提货进区；上海海关所辖口岸监管场所经营人凭电子信息办理相关货物的提离手续；货物运至区内后，企业再在规定时限内向海关进行进境备案清单申报

续表

项目一：先进区、后报关	
改革效果	企业进境货物从港区到区内仓库时间平均从2—3天缩短至半天。企业物流成本平均降低10%
实施范围	由目前的47家试点企业扩大到试验区所有符合条件的企业。首批形成制度安排的改革项目。2014年5月1日起将推广至所有符合条件并自愿参加的区内企业
前期试点案例	上海盟通物流有限公司是“先进区、后报关”的试点企业之一，试点货物中80%以上为服装类产品，通常每票都有10个以上的品名。原来“先报关、后进区”模式下，经常因为单证问题影响通关，并为此增加物流、仓储成本支出。试点“先进区、后报关”后，企业可将货物提入仓库后，再整理资料向海关备案申报，既提高申报准确性，又能节约时间，降低物流成本
项目二：区内自行运输	
改革内容	改革前：试验区范围内4个海关特殊监管区域之间货物的流转采取转关运输方式并用海关监管车辆运输货物
	改革后：试验区内企业，可以使用经海关备案的自有车辆或委托取得相关运输资质的境内运输企业车辆，在试验区内自行结转货物
改革效果	大幅节约企业物流成本和通关时间
	根据试点情况测算，每车缩短30分钟，企业一年节约物流成本约20万元
实施范围	由目前7家企业试点扩大到试验区有需求的企业。首批形成制度安排的改革项目。2014年5月1日起将在整个自贸试验区全面推广
前期试点案例	上海畅联国际物流股份有限公司是首批“自行运输”试点企业，运输路径从外高桥保税区到洋山保税港区。采用自行运输模式，平均车辆可以节约半个小时的等候时间。以外高桥至洋山为例，2吨的车辆可节约50元/车，5吨的车辆可节约100元/车
项目三：加工贸易工单式核销	
改革内容	改革前：仅在区内个别生产企业试点。一般生产企业实施单耗管理核销模式
	改革后：对实行海关联网监管，并符合一定条件的企业，取消单耗管理核销模式，实行以每日工单数据为基础的核销模式
改革效果	将实现海关动态实时准确核算、即时计算核销结果。企业库存差异认定时间从原来的一两个月减少到一天，节省了企业申报时间。为区内维修和研发等新型的业务类型提供了与之相适应的核销模式
实施范围	试验区内所有符合条件的企业。首批形成制度安排的改革项目。2014年5月1日起全面推广至区内符合条件的所有企业

续表

项目三：加工贸易工单式核销	
前期试点案例	漕河泾出口加工区内英业达科技有限公司已试点参与工单式核销模式。试点较好实现了海关保税监管效能提升和企业运作便利化的“双赢”。成功实现电子账册的“瘦身”，方便企业进行备案申报。英业达通过归并关系将厂内21000多个料号归并至H2000账册的260多个项号，简化了通关作业流程，提升货物通关效率。采用电子工单代替传统加工贸易备案单耗进行核算，在提高数据准确性的同时，缩短了核销作业周期。英业达在实行工单式核销模式后，企业盘亏情况和补税金额更加合理，核销周期也从原先的半年缩短至2个月
项目四：保税展示交易	
改革内容	改革前：仅允许企业在区内开展保税展示
	改革后：允许自贸试验区内企业在向海关提供足额税款担保（保证金或银行保函）后，在区外或区内指定场所进行保税货物的展示及交易
改革效果	允许企业在试验区物理围网以外场所进行保税展示交易，企业可按照经营需要进行物流配送，已销售货物在规定时限内进行集中申报并完税，帮助企业降低物流成本和终端售价，加快物流运作速度
实施范围	试验区内有此业务需求的企业均可开展。首批形成制度安排的改革项目，已在自贸试验区实施
前期试点案例	位于外高桥保税区的森兰商都，试点开展了高端消费品保税展示交易，业务流程如下：保税仓库—电子监管—展示点销售——个月内销售货品集中申报—三个月内未售货品返区。海关监管系统、企业仓库WMS管理系统以及森兰商都ERP管理系统成功对接，信息互通，及时了解货品在每个阶段的状态。海关在森兰商都设立专用监管点加强现场监管
	据运营方测算，由于海关允许商品在保税状态下出区进入展示平台，并可零售和事后集中申报纳税，减少了中间环节和税费成本，其保税展示交易货物售价可比国内市场相同商品优惠20%—30%
项目五：境内外维修	
改革内容	改革前：仅允许区内企业开展区内生产出口产品的返区维修，且维修业务规范不明确
	改革后：支持自贸试验区内企业开展高技术、高附加值、无污染的境内外维修业务，海关参照保税加工的监管模式，依托信息化管理系统实施管理
改革效果	拓展区内维修业务范围，促进高技术、高附加值、无污染的境内维修业务发展，推动加工制造向研发及检测、维修等生产链高附加值的前后两端延伸，促进加工贸易转型升级
实施范围	区内符合条件的开展维修业务的企业。首批形成制度安排的改革项目。2014年5月1日起正式实施

续表

项目五：境内外维修	
前期试点案例	2014 年 1 月 3 日，天长（上海）飞机租赁有限公司引进一架波音 737 客机，货值 5200 万美元，由上海波音航空改装维修工程有限公司改装。这是浦东国际机场综保区 2014 年首单维修业务。上海海关完成了这一单维修改装飞机内销的监管工作
项目六：期货保税交割	
改革内容	改革前：在上海洋山保税港区内开展铜、铝两项商品的保税期货交割试点
	改革后：允许企业在试验区 4 个海关特殊监管区域内开展以保税监管状态的货物作为期货交割标的物，开展期货实物交割。业务品种扩大到上海期货交易所全部上市的商品品种
改革效果	进一步促进中国期货贸易的发展，促进形成中国大宗商品定价机制，推动上海国际金融中心和航运中心建设
实施范围	由洋山保税港区 1 个海关特殊监管区域、铜和铝 2 个品种，扩大到试验区全部范围和上海期货交易所所有上市的商品品种。首批形成制度安排的改革项目，已正式实施
前期试点案例	上海同盛物流园区投资开发有限公司自试点开展期货保税交割业务以来，共计生成保税交割结算单 37 张，实际重量约为 925 吨。借助保税仓库存储期货保税商品，企业可在保税状态下进入期货商品交割环节，不必先行办理报关手续、缴纳进口关税和相关税费，此举有助减少企业资金压力，帮助其扩展期货交割规模，推动国内期货交易市场发展。同盛公司自开展该业务以来，2011 年的电解铜进出库总量为 4.4 万吨，2012 年为 22.1 万吨，2013 年为 32.3 万吨，业务量增长明显，企业知名度及影响力也不断提升
项目七：融资租赁	
改革内容	改革前：仅在浦东机场综合保税区开展试点
	改革后：可在试验区范围内开展此项业务。允许承租企业分期缴纳租金，对融资租赁货物按照海关审查确定的租金分期征收关税和增值税
改革效果	将上海航运服务与金融服务的资源优势、创新优势、环境优势，与海关特殊监管区域保税功能优势相结合，推动试验区建设成为国内一流的融资租赁特别功能区与金融创新实践区
实施范围	试验区内符合国家主管部门融资租赁条件的企业均可开展此业务。首批形成制度安排的改革项目，实施区域从浦东机场综保区扩大到整个自贸试验区，已正式实施
前期试点案例	2014 年 1 季度，交银金萱（上海）飞机租赁有限公司进口自贸区首架波音 777 飞机，货值 1.64 亿美元，以融资租赁方式出租给中国国际航空公司。上海海关为该飞机办理了进境备案和出区租赁手续

续表

项目八：批次进出、集中申报	
改革内容	改革前：通关申报环节以逐票申报为主，集中申报为辅且均在二线实施
	改革后：改变传统逐票申报方式，改“一票一报”为“多票一报”，允许企业货物分批次进出，在规定期限内集中办理海关报关手续
预期展望	扩大企业申报自主权，大幅减少企业申报次数，加快企业物流速度，有效降低通关成本，为试验区内企业开展“多批次、小批量”进出口业务提供便利；同时，方便企业开展保税展示、保税维修、外发加工等业务，提升企业竞争力
实施范围	2014 年 6 月 30 日前在二线进出区环节实行“批次进出、集中申报”，下半年在一线进出境环节推行“批次进出、集中申报”试点。第二批形成制度安排的改革项目，6 月 30 日前推出
项目九：简化通关作业随附单证	
改革内容	改革前：海关在通关申报环节需提交提单、合同、发票、装箱单等纸质随附单据
	改革后：对一线进出境备案清单以及二线不涉税的进出口报关单取消随附单证的要求，但海关保留必要时要求企业提供随附单证的权力
预期展望	简化企业报关手续，提高通关作业自动化率，大幅提升通关效率
实施范围	试验区内所有企业一线、二线的报关环节。第二批形成制度安排的改革项目，2014 年 6 月 30 日前推出
项目十：统一备案清单	
改革内容	改革前：外高桥保税区、保税物流园区备案清单申报项为 36 项；洋山保税港区和浦东机场综合保税区备案清单申报项为 42 项
	改革后：统一简化试验区备案清单格式，申报要素统一规范为 30 项
预期展望	实现规范简捷申报，减轻企业负担，提高自贸试验区一线进出境通关效率，促进试验区 4 个海关特殊监管区域一体化运作
实施范围	试验区范围内所有企业。第二批形成制度安排的改革项目，2014 年 6 月 30 日前推出
项目十一：内销选择性征税	
改革内容	改革前：除外高桥保税区外，试验区其他海关特殊监管区域实行内销货物按照实际状态征税
	改革后：对设在自贸试验区内的企业生产、加工并经“二线”销往国内市场的货物，企业可根据其对应进口料件或实际状态中选择缴纳进口关税

续表

项目十一：内销选择性征税	
预期展望	企业可根据需要自主选择内销货物按进口料件或按实际报验状态缴纳进口关税，达到减少税负、降低成本的目的，有利于企业扩大内销，提升试验区内生产企业的竞争力，吸引更多生产企业入区
实施范围	试验区内所有生产加工企业均可申请开展此项业务。第二批形成制度安排的改革项目，2014 年 6 月 30 日前推出
项目十二：集中汇总纳税	
改革内容	改革前：海关征税为传统的逐票审核、征税放行模式
	改革后：将传统的海关主导型的税收征管模式转变为企业主动型的征管模式。深化税收征管环节的“前推”和“后移”，在有效担保前提下，企业在规定的纳税周期内，对已放行货物向海关自主集中缴付税款，推进征缴电子化，海关由实时性审核转为集约化后续审核和税收稽核
预期展望	实施集中汇总纳税后，在有效担保的前提下，实行先放行后征税的模式，企业在一个月内对已放行的货物集中支付税款，从而实现货物的高效通关，缓解企业资金压力，降低企业纳税成本，有利于激发市场主体的活力。据测算，应税货物通关时间可节省 70%
实施范围	试验区内 B 类以上企业、区外 A 类以上企业。第二批形成制度安排的改革项目，2014 年 6 月 30 日前推出集中汇总纳税
项目十三：保税物流联网监管	
改革内容	改革前：对区内保税仓库管理采取传统的定期盘库管理模式，仓储企业管理系统未与海关联网
	改革后：将传统的阶段性盘库方式改为动态、实时的仓库核查模式。对符合条件的使用仓储管理系统（WMS）的企业，实施“系统联网 + 库位管理 + 实时核注”的仓储物流海关监管模式，对货物进、出、转、存情况做到实时掌控和动态核查
预期展望	简化企业申报流程，便于企业实现不同状态货物的同库仓储经营，提高物流运作效率，降低企业运营成本，适应企业内外贸一体化的需求
实施范围	试验区符合条件的使用 WMS 系统管理且与海关联网的企业。第二批形成制度安排的改革项目，2014 年 6 月 30 日前推出
项目十四：智能化卡口验放管理	
改革内容	改革前：车辆、货物进出人工办理手续，效率较低
	改革后：简化卡口操作环节，升级改造卡口设施，实现自动比对、自动判别、自动验放，缩短车辆过卡时间，提升通关效率

续表

项目十四：智能化卡口验放管理	
预期展望	卡口验放从“2上2下4敲章”的人工手续变为“0上0下0敲章”的自动过卡，车辆过卡时间从6分钟缩短至45秒。每天通车能力提高8倍。同时，有利于海关及时采集进、出、转、存物流信息数据，通过信息化系统实现信息自动比对、核注以及进行风险判别及相应处置，落实安全高效要求

资料来源：上海自贸试验区网站。

附表12-3　　**若干经济体OECD贸易便利化指数对比**

		2012年中国	2015年中国	2015年美国	2015年中国香港	2015年韩国
信息可获取性	相关资料是否可公开获取	1.56	1.8	1.67	2	1.89
贸易商参与程度	是否和贸易企业有所协商	1.5	1.75	1.8	1.75	1.6
事先明确规则程度	是否事先对原产地规则、计价等有明确的规则	1.5	1.43	2	—	1.3
上诉可行性	企业上诉的可能性和便利性	1.71	1.13	1.5	1.71	1.67
收费情况	相关收费是否规范	2	1.75	1.5	1.5	1
文档规范化和国际化程度	相关文档是否统一和符合国际通行标准	1.17	0.83	1.17	2	1.71
自动化程度	无纸化通关、自动装卸等现代技术应用程度	1.25	1.75	1.71	1.8	1.57
程序简化程度	通关程序是否简化，应用“单一窗口”、清关后审计等	1.29	1.5	1	1.8	1.41
国内合作程度	国内各海关之间的合作水平	1	1	2	1.67	1.75
跨国合作程度	和其他国家海关质检的合作水平		1	2	1.5	2
治理与公正	海关是否公正和遵守道德	1.86	1.57	1.89	1.88	2
平均水平	—	1.48	1.41	1.66	1.76	1.62

资料来源：OECD数据库。

第十三章　简政放权是企业降成本的关键

摘要：进一步简政放权，减少制度和政策羁绊，降低企业制度性交易成本，这是降成本的关键环节。近年来，国务院和地方政府简政放权效果明显。但在部分改革“深水区”和“角落”，一些部门对权力仍恋恋不舍，简政放权最后一公里不时卡壳，深化改革的任务仍十分艰巨。下一步推进简政放权、降低企业制度性交易成本，要与供给侧改革紧密结合起来，进一步理顺政府与市场关系，为企业发展创造良好的制度环境。

企业是国民经济的基本细胞。降低企业成本，是针对当前实体经济面临较大困难、利润和盈利能力下降、工业品出厂价格下降的同时成本上涨较快等问题而采取的切实行动，有利于增强企业盈利能力，稳定企业预期和信心，激发发展活力，推动经济平稳健康运行。中央经济工作会议把“降成本”作为2016年经济社会发展特别是结构性改革的五大任务之一，并提出要开展降低实体经济企业成本行动。同时也明确指出：“要降低制度性交易成本，转变政府职能、简政放权，进一步清理规范中介服务。”企业各类成本之高，既有市场因素影响，更有体制机制顽疾。制度性交易成本，是由于制度性因素而产生的企业成本，如审批环节过多、检查评比过滥都会产生更多的交易成本。因此，要降成本就要切实转变政府职能，进一步简政放权，为企业松绑，转变到为企业提供必要的和需要的服务上来。

一　降成本需要大力简政放权

（一）企业制度性交易成本关乎企业成本和发展环境

企业可盈利，有活力，经济才能有持久的发展动力。国家统计局发布的数据显示，规模以上工业企业每百元主营业务收入中的成本，2012 年以来一直维持在 85 元左右的高位，2015 年 1—11 月为 85.97 元，同期企业利润率仅为 5.57%。现实中，很多企业反映成本高，日子难过。近年来，中国的创新能力在不断提高，但目前还不足以弥补快速上升的成本造成的竞争优势的减弱。要尽量保持和延长竞争优势，必须下决心降成本，否则，长期下去很多企业会被高成本压垮。

制度性交易成本，主要是由体制机制问题造成的经济、时间和机会等各种成本。降低制度性成本不仅关乎企业成本，还直接影响企业发展机遇。与企业财务成本作用于企业的内在性和直接性相比较，企业发展的制度性交易成本更加具有外部性和间接性特征。降低企业制度性交易成本，主要是着眼于通过简政放权，转变政府职能，推进行政审批制度改革，靠拧掉制度成本把价格优势找回来，帮助企业渡难关、调结构、增后劲，为市场主体营造合适的制度环境。

（二）降成本需要清晰定位政府与市场关系

企业制度性交易成本主要产生于作为市场主体的企业与政府的经济活动过程中，降低企业制度性交易成本需要清晰定位政府与市场关系。党的十八届三中全会明确提出，要使市场在资源配置中起决定性作用和更好发挥政府作用。使市场在资源配置中起决定性作用，就要从广度和深度上推进市场化改革，减少政府对资源的直接配置，减少政府对微观经济活动的直接干预，把市场机制有效调节的经济活动交给市场。党的十八届四中全会决定进一步提出了政府权力法定和建设法治政府的重大任务，标志着顶层设计中对政府与市场关系进行新一轮制度化、规范化的界定，以实现对“有形之手”与“无形之手”在法律和制度框架内的规范。党的十八届五中全会决定把简政放权改革推向纵深，更加强调供求平衡，在适度扩大总需求的同时，强化供给侧结构性改革，特别是要更多地发挥好企业和个人的作用，充分调动其积极性和创造性，将政府的主要职责定位于制定好法律、法规、标准和政策，为企业和社会提供良好的制度和政策环境。

（三）简政放权是降成本的必然选择

降低制度性交易成本，简政放权是核心。如何使市场在资源配置中起决定性作用，如何更好发挥政府作用，从根本上讲，就是要继续深化行政审批制度改革，进一步简政放权，最大限度减少政府对微观经济事务的管理，为经济松绑减负，切实降低企业制度性交易成本。本届政府先后多次取消和下放行政审批事项，特别是商事制度改革极大激发了创业热情。然而阻碍市场活力的行政审批、行政管制仍然存在。中央经济工作会议从制度、财税、金融、社保、流通、能源6个领域制定了帮企业降成本的六招“组合拳”，朝着为企业减负这个方向共同发力。六大举措的重中之重，降低制度性交易成本是关键。必须将服务企业作为简政放权、转变政府职能的主要抓手，坚持简政放权、放管结合、优化服务协同推进，着力打通服务企业“最后一公里”，不断激发市场活力和创业创新热情，提高供给质量与效率、改善供给结构，最终提高全要素生产率。

二　近年来中国推进简政放权成效显著

近年来，中国将简政放权和行政审批制度改革作为全面深化改革的当头炮和先手棋，攻坚克难，不断取消和下放行政审批等事项，对推动全面改革、激发市场活力、增强发展动力、社会创造力和转变政府职能等具有非常重要的引领、带动作用，成效显著。

（一）推进审批制度改革，大力减少行政审批事项和行政事业性收费

行政审批制度改革力度空前。党的十八届三中全会明确要求进一

步深化行政审批制度改革。据统计，2013 年本届政府成立以来，国务院相继取消和下放了 800 多项行政审批事项，中央层面已累计取消、停征、减免了 427 项行政事业性收费和政府性基金。地方层面也取消、减免了一大批本地区设立的收费项目，仅 2014 年各省（区、市）累计取消收费就超过 600 项。2015 年，以深化行政审批制度改革为突破口，把简政放权、放管结合改革向纵深推进，继续取消和下放行政审批项目，对保留的收费实施目录清单管理，接受社会监督。截至 2015 年 10 月 15 日，国务院共取消和下放了 201 项行政审批事项，全面完成国务院部门非行政许可审批事项清理工作，并且清理工作深入到中央指定地方实施的行政审批事项和国务院部门行政审批中介服务事项。财政部、国家发展和改革委员会发布通知，自 2015 年 11 月 1 日起，在全国统一取消和暂停征收 37 项行政事业性收费；自 2016 年 1 月 1 日起，取消人力资源和社会保障部等部门所属公共就业和人才服务机构收取的人才集体户口管理服务费，包括经营服务性质的收费。加快推动政府管理方式创新。国务院发布《关于实行市场准入负面清单制度的意见》，从 2018 年起正式实行全国统一的市场准入负面清单制度，并启动相关试点申报工作。深化落实注册资本登记制度改革方案，深入推进工商登记前置审批事项改为后置审批相关改革，推行全程电子化登记管理和电子营业执照，加快实现“三证合一、一照一码”。实施法人和其他组织统一社会信用代码制度，提高社会运行效率和信用。试点企业简易注销改革。推动行业协会商会与行政机关脱钩，目前已提出了第一批 91 项拟清理规范的中介服务事项，整合建立统一的公共资源交易平台，以管理创新提高资源配置效率。向纵深推进放管结合。推行“一口受理”，实行“限时办理”等举措，部署建立部门和地方协同联动的投资项目审批监管制度，运用互联网和大数据技术，加快建设投资项目在线审批监管平台，提高审批效率。建立权力清单和相应责任清单制度，全面推进依法行政。通过政策落实第三方评估，推广随机抽查机制，强化监督问责。

行政审批制度改革成效显著。行政审批制度改革政策落实情况总体较好，对稳增长、调结构、促改革、惠民生发挥了积极作用。一是国务院取消下放审批等事项的数量目标完成情况良好，进度超出预期。有的部门取消下放审批事项将近70%。已公布取消的事项全部落实，下放事项在省一级基本衔接到位，市县级政府大多数承接到位。二是取消下放的审批事项总体上含金量较高。经过清理，中央和地方政府收费项目大幅削减、规范性明显提高，对切实减轻企业和个人负担，促进实体经济稳定增长起到了积极作用，改革成效不断显现。减免行政事业性收费和政府性基金后，每年可减轻企业和个人负担约1000亿元。国家统计局调查显示，在感受到取消和下放行政审批事项影响的企业中，对政策措施落实情况表示“满意”“基本满意”的分别占39.0%、42.6%，合计达81.6%。三是各地各部门“放管结合”意识普遍增强，注重加强事中事后监管，积极探索推进行政审批规范化，进一步优化审批流程，缩短审批时限，提高审批效率。

（二）推进商事制度改革，激发市场主体创新创业活力

党的十八届三中全会以来，商事制度改革的成绩相当亮眼，这场自下而上推动的改革受到社会各界的广泛好评。2006年以来，国家工商总局先后制定出台了40个支持地方经济发展的政策意见，从基层开始了商事制度改革探索。在总结广东等地试点经验基础上，通过深入研究，广泛论证，国家工商总局会同有关部门制定了改革实施方案，以2013年10月国务院印发《注册资本登记制度改革方案》为标志，全面推进新一轮商事制度改革。

本轮改革主要从以下七个方面推进：一是改注册资本实缴制为认缴登记制，降低了资金门槛和百姓创业成本，提高企业的资金效率；二是改“先证后照”为“先照后证”，工商登记前置审批许可为后置审批许可，仅保留34项前置审批许可项目；三是2015年10月1日起，“三证合一、一照一码”登记制度改革在全国范围内实施，极大地便利了企业登记注册；四是改企业年检制为年报公示制；五是改市场巡查为随机抽查，实现抽查对象和抽查主体“双随机”；六是简化市场主体住所（经营场所）登记手续，释放住所的存量资源，降低

创业成本，全国31个省（区、市）出台了住所管理规定；七是推行电子营业执照和全程电子化登记管理，提高企业办事效率和政府管理效率。

通过商事登记制度改革，有效改善了中国的营商环境，在社会上引起良好反响。世界银行《营商环境报告2016》显示，在189个经济体中，中国营商环境排名第84位，比2014年第90位上升了6位。市场主体快速增长。截至2015年11月底，全国新登记市场主体1321.5万户，比上年同期增长14.1%，其中企业389.5万户，增长19%，平均每天新登记企业1.17万户。产业结构得到优化，2015年1月至9月，全国新登记企业在三次产业数量分别为13.9万户、47.2万户、254.8万户，分别同比增长23.1%、4.1%、22.4%，分别占新登记企业总数的4.4%、14.9%、80.7%。“互联网+”等新产业、新业态的快速发展，为经济结构调整注入了新活力。有效稳定就业增长，全国个体私营经济共吸纳就业2.76亿人，2015年新增从业人员2616.5万人。小微企业迅猛发展，2015年1月至9月，小微企业（参照统计局分析标准注册资本2000万元以下被划为小微企业）305.18万户，占新登记企业总数的96.62%。

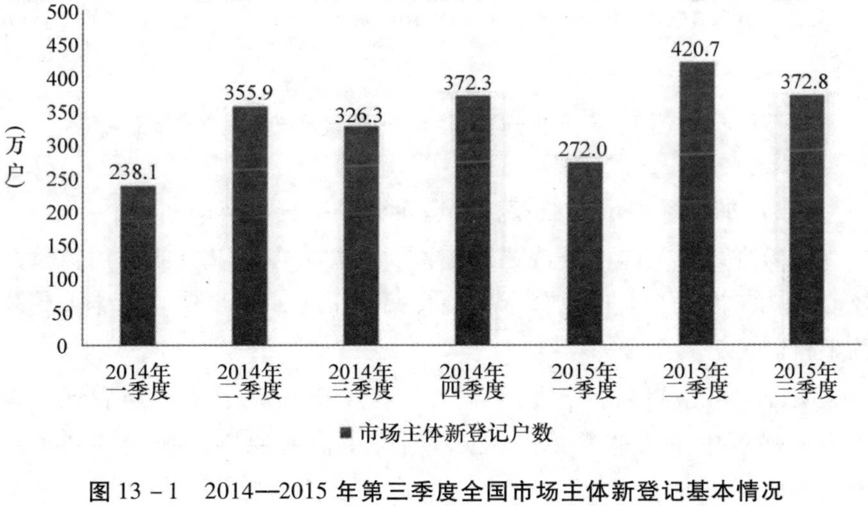

图13－1　2014—2015年第三季度全国市场主体新登记基本情况

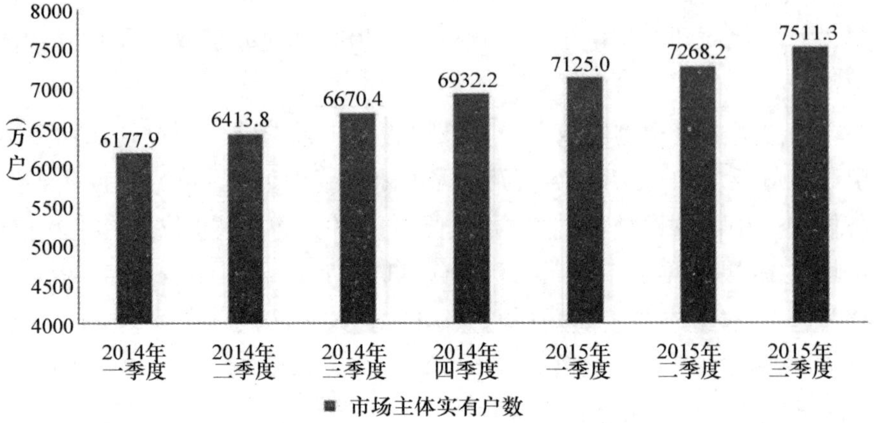

图 13－2　2014—2015 年第三季度全国市场主体实有情况

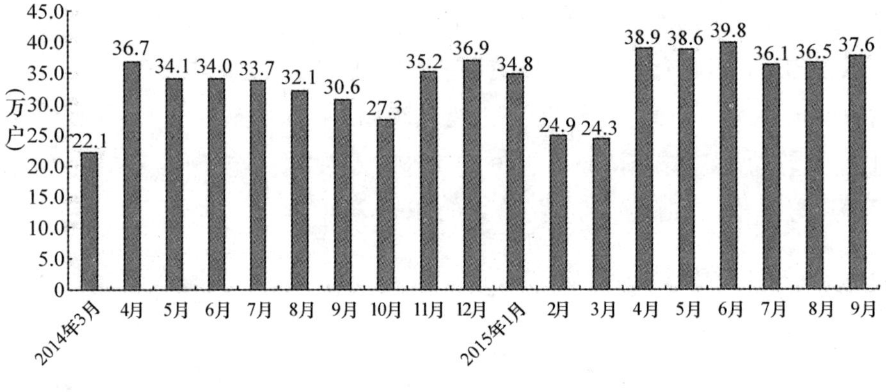

图 13－3　2014 年 3 月—2015 年 9 月新登记注册企业户数变化

（三）加强事中事后监管，营造企业公平竞争环境

市场监管有关部门坚持宽进严管、放管结合，以企业信用监管为核心，扎实推进企业信息公示、信息归集工作，初步建立了企业信用约束机制。

明确了事中事后监管职责。国务院发布《关于“先照后证”改革后加强事中事后监管的意见》，明确了监管原则，强调了“谁审批、谁监管，谁主管、谁监管”。构建了以信息归集共享为基础、以信息公示为手段、以信用监管为核心的新型监管制度。明确了“照”和“证”衔接过程中部门的监管职责，消除了监管的真空，避免出现监管“灰色地带”。建立部门协同联动机制，对违法失信企业和个人在招投标、出入境、政府采购等方面给予限制或者禁止。

认真做好市场主体信息公示工作。信息公示是促进企业诚信自律，扩大社会监督的重要基础。2015 年是全面实施年报公示工作的第一年，工商部门把年检改年报作为监管方式改革的重要举措，加强制度建设，建立工作通报机制，加强政策解读和工作指导，开展年报公示情况督查。2014 年个体工商户和农民专业合作社年报公示率分别为 78.8% 和 76.9%。截至 2015 年 11 月底，全国 333.5 万户企业公示了即时信息，共 754.7 万条。规范工商部门公示企业信息行为，行政处罚信息公示率 82.9%。

落实“双随机”抽查工作机制。“双随机”抽查机制是创新政府管理方式、规范市场执法行为的重要改革措施。按照国务院关于开展“双随机”工作的要求，2015 年首次推行了“双随机”工作机制，对 2014 年全部企业开展抽查工作。按照 1% 的比例，开展了企业即时信息公示情况的抽查工作，全国共抽查企业 17.6 万户。开展了针对公司股东（发起人）出资公示情况的定向检查，抽查比例为 1.5%。按照 3% 的比例，开展了企业年报抽查工作，抽查企业 44 万户。

建立信用约束机制。依托企业信息公示系统，加强年报、企业备案等信息归集分析，信用约束机制初见成效。工商部门扎实推进经营异常名录制度建设，建成全国统一的经营异常名录数据库。截至 2015 年 11 月底，全国被列入经营异常名录的市场主体 303.6 万户，其中企业 274 万户。积极推动信息共享，全国有 24 个省（区、市）建立了部门间企业信用信息共享机制，实现信息共享，其中有 17 个地方以工商部门为主导。工商部门累计向其他部门提供相关信息 31.6 亿条。积极推进失信联合惩戒，与 37 个中央部门签订了相关协议，实现了对企业跨部门、跨地区、跨行业的信用约束和联合惩戒。对 132 万名“老赖”依法进行任职限制。

加强国家企业信用信息公示系统（“全国一张网”）建设和大数

据运用。有关部门积极加强顶层设计，拟定了“一张网”建设方案和工程可行性研究报告，积极推进工程立项。运用工商大数据资源积极开展经济形势分析，服务领导决策。

（四）清理规范中介服务，进一步释放简政放权红利

行业协会商会等中介组织是政府与市场、社会之间的桥梁和连接纽带，是推动国家经济建设和社会发展的重要力量。改革开放以来，随着社会主义市场经济体制的建立和完善，中国行业协会商会等中介组织发展迅速，在为政府提供决策参考、服务企业发展、促进行业自律、创新社会治理等方面发挥了积极作用。但由于许多行业协会商会由权威行政资源转化而来或由政府主办，自主性、自治性与自律性不足，作为市场治理机制和经济利益聚合机制的作用未能充分发挥。

党中央、国务院高度重视清理规范中介服务工作，研究采取针对性措施，规范和引导中介服务，整治中介服务乱象。2015 年 4 月，经国务院常务会议审议通过，国务院办公厅正式印发了《关于清理规范国务院部门行政审批中介服务的通知》，针对中介服务环节多、耗时长、收费乱、利益输送严重、垄断性强等问题，分别提出了减少环节、破除垄断、切断利益关联、实行清单管理规范收费、加强监管等 6 个方面的清理规范措施。2015 年 7 月 8 日，中共中央办公厅、国务院办公厅向社会公布了《行业协会商会与行政机关脱钩总体方案》。7 月 21 日，国务院办公厅印发了《关于成立行业协会商会与行政机关脱钩联合工作组的通知》。两个行动纲领充分显示出党和国家推进行业协会商会与行政机关彻底脱钩的坚强决心，必将对积极稳妥推进行业协会商会与行政机关脱钩发挥重要作用。要彻底实现行业协会商会与行政机关脱钩，必须从根本上切断行业协会商会与行政机关之间的利益链条，剥离行业协会商会与行政机关之间的身份依附。《行业协会商会与行政机关脱钩总体方案》中的脱钩任务和措施正是沿着这一主线展开的。其基本精神是，行业协会商会的机构、职能、人员管理、资产财务、党建、外事等事项一律与原主办、主管、联系和挂靠的行政机关分离，促进和引导行业协会商会成为依法设立、自主办会、服务为本、治理规范、行为自律的社会组织。2015 年 10 月，中央编办提出了第一批 91 项拟清理规范的中介服务事项。2015 年 11 月 13 日，全国行业协会商会与行政机关脱钩联合工作组公布了 2015 年全国性行业协会商会脱钩试点名单（共 148 家）。由于清理规范中介服务的举措先后付诸实施不久，成效尚不明显。

（五）建立“三个清单”制度，确立政府与市场新关系、新秩序

“权力清单”“责任清单”“负面清单”，被简称为“三个清单”（见图 13－4）。当前中国经济正处于提质增效升级、爬坡过坎的关键时期，下行压力较大，依靠短期刺激政策等手段拉动增长的做法已经难以为继。必须管住政府、放活市场，充分激活市场主体的主动性和创造性，释放出“乘法”效应，为中国经济提质增效进一步释放改革红利。

党的十八届三中全会做出推行权力清单制度的决定，就是为了给行政权力打造一个制度的笼子，使之科学有效运行。2015 年 3 月，中共中央办公厅、国务院办公厅印发了《关于推行地方各级政府工作部门权力清单制度的指导意见》，对推行地方政府工作部门权力清单制度，做出了全面部署。省级政府 2015 年年底前、市县两级政府 2016 年年底前要基本完成政府工作部门、依法承担行政职能的事业单位权力清单的公布工作。2016 年 1 月，国务院办公厅印发《国务院部门权力和责任清单编制试点方案》，按照简政放权、放管结合、优化服务和转变政府职能要求，以清单形式列明试点部门的行政权责及其依据、行使主体、运行流程等。根据部门职责特点，首先在国家发展和改革委员会、民政部、司法部、文化部、海关总署、税务总局、证监会开展试点。

权力清单实际上也是“责任清单”。编制“责任清单”是对行政改革的深化和细化，可以进一步明确不同层级政府和部门职能，把该负的责任负起来，把该管的事管好，为构建“权责清晰、分工合理、权责一致、运转高效”的行政体系打下坚实基础。

中国的负面清单管理始于上海自贸区的探索。2013 年 9 月，上海自贸区成立后公布的 2013 年版针对外商投资的负面清单的长度多达 190 条，2014 年 7 月发布的 2014 年版负面清单则减少到 139 条，比

2013年版减少了51条，清单长度缩短了26.8%。自贸区扩围到广东、天津、福建后，扩大了负面清单管理试点范围。

图13－4　“三个清单”管理制度

三　当前深入推进简政放权面临的突出问题和挑战

本届政府先后多次取消和下放行政审批事项，特别是商事制度改革极大激发了创业热情，但与经济社会发展需求和人民群众的期待相比，还有一些差距和不足。比如，部分取消下放的行政审批事项含金量不高，程序繁琐、时限过长、暗箱操作、红顶中介等问题依然存在，基层对下放事项的承接落实能力不足，制度性交易成本高，简政放权“最后一公里”不时“卡壳”，给企业增加了不少成本。深化改革的任务依然十分艰巨，潜力和空间很大。

（一）行政审批制度改革目前仍然面临许多问题与难题

在当前宏观经济下行压力较大的背景下，衡量行政审批制度的实效，不能只看数量和速度，更要看政府职能是否按照现代市场经济的要求发生了转变，要看改革是否主动适应和服务经济新常态，降低企业运行成本，释放发展潜力，提振市场信心，实现国民经济持续健康发展。对照上述目标，当前行政审批制度改革仍面临一些突出问题。

1. 行政审批改革服务市场主体远未到位，企业运行成本仍然较高

行政审批的“中梗阻”现象仍大量存在，“最后一公里”没有打通。世界银行《营商环境报告2016》显示，在全球189个经济体中，中国的营商环境居第84位。大量行政审批、行政管制仍是制约市场活力的重要障碍。中国企业家调查系统2015年8—10月的调查显示，关于企业非税费用的变化情况，与去年相比，认为今年以来非税费用“基本未变”的企业经营者占51.2%，“有所增加”或“明显增加”的占31.9%，“有所减少”或“明显减少”的占16.9%。以5分制计算，企业在“非税费用”方面的总体得分为3.19，高于中值3，这表明2015年企业的非税费用有所增加。其中，东部地区企业、中型企业、外资企业今年以来非税费用增加相对较多。

2. 变相审批与非行政许可审批仍有较大空间

非行政许可审批可以绕开《行政许可法》的约束，成为一些取消和下放的行政许可审批事项“变相”和“藏身”之处。其中土地、税收等优惠措施较为典型，制约改革效果。更隐蔽的收费办法是政府将审批权限转移给下属单位或行业协会，借用这些组织强行收取费用，表面上是消除了审批乱收费的现象，实则由明变暗，甚至由少变多，对冲了行政审批制度改革的成效，也加重了企业和群众的负担，扰乱了市场秩序，甚至成为滋生腐败的土壤。

3. 行政审批事项下放给下级政府或者转移给社会组织也面临承接主体缺乏、承接能力不到位的问题

一些下级单位因为缺乏足够的准备，业务水平无法跟上，在实践中易出现不敢审批、胡乱审批的现象。且长期以来，社会组织发育迟缓，组织成熟、自律规范的社会组织还不多，大量需转移的审批事项无法找到合适的承接组织。另外，不少社会组织还与主管单位存在着千丝万缕的联系，转移给这些社会组织的行政审批事项实际上还牢牢

控制在有关部门手中，而且随着改革的推进，还很容易出现社会组织职能膨胀、成为极个别政府部门隐形寻租幌子的现象。

4. 与削减行政审批事项相匹配的法律制度环境尚未完全形成

绝大多数政府部门的工作人员对削减行政审批事项是支持的，但困扰他们的是，虽然事前管得少了，但事后管理仍面临很多困难。如，在目前诚信体系不完善、民事救济不顺畅的背景下，人民群众合法权益遇到侵害之后，缺乏有效的救济途径，且不少群众还天然具有依赖政府的心理，一旦在经济、社会活动中遇到侵害仍然还会向政府部门求助。

（二）商事制度改革仍有继续深化空间

尽管通过近三年来的改革，中国商事制度明显优化，但与市场主体活跃要求还有很大差距，同时市场主体的快速爆发也对市场监管水平提出了新要求。

1. 准入门槛仍然偏高

虽然近年来商事登记制度改革极大地降低了市场主体的准入门槛，但总体上来说市场主体准入条件仍然较多，准入门槛整体较高的状况还未彻底改变。

从工商注册登记环节来说，在营业范围、企业名称、登记场所等方面都还有进一步放宽准入条件的空间。例如标准化的经营范围登记，具有静态、限定、保守等特点，这同商事活动动态、丰富、灵活、超前的特点存在着鲜明的反差，核定过的经营范围不能满足商事主体充分开展经营活动的实际需求，一定程度上阻碍了新兴行业的进一步发展。

在中国，绝大多数小规模营业谋生的个体户所受到的法律待遇要远比国外“小商人”苛刻，其既要履行登记义务以取得个体工商户的资格，又有别于以企业形式出现的个人独资企业。加上长期以来对个体工商户收取的各种行政事业性收费、政府性集资、各种摊派及罚款等，谋生型的个体户不堪负累。这种不符合国际主流的做法既增加了个体工商户的经营成本，又造成社会经济活动中无照经营现象普遍存在的不良局面，引发许多矛盾。

2. 准入效率仍有较大提升空间

尽管通过工商登记注册制度改革，企业出生的时间大大缩短。但与其他国家相比，中国整体营商环境提升空间还很大。根据世界银行2015年10月发布的《营商环境报告2016》，其营商环境11项评估领域中，[1]“开办企业”[2]直接衡量了一国商事制度效率，中国此项指标在189个经济体中仅排名136位。如表13－1所示，与排名第一位的新西兰及东亚典型发达经济体日本、韩国相比，一个标准化企业在中国设立的程序仍然较多，时间较长。因此中国商事制度提高便利化程度、提升准入效率上还有很大的文章可做。

表13－1　**中国与其他国家开办企业难易程度比较**

经济体名称	营商环境综合排名	开办企业排名	开办企业前沿距离③	程序④（个）	时间（天）	成本（占人均国民收入的百分比）	实缴资本下限
中国	84	136	77.46	11	31.4	0.7	0
新西兰	1	1	99.96	1	0.5	0.3	0
韩国	4	23	94.36	3	4	14.5	0
日本	—	81	86.34	8	10.2	7.5	0

资料来源：世界银行2016营商环境报告。

---

① 11个领域分别是：开办企业、办理施工许可、获得电力、登记产权、获得信贷、保护投资者、纳税、跨境贸易、执行合同和解决破产、雇用员工。

② 该项指标衡量一家小型或中型有限责任制公司开办并正式运营所需要办理的手续，耗费的时间和费用。为了让从189个经济体搜集来的数据具有可比性，《营商环境报告2016》采用了一个标准化企业。该企业为100%由本国业主所有，拥有10倍于人均收入的启动资金，从事一般性工业或商业活动，并且在运营的第一个月内雇佣10—50人。该项指标最近一次的数据搜集完成于2015年6月。

③ 前沿距离有助于评估监管绩效的绝对水平，以及随着时间推移的改进。前沿距离显示当前每个经济体离“前沿水平”的差距，它代表《营商环境报告2016》覆盖的所有经济体2005年以来在每个指标上曾达到的最佳表现。这使报告使用者看到某个经济体与最佳表现在任何时间点的差距，并且能评估经济体随着时间推移在监管环境上的绝对改进。前沿距离反映在0—100的区间里，其中0代表最差表现，100代表前沿水平。例如，在DB2015得到75分表示一个经济体离最高水平（经济体历年以来的最佳表现）相距25个百分点。在DB2016获得80分表示此经济体正在进步。以这种方式，前沿距离完善了年度营商便利度。在某一个时间点上比较经济体年度营商便利度。

④ 企业登记所需办理的程序总数。程序的定义为企业创办人同外部各方（如政府部门、律师、审计师或公证人员）所进行的任一互动。

3. 准入部门服务意识仍然淡薄

从世界各国来看，商事登记制度的一项核心功能是政府向社会提供具有权威性、统一性和程序性的服务，强调商事登记的服务性是各国的普遍做法。在中国，以工商部门为主的商事管理部门服务意识还比较淡薄。例如小微企业对于扶持政策知晓程度还不高，许多企业难以全面了解分散在各部门的政策措施，各项帮助小微企业出生的政策还不能全部落实。又如作为世界各国商事登记部门的核心服务功能——登记信息公示制度在中国的建设基本处于缺位状态。商事登记信息公开这一核心服务措施十分滞后，信息收集不及时，信息公开不规范，市场主体查询难度很大。

4. 与新的商事登记制度匹配的监管体制仍未理顺

商事登记要求不断降低，“宽进”之后市场主体迅速增加，给“严管”带来了严峻挑战。目前，市场运行过程中出现了由于“前、后”不匹配而造成市场秩序的混乱。

先照后证制度是新一轮商事登记制度改革的重要措施，在准入环节恢复商事登记的确权功能。然而与之配套的登记模式与职责划分并没有转变，造成了证照不衔接、部门之间责任推诿的困境。对于大部分市场主体来说，认为营业执照包含了双重资格，有照无证的经营行为大量出现，行业主管部门与工商部门之间的监管不明确，造成市场的混乱和监管的障碍，同时也增大了登记部门的责任风险。

注册资本的要求从实缴变为认缴后，企业的设立门槛大大降低。然而，认缴资本是否到位缺少有效监督，漫天报数的行为屡屡出现，皮包公司再次死灰复燃，欺骗了广大投资者，直接造成了市场秩序的混乱，这背离了改革的初衷。因此，在创造宽松便捷的准入环境的同时，也必须将可能出现的风险统筹考虑，同步推进与之匹配的监管措施。

5. 市场主体退出通道不顺畅

市场主体井喷式增加的同时，被淘汰或是放弃经营的市场主体也大量增加。大量僵尸企业存在不仅增加了商事管理部门的工作量，更重要的是扰乱了市场的真实情况，宏观经济和政府管理所使用的数据失真。造成这种情况的主要原因包括：一是注销程序复杂，包括经营许可注销、税务注销、自身债权债务的清偿、工商登记等方方面面，企业注销成本高。二是注销责任追究制度尚未建立，不注销的责任小。三是取消年检制度后，吊销力度明显降低，商事主体强制退出数量减少。这样从市场主体来说，主动退出成本高，不退出责任小，自然没有激励主动退出。而市场监管部门又缺少强制退出的有效手段，使得市场退出机制基本缺位。

（三）事中事后监管方式滞后不利于形成公平竞争的市场环境

维护市场的活力和创造力，增强经济发展内生动力，需要进一步规范市场经济秩序，营造公平竞争的市场环境。目前中国市场秩序尚不规范，监管体制尚不健全，公开、统一、平等的市场竞争环境尚未形成，不仅影响资源的优化配置，也制约了经济转型和经济质量的提升，成为制约完善市场经济体制的关键问题。

1. 市场监管方式和手段亟待创新，政府事中事后监管能力不足，矛盾更加凸显

市场经济在丰富发展，市场监管方式也要与时俱进、不断创新。特别是以大数据、云计算、互联网为代表的新一轮科技创新和产业变革，促进了技术、资源和市场的跨时空、跨领域融合，颠覆了许多传统的产业模式和消费模式，对维护市场经济秩序提出了新的要求和新的挑战。以往传统的“地毯式”巡查、“刮胡子”检查、“户籍化”管理等管理方式已逐渐不适应新形势和新发展的要求。基层市场监管部门执法力量严重不足，人员年龄结构老化、知识结构老化。长期以来，中国的信用体系建设相对滞后，在经济社会发展中是块“短板”。在放宽市场准入的背景下，信用约束显得尤为重要，信用体系建设刻不容缓。我们虽然已建立起了企业信息公示平台，但是市场监管的部门协同、信息披露共享、联动响应等机制不健全，企业信息的集成度并不高，守信激励与失信惩戒机制尚未有效建立，尚未形成“一处违法，处处受限”的信用约束机制。

2. 市场监管法制建设亟待加快，推进执法体制改革和执法能力

建设任务更加艰巨

当前有关市场监管的法律法规不少，但总体来说还很不完善，法制滞后和冲突并存。各执法部门的执法依据之间不协调、不衔接，甚至是同一部门的执法依据之间也有冲突，这就给执法者很大的自由裁量权，执法者可以选择性执法，造成部门之间推诿扯皮。法律条文过于笼统，法律的程序性规定和实施细则制定进展缓慢，致使法律的可操作性差；有关的立法零散，缺乏一部统一的基础性的、综合性的法律法规。执法体制亟待改革，执法手段过于单一，硬件设施得不到有效保障，行政执法与刑事司法衔接不畅，法治惩治力度不强，这些都造成了“守法成本高、违法成本低”的现象。执法队伍专业化能力提升速度过慢、手段有限，知识更新乏力，监管服务能力滞后，监管风险随之加大。2013 年以来，伴随着工商等部门职能调整，各地在推进行政执法体制改革、加强综合执法方面进行了多样化探索。但是由于缺乏顶层设计，各地执法机构差别较大，容易造成执法的尺度、标准和市场规则不统一，对全国统一大市场、统一执法造成不良影响。

3. 市场监管体制机制亟待理顺，市场监管体系建设任务更加繁重

政府市场监管主体的行政责任的确定有赖于一个职、责、权明确的监管体系，只有在界定各自职责的前提下，才能明确行政责任。但由于中国市场规范管理涉及很多行政部门和行业主管部门，体制性的缺陷导致监管主体权责不清，没有用严格的法律规范制度来明确行政责任，存在大量的“模糊地带”或“真空地带”，导致市场监管主体的自由裁量权膨胀，造成“谁都能管、谁都不管、容易的就管、难度大的就推”的现象。在没有明确的法律和法规授权下，无法依法监管、依规监管，多部门分环节监管体制不仅影响市场秩序的公平性，而且不可避免地会出现环节间交叉或断裂与缝隙的问题，使得行政责任追究往往成为空谈。尽管监管体制改革在地方进行了试点，但工作机制尚未改变，如何形成自上而下、科学有效的统一监管体制，实践中尚未破题。目前的“下合上不合”的特殊体制，导致不同程度存

在政令不畅、合力不强、效能不高、人心不稳的情况。

4. 市场监管理念和模式亟待转型，市场监管社会共治需求更加强烈

处理好政府与市场的关系，关键是使市场在资源配置中起决定性作用和更好发挥政府作用。由于中国受计划经济种种理念的长期束缚，全能型的市场监管理念和模式未得到根本改变，政府的“手”处处可见，干预过多，监管不到位，统一的市场体系和公平竞争的市场环境尚未形成。随着经济发展和社会进步，市场监管的客观形势和现实条件要求我们必须转变政府职能，打破“政府包打天下”的传统监管模式，以“协同善治”为导向，建立科学的市场监管体系，充分发挥企业、政府、行业、媒体、公众等社会各方力量参与市场监管，推进市场监管社会化进程，形成社会各方良性互动、理性制衡、有序参与、有力监督的社会共治格局。

（四）行政审批中介服务亟需进一步清理规范

随着行政审批事项不断下放，社会组织本应为政府行政审批提供专业化服务，但由于一些中介组织或行业协会发育不成熟、运行不规范，社会公信力和服务能力不足，难以有效承接政府转移的职能和发挥自律、中介和独立第三方的作用。其中既有中介组织自身能力不足的原因，又有中介组织管理不规范、缺少监管的因素。

1. 中介组织治理机制不健全

目前，部分行业协会商会等中介组织还存在政会不分、管办一体、治理结构不健全、监管不到位等问题。有关方面对社会组织的监督管理不到位、中介组织运行缺少自律，有的服务不规范、乱收费，有些甚至变成了“二政府”。

2. 行政审批中介服务增加了企业运行成本

行政审批中介服务领域的问题主要是服务事项环节多、耗时长、收费乱、垄断性强，一些从事中介服务的机构与政府部门存在利益关联等，对冲了行政审批制度改革的成效，也增加了企业运行成本，扰乱了市场秩序，甚至成为滋生腐败的土壤。

3. 部分中介组织变相承接取消和下放的行政许可审批事项

中介组织成为一些取消和下放的行政许可审批事项“变相”和“藏身”之处。其中土地、税收等优惠措施较为典型，制约改革效果。更隐蔽的收费办法是政府将审批权限转移给行业协会，借用这些组织强行收取费用，表面上是消除了审批乱收费的现象，实则由明变暗，甚至由少变多，增加了企业运行成本。

(五)“三个清单”管理制度需要更加完善和定型

简政放权改革需要彻底打破权力部门化、部门利益化、个人利益法定化格局，最根本的办法就是通过建立权力、责任和负面“三个清单”管理制度，厘清政府—社会—市场的权力边界。但目前，制度化的政府权责规制机制还没有明显突破。有些政府部门长期以来对自己拥有多少权力并不十分清楚，层级之间、部门之间有的职责还不够明确，职责交叉重叠问题也比较突出。而政出多门、多头管理、职能交叉、权责不明，很容易导致政策来回“空转”。

1. 部门职能调整不到位制约权力清单和责任清单

一些部门对简政放权后要做什么并不是很清晰。在政府职能定位仍然有些方面不合理的情况下出台权责清单，有可能把不合理的权力列入权力清单中，而把缺位的责任遗失在责任清单外。向纵深推进简政放权，首先要求各级政府及政府部门明确自己“该干什么”，并向社会公开，“不该干”的事项一律取消。

2. 行政权力结构改革滞后是深化简政放权改革的主要掣肘

例如，一些部委把主要精力放在管微观审批、管资源配置等繁杂的具体事务上，中长期战略规划职能比较薄弱；有的部委在决策职能不到位的情况下，反而希望扩大执法权，组建专业化执法机构和队伍。部门间职能交叉、权责不清的问题仍然存在。无论是消费市场监管、垄断行业监管还是金融监管，都面临着多个部门各管一段、行政资源难以有效整合的问题。权力运行机制不合理，行政范围内决策权、执行权、监督权既相互制约又相互协调的格局尚未形成。

3. 中央地方事权调整滞后是深化简政放权改革的深层矛盾

目前，由于中央地方事权调整与深化简政放权改革不同步，地方层面改革难以深入推进。一些事项地方无权调整，只能在行政效率、办事流程上做一些优化，由此限制了地方简政放权的空间。中央向地方放权的进程和财力调整的进程不同步，与机构编制调整不配套，随着上级政府和部门下放事项的增多，基层政府普遍存在人手不够、能力建设难以适应等问题。

4. 应使“负面清单”成为真正意义上的负面清单

以往我们说“法无禁止皆可为”，但是中国法律还存在很多立法的空白区间。法治化的建设有很长的路要走。要真正使负面清单制度在一个法治化的轨道上运行，我们还有很大的差距。如当前已出台的负面清单管理制度，其附注和注解都很少，例外也不多，多是原则性的规定。在具体的开放过程中，必然产生操作面上的模糊和边界不清。

四　进一步推进简政放权、降低企业成本的政策建议

当前，要降低企业成本，必须与供给侧结构性改革紧密结合起来。特别是通过结构性减税、简政放权、放松管制等改革，优化政府管理，提高政府管理的效率，促进政府公共服务职能的转变；同时，激发各主体的积极性和创造性，充分发挥企业家的才能，调动企业的积极性。

（一）深入推进行政审批制度改革

一是持续加大取消行政审批事项及变相行政审批事项的力度。聚焦投资创业创新等经济社会发展领域，以提高“含金量”为重点，取消和下放能够激发市场活力的行政审批事项，全面清理非行政许可审批，从根本上解决企业、群众办事难、成本高的问题。

二是完善绩效管理制度，提高政府监管质量。建议在中央层面跨

部门设立监管政策审核机构，以监管工作绩效为前提，严把审批事项核准关口，强调质量控制。在中央和省级政府设立高层政商伙伴关系，共同建立市场监管绩效平台，力求用制度规范行政审批，用协议监督市场行为。

三是建立行政权力运行流程优化制度。推动各项行政审批减少环节、压缩时间、简化程序，最大限度减少和规范审批的自由裁量权，严禁变相审批，逐步建立公开透明、便利高效、程序严密、权责一致的行政审批制度。充分利用电子政务系统设定的程序来规范行政权力运行流程，在全国范围内推广普及行政审批标准化、信息化，整合网上网下，减少办事环节，压缩办理时限，简化办事手续，降低办事成本，实现全程公示，“让数据代替百姓跑路”。

（二）持续深化商事制度改革

一是扎实推进“三证合一、一照一码”登记制度改革。要进一步加大对改革政策的宣传力度，充实窗口工作人员，工商部门要加强与税务、质监等部门沟通协调，切实做好对改革进展情况的定期分析工作，总结经验，查找不足，提出对策。

二是放宽登记注册条件，加快推进工商登记便利化。要进一步放宽住所的条件管制，释放更多的场地资源；探索开展企业名称自主选择，实现简化企业登记程序和优化营商环境的目的；积极开展简易注销，简化注销手续、缩短办事时间。完善市场强制退出机制，对于违反法律法规禁止性规定的市场主体，达不到节能环保、安全生产、食品、药品、工程质量等强制性标准的市场主体，依法予以取缔，吊销相关证照。

三是加大小微企业扶持力度，优化创业创新环境。要认真贯彻落实《国务院关于扶持小型微型企业健康发展的意见》，千方百计加大对小微企业的扶持力度，支持发展商务秘书企业，积极引导商务秘书企业为小微企业提供住所托管服务及其他配套服务，想方设法提高服务水平，推动大众创业、万众创新，促进经济稳定增长和民生改善。

四是理顺监管体制，推动证照衔接。按照“谁审批、谁监管”的原则，明确行政审批部门对准入环节的监管职能，逐步将营业执照转化为法人登记证作为商事主体资格凭证，对需要前置审批的经营项目，除涉及国家安全、公民生命财产安全等外，实行许可经营项目筹建登记制度。

（三）完善事中事后监管的新办法新途径

一是落实国务院《关于“先照后证”改革后加强事中事后监管的意见》。要坚持简政放权与加强监管同步跟进、同步实施，坚决贯彻“谁审批、谁监管，谁主管、谁监管”的基本原则，切实履行“双告知”职责，严格执行“双随机”抽查机制。按照中央关于综合执法体制改革试点的部署，进一步加大探索力度，清理整合各级各类行政执法队伍，推进跨部门、跨行业综合执法，解决多头执法、重复执法、执法扰民等问题。

二是建立健全守信激励和失信惩戒机制。加快信用信息数据库建设，建立和完善以组织机构代码实名制为基础的企业信用档案，加强全国信用信息数据查询、共享平台建设，逐步建立全国性、网络化的信用征信体系。制定信用基准性评价指标体系和评价方法，建立经营异常名录制度、黑名单制度和信用约束制度，使失信者在市场交易中受到制约，推动形成行业性约束和惩戒，形成“守信褒扬，失信惩戒，一处违法，处处受限”的“严管”格局。

三是实施大数据监管。建设全国统一的大数据中心，形成涵盖全国、动态更新的市场主体信息资源支撑体系，充分运用数据信息与信息化手段，以“信息技术”“检测技术”为重要支撑，形成多位一体的新型监管模式，由传统的手工监管模式逐步向以信息化、网络化、自动化为主的现代监管模式转变。

（四）完善清理规范中介服务工作机制

一是统一认识，重在行动。要深刻认识清理规范中介服务的战略意义和部署要求，以坚定的历史担当全面贯彻落实中央改革决策部署。一分部署，九分落实，行动最有说服力。改革方案从顶层设计到落地生根需要探究操作层面的中间桥梁和有效路径，需要做大量艰苦细致的调查研究。要凝聚各方面的智慧与力量深入研究每一项改革任务的具体方案、路径、举措、步骤，在改革逻辑顺序、主攻方向、推进方式等方面大胆探索，积极开拓，进一步释放制度红利。

二是分工协作，重点突破。要突破部门利益藩篱，构建各部门联动配合的协作机制，统筹确定各部门任务和责任清单，规范工作程序，建立考核机制，建立健全监督问责机制。要坚持整体推进与重点突破相结合。一方面，要增强改革的整体性、系统性、协调性，尤其是要在行业协会商会等中介组织的机构、人员管理、资产财务脱钩等核心问题上，要有敢于触及矛盾、用科学方法化解矛盾的责任担当，尽快在重要领域和关键环节取得改革进展。另一方面，要注重改革的统筹性，使清理规范中介服务与其他改革相互衔接、协调推进，以握指成拳、集中发力的方式，将具体任务落实到位。

三是综合施策，防止反弹。采取六个措施继续清理规范中介服务，降低企业运行成本，并防止其反弹。第一，审批部门所属的事业单位、主管的社会组织及其举办的企业，不能开展与本部门行政审批相关的中介服务，需要开展的要转企改制或与主管部门脱钩。第二，审批部门不得以任何形式指定中介机构，对各类中介服务机构提供的服务应该同等对待。第三，对申请人已依托中介机构提供服务的，审批部门不得再委托同一家机构开展技术性审查。第四，行业协会商会类的中介服务机构，一律与审批部门脱钩，平等参与中介服务市场竞争。第五，政府机关工作人员一律不得在中介机构兼职任职，政府机关离退休人员按规定经过批准在中介机构兼职任职的，不能领取报酬。第六，对现有或者已经取消的行政审批事项，一律不得转给中介服务机构。

四是深入企业，攻坚克难。要在深入企业和基层中发现问题、解决问题、完善决策。特别要注意建立和完善行政部门与企业和行业协会商会等中介组织协商机制，在研究重大政策、重要法律、重大问题时主动听取企业和相关中介组织意见，切实降低企业运行成本。

（五）全面建立“三个清单”管理制度

一是全面梳理行政权责事项。将权力和责任事项结合起来，并参照行政许可、行政处罚、行政强制、行政征收、行政给付、行政检查、行政确认、行政奖励、行政裁决和其他类别的分类方式，对行政权责事项进行全面梳理并逐项列明设定依据；可根据实际履职情况，将规划制定等宏观管理职责及标准拟订等权责事项一并进行梳理分类汇总。

二是制定行政权责清单。目前，中央和地方权力清单制度正在积极实施，要尽快建立和完善权责清单运行细化机制，建立动态调整机制，规范行政裁量权，明确每个环节的承办主体、办理标准、办理程序、办理时限、监督方式等，提高行政权力运行的科学化、规范化水平，实现权力清单横到边、纵到底、全覆盖，加快形成边界清晰、分工合理、权责一致、运转高效、依法保障的政府职能体系。

三是全面实施负面清单管理。把建立有效的市场监管体制作为重点，将现有各地自贸区可复制经验在全国范围内普遍实行，在三到五年内，从中央到地方实行统一、规范的负面清单管理模式。要强化问责制度，健全违法行政责任追究倒查制度，完善问责程序，明确问责主体，公开问责过程，增强行政问责的可操作性，尤其强化对行政不作为、乱作为的问责。

（执笔人：银温泉、张林山、孙凤仪、李晓琳）

参考文献：

1. 张占斌：《经济新常态下简政放权改革新突破》，《行政管理改革》2015年第1期。

2. 马庆钰、廖鸿：《中国社会组织发展战略》，社会科学文献出版社2015年版。

3. 魏礼群：《继续深入推进行政审批制度改革》，《人民日报》2014年7月31日。

4. 张定安：《全面推进地方政府简政放权和行政审批制度改革的对策建议》，《中国行政管理》2014 年第 8 期。

5. 薛澜：《行政审批改革的最大难点》，《人民论坛》2013 年第 25 期。

6. 刘维寅：《把握重点纵深推进简政放权与政府职能转变》，《机构与行政》2015 年第 8 期。

7. 赵展慧、顾仲阳：《降实体经济企业成本简政放权是核心》，《人民日报》2016 年 1 月 4 日。

8. 中国（海南）改革发展研究院评估组：《简政放权改革中改院第三方评估报告》，http：//swql. xinghua. gov. cn/art/2015/10/9/art_ 1270_ 263048. html。

9. 季晓莉：《简政放权要敢于触及深层矛盾》，《中国经济导报》2015 年 9 月 22 日。

10. 杜洪刚：《厘清"权责清单"服务经济转型》，《第一财经日报》2016 年 1 月 6 日。

11. 方栓喜：《深化以简政放权为重点的政府改革——"十三五"全面深化改革的关键环节》，《上海大学学报》（社会科学版）2015 年第 3 期。

12. 王君琦：《简政放权关键在政策落地》，《学习时报》2015 年 5 月 18 日。

13. 何生荣：《让简政放权真正放到实处》，《红旗文稿》2015 年第 19 期。

14. 马建堂：《简政放权：来自社会的评价与基层的声音》，人民网 2015 年 6 月 23 日。

15. 世界银行：《营商环境报告 2016》，http：//chinese. doingbusiness. org/。

第十四章　降成本政策实施效果及下一步工作重点

摘要：自2015年中央经济工作会议提出推进供给侧结构性改革，并将降低实体经济企业经营成本作为供给侧结构性改革的五个重大举措之一以来，国务院结合当前实体经济企业生产经营中存在的突出矛盾和问题，围绕降低税费负担、融资成本、制度性交易成本、人工成本、能源成本、物流成本等，着手起草《降低实体经济企业成本工作方案》（2016年8月印发），并同步推进一些措施落实，各地相应出台了工作措施，2016年取得了一定成效。初步估算，2017年相关政策可降低税费负担5500亿元、融资成本1000亿元、人工成本1000亿元、能源成本4109亿元、物流成本4000亿元，总计约15609亿元。当前，政策实施中还存在认识不一致、政策落实不到位、配套措施不完善、中央地方不协调、传导机制不畅等问题，下一步应强化政策宣传和监督落实，完善政策体系，同时健全中央地方间的协调机制和政策传导机制，努力扩大政策作用空间，切实降低实体经济企业成本，增强经济持续稳定增长动力。

一　税费负担

1. 政策实施效果

降低税费负担是降低实体经济企业经营成本的重头戏。2016年以来，中央政府在财政收入锐减的情况下，想方设法从多个方面降低企业生产经营的税费负担。2016年5月1日起全面实施营改增，并将所有企业新增不动产所含增值税纳入抵扣范围。研究开发费用税前加计扣除方面采取了放宽研发活动范围、扩大费用范围、简化归集和核算管理等方式，进一步加大政策力度。已经取消和暂停征收了37项行政事业性收费项目，将18项行政事业性收费的免征范围扩大到所有企业和个人。采取取消、停征、整合以及降低征收标准等多种方式清理规范政府性基金，基金项目由28项减少到23项，并扩大了免征教育费附加、地方教育附加、水利建设基金的范围。同时，还清理了进出口环节收费、降低银行卡刷卡手续费和征信服务收费标准、取消部分涉企经营服务收费等。

从政策实施情况看，主要减税项目是全面实施营改增。此次营改增行业范围和抵扣范围的“双扩”，涉及四大行业新增约1000多万户纳税人。全面实施营改增为企业全年减轻税负约5800亿元。通过普遍性降费减轻企业和个人负担460多亿元。具体降费效应包括：清理规范政府性基金措施可减轻企业和个人负担约200亿元；降低住建、工商、民航等部门行政事业性收费标准及银行刷卡手续费和征信服务收费标准，可为企业减负100亿元；清理进出口环节收费可降低外贸企业负担50亿元。各省级价格主管部门取消多项涉企经营服务收费，预计可为企业减负近50亿元；降低收费标准、停（免）征收费项目，为企业减负约60亿元。

2017年是各项措施深入推进、规范完善的过程，实体经济企业成本将进一步降低，不过由于重大措施已在2016年执行，预计明年成本下降幅度比今年有所减小。以2016年实现5800亿元减负效应为基准，全面营改增政策继续完善，叠加扩大减半征收企业所得税优惠的小微企业范围、提高科技型中小企业研发费用加计扣除比例、继续实施2016年年底到期的物流企业大宗商品仓储设施城镇土地使用税等6项税收减免政策措施，我们粗略预判2017全年还可再实现减负3500亿元。这主要源于当前营改增仍存在大量不完善之处，随着各行业抵扣链条趋于完整、可抵扣项目不断增多等，营改增的减负效应将持续释放，更为重要的是，将逐步构建出更加公平公正的税收环境，推动产业迈向中高端水平。其他措施，如清理规范行政性事业收费和政府性基金等，在 2017 年还将深入推进，可为企业减负 2000 亿元。以上总计可为企业减少税费负担 5500 亿元。

2. 存在问题

一是增值税税率高且档次多。当前增值税税率档次包括 17%、13%、11%、6% 和零税率五档，加上小规模纳税人的 3% 征收率，税制较为复杂，影响增值税中性作用的发挥。

二是部分环节无法取得进项税额发票抵扣。尽管已采取多项配套措施开立发票，但仍存在多个环节难以取得进项发票进而有效抵扣的情况，这是个需要逐步完善的过程。

三是增强规范性客观上增加部分企业的税收负担。原营业税制下部分企业可能会通过不开票等方式隐匿收入、规避税收，而增值税税制下，基于上下游之间环环抵扣的需要，企业规避税收的情况受到约束限制，这有利于提高企业税法遵从度，增强税收征管的规范性，但在客观上也会增加原有不规范企业的税负。

四是进一步加剧中国财政收入矛盾。受经济下行压力持续、政策性减收效应进一步显现等影响，财政收入形势不容乐观，收支矛盾凸显，客观上压缩了积极财政政策的实施空间，不利于逆周期宏观调控。

3. 下一步工作重点

一是研究降低和简并增值税税率。考虑将 17% 增值税税率降至 15%，合并 13% 和 11% 两档税率为 11% 一档税率，并将更多的项目如人力资本、贷款利息成本等纳入进项税额抵扣范围。

二是逐步完善相关配套措施。针对一些环节不能实现抵扣的情况，应加快推动全链条增值税发票开立，解决缺乏抵扣凭证的问题。针对依靠过渡政策才能实现税负不增的建筑等行业，应尽快研究过渡期之后的相关制度设计，更好地促进行业发展。

三是完善财政管理制度。加快落实《关于推进中央与地方财政事权和支出责任划分改革的指导意见》。建议以调整明显不合理事权与支出责任为突破口，对各级政府事权与支出责任进行全面系统优化调整。有针对性地解决 PPP 模式推进过程中的矛盾和问题，鼓励社会资本积极投入，减轻财政支出压力，助力经济增长保持在合理区间。与降成本措施相协调，应尽快研究制定房地产税法，整合房地产相关税种，突出房地产持有环节征税，由地方作为征收和分享主体，转换税制结构、完善中央地方分税制度。

二　融资成本

1. 政策实施效果

2016 年，通过稳健的货币政策操作特别是定向操作，以及扩大企业直接融资规模，开展银行不良资产证券化、投贷联动等创新政策试点，出台清理保证金等政策措施，在降低实体经济企业融资成本方面取得了一定效果。

一是企业债务融资利率有所下降。2016 年，在稳健的货币政策基调下，人民银行主要通过公开市场操作、中期借贷便利等货币政策操作，保持金融体系流动性合理充裕。2016 年上半年，累计开展公开市场逆回购操作投放流动性 24.8 万亿元，开展 SLO 操作投放流动性 2050 亿元；公开市场 7 天期逆回购操作利率稳定在 2.25% 的水平。在政策影响下，上半年非金融企业及其他部门贷款加权平均利率整体略有下降，12 月为 5.27%，与上年同期持平，其中一般贷款加权平均利率 5.44%，较上年同期下降 0.20 个百分点。企业债券利率下降更为明显，2016 年企业债券最高发行利率为 7.50%，最低发行利率为 2.80%，AAA 级、AA + 级和 AA 级企业债利率较上年均有所下降。在发行利率降低的形势下，企业债券发行规模明显扩大，全年发行规模达 5925.70 亿元，比上年增长 73.21% 以上。以上年末为基准，贷款利率降幅小，对企业融资成本影响不明显；企业债券利率如果保守地按平均下降 50 个基点计算，全年发行的企业债券融资成本降低了 30 亿元左右。

二是重点领域、薄弱环节获得低成本融资支持。2016 年，人民银行积极运用再贷款、再贴现和抵押补充贷款等工具引导金融机构为小微企业、“三农”和棚改等重点领域和薄弱环节提供低成本信贷融资，并于3月新增扶贫再贷款业务。2016年年末，全国支农再贷款、支小再贷款和扶贫再贷款余额分别为2089亿元、537亿元和1127亿元。运用抵押补充贷款支持开发性、政策性金融机构为基础设施建设等提供低成本长期资金。全年累计向三家银行提供抵押补充贷款共9714亿元，到年末抵押补充贷款余额达到20526亿元。央行对金融机构专项融资的低成本资金支持，将会传导形成金融机构对相应领域贷款的低利率水平，由此使重点领域和薄弱环节融资成本降低。

三是创新方式，提高银行不良资产处理效率。2016年3月，不良资产证券化试点得以重启，为银行加快不良资产变现、增加可贷资金以及分散风险提供了新的途径。首批试点共有6家银行参与，截至2016年9月末，不良资产支持证券已发行7期，累计规模达80.5亿元，基础资产涵盖对公不良贷款、信用卡不良资产、小微不良贷款等多种类型。

表14－1　　　　**2016年不良资产证券化试点情况**

日期	银行名称	产品名称	发行规模（亿元）
5月19日	招商银行	和萃一期	2.33
5月19日	中国银行	中誉一期	3.01
6月29日	招商银行	和萃二期	4.7
7月28日	农业银行	农盈一期	30.64
9月20日	建设银行	建鑫一期	7.02
9月23日	建设银行	建鑫二期	15.6
9月26日	招商银行	和萃三期	6.43
9月29日	工商银行	工元一期	10.77

四是通过扩大股权融资降低企业融资成本。2016年，股票市场筹资额有所增加，对于降低企业短期内的融资成本压力能起到积极作用。全年各类企业和金融机构运用首次公开发行（IPO）、增发、配股、权证行权等方式在境内外股票市场累计筹资2.05万亿元，增长1.33倍，其中A股筹资1.89万亿元，增长1.27倍。如果不考虑股

票市场筹资的成本，以上年末企业贷款加权平均利率5.27%计算，2.05亿元股票市场筹资为企业节省当年利息费用超过1000亿元。

五是推动投贷联动等创新融资模式发展，缓解创新型中小企业融资困难。2016年4月，《关于支持银行业金融机构加大创新力度　开展科创企业投贷联动试点的指导意见》正式发布，试点地区纷纷着手开展相关工作。据上海银监局统计，截至2016年5月末，在沪主要银行以"区域版"投贷联动模式共为120户初创型科技中小企业提供信贷余额达12.06亿元。5月，建设银行投贷联金融中心在苏州挂牌成立。9月，天津高新区出台《天津国家自主创新示范区支持投贷联动试点的六条政策（试行）》。

六是出台旨在减少企业资金占用的清理规范保证金政策。2016年6月出台了《清理规范工程建设领域保证金的通知》，要求除依法依规设立的投标保证金、履约保证金、工程质量保证金、农民工工作保证金外，其他保证金一律取消。目前该项政策正在落实，效果有待观察。

2017年，货币政策保持稳健基调，预计流动性能够保持合理充裕，央行定向支持重点领域和薄弱环节的政策工具将在补短板的要求下继续落实并发挥作用；前期开展试点的政策措施，有望在总结试点经验基础上扩大范围、加大力度；一些尚未落实或起效的政策措施，将在《降低实体经济企业成本工作方案》提出的督促检查、评估总结等机制的约束和推动下，逐步得到落实和产生效果。因此总体来看，2017年降低实体经济企业融资成本的政策预计将取得更好的效果，预计将为实体经济企业降低融资成本约1000亿元。

2. 存在的问题及原因

从今年以来降低实体经济企业融资成本的政策落实情况及产生的影响看，在取得一定成效的同时，仍然存在一些问题。

一是利率市场化条件下，央行通过政策利率调节企业贷款利率的能力有待加强。当前中国存贷款利率已全面放开，货币政策不能继续通过规定银行贷款利率水平来直接影响企业信贷融资成本。从发达国家的货币政策实践看，中央银行通过调整基准利率（如美国的联邦基金利率）影响市场预期从而使贷款利率产生同向变化的政策效果十分显著。但是，中国货币政策的这类传导渠道还未成型，还没有市场一致认可的基准利率指标，货币市场利率和信贷市场利率之间也没有形成紧密的联系，影响了运用货币政策工具影响贷款利率的效果。

二是中小企业可利用的直接融资渠道不够畅通。证券市场门槛较高，中小企业上市和发行债券融资较为困难。新三板在解决中小企业股权融资方面发挥了一定作用，但与主板间的转板机制尚未建立，市场规模、流动性等方面的差异仍然会对中小企业融资带来限制。

三是降低实体企业融资成本的一些政策落实不力。以《降低实体经济企业成本工作方案》提出的"推进实体经济经营性资产证券化"政策为例。统计数据显示，2016 年资产支持证券累计发行 332 次，融资规模 3561.39 亿元，分别较上年下降 12.63% 和 10.67%。显然资产证券化的力度不仅没有加大反而减弱了，考虑到今年以来信贷资产证券化开展较多，实体经济企业通过资产证券化手段融资及降低融资成本的效果可能更加不理想。其他一些已经提出的政策也处在尚待落实的状态。

3. 下一步工作重点

进一步推进降低实体经济企业融资成本工作，一是应坚持稳健偏宽松的货币政策操作，保持金融体系流动性合理充裕，并加快货币政策利率传导机制建设，运用好常备借贷便利等工具，引导金融机构贷款利率进一步降低。二是继续推进、深化已经出台的政策措施，促进其效应的发挥，包括加大通过再贷款、抵押补充贷款等工具支持开发性、政策性和商业银行为重点领域和薄弱环节提供低成本融资；在总结不良资产证券化试点基础上，适当扩大范围和规模；继续扩大股票市场发行规模，支持各类企业直接融资；引导鼓励试点地区投贷联动业务发展。三是加快更多降低融资成本政策措施的落实，包括加快完善商业银行考核体系和监管指标，适当提高风险容忍度，特别是落实小微企业贷款风险容忍度要求；进一步放宽社会资本准入，批准设立更多民营银行；研究适当降低中小企业板、创业板市场上市门槛，建立新三板与创业板市场间的转板机制，允许发行高收益债等品种，拓宽中小企业直接融资渠道；改革企业发行外债登记制度，简化程序，扩大企业发行外债规模；推进实体经济经营性资产证券化等。

三　制度性交易成本

1. 政策实施效果

制度性交易成本是由体制机制问题造成的经济、时间和机会等各种成本。2016 年，中央和国务院通过打破地域分割和行业垄断、深化“放管服”改革、加快社会信用体系建设等降低制度性交易成本措施，理顺政府与市场的关系，大幅降低了制度性交易成本，为各类企业“轻装上阵”做出了较大贡献。

一是营商环境进一步改善，创新创业蓬勃发展。2016 年全年取消 165 项国务院部门及其指定地方实施的审批事项，清理规范 192 项审批中介服务事项、220 项职业资格许可认定事项。国家工商总局大数据分析表明，2016 年社会对市场环境正面评价比例高达 87.5%，比前三季度提升 1.7 个百分点，比 2015 年提高 4.5 个百分点。营商环境大幅改善后，市场活力充分迸发。2016 年全年新登记企业增长 24.5%，平均每天新增 1.5 万户，加上个体工商户等，各类市场主体每天新增 4.5 万户。

二是政府和社会中介机构服务能力显著增强，行政审批速度显著加快。各地积极探索简政放权落实方案，大幅压缩行政审批事项中间环节，缩短了项目审批时间。典型的如，天津实施的“通关一体化”为企业降低 20%—30% 的通关运作成本，并提升通关速度 80% 以上。广西实施国际贸易“单一窗口”建设，大幅提升了通关便利化程度，货物申报环节的数据录入时间由 3—5 小时缩短为 0.5—1 小时，船舶申报与放行环节由 7 小时缩短至 2 小时以内，节约人工成本和交通成本 30%—50%。山东在全省范围内推行建设项目区域化评估评审，节省了相关企业项目落地时间 4—6 个月。

展望 2017 年，随着进一步精简政府核准的投资项目、简化外资企业等审批管理、逐步落实推广“互联网 + 政务服务”等，市场活力将进一步激发、政务服务质量和效率将一步提升，创新创业环境还将继续改善、政府服务能力和行政审批速度还将继续提升，推动制度性交易成本继续下降。

2. 存在问题

一是审批环节和要件仍然偏多，项目审批时间依然偏长。受行政领域“权力部门化、部门利益化、利益集团化”等影响，当前该审批而不批的政府职责“错位”、上级取代下级的审批“越位”与该管而放任不管或管不到位的“缺位”等问题仍未根除，尤其是工程建设领域审批环节多、时间长、手续繁杂的问题仍然突出，公章“围城”“红顶”中介等广受诟病的问题不绝于耳，降低了行政运行效率，阻碍了制度性交易成本下降。

二是横向权利配置缺乏系统性，制度性交易成本“虚降实高”。审批权取消或下放是一项系统工程，但目前各个部门放权并不同步，时常出现简政放权在“最后一公里”卡壳，制度性交易成本仍难以实质性降低。各部门行政权力之间有互为前置条件的特征，简政放权中取消或下放的不是全部权力，而是分段放权或只放开某些权力节点，应同步放的没有放、应配套的法律法规未及时修订、应配套的人财物资源未相应调整等系统性不足问题，基层接不好权、用不好权，并还造成市场主体无所适从，制度性交易成本“虚降实高”。

三是政府公共服务不到位，企业降成本感受度不高。在改革过程中，政府服务需求表达机制不畅、绩效评估机制缺失等仍没有完全改变，使得中国政府服务薄弱的局面没有根本转变，服务碎片化、差异化、属地化、低水平、低效率等问题依然存在，主动服务意识仍然不强、不作为、乱作为、慢作为等没有完全解决，企业对于政府降低制度性交易成本举措的感受度仍然不强。尤其是，优化政府服务的体制机制尚未彻底转变，公共产品短缺、公共服务薄弱等问题依然突出，企业对于降成本感受度提高受到制约。

3. 下一步工作重点

一是加强改革的同步配套性。应加快优化权力配置，加强中央地方间“纵向贯通”和部门间“横向联通”，实现简政放权改革从分头分层推进向纵横联动、协同并进转变。在合理配置纵横权力基础上，推动同一重要事项所涉及的部门、地方同步放开、同步下放，实现放接有序。同时，按照事权与财权对等及职能、机构与编制相统一的原则，做好“人、财、物”协调统一，调整财政资源的分配，加强基层工作人员的履职培训交流，以提高基层接好权、用好权的能力。

二是加快提升公共服务水平。围绕补位和升级，进一步优化服务。推进“互联网+政务服务”落实推广，并适应新常态，创新公共服务发展机制，探索政府与社会合作新方式，撬动社会资本参与公共产品和公共服务供给，并根据地方承担的基本公共服务职责划转相应的财力人力物力，做好基本公共服务兜底职责。同时，加强政府服务提供的绩效管理，保障应该提供的服务提供到位、提供正确、服务质量高效、服务方便快捷，积极有效运用网络媒体等方式监督服务质量，及时反馈出现的问题，提高企业的感受度。

四　人工成本

1. 政策实施效果

2016年，中央及国务院相关部门以降低“五险一金”费率为重点，推出降低企业社保缴费比例、规范和阶段性适当降低企业住房公积金缴存比例、完善最低工资调整机制等降低人工成本的政策举措。据不完全统计，上海、广东、浙江等28个省（市、区）出台了具体落实措施。典型的如，广东将住房公积金单位缴费比例从20%的上限下调到12%及逐步将基本医疗保险单位费率下调到5.5%左右，上海将养老保险中企业缴费比例从21%下调到20%，浙江将失业保险费单位缴费比例从1.5%下调到1%、天津将生育保险单位缴费比例从0.8%降低到0.5%，帮助企业降低“五险一金”缴费比例。

受上述政策影响，企业人工成本上涨速度较前期放缓。企业负担的人工成本由工资和“五险一金”组成，占到了企业成本40%左右，而企业为员工缴纳的“五险一金”则又占到了人工成本的41%左右。实施上述降低人工成本政策，放缓了人工成本上涨速度，减轻了企业负担。据国家统计局数据，2016 年规模以上工业企业每百元主营业务收入中的成本同比下降 0.1 元，利润率上升到 5.97%，同比提高 0.19 个百分点，实现利润同比增长 8.5%，扭转了 2015 年利润下降的局面。

总体计算，2016 年实施各项降低企业人工成本的政策，帮助企业降低人工成本约 1550 亿元。根据 2016 年中国城镇职工基本养老保险基金收入约 3.45 万亿元、失业保险收入约 0.12 万亿元、住房公积金收入约 1.66 万亿元，并考虑中央政策向地方传导与落实，已实施省（市、区）的职工养老保险企业缴费率最多下调 1 个百分点，约降低企业人工成本 1150 亿元；失业保险企业缴费比例平均最多下调 0.5 个百分点，约降低企业成本 200 亿元；规范住房公积金缴纳比例，约降低企业人工成本 200 亿元。

根据课题组的判断，按照目前降低人工成本政策的落实进度及政策效应释放的边际递减规律，2016 年全年能降低企业人工成本约 1550 亿元，2017 年能降低企业人工成本约 1000 亿元。

2. 存在问题

一是头痛医头、脚痛医脚。人工成本快速上升是中国经济发展中的结构性问题，而非周期性问题，是系统性问题，而非局部性问题。目前企业人工成本高企，既与近年来中国注重提高居民收入、改善居民福利的政策导向有关，也是住房等生活成本加速上升、劳动力供给不足等结构性因素所致。目前一些地方在降低人工成本中，出现忽视劳动力成本上升等结构性因素，片面强调抑制工资和收入增长倾向，可能会陷入损害劳动者福利的政策困境。2016 年出现了城乡居民人均可支配收入实际增长速度低于 GDP 增长速度的现象，值得重视。

二是政府请客、没人埋单。中央降成本方案虽已提出，在降低企业社会保险缴费比例的同时，采取综合措施补充资金缺口，但从各地已出台的具体方案看，均只提出了降低企业社保缴费比例的举措和目标，而没有触及启动相关措施补充社保资金缺口。目前这方面的政策暂按两年执行，如果作为一项长期性降成本措施，可能会陷入“政府请客、没人埋单”困境，影响社会保障可持续发展，不利于长期降低企业人工成本。

三是各地一策、力度有限。在社保账户尚未实现全国统筹的情况下，各地降低企业社保缴费比例受到的约束强度不尽相同，不同地区实施降低人工成本的积极性差异大。不少地区降低人工成本的空间有限，尤其是一些国有企业比重较大、劳动力流出地区，历史遗留问题与经济运行问题交织，养老账户空账问题很严重，政府落实降成本政策积极性不是很高。这使得相关地方陷入企业降人工成本呼声大、降成本政策实施力度不大、企业总体感受度不强的政策困境。

四是显性成本易降、隐性成本难降。企业除了承担了工资、社保等用工显性成本之外，还承担了招聘、培训、裁员、劳动纠纷、管理等大量用工隐性成本，这制约了企业人工成本进一步下降。这些隐性成本在国有企业和民营企业中表现不一样。对于多数民营企业而言，没有历史包袱，在劳动力供需市场结构性缺口增大、劳动力流动性加大等环境中，用工隐性成本突出表现在招工成本增加、培训沉淀成本上升、员工维权意识增强引发的劳动纠纷成本提高、“80后”及“90后”员工管理难度加大所致的人力管理成本等。而对于国有企业而言，用工隐性成本突出表现在因曾承担部分社会职能所致的员工和离退休员工安置上，这些成本还成为制约处置僵尸企业、实现国有资产兼并重组的主要障碍。

3. 下一步工作重点

一是拓宽社保缴纳渠道。目前社保收支不平衡，缺口越来越大，限制了人工成本下降空间。应以扩大降成本政策实施空间为导向，进一步扩大社保基金征缴的覆盖面，除了将没有纳入社保征缴范围的纳进来，还要提高国有企业红利上缴比例，考虑划拨部分国有资产补充社保基金，并尽快出台央企与地方国企国有资本划转细则。

二是逐步实现社保基金在全国范围内统筹。受国有企业比重、人口老龄化、劳动力流动等历史原因和结构性因素影响，各地社保基金收支差异较大，造成实施降人工成本政策的积极性不同。应以提高基层政策落实积极性为重点，加快城镇职工养老保险基金全国统筹，有效调节各地收支盈余和缺口资金，提高基金利用效率，并使中央财政保障基金缺口得到有效弥补。

三是分类降低企业人工隐性成本。根据企业所有制性质及面临的突出问题，有重点地帮助企业降低人工隐性成本。应根据产业转型升级方向，进一步优化教育结构、提高教育质量，为社会输送充足合适的人才，降低企业招工成本；允许企业培训职工费用抵免所得税，提高员工生产效率，并降低企业员工培训沉淀成本支出。对于国有企业，还要加快分离社会职能，降低由其导致的人工隐性成本，完善地方政府或中央政府与国有企业共担改革成本的机制。

五　能源成本

1. 政策实施效果

一是完善电煤价格指数、煤电联动调整区间等煤电价格联动机制，引导燃煤发电价格更加适应煤炭市场形势变化。通过完善煤电价格联动，2016 年 1 月份开始燃煤机组上网电价、一般工商业电价平均降低每千瓦时 3 分钱，2016 年减少企业电费约 1502 亿元。

二是取消中小化肥电价优惠，并利用这一空间降低电价。从 2016 年 5 月份，通过统筹利用取消化肥优惠电价等腾出的空间，一般工商业电价平均降低每千瓦时 1. 05 分钱、大工业电价平均降低每千瓦时 1. 1 分钱，2016 年可减轻企业电费约 376 亿元。

三是批复云南、湖北、宁夏、安徽、贵州 5 个省区输配电价格。2016 年 4 月份开始，5 个试点省区输配电价格正式执行，2016 年可节约电费支出 15 亿元。

四是推动成立北京、广州两大跨省电力直接交易机构，提高直购电规模。这一措施推动西部地区“弃水、弃电、弃光”的电能以较低价格销售到东部负荷中心。2016 年，电力交易市场签订的直接交易量约为 7000 亿千瓦时，同比增加约 2700 亿千瓦时，直购电交易方式降低电价每千瓦时 6. 4 分钱，降低企业电费约 448 亿元。

五是缩短企业用户电力交易办理时限。2016 年 7 月份开始，简化企业用户电力增容、减容、暂停、变更等办理手续，缩短办理时限，减少企业基本电费支出。考虑到各地落实此项政策需要一定时间，预计政策效果在2017年全部显现，明年将减少企业电费约150亿元。

六是降低非居民用气门站价格。2015年11月20日起，非居民用气最高门站价格每千立方米降低700元，2016年全年可降低工商业用气成本1152亿元。

综合来看，2016年各项政策推动工商业用能成本降低3493亿元。展望2017年，国家进一步有序放开跨省跨区送受电计划、加快放开配售点业务、放开市场化定价、放开交易机构交易业务覆盖范围以及公布省级输配电试点电价、加强天然气输配价格改革，在此情况下，预计企业用能成本将节约4109亿元。

表14－2　**降低工商业用能成本测算依据**

政策工具	价格下降幅度（元/千瓦时）	2016年政策效果测算时间	2016年相应用电量（亿千瓦时）	2016年节约用能成本（亿元）
完善煤电价格联动机制	0.03	1—12月	50069	1502
取消化肥优惠电价	0.01075	5—12月	34958	376
增设并批复5个输配电改革试点省份	5个试点省区不同	4—12月	5个试点省区不同	15
推动成立2个跨省电力直接交易机构	0.064	1—12月	7000	448
缩短电力交易办理时限	政策效果在2017年显现			
降低非居民用气门站价格	0.7（元/立方米）	1—12月	1646（亿立方米）	1152
合计				3493

资料来源：《国家发展改革委2016年6月28日“深化价格机制改革　降低实体经济成本”专题发布会（全文）》《国家能源局发布2016年2—12月份各月全社会用电量》《2016年天然气运行简况》。

2. 存在问题

一是中央与地方政策导向不一致，“定价机制市场化”等长期目标的实现存在较大困难。本次降低用能成本过程中，中央政府更强调建立合理的能源价格机制，而地方政府在当前经济不太景气的情况下，更倾向于降低用能价格，以促进地方经济发展。一些地方即使电网成本空间小，也毫无例外地要求进一步降低电价。这种情况会挫伤电网企业合理投资的积极性，将给建立约束和激励并存的能源价格市场化机制带来不利影响。

二是对输配电价格体系认识不到位，输配电价格市场化改革成效受到影响。市场化、合理、完整的输配电价体系，除了包括一般的输配电价格外，还应包括以下部分：专项接入价，主要用于电网企业回收应由发电企业或大用户支付的接网设备的成本费用；辅助服务价格，主要用于补偿除了正常电能生产、输送和使用外的调频、调峰等其他服务费用。当前社会各界普遍认为输配电价改革就是要单独核定输配电价水平，并能够用于电力市场运作即可。这种对输配电价体系的认识误区，将影响中国输配电价市场化改革成效。

三是对不合理的政府性基金及附加收费重视不够，有可能助推电价增高。中国销售电价中包含政府性基金及附加，每度电中包括：农网还贷资金 2 分，国家重大水利工程建设基金 0.4 分，大中型水库移民后期扶持资金 0.31 分，可再生能源电价附加 1.5 分，城市公用事业附加费 0.7 分。随着可再生能源的大规模发展，补贴额有缺口，可再生能源电价附加水平增加。但本次降低用能成本政策中，对减少不合理的政府性基金及附加较少提及。随着政府性基金及附加水平不断提高，电网企业的负担日益加重，也必将推高实体经济企业用电成本。

3. 下一步工作重点

一是进一步加强中央和地方纵向和横向统筹衔接。纵向上，建立中央和地方之间的沟通、反馈和纠偏机制，确保能源价格市场化和用能成本降低工作相结合，切实避免降低用能成本政策执行偏离初衷。

横向上，加强国家发展改革委、能源局、国资委等部门间政策协同，建立能源企业约束与激励并存机制，保证能源企业正常合理投资需求、能源市场效率和用能企业长期利益。

二是完善输配电价格体系。在省级电网输配电价格改革试点基础上，进一步建立健全由省级电网共用网络输配电价、专项服务价格、辅助服务价格构成的输配电价体系。引入反映地理位置、输电阻塞等情况的价格信号，进一步完善省级电网共用网络价格；研究用户侧接出价政策，完善专项服务价格；研究引入市场竞价机制，完善辅助服务价格。

三是规范和削减电价中不合理政府性基金和附加。制定政府性基金和附加的退出机制，将具有税收性质、没有特定受益人的政府性基金和附加改为税，如农网还贷基金等相关开支可从税收收入中安排，为电力用户减轻经济负担。通过设定期限、设定上限、清理交叉重复费用等方法，减少政府通过从电价中收取政府性基金和附加补贴其他部门和获益群体的做法，避免电力用户承担过重的社会责任。

四是加快下调非居民用天然气价格。在当前天然气供大于求的形势下，必须进一步深化天然气市场改革，切实降低非居民用天然气价格。推进地方完善天然气输配成本核算，将其控制在合理区间。鼓励有条件的企业参与大用户直接供气，降低用气成本。加快天然气管道向第三方开放，允许下游用户自由选择供应商。鼓励供气企业技术和管理创新，用科技进步带动产量增长和成本下降。通过财政税收手段降低天然气价格中的含税比例。

六　物流成本

1. 政策实施效果

2016年以来，针对物流成本高企问题，国务院从加强物流业发展的顶层设计，大力支持第三方物流、电子商务物流、冷链物流、城市物流配送、农村物流等重点领域发展，深入开展商贸物流标准化专项行动、提高商贸物流信息化水平、进一步减轻了物流企业税费负担、引导物流企业创新物流服务模式等方面，出台了一系列政策，在一定程度上降低了全社会的物流成本。

具体来看，大力支持第三方物流、电子商务物流、冷链物流、城市物流配送、农村物流等重点领域发展，有效弥补了物流业的短板，估计能够降低物流配送成本 5 个百分点以上。深入开展商贸物流标准化专项行动，推广包括标准托盘、物流包装等标准物流设施设备的应用，建立以标准托盘应用为核心的商贸物流标准体系，提高了设施设备标准化和服务规范化的水平，据试点企业反映，可提升备货效率 30% 以上，装卸货效率 50% 以上，车辆周转效率 1 倍以上，库存周转成本降低 29% 以上。通过继续实施物流企业大宗商品仓储设施用地减半征收城镇土地使用税优惠政策、精简港口收费项目和降低收费标准，每年可为企业减负 20 亿元。取消了政府还贷二级路收费站 49 个、收费里程 6119 公里，落实“绿色通道”等政策措施，累计减免通行费约 500 亿元。引导传统流通企业加快信息化改造，与电子商务企业开展商流、资金流、信息流融合，特别是促进物流与现代信息技术相结合，催生了许多新业态，大幅提升了物流服务的效率与水平。如“传化智联”的“智能公路物流网络运营系统”全国落地城市扩展到 80 多个，弥补了公路领域的物流短板，推进了行业的集约化发展水平，从而降低了企业物流成本；京东自建、整合各类城市社区自提柜超过 8000 个，物流配送网络的规模和覆盖范围不断扩大，“最后一公里”效率显著提升，物流综合成本进一步下降。创新物流服务模式，推广多式联运，充分发挥了各种运输方式的整体优势和组合效率，实现了铁路、海运和公路等运输方式的无缝对接，大幅缩减了转运时间，节约物流成本大约 20%—40%。实施航道疏通、枢纽互通、江海联通、关检直通四大畅通工程，大力发展多式联运甩挂、企业联盟甩挂、干线运输和城市配送衔接甩挂等运输模式，提高运输车辆的周转使用效率，优化物流运力。企业可以减少 50% 以上的牵引车购置成本或租赁费用，提高车辆平均运输生产力 30%—50%，油耗下降 20%—30%，降低物流成本大约 350 亿元。

总体来看，以上降本增效综合措施的实施整体降低 2016 年企业物流成本约3000亿元。2016年全社会物流成本与GDP的比率为14.9%，比去年降低1.1个百分点。经预测，社会物流成本与GDP的比率每降低一个百分点，将降低企业约3000亿—4000亿元的物流成本，则估计2016年降低物流成本大约在3000亿元左右。

展望2017年，随着近期国务院颁布的《降低实体经济企业成本工作方案》《物流业降本增效专项行动方案》的大力实施，中国物流智能化、标准化水平将不断提高，互联网、大数据、云计算等应用将更加广泛，新型物流业态将更多涌现，企业物流能力建设和水平提升的步伐会不断加快，最终促使社会物流总费用与GDP的比率、物流费用占企业主营业务收入的比重继续降低，从而进一步扩大企业物流成本下降的空间。预计2017年全年可降低企业物流成本4000亿元。

2. 存在问题

一是营改增以后，由于企业要缴纳的增值税税率高于原营业税税率以及人工费、过路过桥费等不能纳入增值税进项抵扣范围等，导致部分运输企业的实际税负增加，这项成本转嫁到接受服务的企业，最终增加了全社会企业的物流成本。

二是部分地区物流基础设施建设征用地较难，无法获得仓储物流用地指标，只能利用商业用地进行建设，无疑增加了物流企业用地成本，因而增加了全社会企业的物流成本。

三是落实《劳务派遣暂行规定》中有关用工单位使用被派遣劳动者数量不得超过用工总量的10%的规定，物流企业大幅缩减了派遣用工数量，增加了正式职工的数量，从而加大了物流企业用工成本，最终增加了全社会企业的物流成本。

四是由于财政压力较大，地方政府在执行降低或取消相关公路、港口收费政策上打折扣，政策执行中这种人为因素阻碍了企业物流成本的下降。

3. 下一步工作重点

一是完善物流领域增值税政策。完善增值税抵扣政策，将部分人工费用、过路过桥费等纳入到增值税进项税抵扣范围，切实减轻物流业税负。同时，物流企业可按照现行增值税汇总缴纳有关规定申请实行汇总缴纳，鼓励物流企业一体化、网络化、规模化运作，最终降低全社会企业的物流成本。

二是降低物流业资源土地使用成本。一方面，完善落实支持物流业发展的用地政策，超前规划物流功能区。在土地利用总体规划、城市总体规划、综合交通规划、商业网点规划中充分考虑并统筹保障物流业发展的合理用地需求，改变物流业“频繁搬迁、刚建就搬、越搬越远、越搬越散”的状况。另一方面，优化物流业用地空间布局，合理确定用地规模和强度，发挥土地集约利用效率，降低土地使用成本。

三是降低物流行业劳动力成本。针对物流业劳动密集型、人员流动大特点，完善和落实社保与最低工资等相关制度，阶段性降低企业职工基本养老保险单位缴费比例，阶段性降低失业保险费率，规范和阶段性适当降低住房公积金缴存比例，以及在分拨和中转中心积极采用机器代替人力等，控制用工成本。同时，顺应物流业转型升级和智能化发展趋势，加大技术人员培训力度，提高物流行业劳动生产率。

四是规范对物流企业收费的行为。建立政策执行监督机制和执行效果评价制度，对相关政府部门人员执法行为进行公开监督，坚决制止乱收费、乱罚款、以罚代管等行为，加大对违规、违法执法行为的问责和惩罚力度。积极采取民意调查等方式，评价物流业降费增效系列政策的实施效果。

此外，还要从物流行业发展入手，以供应链提质增效为手段，进一步加快与互联网融合，推进物流业创新高效发展，建立标准化、信息化、网络化、集约化、智慧化的现代物流服务体系，促进物流企业提供更加“价低质优”的物流服务，从而继续降低制造、商贸企业的物流成本。同时，深入推进交通物流融合发展，加强物流服务设施和交通运输干线网络的衔接。布局和完善一批具有多式联运功能的综合物流枢纽，统筹推进公路、铁路、水运、民航等基础设施无缝连接。

（执笔人：郭春丽、王元、李清彬、刘方、成卓、易信）

附　　件

国务院关于印发降低实体经济企业成本工作方案的通知

国发〔2016〕48号

各省、自治区、直辖市人民政府，国务院各部委、各直属机构：

现将《降低实体经济企业成本工作方案》印发给你们，请认真贯彻执行。

国务院

2016年8月8日

降低实体经济企业成本工作方案

开展降低实体经济企业成本工作，是党中央、国务院为有效缓解实体经济企业困难、助推企业转型升级作出的重要决策部署，对有效应对当前经济下行压力、增强经济可持续发展能力具有重要意义。为切实抓好各项工作任务的组织落实，确保取得成效，特制定本方案。

一 总体要求

（一）指导思想。全面贯彻党的十八大及十八届三中、四中、五中全会精神和习近平总书记系列重要讲话精神，落实党中央、国务院决策部署，按照“五位一体”总体布局和“四个全面”战略布局，牢固树立和贯彻落实创新、协调、绿色、开放、共享的发展理念，推进供给侧结构性改革，采取针对性、系统性措施，有效降低实体经济企业成本，优化企业发展环境，助推企业转型升级，进一步提升产业竞争力，增强经济持续稳定增长动力。

（二）目标任务。经过1—2年努力，降低实体经济企业成本工作取得初步成效，3年左右使实体经济企业综合成本合理下降，盈利能力较为明显增强。一是税费负担合理降低。全面推开营改增试点，年减税额5000亿元以上。清理规范涉企政府性基金和行政事业性收费。二是融资成本有效降低。企业贷款、发债利息负担水平逐步降低，融资中间环节费用占企业融资成本比重合理降低。三是制度性交易成本明显降低。简政放权、放管结合、优化服务改革综合措施进一步落实，营商环境进一步改善，为企业设立和生产经营创造便利条件，行政审批前置中介服务事项大幅压缩，政府和社会中介机构服务能力显著增强。四是人工成本上涨得到合理控制。工资水平保持合理增长，企业“五险一金”缴费占工资总额的比例合理降低。五是能源成本进一步降低。企业用电、用气定价机制市场化程度明显提升，工商业用电和工业用气价格合理降低。六是物流成本较大幅度降低。社会物流总费用占社会物流总额的比重由目前的4.9%降低0.5个百分点左右，工商业企业物流费用率由8.3%降低1个百分点左右。

（三）主要原则。

坚持全面系统推进和抓住关键环节相结合。妥善处理政府和市场、中央和地方的关系，调动各方面积极性，全面推进降成本工作。突出问题导向，创新工作思路和方法，针对造成实体经济企业成本居高不下的关键因素，制定可操作、可落地、可检查的系统性政策措施。

坚持解决当前问题与着眼长远发展相结合。坚持标本兼治、远近结合、综合施策，一方面及时出台有针对性的政策措施，缓解当前的突出矛盾和问题；另一方面通过深化改革，营造良好发展环境，逐步解决造成实体经济企业成本过高的体制机制问题。

坚持支持企业发展与实现优胜劣汰相结合。突出政策措施的针对性和差别化，既要有效降低实体经济企业成本，加快转型升级步伐，又要充分尊重市场经济规律，加快落后产能退出，提升经济可持续发展能力。

坚持降低外部成本与企业内部挖潜相结合。在加强制度设计、优化政策环境、发挥好金融系统支持作用，有效降低外部成本的同时，引导实体经济企业采取提升生产效率、提高管理水平、加快技术创新等挖潜增效措施，降低企业内部成本。

坚持降低企业成本与提高供给质量相结合。以增加有效供给、提高供给质量为前提，发挥好骨干管理人员、技术人员、广大员工的关键作用，加强质量管理，增强创新能力，进一步增加产品和服务供给，增强产业竞争力。

二　合理降低企业税费负担

（四）全面推开营改增试点，确保所有行业税负只减不增。将营改增试点范围扩大到建筑业、房地产业、金融业、生活服务业，并将所有企业新增不动产所含增值税纳入抵扣范围。（牵头单位：财政部，参加单位：全面推开营改增试点部际联席会议成员单位）

（五）落实好研发费用加计扣除政策，修订完善节能环保专用设备税收优惠目录。加强协调配合，落实好研发费用加计扣除政策。研究将新材料、关键零部件纳入首批次应用保险保费补偿机制实施范围。修订完善《环境保护专用设备企业所得税优惠目录》和《节能节水专用设备企业所得税优惠目录》。（牵头单位：财政部、工业和信息化部，参加单位：税务总局、国家发展改革委、环境保护部、保监会）

（六）扩大行政事业性收费免征范围，清理规范涉企收费。将国内植物检疫费、社会公用计量标准证书费等18项行政事业性收费的免征范围从小微企业扩大到所有企业和个人。全面实施涉企收费目录清单管理，将涉企行政事业性收费、政府性基金、政府定价或指导价经营服务性收费和行政审批前置中介服务收费等项目清单，在地方政府及国务院各部门网站常态化公示。进一步清理各类电子政务平台的服务收费，严禁依托电子政务平台捆绑服务并收费。查处和清理各种与行政职能挂钩且无法定依据的中介服务收费。加强涉企收费监督管理，畅通企业举报渠道，完善查处机制，制止乱摊派、乱收费等违规行为，坚决取缔违规收费项目。（牵头单位：财政部、国家发展改革委、工业和信息化部，参加单位：国务院国资委、税务总局）

（七）取消减免一批政府性基金，扩大小微企业免征范围。取消大工业用户燃气燃油加工费等地方违规设立的政府性基金。落实好已明确的减免政府性基金等政策，将新菜地开发建设基金、育林基金征收标准降为零，停征价格调节基金，整合归并水库移民扶持基金等7项政府性基金；将教育费附加、地方教育附加、水利建设基金免征范围由月销售额或营业额不超过3万元的缴纳义务人扩大到月销售额或营业额不超过10万元的缴纳义务人。（牵头单位：财政部、国家发展改革委，参加单位：国土资源部、水利部、农业部、税务总局、国家林业局）

三 有效降低企业融资成本

（八）保持流动性合理充裕，营造适宜的货币金融环境。通过差别准备金率、再贷款、再贴现等政策引导银行业金融机构加大对小微企业、“三农”等薄弱环节和重点领域的信贷支持力度。发挥开发性、政策性金融作用，为基础设施建设和重要战略性新兴产业发展提供长期低成本资金。（牵头单位：人民银行、国家发展改革委、财政部，参加单位：工业和信息化部、农业部、银监会）

（九）降低融资中间环节费用，加大融资担保力度。完善信贷资金向实体经济融通机制，降低贷款中间环节费用，严禁“以贷转存”“存贷挂钩”等变相提高利率行为。引导金融机构针对不同企业合理定价。督促银行业金融机构依法合规收费，制止不规范收费行为。发展政府支持的融资担保机构，允许有条件的地方设立政府性担保基金，探索运用资本注入、再担保、风险补偿等措施，提高融资担保机构为战略性新兴产业、小微企业、“三农”服务积极性。（牵头单位：银监会、人民银行、国家发展改革委、财政部，参加单位：工业和信息化部）

（十）完善商业银行考核体系和监管指标，加大不良资产处置力度。综合考虑盈利能力、经营增长、资产质量、资本充足率等方面的考核因素，适当提高风险容忍度，落实小微企业贷款风险容忍度要求。完善信贷人员尽职免责政策。支持和督促商业银行补充资本，按市场化方式及时核销不良贷款，做到应核尽核，增强对实体经济的信贷资金投放能力。适当调整不良资产转让方式、范围、组包项目及户数方面的规定，逐步增强地方资产管理公司处置不良资产的能力，完善不良资产转让政策，提高不良资产转让的效率和灵活性。支持有发展潜力的实体经济企业之间债权转股权。（牵头单位：银监会、人民银行、国家发展改革委、财政部、税务总局，参加单位：国务院国资委）

（十一）稳妥推进民营银行设立，发展中小金融机构。推进已批准民营银行的筹建工作，引导其积极开展业务；稳妥推进民营银行发展，成熟一家、设立一家。加快发展金融租赁公司、融资租赁公司、村镇银行等各类机构。（牵头单位：银监会、商务部，参加单位：人民银行）

（十二）大力发展股权融资，合理扩大债券市场规模。完善证券交易所市场股权融资功能，规范全国中小企业股份转让系统（“新三板”）发展，规范发展区域性股权市场和私募股权投资基金。改革完善公司信用类债券发行管理制度，合理扩大债券发行规模，提高直接融资比例。在投资者分类趋同的原则下，分别统一公司信用类债券市场发行准入标准和审核规则。加快债券产品创新，发展股债结合品种，研究发展高风险高收益企业债、项目收益债、永续债、专项企业债、资产支持证券等。加大信息披露力度，规范债券发行企业信息披露行为，提高市场透明度。加强信用评级制度建设，强化市场化约束机制，积极稳妥推进债券市场开放。（牵头单位：证监会、人民银行、国家发展改革委，参加单位：财政部）

（十三）引导企业利用境外低成本资金，提高企业跨境贸易本币结算比例。推进企业发行外债登记制度改革，扩大全口径跨境融资宏观审慎管理试点范围，进一步简化程序，合理扩大企业发行外债规模，放宽资金回流和结汇限制。在合理调控外债规模、促进结构优化和有效防范风险的前提下，鼓励资信状况良好、偿债能力强的企业赴境外发行本外币债券。扩大人民币跨境使用，引导商业银行改善金融服务，提高企业在跨境贸易中使用本币结算的比例，降低汇兑成本和汇率波动影响。（牵头单位：国家发展改革委、人民银行、国家外汇局）

四　着力降低制度性交易成本

（十四）打破地域分割和行业垄断，加强公平竞争市场环境建设。清理废除地方自行制定的影响统一市场形成的限制性规定，加快放开垄断行业竞争性环节。开展市场准入负面清单制度试点，从2018年起正式实行全国统一的市场准入负面清单制度。对连锁企业要求设立非企业法人门店和配送中心的，所在地政府及有关部门不得以任何形式设置障碍。组织实施公平竞争审查制度，从源头上防止排除和限制市场竞争的行为。健全竞争政策，完善市场竞争规则，加强反垄断和反不正当竞争执法。强化价格检查，优化市场环境，健全经营者自主定价领域的市场规则。（牵头单位：国家发展改革委、商务部、工商总局，参加单位：工业和信息化部、国务院国资委、国家能源局）

（十五）深化“放管服”改革，为企业创造更好的营商环境。简政放权、放管结合、优化服务同步推进，提高政府公共服务能力和水平，为企业提供优质公共服务和公共产品。推进行政审批制度和监管制度改革，优化行政审批流程，重点围绕生产经营领域取消和下放行政审批事项，合并具有相同或相似管理对象、管理事项的证照资质，实行联合审批。大幅压减各类行政审批前置中介服务事项，无法律法规依据的一律取消。进一步优化企业投资项目相关审批程序，利用好投资项目在线审批监管平台，落实平台建设中的识别代码和个性化审批监管要求。保障各类市场主体在投资核准、政府扶持、参与政府投资项目等方面享受同等待遇。对民间投资进入自然资源开发、环境保护、能源、交通、市政公用事业等领域，除法律法规有明确规定的外，取消最低注册资本、股东结构、股份比例等限制。简化外商投资企业设立程序。研究推广对符合条件且不需要新增建设用地的技术改造项目实行承诺备案管理。规范涉企行政检查行为，落实“双随机”抽查机制，建立随机抽查事项清单。（牵头单位：国家发展改革委、工业和信息化部、国土资源部、商务部、海关总署、税务总局、工商总局、质检总局，参加单位：环境保护部、住房城乡建设部、交通运输部、国务院国资委、国家能源局）

（十六）加快社会信用体系建设，加强知识产权保护。利用好全国信用信息共享平台及企业信用信息公示系统，加强信用信息归集、共享、公开和使用。开展守信联合激励和失信联合惩戒，在行政管理、公共服务、市场交易和投融资等领域对守信企业实施优惠便利措施，对失信企业依法严格限制和约束。将注册登记、行政审批、行业主管部门作出的行政许可和行政处罚等信息归集到相应企业名下，依法予以公示。加强知识产权保护，加大对专利、注册商标、商业秘密等方面知识产权侵权假冒行为的打击力度，降低企业维权成本。（牵头单位：国家发展改革委、人民银行、工商总局、国家知识产权局，参加单位：工业和信息化部、商务部、海关总署、税务总局、质检总局、银监会等）

（十七）提升贸易便利化水平，合理降低服务收费标准。全面推广国际贸易“单一窗口”，推进口岸管理相关部门信息互换、监管互认、执法互助，对信用记录良好的企业降低出口商品查验率，降低企业货物的通关成本。整合建立统一的公共资源交易平台体系，依法确定收费范围，规范服务收费行为，合理降低服务收费标准。积极稳妥推动行业协会商会与行政机关脱钩，厘清行业协会商会与行政机关职能边界，清理行业协会商会违法违规强制企业付费参加考核评比、表彰、赞助捐赠等项目。（牵头单位：海关总署、质检总局、国家发展改革委、民政部，参加单位：工业和信息化部、人力资源社会保障部、财政部、国土资源部、环境保护部、住房城乡建设部、国务院国资委、国家林业局）

（十八）加快剥离国有企业办社会职能和解决历史遗留问题，减轻企业负担。建立政府和国有企业合理分担成本的机制，坚持分类指导、分步实施，多渠道筹措资金，加快剥离国有企业办社会职能。全面推进国有企业职工家属区“三供一业”分离移交，剥离企业办医疗、教育等公共服务机构，对国有企业退休人员实行社会化管理，解决好厂办大集体等国有企业历史遗留问题。（牵头单位：国务院国资委、财政部、人力资源社会保障部）

五　合理降低企业人工成本

（十九）降低企业社保缴费比例，采取综合措施补充资金缺口。从2016年5月1日起，对企业职工基本养老保险单位缴费比例超过20%的省份，将单位缴费比例降至20%，单位缴费比例为20%且2015年年底企业职工基本养老保险基金累计结余可支付月数超过9个月的省份，可以阶段性将单位缴费比例降低至19%；将失业保险总费率阶段性降至1%—1.5%，其中个人费率不超过0.5%。以上两项社保费率降低期限暂按两年执行，具体方案由各省（区、市）确定。综合采取实施渐进式延迟退休年龄、开展基金投资运营和划转部分国有资本充实社会保障基金，以及支持各地通过拍卖、出租政府公共资源资产等方式筹集资金，为降低企业社保缴费比例创造条件。（牵头单位：人力资源社会保障部、财政部、国务院国资委）

（二十）完善住房公积金制度，规范和阶段性适当降低企业住房公积金缴存比例。对住房公积金缴存比例高于12%的一律予以规范调整，不得超过12%。从2016年5月1日起两年内，由各省（区、市）结合实际，阶段性适当降低住房公积金缴存比例。生产经营困难企业除可降低缴存比例外，还可依法申请缓缴住房公积金，待效益好转后再提高缴存比例或恢复缴存并补缴缓缴的住房公积金。（牵头单位：住房城乡建设部，参加单位：国家发展改革委、财政部、人民银行）

（二十一）完善最低工资调整机制，健全劳动力市场体系。统筹兼顾企业承受能力和保障劳动者最低劳动报酬权益，指导各地合理确定最低工资标准调整幅度和调整频率。推进户籍制度改革，实现居住证制度全覆盖，将外来务工人员纳入当地教育、基本医疗卫生等公共服务覆盖范围，降低劳动力自由流动成本，加快形成统一开放、竞争

有序的劳动力市场体系。（牵头单位：人力资源社会保障部、国家发展改革委、公安部、财政部）

六、进一步降低企业用能用地成本

（二十二）加快推进能源领域改革，放开竞争性环节价格。加快推进电力、石油、天然气等领域市场化改革。完善光伏、风电等新能源发电并网机制。2017 年基本放开竞争性领域和环节价格管制，形成充分竞争的机制，使能源价格充分反映市场供求变化，提高价格灵活性。（牵头单位：国家发展改革委，参加单位：国家能源局）

（二十三）加快推进电力体制改革，合理降低企业用电成本。加快实施输配电价改革试点。积极开展电力直接交易，放宽参与范围，有序缩减发用电计划，扩大市场化交易电量的比例。对未参与直接交易和竞价交易的上网火力发电量，以及重要公用事业和公益性服务等用电，继续实施好煤电价格联动机制，合理调整一般工商业企业用电价格。简化企业用户电力增容、减容、暂停、变更等办理手续，缩短办理时限。（牵头单位：国家发展改革委、国家能源局，参加单位：工业和信息化部）

（二十四）完善土地供应制度，降低企业用地成本。积极推进工业用地长期租赁、先租后让、租让结合供应，工业用地的使用者可在规定期限内按合同约定分期缴纳土地出让价款，降低工业企业用地成本。保障物流业用地供应，科学合理确定物流用地容积率。（牵头单位：国土资源部，参加单位：财政部）

七　较大幅度降低企业物流成本

（二十五）改善物流业发展环境，大力发展运输新业态。健全现代物流标准体系，强化物流标准实施，推动物流业与制造业等产业联动发展。完善城市物流配送体系，优化资源配置，提高物流效率。推广多式联运，加快构建国家交通运输物流公共信息平台，推进跨部门、跨区域、跨国界、跨运输方式物流相关信息互联共享，鼓励企业间运力资源共享，提高运输车辆实载率。大力发展多式联运甩挂、企业联盟甩挂、干线运输和城市配送衔接甩挂等运输模式。推动无车承

运人业务加快发展。（牵头单位：国家发展改革委、交通运输部，参加单位：质检总局）

（二十六）合理确定公路运输收费标准，规范公路收费管理和监督执法。尽快修订《收费公路管理条例》，科学合理确定公路收费标准，逐步有序取消政府还贷二级公路收费。坚决查处高速公路车辆救援服务中的各种乱收费行为，规范车辆超限处罚标准，减少各类执法中的自由裁量权，坚决杜绝乱罚款、“以罚代管”等行为。（牵头单位：交通运输部、财政部、国家发展改革委、公安部）

（二十七）规范机场铁路港口收费项目，清理不合理服务收费。全面清理机场、铁路、港口码头经营性收费项目，除法规规章规定的项目外，禁止指定经营、强制服务、强行收费行为，清理强制对进出港（场）企业收取的不合理费用和地方政府设立的不合理涉及铁路收费。（牵头单位：民航局、铁路总公司、交通运输部、国家发展改革委）

八　提高企业资金周转效率

（二十八）推进实体经济经营性资产证券化，开展投贷联动试点支持科技创新创业企业。鼓励实体经济企业将符合条件的经营性资产证券化，或通过金融租赁、融资租赁方式盘活存量资源。选取部分符合条件的银行业金融机构和地区，在依法合规、风险可控的前提下，对科技创新创业企业开展投贷联动业务试点，为科技创新创业企业提供合理的融资结构和持续的资金支持。（牵头单位：人民银行、银监会、证监会、商务部，参加单位：工业和信息化部）

（二十九）支持重点企业资金周转，多方筹资清偿拖欠工程款。鼓励地方政府加强协调，支持重点企业筹集周转资金，防范企业资金链断裂风险传导。地方政府统筹置换债券资金在内的预算资金，按照相关规定妥善偿还经清理核实属于地方政府债务的拖欠工程款；通过出让资产等方式获得的增量资金，优先用于清偿政府投资项目拖欠工程款。（牵头单位：国家发展改革委、财政部、人民银行、银监会，参加单位：住房城乡建设部）

（三十）清理规范工程建设领域保证金，减少资金占用。摸清目前建筑业所需缴纳各种保证金现状，研究制定依法依规开展清理工作的意见，按照既有利于减轻企业负担、又能形成新约束机制的原则制定切实可行的政策措施。（牵头单位：住房城乡建设部、财政部、国家发展改革委、人力资源社会保障部、国务院法制办）

（三十一）加强资金清欠，化解企业债务链风险。鼓励企业加强往来款项管理，引导企业加快付款，减轻全社会债务负担。发挥财务公司在提高资金使用效率方面的作用，加快产业链企业间资金周转，推进财务公司延伸产业链金融服务试点。对债务规模较大且有三家以上债权银行的客户，协调各债权银行成立债权人委员会，避免因单家机构处置不当引发新的风险。（牵头单位：银监会、人民银行，参加单位：工业和信息化部、财政部、国务院国资委）

九 鼓励引导企业内部挖潜

（三十二）引导企业管理创新和精益生产，利用信息技术手段降低成本。鼓励企业充分利用新一代信息技术等手段，实现内部管理升级，创新营销模式，提高效益水平。大力发展智能制造和智慧流通，提高产品的成品率、优质品率和精准营销匹配率。加快推进绿色制造，大幅降低资源能源消耗，实现降本增效。推进小批量、多批次、低库存、少环节的柔性化生产和作业成本法应用，提高企业供应链管理水平。（牵头单位：工业和信息化部、国家发展改革委、商务部）

（三十三）加强先进技术推广，鼓励企业加强目标成本管理。完善鼓励和支持企业转型和技术创新的政策，支持推广可有效降低企业成本的各种技术，促使企业持续提高生产效率。引导企业加强目标成本管理，对生产经营全过程和各环节耗费实施严格的全面控制，制定相应降成本目标。（牵头单位：国家发展改革委、工业和信息化部、国务院国资委）

十 落实降成本工作配套措施

（三十四）推进体制机制改革。进一步推进简政放权、放管结合、优化服务改革，积极稳妥推进国企改革和企业兼并重组，有序推进财税、金融等领域体制机制改革，加快推进资源要素市场化改革，降低供给成本、提高供给效率，形成有利于企业降低成本和健康发展的制度环境。

（三十五）支持创新活动。加快实施创新驱动发展战略，深入推进大众创业、万众创新，加强科技创新、管理创新、机制创新、营销创新和商业模式创新。发展新兴产业，加大对企业创新活动的支持，提高创新资源产出率和全要素生产率。

（三十六）发挥“互联网＋”作用。充分运用互联网、物联网、云计算等新一代信息技术，改进生产经营模式。通过“互联网＋”协同制造，提升企业运营效率，降低运营成本。通过“互联网＋”高效物流，提升运输效率，降低流通成本。通过“互联网＋”政务服务，实现部门间数据共享，提高服务效率，降低交易成本。支持企业利用电子商务拓展市场、降低生产经营成本。

（三十七）利用两个市场。加快实施自由贸易区战略，推进双边和多边贸易投资谈判，促进贸易投资便利化。结合实施“一带一路”战略，加大支持企业“走出去”力度，鼓励企业充分利用国际国内两个市场、两种资源，提高资源利用效率，降低原材料成本。

（三十八）改进企业管理。完善现代企业制度，优化运营模式，培育企业家精神和工匠精神，发挥好广大企业职工的作用，激励挖潜增效。鼓励企业与国际先进企业对标，加强企业标准化建设，推进企业研发设计、物流、采购、安全生产、销售服务等管理标准化，提高运行效率。

（三十九）降低监管成本。加强反垄断、反不正当竞争、知识产权保护、质量安全监督等市场监管；充分运用大数据手段，加强对市场主体的监管，提高监管效率。整合优化执法资源，有效避免多层多头重复执法。

（四十）改善公共服务。加强政府公共服务平台建设，扩大覆盖面，延伸服务终端，优化服务流程，提升服务效能。加强标准体系建设，开展强制性标准整合精简，加快制定公益类推荐性标准和满足市场、创新需要的团体标准，降低市场推广应用成本。推广政府购买服务方式，吸引社会资本参与提供公共服务。

（四十一）优化产业布局。加强规划引导，综合考虑资源、市场等因素，加快经济结构调整，优化产业布局。加大对国家级新区、开发区等功能性平台建设支持力度，加强公共基础设施和服务平台建设，完善产业链、物流链，提高产业发展的配套、协作和集约化水平。

（四十二）分行业降本增效。增强降成本工作的针对性，根据行业特点，研究制定具体政策措施，加快实施转型升级降本增效专项行动，有序推出并切实落实煤炭、石化、钢铁、有色金属、建材、机械、汽车、电子信息、消费品、物流等行业的转型升级降本增效方案。

十一　建立健全降成本工作推进机制

（四十三）加强组织领导和工作协调。由有关部门建立降低实体经济企业成本工作协调机制，加强综合协调，统筹推进各项工作，跟踪督促落实。省级人民政府要建立完善降低实体经济企业成本工作推进机制。有关部门和地方政府要加强工作指导，形成降低实体经济企业成本的长效机制，重点是建立健全常态化的组织协调和督促落实工作机制；建立效果评估和统计监测机制；建立根据形势变化动态调整政策措施机制。

（四十四）加强对落实情况的督促检查。有关部门、地方人民政府是本领域、本地区降低实体经济企业成本工作的第一责任主体。各部门、各地区要按照党中央、国务院决策部署，根据本方案抓紧制定实施细则。加强专项督查，推动各项政策措施落实，并根据实际情况不断充实完善政策措施。适时将降低实体经济企业成本转为常态化工作，加强企业运行情况动态监测和常态化监督检查。

（四十五）适时评估总结和推广经验。各部门、各地区要在2017年3月底前进行一次政策落实情况及效果评估，积极推广效果良好的政策和做法，研究解决出现的问题，相应及时调整政策；从2017年起，每年年中报送一次政策落实情况。根据工作进展，适时进行阶段总结和协调，对后期常态化工作提出要求；在阶段性完成降低实体经济企业成本工作任务后，组织进行全面工作总结，完善推进降成本工作的长效机制。

江西省

中共江西省委　江西省人民政府
关于开展降低企业成本优化发展环境
专项行动的通知

赣字〔2016〕22号

各市、县（市、区）党委和人民政府，省委各部门，省直各单位，各人民团体：

为深入推进供给侧结构性改革，切实降低企业成本，优化企业发展环境，提升企业盈利能力，促进全省经济持续健康发展，确保实现“十三五”良好开局，省委、省政府决定，在全省开展降低企业成木、优化发展环境专项行动（以下简称专项行动）。现将有关事项通知如下。

一　总体要求

全面贯彻落实党的十八大和十八届三中、四中、五中全会精神，按照中央经济工作会议部署和省委、省政府有关改革要求，以“降低企业成本、优化发展环境”为主题，开展形式多样的专题活动，着力帮助企业减轻负担，增强盈利能力，保持竞争优势，助推转型升级，为全省经济持续稳定增长增添新动力。

二　基本原则

坚持统筹部署与精准施策相结合。认真贯彻落实党中央、国务院和省委、省政府关于供给侧结构性改革的部署要求，科学谋划，统筹推进，研究制定系统性的政策措施。坚持问题导向，从企业反映最突出的问题入手，精准施策，标本兼治，切实提高政策措施的针对性和有效性。

坚持市场主导与政府引导相结合。充分发挥市场在资源配置中的决定性作用，运用市场机制，弘扬企业家精神，引导企业自主创新转型发展。更好地发挥政府作用，加强组织引导，强化协调服务，努力营造公平公正的市场竞争环境。

坚持立足当前与着眼长远相结合。在采取针对性措施、狠抓政策落地、尽快取得成效的同时，遵循市场经济、法治社会要求，从改革开放、创新转型、改进监管、改善服务等方面出台配套措施，努力营造有利于企业持续发展的营商环境。

坚持外部扶持与内部挖潜相结合。充分发挥各方面积极性，一方面通过减税降费、金融支持、简政放权等政策举措，有效降低企业外部成本，另一方面通过引导企业内部挖潜，提升生产效率和管理水平，增强盈利能力，保持竞争优势。

三　重点任务

为更好地把握降低企业成本、优化发展环境的方向与路径，切实提高专项行动的质量和水平，重点抓好五个方面十六项工作。

（一）抓好政策出台

1. 出台若干意见。按照“情况要摸清、目标要明确、任务要具体、责任要落实、措施要有力”的要求，制定出台若干意见，切实降低企业成本，优化发展环境。

2. 制定政策汇编。对中央和省里出台的、目前仍在执行的惠企政策，分门别类梳理汇编，进行专题公布和宣传，形成企业看得懂、用得上的政策体系。

3. 编印咨询联系表。详细提供每条政策相对应的咨询单位、联系人、联系电话和电子邮箱，方便企业快捷地“按图索骥”与政府部门沟通联系。

（二）抓好动员宣讲

1. 全面动员部署。召开全省降低企业成本、优化发展环境专项行动动员大会，号召全省上下统一思想、凝心聚力，准确把握总体要求和目标任务，推动各项工作扎实深入开展。

2. 深入宣讲政策。省领导带领省直相关部门，及时深入工业园区、重点企业宣讲政策，通过省、市、县三级联动，形成全覆盖的政策宣讲体系，帮助企业更好地掌握政策、用好政策。

3. 加大解读力度。在省内主要媒体全文刊登若干意见，并设立专栏、专刊进行重点解读，让若干意见家喻户晓，更好地将政策红利转化为企业红利。

（三）抓好联企服务

1. 开展领导挂点联系企业活动。省、市、县三级“四套班子”领导和法院、检察院主要领导挂点联系企业，省领导联系2—3个工业园区（省委常委、副省长分别联系国家级园区），每个园区联系10家以上企业，市、县领导分别联系本辖区内企业，带头开展政策宣讲，推进重大项目建设，协调解决重大问题。

2. 开展机关干部下企业活动。从省、市、县三级机关抽调干部，深入企业生产一线，宣传政策、了解实情、解决问题。每个省直部门联系一个工业园区，实现所有园区全覆盖，并选派10名干部作为省领导联系企业的联络员，及时反馈企业生产经营情况。

3. 开展专家精准帮扶活动。从科研院所、大专院校抽调专家学者，组建精准帮扶顾问团，根据各地产业特点，开展企业问诊行动，提供技术咨询。从各金融机构抽调人员，组成若干定向帮扶小组，与各设区市开展形式多样的银企对接活动。

4. 开展产业链对接帮扶活动。组织重点骨干企业对上下游配套企业，开展全方位、多层次的技术、产品、劳务对接帮扶，鼓励组建产业联盟，推进产业融合发展。

（四）抓好破解难题

1. 建立及时受理机制。向社会公布专线电话、传真、邮箱，进一步畅通企业信息反馈渠道，及时受理企业诉求，提供政策咨询服务。

2. 建立台账管理机制。对企业反映的各类问题，按照“谁负责、谁落实”的原则，逐级梳理，列出清单，建立台账，销号管理。

3. 建立分类处理机制。对涉及省级层面的问题，按照部门职责分类处理，对能够解决的限时解决，对不能解决的说明原因。

（五）抓好督查考核

1. 强化督查落实。对专项行动开展情况和若干意见落实情况，定期进行跟踪调度和督促检查，视情况采取下达督查通知书、实地督查、约谈、挂牌督办等方式推进工作落实。

2. 强化总结评估。及时对专项行动开展情况进行总结，对推进落实较好的市、县（市、区）和省直部门给予表彰。引入第三方评估机构，对现行政策实施效果和市、县（市、区）、省直部门服务企业情况进行评估，切实提高专项行动的成效。

3. 强化考核问效。对服务企业不到位、执行政策打折扣的单位或个人进行诫勉谈话，对不作为、乱作为、敷衍塞责的单位和个人进行问责，对服务企业过程中发生的违纪违法行为坚决从严处理。

四　保障措施

（一）加强组织领导。省委、省政府成立省降低企业成本、优化发展环境专项行动领导小组，下设政策宣讲、入企帮扶、破解难题、督查考核4个专项工作小组和办公室。领导小组办公室设在省发改委，承担日常工作。各市、县（市、区）要加强组织领导，成立相应机构，统筹推进本地区的降低企业成本、优化发展环境专项行动。

（二）健全工作机制。各专项工作小组要建立工作推进机制，细化任务举措，落实责任分工，明确时间节点，推动重点任务实施。领导小组办公室要认真履行职责，加强督促指导，搞好统筹协调，注重政策衔接，及时总结推广，形成整体推进合力。各市、县（市、区）和省直部门要结合本地本部门实际，研究制定实施方案。

（三）营造良好氛围。各级宣传部门要组织新闻媒体，广泛宣传各级干部扎根一线、主动服务的优良作风，广泛宣传各地各部门落实政策、破解难题的工作成效，广泛宣传帮助企业提质增效、转型发展的鲜活事例，树立典型，推广经验，主动回应社会关切，最大限度凝聚共识，共同营造良好舆论氛围，推动专项行动深入开展。

附件：1. 关于降低企业成本优化发展环境的若干意见

2. 降低企业成本优化发展环境专项行动重点任务分工表

中共江西省委

江西省人民政府

2016 年 4 月 21 日

附件 1　关于降低企业成本优化发展环境的若干意见

为积极应对当前经济下行压力，着力缓解实体经济发展困难，进一步帮助企业降成本减负担，更好地支撑全省经济平稳较快增长，按照中央经济工作会议精神和省委、省政府有关改革部署，特制定本意见。

一　切实降低企业成本

（一）落实税收优惠政策

1. 落实国家全面推开营业税改征增值税试点政策，自 2016 年 5 月 1 日起，将建筑业、房地产业、金融业、生活服务业等全部营业税纳税人纳入试点范围，由缴纳营业税改为缴纳增值税。（牵头单位：省财政厅、省国税局、省地税局）

2. 落实高新技术企业税收优惠政策，严格按规定落实高新技术企业减按 15% 税率征收企业所得税。支持符合条件的企业参加高新技术企业认定，对处于培育阶段的科技型企业，符合条件的予以优先认定。（责任单位：省国税局、省地税局、省科技厅）

3. 落实企业研发费加计扣除政策，对企业开展研发活动中符合规定条件的研发费用，未形成无形资产计入当期损益的，在按规定据实扣除的基础上，按照本年度实际发生额的 50%，从本年度应纳税所得额中扣除；形成无形资产的，按照无形资产成本的 150% 在税前摊销。企业符合研发加计扣除条件的工业设计费用，按照税法规定享受企业所得税前加计扣除政策。对符合条件的纳税人提供技术转让、技术开发和与之相关的技术咨询、技术服务免征增值税。（责任单位：省国税局、省地税局、省科技厅）

4. 落实固定资产加速折旧所得税政策，对规定行业的企业新购进的固定资产，可由企业选择缩短折旧年限或采取加速折旧的方法。对所有行业企业新购进的专门用于研发的仪器、设备，以及规定行业小型微利企业符合条件新购进的研发和生产经营共用的仪器、设备，单位价值不超过100万元（含）的，允许在计算应纳税所得额时一次性全额扣除；单位价值超过100万元的，允许缩短折旧年限或采取加速折旧方法。（责任单位：省国税局、省地税局、省财政厅）

5. 落实支持企业兼并重组税收优惠政策，对非房地产开发企业实施的整体改建、合并、分立和以国有土地、房屋进行投资，符合国家政策规定条件的，暂不征收土地增值税。企业在资产重组中，通过合并、分立、出售等方式，将实物资产以及相关的债权、债务和劳动力一并转让给其他单位或个人，不征收增值税，涉及的不动产转让，符合条件的免征或不征增值税、契税。（责任单位：省国税局、省地税局）

6. 落实小微企业税收优惠政策，2017年12月31日前，对年应纳税所得额在30万元（含）以下的小型微利企业，减按50%计入应纳税所得额，并按20%的税率缴纳企业所得税；对月销售额不超过3万元的小微企业，免征增值税。多渠道加大政策宣传力度，让企业应知尽知、应享尽享。（责任单位：省国税局、省地税局）

7. 按国家规定，对国有企业改制的资产评估增值应缴纳的企业所得税不征收入库，直接转增改制后公司制企业国有资本金。（责任单位：省国税局、省地税局、省财政厅、省国资委）

8. 降低企业二手设备交易税费成本，企业销售自己使用过的二手设备，符合税法规定的，可减按2%征收增值税。企业出口自己使用过的二手设备，根据税法规定的条件，分别适用免征增值税或出口退税政策。（责任单位：省国税局、南昌海关）

9. 降低房地产企业的土地增值税负担，对房地产企业出售普通住宅的土地增值税预征率从现行的1%下调至0.7%；非普通住宅的预征率由3%下调至1.5%，核定征收率由6%下调为5%；非住宅的预征率由5%下调至3%，核定征收率由8%下调为6%；对房地产企业降价出售给政府及相关机构作为保障性住房的房屋，据实计算征收土地增值税。加快房地产开发项目的城镇土地使用税计税面积扣减，调减房地产企业自用地下建筑计入房产原值的比例。（责任单位：省地税局、省住房城乡建设厅）

10. 制定相应标准，对符合产业政策、有较好发展前景、一时遇到较大困难的企业，在合法合规的前提下，在一定期限内实行税费缓收政策，帮助企业渡过难关。（责任单位：省财政厅、省国税局、省地税局）

（二）大幅度降低涉企收费

11. 进一步清理规范行政事业性收费和涉企经营服务性收费项目，完善目录清单并向社会公布。船舶及船用产品设施检验费、特种设备中电梯定期检验检测费按规定标准的90%收取，低温汽车罐车检验检测费、住宿餐饮业计量器具检定收费按规定标准的80%征收。厂区范围内的工业生产厂房及直接为工业生产服务的配套设施免收人防工程易地建设费。对政府定价管理的涉企经营服务性收费，一律按下限执行。（责任单位：省财政厅、省发改委、省交通运输厅、省质监局、省人防办）

12. 加大政府性基金清理力度，暂停对企业征收防洪保安资金。将散装水泥专项资金并入新型墙体材料专项基金，停止向水泥生产企业征收散装水泥专项资金，新型墙体材料专项资金按规定标准的80%征收。对符合条件的小微企业免征教育费附加、地方教育附加、水利建设基金、文化事业建设费、残疾人就业保障金等政府性基金。（责任单位：省财政厅、省工信委、省水利厅）

13. 清理规范社会团体收费，建立政府向行业协会商会转移委托职能的目录清单，严禁行业协会商会利用行政资源强制向企业收取费用行为，严禁以各种方式强制企业赞助捐赠、订购报刊、参加培训、

加入社团、指定服务。（责任单位：省民政厅、省发改委、省财政厅、省编办）

14. 三年内免收探矿权使用费。将煤、稀土、钨、钼的矿产资源补偿费率下调为零；其他矿山企业从尾矿中回收矿产品的，开采未达到工业品位或者未计算储量的低品位矿产资源的，企业可以申报减缴矿产资源补偿费；从废石（矸石）中回收矿产品的，按照国家规定批准开采已关闭矿山的非保安残留矿体的，企业可以申报免缴矿产资源补偿费。（责任单位：省国土资源厅、省财政厅、省地税局、省发改委）

15. 对国有企业改制涉及的土地出让金，允许以国有土地使用权作价出资的方式，增加企业国有资本金。（责任单位：省国资委、省国土资源厅、省财政厅）

（三）有效降低企业融资成本

16. 建立财政性资源与信贷政策执行情况、信贷投放、存贷比挂钩的激励机制，发挥财政资金的引导作用和信贷政策导向效果评估作用，鼓励银行业金融机构加大对实体经济的信贷投入力度。（责任单位：省政府金融办、省财政厅、人行南昌中心支行、江西银监局、江西证监局、江西保监局）

17. 督导银行业金融机构优化企业贷款流程，引导其结合自身实际制定企业续贷授信管理实施细则，切实缩短续贷平均审批时间。对企业是否续贷采用提前1个月办理，并对信誉良好、还贷能力强的企业实现“无缝对接”。（责任单位：江西银监局、省政府金融办）

18. 鼓励银行业金融机构以政府采购合同为依据，向政府采购中标供货商提供信用贷款等融资服务。积极推广成套设备融资租赁等金融服务产品创新，引导银行业金融机构探索创新专利权、存货、订单等新型抵押方式。支持民营企业采用知识产权、仓单、商铺经营权、商业信用保险单等质押融资。（责任单位：江西银监局、省政府金融办、人行南昌中心支行）

19. 继续完善政府、银行、企业合作长效机制，逐年增加财园信贷通、财政惠农信贷通规模，财政惠农信贷通贷款期限由1年延长到

2年至3年，财园信贷通贷款期限由银行根据企业生产周期合理确定。将“税易贷”“油茶贷”“挂牌贷”“续贷保”“电商贷”扩大到市县。（责任单位：省财政厅、省委农工部、省林业厅、省政府金融办、省国税局、省地税局、江西银监局、江西证监局、人行南昌中心支行）

20. 引导金融机构加大对小微企业、“三农”等薄弱环节和重点领域的信贷支持，涉农、小微企业新增贷款占各项新增贷款比重均不低于30%。金融机构借用支农、支小再贷款发放涉农、小微企业贷款的利率不得高于人民银行有关规定。支持有条件的市县通过设立小微企业信用保证金等方式，为小微企业提供增信支持。（责任单位：省政府金融办、人行南昌中心支行、江西银监局）

21. 对县城、乡镇、贫困地区的金融机构在市场准入、小微企业专项金融债发行、监管指标考核及监管评级等方面开辟绿色通道，对在贫困地区开设分支机构的申请给予优先办理，对不良贷款比率实行差异化考核，适当提高“三农”和小微企业不良贷款容忍度。（责任单位：江西银监局、人行南昌中心支行）

22. 支持符合条件的民间资本发起设立消费金融公司、企业财务公司、汽车金融公司和参与发起设立村镇银行。指导具备条件的市县设立政府监管的民间融资登记服务机构。（责任单位：江西银监局、省政府金融办）

23. 推动符合条件的企业发行公司债券、企业债券、短期融资券、中期票据、定向融资工具等债务融资工具。支持省内创新型企业和中小微企业在新三板、江西联合股权交易中心挂牌融资。（责任单位：省政府金融办、省工信委、人行南昌中心支行、江西证监局、省发改委）

24. 选择具有小微企业服务能力、风险防范和处置能力的机构，开展股权众筹融资试点。积极支持全国各地私募基金在我省投资，优化企业融资环境。（责任单位：省政府金融办、江西证监局、省财政厅）

25. 建立健全省、市、县三级政府出资的融资担保机构，实现县级担保机构全覆盖。对担保机构承担全部代偿风险的小微企业贷款、“三农”贷款、民生项目贷款以及战略性新兴产业贷款，银行业金融机构要根据相关政策落实利率优惠政策。鼓励有条件的地方设立政府性担保基金、风险补偿金和区域性融资担保基金。（责任单位：省政府金融办、省财政厅）

26. 加大银行业收费清理工作督查力度，督导银行业金融机构全面执行服务收费政策规定，严格落实小微企业收费优惠政策。进一步规范企业融资过程中担保、评估、登记、审计、保险等中介机构收费行为，清理不合理的资金“通道”和“过桥”环节收费。（责任单位：江西银监局、省发改委、省政府金融办、省财政厅、人行南昌中心支行）

（四）合理降低企业人工成本

27. 根据国家部署，阶段性降低社会保险费，在2015年降低失业、工伤、生育保险费率的基础上，从2016年5月1日起两年内，将城镇职工基本养老保险单位缴费比例由现行的20%降至19%，将失业保险费率由现行的2%降至1%。（责任单位：省人社厅、省财政厅）

28. 对符合条件的困难企业，允许在6个月内缓缴养老、医疗、工伤、失业、生育保险费用。医疗保障内部管理的企业按规定参加属地职工基本医疗保险。进一步降低工伤出现率低的生产型企业工伤保险缴费比例。（责任单位：省人社厅、省财政厅）

29. 企业发生的职工教育经费支出，不超过工资薪金总额2.5%部分，准予扣除；超过部分，准予在以后纳税年度结转扣除。高新技术企业、技术先进型服务企业发生的职工教育经费支出不超过工资薪金总额8%部分，准予扣除；超过部分，准予在以后纳税年度结转扣除。集成电路设计企业和符合条件软件企业的职工培训费用，应单独进行核算并可按实际发生额在计算应纳税所得额时扣除。（责任单位：省人社厅、省国税局、省地税局）

30. 支持企业引进海外高层次人才并申报各类引智项目，经评审立项的予以项目资助。对个人以技术等非货币性资产投资取得股权，一次性缴纳个人所得税有困难的，可按规定分期缴纳。进一步放宽非公企业专业技术人员申报高级职称的学历、外语、继续教育条件。（责任单位：省人社厅、省财政厅、省地税局）

31. 扩大失业保险基金使用范围，对依法参加失业保险并足额缴纳失业保险费，采取协商薪酬、灵活工时、培训转岗等方式稳定工作岗位，上年度不裁员或者裁员率低于统筹地区城镇登记失业率的企业，按规定给予稳岗补贴，所需资金从失业保险基金中列支。（责任单位：省人社厅、省财政厅）

（五）适度降低企业用能用地成本

32. 进一步降低工商用户电价，从2016年1月1日起，降低一般工商业及其他用电类别（中小化肥生产用电除外）各电压等级电价每千瓦时平均3.62分钱。对农业服务业中的农产品初加工用电，执行农业生产用电价格。（责任单位：省发改委）

33. 扩大电力用户与电厂直接交易试点，力争2016年直接交易电量规模超过50亿千瓦时。探索工业园区、高新技术开发区整体实施直接交易，进一步降低平均购电价格。（责任单位：省发改委）

34. 加快推进电网输配电价改革，进一步理顺电价形成机制，充分发挥市场主体在电价调整中的决定性作用。（责任单位：省发改委）

35. 进一步完善和落实峰谷电价政策，暂缓实施季节性电价。（责任单位：省发改委、省工信委）

36. 3年内对新增工商业电力用户临时接电费，按现行收费标准的25%执行。3年内对新装及增加用电容量的两回路及以上供电，用电户自建本级电压外部供电工程的，高可靠性供电费用按现行收费标准的50%收取。（责任单位：省发改委）

37. 完善工业用地出让制度，在招拍挂基础上，允许弹性出让、先租后让、长期租赁等多种供地方式。对用地需求较大或需要分期建设的工业项目，可规划预留发展用地，根据进度分期供地，降低企业前期投入成本。保障物流企业用地需求，科学合理确定物流用地容积率，并按工业用地出让指导价通过招拍挂方式出让。（责任单位：省国土资源厅、省住房城乡建设厅）

38. 加强对土地开发使用的监控，出台鼓励盘活闲置地优惠政策，缓解土地供需矛盾，提高土地利用效益。在符合规定的最低限比例的前提下，适当下调土地出让竞买保证金比例。（责任单位：省国土资源厅、省财政厅）

39. 鼓励现有工业用地提高土地利用率，在符合规划、不改变用途的前提下，对现有工业用地通过厂房加层、厂区改造、内部用地整理等途径提高土地利用率和增加容积率的，不再增收土地价款。（责任单位：省国土资源厅、省住房城乡建设厅）

40. 支持各地利用废弃厂房集中建设小微企业创业园区、集中建设标准厂房，采取租售结合等办法，为民营小微企业解决用地、用房难题。（责任单位：省工信委、省住房城乡建设厅、省国土资源厅）

（六）进一步降低企业物流成本

41. 允许物流连锁企业在同一县（市、区）范围内实行“一照多址”，并允许分支机构使用省内总部取得的资质证书。允许符合政策规定的物流企业各地分支机构在省内汇总缴纳增值税。（责任单位：省工商局、省国税局、省财政厅）

42. 开展“互联网+货物运输服务税收管理”试点，对纳入货运平台管理的个体运输户，允许在省内异地代开增值税专用发票。（责任单位：省国税局）

43. 实施省内普货车辆异地年审，鼓励保险机构降低省内货运车辆保险费。（责任单位：省交通运输厅、省发改委、江西保监局）

44. 促进跨区域、企业联盟、干支衔接等甩挂运输发展。支持发展“无车承运人”模式。大力发展多式联运，遴选4个物流产业集群纳入省级层面重点推进，建设区域性物流集散中心，促进公路与水运运输“无缝对接”。（责任单位：省商务厅、省财政厅、省交通运输厅、省工信委、南昌铁路局）

45. 实施“互联网+高效物流”行动，建设省级物流公共信息平台，支持物流龙头企业开展物流公共信息平台进园区行动，鼓励园区企业将其物流信息资源整合到省级物流公共信息平台，实现运力与货源的有效对接，降低运输车辆空驶率。（责任单位：省商务厅、省发

改委、省工信委、省科技厅）

46. 开展物流标准化专项行动，在全省物流企业、工业制造业企业、商贸流通企业广泛推广 1.2 * 1.0m 标准托盘，鼓励带托运输，发展单元化物流。开展标准托盘区域合作，逐步建立托盘循环共用体系。（责任单位：省商务厅、省质监局）

47. 扩大省级城市配送试点范围，重点在快速消费品、药品、生鲜食品、家电等方面实现共同配送，提高配送效率，降低“最后一公里”配送成本。（责任单位：省商务厅、省交通运输厅、省公安厅）

48. 全面推行高速公路计重收费使用静态衡器，完善公路计重收费办法，保证合法转载车辆计重收费后负担不增加。规范高速公路清障救援市场，加大清障施救监管力度。铁路运输钢材按照市场化计费模式，完善装载加固方案，确保铁路钢材运输不亏吨、不欠吨。（责任单位：省交通运输厅、省财政厅、省发改委、南昌铁路局）

49. 规范物流车辆超限超载、违法运输等处罚标准和执法行为，推进公安、交通等综合执法。加快细化、量化执法标准，不断减少执法中的自由裁量权，坚决杜绝“乱收费、乱罚款”“以罚代管”。（责任单位：省公安厅、省交通运输厅、省政府法制办）

50. 全面规范港口、机场、铁路经营性收费项目，禁止指定经营。港口经营服务性收费项目从45项减少到18项。清理强制对进出港（场）企业收取的机场货站操作费和安检费、码头闸口费等不合理费用。对查验没有问题的，免除企业吊装、移位、仓储等费用。（责任单位：省交通运输厅、省发改委、省质监局、南昌海关、省商务厅、江西出入境检验检疫局）

51. 全力推广实施海关通关一体化和检验检疫一体化，加快国际贸易“单一窗口”建设，加快实现口岸“信息互换、监管互认、执法互助”，减少企业通关时间，降低进出口成本。根据国家部署，下调海关出口平均查验率，实施进出口环节收费正面清单制度。（责任单位：省商务厅、南昌海关、江西出入境检验检疫局）

（七）积极降低企业财务成本

52. 鼓励市县政府联合社会资本设立专项转贷基金，加大对重点企业资金周转的支持，防范企业资金链断裂风险传导。鼓励实体经济土地、厂房等资产，依规进行证券化或利用金融租赁、融资租赁进行售后回租，盘活存量资源。（责任单位：省财政厅、省政府金融办、江西银监局、市县政府）

53. 支持市县政府通过转贷新增债券等方式筹措的可支配资金，优先用于清偿政府投资项目工程拖欠款。省级转贷置换债券筹集的资金，应按规定用于清偿纳入地方政府债务管理的拖欠工程款。（责任单位：省财政厅、省住房城乡建设厅、省政府金融办、市县政府）

54. 对企业生产国家指导目录范围的装备产品，投保首台（套）重大技术装备综合险并获得国家实际投保年度保费80%补贴的，专项资金再给予实际年度保费15%的补贴。（责任单位：省工信委、省财政厅）

55. 开展出口退（税）无纸化管理试点，扩大电子退更免试点范围，缩短出口企业退税时间。鼓励市县政府通过设立企业退税周转金，对优质生产型出口企业退税提前支付。（责任单位：省财政厅、省国税局、省商务厅、南昌海关）

56. 规范银行承兑汇票的使用，严禁银行业金融机构和员工参与各类票据中介和资金掮客活动，严防银行票据资金被套取、挪用，严禁违规参与民间借贷或非法集资，避免银行通过服务收费等手段变相提高企业贴现成本。（责任单位：江西银监局、人行南昌中心支行、省政府金融办）

57. 清理工程建设领域没有法律依据的各种保证金，对一些确有必要的保证金，可采用银行保函和工程担保方式代替。（责任单位：省住房城乡建设厅、省发改委、省交通运输厅、省水利厅）

58. 完善矿山地质环境恢复治理保证金政策，支持矿山企业边开采边治理。允许矿山企业以提供国有银行履约保函或信用证的方式存储保证金，缓解矿山企业经营资金压力。矿山企业采用现金方式存储保证金，在提供国有银行履约保函或信用证后，扣除应存储总额10%的其余部分可予以全部返还。（责任单位：省财政厅、省国土资源厅、人行南昌中心支行）

59. 简化土地使用权及采（探）矿权有偿处置流程，缩短过户办理时间。暂缓实施除建筑用砂石粘土矿种之外的其他矿山企业的采矿权有偿处置，对已批准分期缴纳采矿权价款的矿山企业，2018 年 12 月 31 日之前的部分可最晚延缓至 2018 年 12 月 31 日缴清，并免收缓缴期间的资金占用费；2018 年 12 月 31 日之后的部分按原批复执行。（责任单位：省国土资源厅）

60. 缩短采矿权价款滞纳金计算期限，对因未能按分期缴款批复缴纳采矿权价款已产生滞纳金的，滞纳金计算至 2015 年 4 月 17 日止。2019 年 1 月 1 日起恢复计算。（责任单位：省国土资源厅）

二　着力优化发展环境

（一）提高行政服务效率

61. 推进政务服务标准化建设，优化行政审批流程，加强事中事后监管。加快实施企业投资项目网上核准和并联核准，明确并公开各环节核准时限和进度。（责任单位：省编办、省政府法制办、省发改委）

62. 进一步完善市县两级行政服务中心，推动相关业务全部进中心，设立企业证照代办服务窗口，实行“双告知”制度，为企业办理证照提供优质高效服务。（责任单位：省政府办公厅、省工商局、市县政府）

63. 各级公共资源交易平台的各行业交易服务费按 50% 收取，开放招标文件免费在线浏览功能。加快整合工程建设项目招投标、土地使用权和矿业出让、国有产权交易、政府采购等公共资源，建立统一规范的公共资源交易平台体系，基本实现公共资源交易全过程电子化。（责任单位：省发改委、各行业监管部门、市县政府）

64. 公布行政审批强制性中介服务清单，依托江西政务服务网，建立行政审批中介服务网上超市。行政机关委托开展的评估评审等中介服务，通过竞争方式选择中介机构，服务费用一律由行政机关支付并纳入部门预算。（责任单位：省编办、省政府办公厅、省发改委、省民政厅、省财政厅）

（二）完善市场监管体系

65. 推行综合执法体制改革，着力解决权责交叉、多头执法等问题。推动跨部门执法协同，建立工商、税务、质检、食药监、公安等执法信息共享、联动监管执法的机制。规范市场和质量监督管理行政执法，研究制定全省统一的市场监管行政执法文书。（责任单位：省编办、省政府法制办、各行业监管部门）

66. 加强知识产权保护，保持打击侵犯知识产权和制售假冒伪劣产品的高压态势，严厉查处伪造和冒用厂名厂址、国家地理标志保护产品等违法行为，保护专利、知名品牌免受非法侵害，降低企业自身的维权成本。（责任单位：省科技厅、省商务厅、省工商局、省质监局）

67. 强化价格检查和反垄断执法，优化价格环境，建立健全经营者自主定价领域的市场规则，保障和促进公平竞争。（责任单位：省发改委、省工商局）

68. 充分利用省公共信用信息平台和省企业信用监管警示系统平台，在行政管理、公共服务等领域，对守信企业实施优惠便利措施，加大“黑名单”制度推进力度，对失信企业依法采取限制、约束措施，为企业发展创造良好信用环境。（责任单位：省发改委、人行南昌中心支行、省法院、省工商局、省政府金融办、省商务厅）

（三）支持企业内部挖潜

69. 加快企业两化融合，引导企业通过管理创新和精益生产降低成本。在全省开展两化深度融合示范企业和示范园区评选，对通过验收企业予以资金奖励。（责任单位：省工信委）

70. 推动产业集群发展，安排资金专项用于支持园区产业集群公共服务平台建设。建立产业集群发展风险补偿金，调动金融机构 3 倍以上贷款。省财政对新增纳入统计范围的规上工业企业、限上商贸流通企业、规上服务业企业和资质以内建筑业予以奖励。（责任单位：省财政厅、省发改委、省工信委、省商务厅、省住房城乡建设厅）

71. 加快推进“互联网＋”行动，充分利用现代信息技术等手段，引导企业创新管理和营销模式。完善支持企业转型和技术创新的

政策措施，加大降成本技术的推广力度，引导企业提高生产效率。（责任单位：省发改委、省工信委、省科技厅、省国资委）

72. 通过财政资金支持、设区市政府自筹资金、允许国有企业依法处置部分国有资产（包括出让股权）等方式筹措资金，逐步将国有企业办社会职能移交属地政府，切实降低企业负担，着力解决国有企业历史遗留问题。（责任单位：省国资委、省财政厅、省人社厅、市县政府）

（四）帮助企业开拓市场

73. 鼓励政府机关和企事业单位采购省产装备、省内产品和服务。（责任单位：省财政厅、省工信委）

74. 鼓励制造业龙头企业通过专业分工、服务外包、订单生成等形式，带动省内中小微企业进入产业链或配套体系。对龙头企业年采购省外转为省内中小微企业配套产品金额累计在1亿元以上的，按新增采购额的0.5%由中小微企业所在市县给予奖励，单个龙头企业每年奖励总额不超过100万元。（责任单位：省工信委、省财政厅、市县政府）

75. 结合对接国家“一带一路”三年滚动计划，推动实施一批国际产能合作和“走出去”示范工程。设立省级“一带一路”国际产能合作基金，扶持企业在沿线国家开拓市场、建设重大项目。（责任单位：省发改委、省财政厅、省商务厅、省工信委）

76. 降低企业参加广交会的展位费，对赴境外参展的企业给予全额展位费补贴。将省级重点产业集群龙头企业列入“全省中小企业国际市场开拓项目”，并将产品创汇纳入“省级外贸出口发展基金”扶持范围。（责任单位：省商务厅、省工信委、省发改委）

（五）打造良好营商环境

77. 在全省开展招商引资优惠政策承诺未兑现问题梳理活动，列出清单，分类处理。（责任单位：省商务厅、市县政府）

78. 对涉企减税降费政策落实、行政审批事项下放承接等情况开展专项督查，有效解决落实不到位、效果打折扣的问题。在融资、物流、用工、用能、用地等领域开展专项检查行动。（责任单位：省委

办公厅、省政府办公厅、省直相关部门）

79. 健全企业负担投诉举报快速反应受理机制，明确处理程序和办理时限，确保企业投诉举报件件有落实、事事有回音。（责任单位：省工信委、省商务厅）

80. 充分发挥人大代表、政协委员以及新闻媒体的监督作用，全面开展企业与群众评机关、评岗位活动，并作为政府部门年度绩效考评的重要部分。（责任单位：省人大常委会办公厅、省政协办公厅、省人社厅）

附件2　降低企业成本优化发展环境专项行动重点任务分工表

序号	重点任务	责任单位
1	出台若干意见	省发改委
2	制定政策汇编	省发改委、省直有关部门
3	编印咨询联系表	省发改委、省直有关部门
4	全面动员部署	省发改委
5	深入宣讲政策	省发改委、省工信委
6	加大解读力度	省委宣传部
7	开展领导挂点联系企业活动	省工信委、市县政府
8	开展机关干部下企业活动	省工信委、省直机关工委、市县政府
9	开展专家精准帮扶活动	省科技厅、省工信委、省教育厅、省政府金融办
10	开展产业链对接帮扶活动	省工信委、省国资委
11	建立及时受理机制	省工信委
12	建立台账管理机制	省发改委、省工信委
13	建立分类处理机制	省发改委、省工信委
14	强化督查落实	省委办公厅、省政府办公厅
15	强化总结评估	省委办公厅、省政府办公厅
16	强化考核问效	省委组织部

广东省

广东省人民政府关于印发广东省降低实体经济企业成本工作方案的通知

粤府〔2017〕14 号

各地级以上市人民政府，各县（市、区）人民政府，省政府各部门、各直属机构：

现将《广东省降低实体经济企业成本工作方案》印发给你们，请认真贯彻执行。

广东省人民政府

2017 年 2 月 24 日

广东省降低实体经济企业成本工作方案

为有效降低实体经济企业成本，优化企业发展环境，助推企业转型升级，根据《国务院关于印发降低实体经济企业成本工作方案的通知》（国发〔2016〕48 号）要求，结合《广东省供给侧结构性改革降成本行动计划（2016—2018 年）》（粤府〔2016〕15 号）有关规定，制定本方案。

一　总体要求

全面贯彻党的十八大及十八届三中、四中、五中、六中全会和习近平总书记系列重要讲话精神，落实党中央、国务院决策部署，按照“五位一体”总体布局和“四个全面”战略布局，牢固树立和贯彻落实创新、协调、绿色、开放、共享的发展理念，以推进供给侧结构性改革为主线，坚持全面系统推进与抓住关键环节相结合、解决当前问题与着眼长远发展相结合、支持企业发展与实现优胜劣汰相结合、降低外部成本与企业内部挖潜相结合、降低企业成本与提高供给质量相结合，调动各方面积极性，全面推进降低实体经济企业成本工作。针对当前造成实体经济企业成本居高不下的关键因素，制定实施可操作、可落地、可检查的系统性政策措施，缓解当前的突出矛盾和问题，逐步解决导致企业成本高企的体制机制问题，在有效降低外部成本的同时，引导企业降低内部成本，切实减轻企业负担，激发企业活力，提升产业竞争力，促进实体经济提质增效，有效应对当前经济下行压力，增强全省经济持续稳定增长能力。

二　工作目标

经过1—2年努力，降低实体经济企业成本工作取得初步成效，帮助企业年均减负约2000亿元。用3年左右时间使实体经济企业综合成本合理下降，企业盈利能力明显提升，形成企业发展与宏观经济发展良性循环的格局。一是税费负担合理降低。全面推开营业税改征增值税试点，确保所有行业税负只减不增；落实国家清理规范涉企政府性基金和行政事业性收费措施，实现省定涉企行政事业性收费“零收费”。二是融资成本有效降低。企业贷款、发债利息负担水平逐步降低，融资中间环节费用占企业融资成本比重合理降低。三是制度性交易成本明显降低。简政放权、放管结合、优化服务改革综合措施进一步落实，国际化、法治化、便利化营商环境逐步建立，行政审批前置中介服务事项大幅压缩，政府和社会中介机构服务能力显著增强。四是人工成本上涨得到合理控制。工资水平保持合理增长，企业“五险一金”缴费占工资总额的比例合理降低。五是用能用地成本进一步降低。要素价格市场化形成机制进一步健全，企业用电、用气定价机制市场化程度明显提升，工商业用电价格合理降低，土地供应制度更加完善。六是物流成本较大幅度降低。社会物流总费用占社会物流总额的比重降低0.5个百分点左右，工商业企业物流费用率降低1个百分点左右；到“十三五”期末，社会物流总费用占GDP的比重由2015年的15%下降到14.5%左右，物流业对国民经济的支撑和保障能力进一步增强。

三 合理降低企业税费负担

（一）全面实施营改增试点。贯彻落实国家将营业税改征增值税试点范围扩大到建筑业、房地产业、金融业、生活服务业的决策部署，全面打通企业抵扣链条，实行不动产进项税抵扣，增加企业增值税进项抵扣。完善征管服务措施，引导企业加强财务核算，用足抵扣政策，确保所有行业税负只减不增。（牵头单位：省财政厅，参加单位：省地税局，省国税局）

（二）积极落实国家各项惠企减税及研发费用加计扣除政策。全面落实支持小微企业发展的增值税、企业所得税等税收优惠政策和国家高新技术企业减免税政策、资源综合利用税收优惠政策，以及企业研发费用加计扣除、企业固定资产加速折旧等政策措施，研究将新材料、关键零部件纳入首批次应用保险保费补偿机制实施范围。积极配合国家修订完善《环境保护专用设备企业所得税优惠目录》和《节能节水专用设备企业所得税优惠目录》，并抓好贯彻实施。（牵头单位：省财政厅、经济和信息化委，参加单位：省发展改革委、科技厅、环境保护厅、地税局，省国税局、广东保监局）

（三）进一步加大涉企行政事业性收费减免力度。坚持现行省定涉企行政事业性收费“零收费”。积极争取国家支持将国家定涉企行政事业性收费地方收入部分的减免权限下放至我省，允许我省先行先试免征国家定项目行政事业性收费，进一步扩大涉企行政事业性收费免征范围。将国内植物检疫费、社会公用计量标准证书费等18项行政事业性收费的免征范围从小微企业扩大到所有企业和个人。取消行政事业性收费许可证和年审制度，实行收费单位情况及其收支状况年度报告制度。加快研究修订《广东省行政事业性收费管理条例》。

（牵头单位：省发展改革委、财政厅，参加单位：省地税局、法制办）

（四）严格规范涉企经营服务性收费。进一步清理各类电子政务平台服务收费，严禁依托电子政务平台捆绑服务并收费，不得以技术维护费、服务费、电子介质成本费等名义向企事业单位和个人收取任何经营服务性费用。查处和清理各种与行政职能挂钩且无法定依据的中介服务收费。进一步规范进出口环节经营服务性收费，认真落实国家免除进出口环节海关查验没有问题的外贸企业吊装、移位、仓储费用政策，降低外贸进出口货物和集装箱的港口设施保安费，取消引航员滞留费和引航计划变更费等项目，降低节假日、夜间航行国际航线的引航和拖轮费加收标准。加大力度整顿进出口环节收费秩序。（牵头单位：省发展改革委、商务厅、交通运输厅、财政厅，参加单位：省经济和信息化委，广东海事局、海关总署广东分署）

（五）全面实施涉企收费目录清单管理。继续清理规范涉企收费，完善省市县三级收费目录清单管理制度，对涉企行政事业性收费、政府性基金、经营服务性收费和行政审批前置中介服务收费等，实行涉企收费清单制度，编制收费项目清单，明确项目名称、设立依据、收费标准，涉企收费项目清单之外再无行政机关或具有公共事务管理职能的组织收取的行政事业性收费和政府性基金等涉企收费。涉企收费项目清单在各级价格主管部门网站公开，接受社会监督。加强涉企收费监督管理，畅通企业举报渠道，完善查处机制，制止乱摊派、乱收费等违规行为，坚决取缔违规收费项目。（牵头单位：省发展改革委、财政厅）

（六）严格落实政府性基金减免政策。落实好已明确的减免政府性基金等政策，将新菜地开发建设基金、育林基金征收标准降为零，停征价格调节基金，整合归并水库移民扶持基金等 7 项政府性基金；将教育费附加、地方教育附加、水利建设基金免征范围，由月销售额或营业额不超过 3 万元的缴纳义务人扩大到月销售额或营业额不超过 10 万元的缴纳义务人。清查取消市县政府违规设立的政府性基金。（牵头单位：省财政厅、发展改革委，参加单位：省国土资源厅、水

利厅、农业厅、林业厅、地税局）

（七）全面清理规范行业协会、商会和第三方评估组织收费。积极稳妥推动行业协会、商会与行政机关脱钩，厘清行业协会、商会与行政机关职能边界，清理行业协会、商会强制企业付费参加考核评比、表彰、赞助捐赠等项目的违法违规行为。加强对行业协会、商会和第三方评估组织涉及行政审批前置的评估、咨询、鉴定等中介服务收费和经营服务性收费的专项检查，及时发现和处理行政机关违规指定行业协会、商会和第三方评估组织开展审批前置中介服务，以及依靠代行政府职能或利用行政资源强制收费等行为。（牵头单位：省民政厅、发展改革委，参加单位：省编办）

四　有效降低企业融资成本

（八）加大信贷资金支持力度。引导银行业金融机构落实差别化信贷政策，加大对小微企业、“三农”等薄弱环节和重点领域的信贷支持。强化与政策性金融机构合作，为基础设施、重大项目建设和战略性新兴产业发展提供长期低成本资金。鼓励银行机构加强业务创新，合理设定贷款期限，创新还款方式，减轻小微企业还款压力，降低资金周转成本。发挥中小微企业信用信息和融资对接平台以及中小微企业信贷风险补偿资金作用，拓展中小微企业抵质押物范围，有效缓解中小微企业融资难、融资贵问题。（牵头单位：人民银行广州分行，省经济和信息化委、发展改革委、财政厅，参加单位：省金融办、知识产权局，广东银监局）

（九）有效降低融资中间环节费用。完善信贷资金向实体经济融通机制，降低贷款中间环节费用，严禁“以贷转存”“存贷挂钩”等变相提高利率行为。加大力度打击非法集资和非法提高杠杆比例行为。督促银行业金融机构依法合规收费，制止不规范收费行为。引导银行机构根据企业生产经营特点、规模、周期和风险状况等因素，合理确定贷款利率，建立科学的企业信贷风险定价机制。（牵头单位：广东银监局）

（十）切实加大融资担保支持力度。积极发展政策性担保机构，发挥省小微企业融资担保基金作用，运用再担保、风险代偿补偿等措施，提高融资担保机构为战略性新兴产业、小微企业、“三农”服务的积极性。推动金融机构研究设立融资专项资金，为中小微企业提供短期“过桥”资金支持。（牵头单位：省金融办，人民银行广州分行，省发展改革委、财政厅、经济和信息化委）

（十一）积极完善商业银行考核激励机制。引导银行机构改进小微企业金融服务的考核激励机制，综合考虑小微企业盈利能力、经营增长、资产质量、资本充足率等因素，适当提高对小微企业贷款风险的容忍度。完善信贷人员尽职免责政策。通过实施科技信贷政策导向效果评估，引导金融机构加强对科技企业的金融服务。（牵头单位：广东银监局、人民银行广州分行）

（十二）进一步加大不良资产处置力度。支持商业银行制定合理的资本规划，通过增资扩股、发行二级资本债等方式补充资本，按市场化方式及时核销不良贷款，增强对实体经济的信贷资金投放能力。增强我省资产管理公司处置不良资产的能力，落实不良资产转让政策，提高不良资产转让的效率和灵活性。支持有发展潜力的实体经济企业之间债权转股权。（牵头单位：广东银监局、人民银行广州分行，省发展改革委，参加单位：省财政厅、国资委）

（十三）积极稳妥发展中小金融机构。支持发起设立民营银行、金融租赁公司、融资租赁公司、村镇银行等金融或类金融机构，引导现有中小金融机构积极拓展业务，规范发展。（牵头单位：广东银监局，省金融办，参加单位：省商务厅，人民银行广州分行）

（十四）进一步提高股权和债券等直接融资比例。支持企业上市、在“新三板”挂牌融资，通过多层次资本市场发展壮大。扶持我省区域性股权市场发展。扩大债务融资工具发行，引导企业积极运用企业债、公司债、中期票据、区域股权市场私募债、银行间市场非金融机构债务融资工具等直接融资手段，提高直接融资比重。（牵头单位：省金融办、发展改革委，参加单位：省财政厅，人民银行广州分行、广东证监局）

（十五）积极运用政府置换债券减轻企业债务成本。在国家下达的限额内，发行地方政府债券，置换存量债务中用于公共基础设施项目建设的政府债务，降低公共基础设施项目举债融资成本，拉长偿债期限，缓解相关企业偿债压力。（牵头单位：省财政厅）

（十六）积极引导企业利用境外低成本资金。鼓励资信状况良好、偿债能力强、具有良好公司治理和外债风险防控机制的企业赴境外发行本外币债券或借用中长期国际商业贷款，用于支持“一带一路”等国家重大战略规划、国际产能和装备制造合作等重点领域投资和促进国内实体经济发展。支持商业银行改善金融服务，推出与人民币跨境使用相配套的支付结算、融资担保、理财等金融产品，提高企业跨境贸易本币结算比例。（牵头单位：省发展改革委，人民银行广州分行，参加单位：广东银监局，省金融办）

（十七）着力解决中小微企业融资难融资贵问题。认真落实《广东省人民政府关于创新完善中小微企业投融资机制的若干意见》（粤府〔2015〕66号）。加快建设省中小微企业信用信息和融资对接平台，大力发展创投、风投等基金，完善中小微企业信贷风险补偿机制。建立健全中小微企业融资政策性担保和再担保机构，鼓励担保机构合理降低担保费水平。大力发展小额贷款保证保险业务，强化银行机构对中小微企业的融资服务，开展中小微企业转贷方式创新试点，积极稳妥发展小额贷款。支持中小微企业利用多层次资本市场融资，拓宽中小微企业发债融资渠道，依托互联网金融扩大中小微企业直接融资。支持开展中小微企业设备更新融资租赁。加大对中小微企业票据贴现支持力度，试点利用跨境人民币贷款支持中小微企业融资，加大对中小微企业投融资的财政支持力度。（牵头单位：省发展改革委、经济和信息化委、财政厅，人民银行广州分行，参加单位：省科技厅、商务厅、国土资源厅、住房城乡建设厅、工商局、金融办，广东银监局、广东证监局）

五　着力降低制度性交易成本

（十八）深入推进公平竞争市场环境建设。清理和废除各地自行制定的影响统一市场形成的限制性规定，保障各类市场主体在投资核准、政府扶持、参与政府投资项目等方面享受同等待遇。取消限制民间投资进入自然资源开发、环境保护、能源、交通、市政公用事业等领域的相关政策，简化外商投资企业设立程序。加快推进市场准入负面清单制度。健全经营者自主定价领域的市场规则。组织实施公平竞争审查制度。（牵头单位：省发展改革委、商务厅、工商局）

（十九）深化“放管服”改革。简政放权、放管结合、优化服务同步推进，提高政府公共服务能力和水平，为企业提供优质公共服务和公共产品。深入开展行政审批事项清理工作，围绕生产经营审批、资质资格准入等妨碍创新创业的重点领域，着力推动取消和下放行政审批事项，对相同、相近或相关联的审批事项一并取消或下放，提高放权的协同性和联动性。大力推广“一门式、一网式”政务服务，简化优化服务流程，提高政府服务效能。依法规范每项行政审批事项申请材料、审批条件、裁量基准、办理时限，坚决去除各类无谓的证明和繁琐的手续。研究推广对符合条件且不需要新增建设用地的技术改造项目实行承诺备案管理。规范涉企行政检查行为，落实“双随机”抽查机制，建立随机抽查事项清单。（牵头单位：省编办，省经济和信息化委、发展改革委、工商局）

（二十）全面清理规范行政审批中介服务事项。编制并公布行政审批中介服务项目清单，除法律、行政法规、国务院决定、国家部门规章以及地方性法规、省政府规章按照行政许可法有关行政许可条件要求规定的中介服务事项外，审批部门不得以任何形式要求申请人委托中介服务机构开展服务，也不得要求申请人提供中介服务材料。全面清理规范行政审批中介服务收费，特别是行政审批前置中介服务收费，加快推进行政审批中介服务收费市场化改革。严禁在实施行政审批时，为申请人指定中介服务机构。取消省以下政府部门自行设立的区域性、行业性或部门间中介服务机构执业限制、限额管理，破除中介服务垄断，切断中介服务利益关联。加强行政审批中介服务事项清理与收费清理的衔接，对已取消的行政审批事项以及行政审批中介服务事项，其收费项目一律取消；审批部门在审批过程中委托开展的技术性服务活动，其服务费用由审批部门支付，不再核定中介服务收费，已核定的一律取消；提供行政审批中介服务的机构市场准入已经放开的，该中介服务收费一律实行市场调节价管理。（牵头单位：省编办，省发展改革委）

（二十一）全面加快社会信用体系建设。利用好全国信用信息共享平台及企业信用信息公示系统、广东省中小微企业信用信息和融资对接平台，加强信用信息归集、共享、公开和使用。开展守信联合激励和失信联合惩戒，在行政管理、公共服务、市场交易和投融资等领域对守信企业实施优惠便利措施，对失信企业依法严格限制和约束。将注册登记、行政审批、行业主管部门作出的行政许可和行政处罚等信息归集到相应企业名下，依法予以公示。促进知识产权交易流通，加强知识产权保护，建立重点企业知识产权保护直通车制度，加大对专利、注册商标、商业秘密等方面知识产权侵权假冒行为的打击力度，降低企业维权成本。（牵头单位：省发展改革委、工商局、知识产权局，参加单位：人民银行广州分行）

（二十二）着力提升贸易便利化水平。加快建设完善广东电子口岸平台，全面推广国际贸易“单一窗口”，推进口岸管理相关部门信息互换、监管互认、执法互助，对信用记录良好的企业降低出口商品查验率，降低企业货物的通关成本。（牵头单位：省商务厅，海关总署广东分署，广东、深圳、珠海出入境检验检疫局，参加单位：广东、深圳海事局，省质监局）

（二十三）积极推动降低服务收费标准。整合建立统一的公共资源交易平台体系，依法确定收费范围，规范服务收费行为。行政审批中介服务项目收费实行市场调节价为主、政府定价为辅的监管方式，对市场发育成熟、价格形成机制健全、竞争充分规范的行政审批中介服务，一律通过市场调节价格，最大限度地缩小政府定价范围。加强经营服务性收费监管，对少数存在垄断的收费项目，加强成本监审，完善定价机制。（牵头单位：省发展改革委，参加单位：省经济和信息化委、财政厅、国土资源厅、环境保护厅、住房城乡建设厅、林业厅、国资委）

（二十四）加快剥离国有企业办社会职能。建立政府和国有企业合理分担成本的机制，坚持分类指导、分步实施，多渠道筹措资金，加快剥离国有企业办社会职能。全面推进国有企业职工家属区“三供一业”分离移交，剥离企业办医疗、教育等公共服务机构，对国有企业退休人员实行社会化管理，解决好国有企业历史遗留问题。（牵头单位：省国资委、财政厅、人力资源社会保障厅，参加单位：省委组织部、老干部局，省教育厅、公安厅、民政厅、住房城乡建设厅、卫生计生委）

六　合理降低企业人工成本

（二十五）统筹降低企业社保缴费比例。落实国家降低企业社保缴费比例要求，促进建立更加公平可持续的社保制度，探索逐步将企业职工基本养老保险单位缴费比例降低至14%，失业保险缴费费率维持在1%，其中个人费率维持在0.2%。按照国家部署，推进生育保险与基本医疗保险合并实施。推进研究将城镇私营单位在岗职工平均工资纳入缴费基数统计口径的办法。完善企业职工养老保险省级统筹，加大对粤东西北地区和困难企业的支持力度。积极开展社保基金委托投资运营，实现社保基金的保值增值，为降低企业社保缴费比例创造条件。（牵头单位：省人力资源社会保障厅、财政厅、地税局）

（二十六）认真落实降低企业住房公积金缴存比例政策。继续执行降低住房公积金缴存比例政策，对住房公积金缴存比例高于12%的一律予以规范调整，不得超过12%。从2016年5月1日起两年内，由各市结合实际，阶段性适当降低住房公积金缴存比例。生产经营困难企业除可降低缴存比例外，还可依法申请缓缴住房公积金，待效益好转后再提高缴存比例或恢复缴存并补缴缓缴的住房公积金。（牵头单位：省住房城乡建设厅，参加单位：省发展改革委、财政厅，人民银行广州分行）

（二十七）进一步完善最低工资调整机制。统筹兼顾企业承受能力和保障劳动者最低劳动报酬权益，完善我省最低工资标准调整机制，将现行最低工资标准由两年至少一调改为原则上三年至少一调，2017年最低工资标准继续按2015年5月发布的标准执行；深圳市按

照《深圳市员工工资支付条例》执行。（牵头单位：省人力资源社会保障厅）

（二十八）加快完善劳动力市场体系。加强公共就业服务，构建高质高效公共就业服务平台，落实失业保险支持企业稳定岗位政策。深化户籍制度改革，实现居住证制度全覆盖，将异地务工人员纳入当地教育、基本医疗卫生等公共服务覆盖范围，降低劳动力自由流动成本，加快形成统一开放、竞争有序的劳动力市场体系。免费为小微企业提供上网招聘服务。（牵头单位：省人力资源社会保障厅、发展改革委、公安厅、财政厅、教育厅、卫生计生委）

七　进一步降低企业用能用地成本

（二十九）加快实施能源领域相关改革。按照国家部署，实施电力、石油、天然气等领域市场化改革，完善光伏、风电等新能源发电并网机制。落实 2017 年基本放开竞争性领域和环节价格管制要求，形成充分竞争的机制，使能源价格充分反映市场供求变化，提高价格灵活性。完善管道燃气定价机制，加强输配价格监管，及时根据气源价格变化情况调整销售价格。（牵头单位：省发展改革委）

（三十）合理降低企业用电成本。制定全省售电侧改革试点实施方案，推进售电侧改革试点，逐步扩大电力用户与发电企业直接交易规模，构建包括中长期交易、现货市场、发电权交易在内的交易品种齐全、功能相对完善的电力市场体系。向社会资本开放售电业务，多途径培育售电侧市场主体，有序开放全省工商业用户进入电力市场，赋予电力用户用电选择权，完善市场交易规则，通过电力市场的充分竞争，实现电力合理定价，降低用户用电成本，提升售电服务质量。继续推动电力需求侧管理，不断提升能源利用效率和用户用能水平。进一步完善“西电东送”市场交易机制，促进电力资源优化配置。加快实施输配电价改革，尽快实现全省全覆盖。对未参与直接交易和竞价交易的上网火力发电量，以及重要公用事业和公益性服务等用电，继续实施好煤电价格联动机制，合理调整工商业企业用电价格。认真落实放宽基本电价计费方式变更周期限制和减容（暂停）期限限制，简化企业用户电力增容、减容、暂停、变更等办理手续，缩短办理时限，推动电网企业提升服务质量。（牵头单位：省发展改革委、经济和信息化委）

（三十一）进一步完善土地供应制度。积极推进工业用地长期租赁、先租后让、租让结合供应，灵活确定工业用地的供应方式和使用年限，鼓励以租赁方式使用土地，工业用地的使用者可在规定期限内按合同约定分期缴纳土地出让价款，降低工业企业用地成本。保障物流业用地供应，科学合理确定物流用地容积率。（牵头单位：省国土资源厅，参加单位：省财政厅、住房城乡建设厅）

八　较大幅度降低企业物流成本

（三十二）大力推进物流标准化建设。健全现代物流标准体系，强化物流标准实施，推进物流业与制造业等产业联动发展。加快推进广州、佛山、东莞、中山、肇庆市物流标准化试点工作，建设托盘共用系统，实现配送商品一贯托盘化运输和托盘循环使用，加快物流设施设备、信息平台和服务规范标准化体系建设。通过试点城市间和试点企业间的互联互动、资源共享，稳步提高物流标准化服务商跨区域服务能力，辐射带动提升珠三角地区乃至全省物流标准化水平，提高物流运行效率，降低物流成本。（牵头单位：省商务厅，参加单位：省发展改革委、经济和信息化委、交通运输厅、质监局）

（三十三）进一步完善城市物流配送体系。总结广州、东莞城市共同配送试点经验，利用信息化、智能化技术进一步优化配送流程，提高配送车辆的道路通行和整体配送效率。积极探索城市末端配送模式的优化与创新，鼓励连锁商业网点参与城市物流末端配送。探索放宽城市配送、冷链配送城市通行管制。（牵头单位：省商务厅、公安厅、交通运输厅）

（三十四）大力发展运输新业态。推广多式联运甩挂、企业联盟甩挂、干线运输和城市配送衔接甩挂等运输模式。推动无车承运人业务加快发展。推广多式联运，尽快对接国家交通运输物流公共信息平台，推进跨部门、跨区域、跨国界、跨运输方式物流相关信息互联共享，鼓励企业间运力资源共享，提高运输车辆实载率。支持重大物流基地、城乡物流配送中心建设，完善全省物流综合服务网络，促进公路、铁路、水路、航空等多种运输方式有效衔接。（牵头单位：省交通运输厅、发展改革委、经济和信息化委、商务厅、科技厅）

（三十五）科学规范公路收费管理。统筹推进全省各地取消车辆通行费年票制，各市要结合实际尽快研究制订实施方案，明确时限安排及债务处理等有关事项。开展收费公路清理工作，取消到期或其他不符合规定的公路收费项目。落实国家鲜活农产品绿色通道和重大节假日小型客车免费通行政策。完善高速公路收费政策，探索高速公路建设多元化筹资模式，为降低高速公路使用成本创造有利条件。从严查处高速公路车辆通行服务和车辆救援服务中的各种乱收费行为，规范车辆超限处罚标准，减少各类执法中的自由裁量权，坚决杜绝乱罚款、“以罚代管”等行为。（牵头单位：省交通运输厅、发展改革委、财政厅、公安厅）

（三十六）严格规范机场铁路港口收费。按照国家部署，全面清理机场、铁路、港口码头经营性收费项目，除法规规章规定的项目外，禁止指定经营、强制服务、强行收费行为，清理强制对进出港（场）企业收取的不合理费用和各地政府设立的不合理涉及铁路收费。（牵头单位：民航中南地区管理局、广铁集团公司，省交通运输厅、发展改革委）

九　提高企业资金周转效率

（三十七）积极开展资产证券化和投贷联动试点。鼓励实体经济企业将符合条件的经营性资产证券化，或通过金融租赁、融资租赁方式盘活存量资源。积极争取开展投贷联动试点，鼓励符合条件的银行业金融机构在依法合规、风险可控的前提下，对科技创新企业开展投贷联动业务。推动省内商业银行与创投、风投公司联动，为科技创新创业企业提供合理的融资结构和持续的资金支持。（牵头单位：人民银行广州分行、广东银监局、广东证监局，省商务厅，参加单位：省经济和信息化委、金融办）

（三十八）大力支持重点企业资金周转。鼓励各地政府加强协调，支持重点企业筹集周转资金，防范企业资金链断裂风险传导。各地统筹置换债券资金在内的预算资金，按照相关规定妥善偿还经清理核实属于地方政府债务的拖欠工程款；通过出让资产等方式获得的增量资金，优先用于清偿政府投资项目拖欠工程款。各地、各相关部门要认真组织开展清查，摸清政府拖欠企业工程款、物资采购款的情况，分类制定切实可行的还款计划，确保按期完成欠款偿还工作。（牵头单位：省发展改革委、经济和信息化委、财政厅，人民银行广州分行、广东银监局，参加单位：省住房城乡建设厅、金融办）

（三十九）全面清理规范工程建设领域保证金。开展建筑业缴纳各种保证金情况摸查，按照既有利于减轻企业负担、又能形成新约束机制的原则，制定切实可行的规范工程建设领域保证金政策措施。清查向企业收取保证金应返未返行为，按照“谁收取、谁返还”原则，分类制定切实可行的还款计划。（牵头单位：省住房城乡建设厅、发展改革委、财政厅、人力资源社会保障厅、法制办，参加单位：省交通运输厅、水利厅）

（四十）注重化解企业债务链风险。引导企业加强往来款项管理，加快应付款项付款，减轻全社会债务负担。发挥财务公司在提高资金使用效率方面的作用，加快产业链企业间资金周转，扩大辖区内符合条件的企业集团财务公司延伸产业链金融服务试点范围，大力推动中国人民银行中征应收账款融资服务平台在企业供应链业务上的应用。对债务规模较大且有三家以上债权银行的客户，支持各债权银行成立债权人委员会并组建联系平台，避免因单家机构处置不当引发新的风险，引导银行机构有序开展债务重组、资产保全等工作。（牵头单位：广东银监局、人民银行广州分行，参加单位：省经济和信息化委、国资委、金融办）。

十　鼓励引导企业内部挖潜

（四十一）充分利用信息技术手段降低成本。鼓励企业充分利用新一代信息技术等手段，实现内部管理升级，创新营销模式，提高效益水平。大力发展智能制造和智慧流通，提高产品的成品率、优质品率和精准营销匹配率。加快推进绿色制造，大幅降低资源能源消耗，实现降本增效。推进小批量、多批次、低库存、少环节的柔性化生产和作业成本法应用，提高企业供应链管理水平。（牵头单位：省经济和信息化委、发展改革委、商务厅）

（四十二）大力支持电子商务应用创新。支持大型百货公司、普通超市、连锁便利店及专业市场等传统商贸流通主体开展电子商务应用创新，通过互联网展示、销售商品，提升线下体验、配送和售后等服务，促进线上线下融合发展。鼓励餐饮、住宿、旅游、家政服务等生活服务类企业自建或利用第三方平台提供线上服务和线下体验，推动生活服务领域电子商务应用。（牵头单位：省商务厅、经济和信息化委、发展改革委）

（四十三）切实加强先进技术推广应用和企业目标成本管理。完善鼓励和支持企业转型和技术创新的政策，支持推广可有效降低企业成本的各种技术，促使企业持续提高生产效率。引导企业加强目标成本管理，对生产经营全过程和各环节耗费实施严格的全面控制，制定降成本目标。（牵头单位：省经济和信息化委、发展改革委、国资委）

十一　落实降成本工作配套措施

（四十四）统筹推进体制机制改革。进一步推进“放管服”改革，积极稳妥推进国企改革和企业兼并重组，有序推进财税、金融等领域体制机制改革，加快推进资源要素市场化改革，降低供给成本、提高供给效率，形成有利于企业降低成本和健康发展的制度环境。

（四十五）大力支持创新活动。加快实施创新驱动发展战略，深入推进大众创业、万众创新，加强科技创新、管理创新、机制创新、营销创新和商业模式创新。发展新兴产业，加大对企业创新活动的支持，提高创新资源产出率和全要素生产率。

（四十六）充分发挥“互联网+”作用。充分运用互联网、物联网、云计算等新一代信息技术，改进生产经营模式。通过“互联网+”协同制造，提升企业运营效率，降低运营成本。通过“互联网+”高效物流，提升运输效率，降低物流成本。通过“互联网+”政务服务，实现部门间数据共享，提高服务效率，降低交易成本。支持企业利用电子商务拓展市场、降低生产经营成本。

（四十七）积极利用国际国内两个市场。加快中国（广东）自由贸易试验区建设，落实促进贸易投资便利化政策措施。结合实施“一带一路”战略，加大支持企业“走出去”力度，鼓励企业充分利用国际国内两个市场、两种资源，提高资源利用效率，降低原材料成本。

（四十八）切实改进企业管理。完善现代企业制度，优化运营模式，培育企业家精神和工匠精神，发挥好广大企业职工的作用，激励挖潜增效。鼓励企业与国际先进企业对标，加强企业标准化建设，推进企业研发设计、物流、采购、安全生产、销售服务等管理标准化，提高运行效率。

（四十九）有效降低监管成本。加强反垄断、反不正当竞争、知识产权保护、质量安全监督等市场监管；充分运用大数据手段，加强对市场主体的监管，提高监管效率。整合优化执法资源，有效避免多层多头重复执法。

（五十）全面加强和改善公共服务。加强政府公共服务平台建设，扩大覆盖面，延伸服务终端，优化服务流程，提升服务效能。加强标准体系建设，开展强制性标准整合精简，加快制定公益类推荐性标准和满足市场、创新需要的团体标准，降低市场推广应用成本。推广政府购买服务方式，吸引社会资本参与提供公共服务。

（五十一）积极调整优化产业布局。加强规划引导，综合考虑资源、市场等因素，加快经济结构调整，优化产业布局。加大对国家级新区、开发区等功能性平台建设支持力度，加强公共基础设施和服务平台建设，完善产业链、物流链，提高产业发展的配套、协作和集约化水平。

（五十二）分行业有序推进降本增效。增强降成本工作的针对性，根据行业特点，研究制定具体政策措施，加快实施转型升级降本增效专项行动，有序推出并切实落实煤炭、石化、钢铁、有色金属、建材、机械、汽车、电子信息、消费品、物流等行业的转型升级降本增效方案。

（五十三）严格规范行政检查行为。各地政府及有关部门要全面清理进企检查项目，进一步规范检查行为。法律法规规章规定必须进企检查的，检查实施单位要在年初制定计划，严格按计划实施，最大限度减少企业接受检查的时长和频次。确需实施临时检查的，检查实施单位要严格依法依规进行。

十二　建立健全降成本工作推进机制

（五十四）加强组织领导。进一步完善帮助实体经济企业降低成本工作领导协调机制，建立健全由省政府统一领导、省财政部门牵头组织实施、各责任单位参与配合、各地齐抓共管的工作机制。尽快建立降低实体经济企业成本工作省级部门间联席会议制度，统筹推动国家工作方案和本方案贯彻落实，加强对各地降低实体经济企业成本工作的指导、督促和检查评估。有关部门、各地政府是本领域、本地区降低实体经济企业成本工作的第一责任主体。各牵头单位要抓紧就所牵头负责事项制订具体实施细则，细化政策措施和分工安排，原则上应于2017年4月底前（最迟不超过2017年6月底前）出台实施，并抄送省府办公厅、省财政厅督办备案；各地要结合实际完善相关工作机制，制订具体实施细则，探索出台更多的惠企政策和措施，确保降成本工作取得实效。

（五十五）完善相关工作协调机制。各地、各有关部门要加强工作指导，形成降低实体经济企业成本的长效机制，重点是建立健全常态化的组织协调和督促落实工作机制；建立效果评估和统计监测机制；建立根据形势变化动态调整政策措施机制。要加强与国家相关部门的沟通汇报，密切跟进国家有关工作部署，积极争取上级部门政策指导和支持。要做好政策措施的解读宣传，回应社会关切，引导社会预期，凝聚行动共识，形成社会各界共同关注支持降成本的良好氛围。

（五十六）加大监督检查力度。将降成本各项政策措施列为省政府重点工作督查事项，省政府督查室将对全省贯彻落实情况开展专项督查。各地、各相关部门要将降低实体经济企业成本工作纳入本地区、本部门年度重点工作范围，加强专项督查，推动各项政策措施落地，并根据实际情况不断充实完善政策措施。对企业反映多、收费标准高、制定时间长的收费项目，价格主管部门要牵头及时对其收费依据、成本、收支情况开展评估，依据评估结果对收费项目作出调整。对各地政府部门及所属单位、中介机构、行业协会等擅自增设收费项目、扩大收费范围、提高收费标准及价格欺诈等违法违规行为，要依法依规严肃查处，切实保障企业合法权益。

（五十七）适时评估总结和推广经验。各地、各部门每年要对我省的企业成本和政策落实情况及效果进行一次评估，积极推广效果良好的政策和做法，研究解决出现的问题，相应及时调整政策；从2017年起，每半年报送一次政策落实情况，由省财政厅汇总报送省政府督查室。原推动降成本行动计划实施的督办、落实情况报送制度继续执行，内容以本方案为准。

重庆市

重庆市人民政府办公厅关于贯彻落实国务院降低实体经济企业成本工作方案任务分工的通知

渝府办发〔2016〕242号

各区县（自治县）人民政府，市政府有关部门，有关单位：

为贯彻落实国务院《降低实体经济企业成本工作方案》（国发〔2016〕48号），有效降低实体经济企业成本，优化企业发展环境，助推企业转型升级，进一步提升产业竞争力，增强经济持续稳定增长动力，经市政府同意，现就任务分工通知如下。

一　工作目标

经过1—2年努力，降低实体经济企业成本取得初步成效，3年左右使实体经济企业综合成本合理下降，盈利能力明显增强。

——税费负担合理降低。全面推开营改增试点。清理规范涉企政府性基金和行政事业性收费。

——融资成本有效降低。企业贷款、发债利息负担水平逐步降低，融资中间环节费用占企业融资成本比重合理降低。

——制度性交易成本明显降低。简政放权、放管结合、优化服务改革综合措施进一步落实，营商环境进一步改善，为企业设立和生产经营创造便利条件，行政审批前置中介服务事项大幅压缩，政府和社会中介机构服务能力显著增强。

——人工成本上涨得到合理控制。工资水平保持合理增长，企业“五险一金”缴费占工资总额的比例合理降低。

——能源成本进一步降低。企业用电、用气定价机制市场化程度明显提升，工商业用电和工业用气价格合理降低。

——物流成本加快降低。社会物流总费用占社会物流总额的比重以及工商业企业物流费用率有所降低。

二　任务分工

（一）合理降低企业税费负担。

1. 全面推开营改增试点，确保所有行业税负只减不增。将营改增试点范围扩大到建筑业、房地产业、金融业、生活服务业，并将所有企业新增不动产所含增值税纳入抵扣范围。（牵头单位：市财政局，参加单位：市国税局、市地税局）

2. 加大研发支持力度，降低新产品市场风险。加强协调配合，落实好研发费用加计扣除政策。研究将新材料、关键零部件纳入首批次应用保险保费补偿机制实施范围。（牵头单位：市财政局、市经济信息委、市科委，参加单位：市地税局、市国税局）

3. 扩大行政事业性收费免征范围，清理规范涉企收费。全面执行国内植物检疫费、社会公用计量标准证书费等18项行政事业性收费的免征范围从小微企业扩大到所有企业和个人。全面实施涉企收费目录清单管理，将涉企行政事业性收费、政府性基金、政府定价或指导价经营服务性收费和行政审批前置中介服务收费等项目清单，在市政府及各部门网站常态化公示。进一步清理各类电子政务平台的服务收费，严禁依托电子政务平台捆绑服务并收费。查处和清理各种与行政职能挂钩且无法定依据的中介服务收费。加强涉企收费监督管理，畅通企业举报渠道，完善查处机制，制止乱摊派、乱收费等违规行为，坚决取缔违规收费项目。（牵头单位：市发展改革委、市财政局、市经济信息委，参加单位：市国资委、市地税局、市国税局）

4. 取消减免一批政府性基金，扩大小微企业免征范围。落实好已明确的减免政府性基金等政策，将新菜地开发建设基金、育林基金征收标准降为零，停征价格调节基金，整合归并部分政府性基金；将教育费附加、地方教育附加、水利建设基金免征范围由月销售额或营业额不超过3万元的缴纳义务人扩大到月销售额或营业额不超过10万元的缴纳义务人。（牵头单位：市财政局，参加单位：市农委、市国土房管局、市水利局、市地税局、市国税局、市林业局）

（二）有效降低企业融资成本。

5. 保持流动性合理充裕，营造适宜的货币金融环境。通过差别存款准备金率、再贷款、再贴现等政策引导银行业金融机构加大对小微企业、“三农”等薄弱环节和重点领域的信贷支持力度。发挥开发性、政策性金融作用，为基础设施建设和重要战略性新兴产业发展提供长期低成本资金。（牵头单位：人行重庆营管部、重庆银监局，参加单位：市财政局、市经济信息委、市农委、市金融办）

6. 降低融资中间环节费用，加大融资担保力度。完善信贷资金向实体经济融通机制，降低贷款中间环节费用，严禁“以贷转存”“存贷挂钩”等变相提高利率行为。引导金融机构针对不同企业合理定价。督促银行业金融机构依法合规收费，制止不规范收费行为。发展政府支持的融资担保机构，在条件具备的基础上设立政府性担保基金，探索运用资本注入、再担保、风险补偿等措施，提高融资担保机构为战略性新兴产业、小微企业、“三农”服务积极性。（牵头单位：市财政局、市国资委、市金融办、人行重庆营管部、重庆银监局，参加单位：市经济信息委）

7. 完善地方商业银行考核体系和监管指标，加大不良资产处置力度。综合考虑盈利能力、经营增长、资产质量、资本充足率等方面的考核因素，适当提高风险容忍度，落实小微企业贷款风险容忍度要求。完善信贷人员尽职免责政策。支持和督促地方商业银行补充资本，按市场化方式及时核销不良贷款，做到应核尽核，增强对实体经济的信贷资金投放能力。适当调整不良资产转让方式、范围、组包项目及户数方面的规定，逐步增强地方资产管理公司处置不良资产的能力，完善不良资产转让政策，提高不良资产转让的效率和灵活性。支持有发展潜力的实体经济企业之间债权转股权。（牵头单位：市国资

委、重庆银监局、人行重庆营管部，参加单位：市财政局、市经济信息委、市金融办、市地税局、市国税局）

8. 推进已开业的民营银行积极开展业务，发展中小金融机构。推动中邮金融租赁、重庆银行金融租赁等金融机构尽快批筹开业，加快发展金融租赁公司、融资租赁公司、村镇银行等各类机构。（牵头单位：市商务委、市金融办、重庆银监局，参加单位：人行重庆营管部）

9. 大力发展股权融资，合理扩大债券市场规模。规范发展区域股权市场，支持重庆股份转让中心设立科技创新板，支持实施股权基金份额转让。做好上市挂牌企业资源筛选和储备工作，加强资本市场融资培训，大力推动国有和民营企业挂牌上市融资。发挥好政府产业引导基金、战略性新兴产业股权投资基金作用，推动重点行业和区县（自治县）建立引导性基金。强化发债主体培育工作，引导企业通过资产优化、重组等措施提升信用等级及发债融资能力。争取国家支持在重庆开展公司信用类债券产品创新与业务试点，推动符合条件的企业发展股债结合品种，研究发展高风险高收益企业债、项目收益债、永续债、专项企业债、资产支持证券等。加强各部门信息共享，引导企业做好信息披露，切实履行偿还义务，协调做好风险预警防范和处置工作。（牵头单位：市发展改革委、市金融办、人行重庆营管部、重庆证监局，参加单位：市财政局）

10. 引导企业利用境外低成本资金，提高企业跨境贸易本币结算比例。推进企业发行外债登记制度改革，贯彻落实全口径跨境融资宏观审慎管理政策，积极推动跨境人民币使用在渝先行先试，鼓励企业在与其净资产挂钩的跨境融资上限内自主开展本外币跨境融资。充分发挥重庆作为中新（重庆）战略性互联互通示范项目运营中心的辐射带动作用，稳妥推动西部及重庆地区企业通过跨境贷款、海外发债等方式实现跨境融资，进一步降低企业综合融资成本。在合理调控外债规模、促进结构优化和有效防范风险的前提下，支持资信状况良好、偿债能力强的企业赴境外发行本外币债券。扩大人民币跨境使用，引导商业银行改善金融服务，提高企业在跨境贸易中使用本币结算的比例，降低汇兑成本和汇率波动影响。（牵头单位：市发展改革委、市金融办、人行重庆营管部，参加单位：中新示范项目管理局）

（三）着力降低制度性交易成本。

11. 打破地域分割和行业垄断，加强公平竞争市场环境建设。清理废除影响统一市场形成的限制性规定，加快放开垄断行业竞争性环节。按照国家统一部署开展市场准入负面清单制度试点，从2018年起正式实行全国统一的市场准入负面清单制度。对连锁企业要求设立非企业法人门店和配送中心的，所在地政府及有关部门不得以任何形式设置障碍。组织实施公平竞争审查制度，从源头上防止排除和限制市场竞争的行为。健全竞争政策，完善市场竞争规则，加强反垄断和反不正当竞争执法。强化价格检查，优化市场环境，健全经营者自主定价领域的市场规则。（牵头单位：市发展改革委、市商务委、市政府法制办、市工商局，参加单位：市经济信息委、市国资委）

12. 深化“放管服”改革，为企业创造更好的营商环境。简政放权、放管结合、优化服务同步推进，提高政府公共服务能力和水平，为企业提供优质公共服务和公共产品。推进行政审批制度和监管制度改革，优化行政审批流程，重点围绕生产经营领域取消和下放行政审批事项，合并具有相同或相似管理对象、管理事项的证照资质，实行联合审批。大幅压减各类行政审批中介服务事项，无法律法规依据的一律取消。进一步优化企业投资项目相关审批程序，利用好投资项目在线审批监管平台，落实平台建设中的识别代码和个性化审批监管要求。保障各类市场主体在投资核准、政府扶持、参与政府投资项目等方面享受同等待遇。对民间投资进入自然资源开发、环境保护、能源、交通、市政公用事业等领域，除法律法规有明确规定的外，取消最低注册资本、股东结构、股份比例等限制。简化外商投资企业设立程序，将不涉及国家规定实施准入特别管理措施的审批事项实行备案管理。研究推广对符合条件且不需要新增建设用地的技术改造项目实行承诺备案管理。规范涉企行政检查行为，落实“双随机”抽查机制，建立随机抽查事项清单。（牵头单位：市发展改革委、市编办、市经济信息委、市国土房管局、市商务委、重庆海关、市国税局、市

地税局、市政府法制办、市工商局、市质监局，参加单位：市交委、市城乡建委、市环保局、市国资委）

13. 加快社会信用体系建设，加强知识产权保护。利用好全国及全市公共信用信息平台及企业信用信息公示系统，加强信用信息归集、共享、公开和使用。开展守信联合激励和失信联合惩戒，在行政管理、公共服务、市场交易和投融资等领域对守信企业实施优惠便利措施，对失信企业依法严格限制和约束。将注册登记、行政审批、行业主管部门作出的行政许可和行政处罚等信息归集到相应企业名下，依法予以公示。加强知识产权保护，加大对专利、注册商标、商业秘密等方面知识产权侵权假冒行为的打击力度，降低企业维权成本。（牵头单位：市发展改革委、市科委、市工商局、人行重庆营管部，参加单位：市经济信息委、市商务委、重庆海关、市国税局、市地税局、市质监局、重庆银监局）

14. 提升贸易便利化水平，合理降低服务收费标准。全面推广国际贸易“单一窗口”，推进口岸管理相关部门信息互换、监管互认、执法互助，对信用记录良好的企业降低出口商品查验率，降低企业货物的通关成本。整合建立统一的公共资源交易平台体系，依法确定收费范围，规范服务收费行为，合理降低服务收费标准。积极稳妥推动行业协会商会与行政机关脱钩，厘清行业协会商会与行政机关职能边界，清理行业协会商会违法违规强制企业付费参加考核评比、表彰、赞助捐赠等项目。（牵头单位：市发展改革委、市民政局、市质监局、重庆海关，参加单位：市财政局、市经济信息委、市人力社保局、市商务委、市城乡建委、市国土房管局、市环保局、市国资委、市国税局、市林业局、重庆检验检疫局）

15. 加快剥离国有企业办社会职能和解决历史遗留问题，减轻企业负担。建立政府和国有企业合理分担成本的机制，坚持分类指导、分步实施，多渠道筹措资金，加快剥离国有企业办社会职能。全面推进国有企业职工家属区“三供一业”分离移交，剥离企业办医疗、教育等公共服务机构，对国有企业退休人员实行社会化管理，解决好厂办大集体等国有企业历史遗留问题。（牵头单位：市财政局、市经

济信息委、市人力社保局、市国土房管局、市政委、市国资委）

（四）合理降低企业人工成本。

16. 降低企业社保缴费比例，采取综合措施补充资金缺口。从2016年5月1日起两年内，阶段性降低我市社会保险费率。其中：降低养老保险单位缴费比例1个百分点，从20%降至19%；降低医疗保险单位缴费比例0.5个百分点，从8%降至7.5%；降低失业保险缴费比例1个百分点，从2%降至1%，其中单位和职工个人缴费比例各降低0.5个百分点，均由1%降至0.5%。按照国家统一部署，综合采取实施渐进式延迟退休年龄、开展基金投资运营和划转部分国有资本充实社会保障基金，以及支持各区县（自治县）通过拍卖、出租政府公共资源资产等方式筹集资金，为降低企业社保缴费比例创造条件。（牵头单位：市财政局、市人力社保局、市国资委）

17. 完善住房公积金制度，规范和阶段性适当降低企业住房公积金缴存比例。对住房公积金缴存比例高于12%的一律予以规范调整，不得超过12%。从2016年5月1日起两年内，结合实际阶段性适当降低住房公积金缴存比例。生产经营困难企业除可降低缴存比例外，还可依法申请缓缴住房公积金，待效益好转后再提高缴存比例或恢复缴存并补缴缓缴的住房公积金。（牵头单位：市国土房管局，参加单位：市财政局、人行重庆营管部）

18. 完善最低工资调整机制，健全劳动力市场体系。统筹兼顾企业承受能力和保障劳动者最低劳动报酬权益，合理确定最低工资标准调整幅度和调整频率。推进户籍制度改革，实现居住证制度全覆盖，将外来务工人员纳入当地教育、基本医疗卫生等公共服务覆盖范围，降低劳动力自由流动成本，加快形成统一开放、竞争有序的劳动力市场体系。（牵头单位：市发展改革委、市财政局、市教委、市公安局、市人力社保局、市卫生计生委）

（五）进一步降低企业用能用地成本。

19. 加快推进能源领域改革，放开竞争性环节价格。加快推进电力、石油、天然气等领域市场化改革。完善光伏、风电等新能源发电并网机制。2017年基本放开竞争性领域和环节价格管制，形成充分

竞争的机制，使能源价格充分反映市场供求变化，提高价格灵活性。（牵头单位：市发展改革委，参加单位：市经济信息委）

20. 加快推进电力体制改革，合理降低企业用电成本。加快实施输配电价改革试点，深入推进售电侧改革试点，引导试点范围内企业积极参与改革，推动建立发用电市场竞价机制。积极开展电力直接交易，放宽参与范围，有序缩减发用电计划，扩大市场化交易电量的比例。对未参与直接交易和竞价交易的上网火力发电量，以及重要公用事业和公益性服务等用电，继续实施好煤电价格联动机制，合理调整工商业企业用电价格。简化企业用户电力增容、减容、暂停、变更等办理手续，缩短办理时限。（牵头单位：市发展改革委，参加单位：市经济信息委）

21. 完善土地供应制度，降低企业用地成本。积极推进工业用地长期租赁、先租后让、租让结合供应，工业用地的使用者可在规定期限内按合同约定分期缴纳土地出让价款，降低工业企业用地成本。保障物流业用地供应，科学合理确定物流用地容积率。（牵头单位：市国土房管局，参加单位：市财政局）

（六）加快降低企业物流成本。

22. 改善物流业发展环境，大力发展运输新业态。健全现代物流标准体系，强化物流标准实施，推广应用 $1.2\text{m}\times 1\text{m}$ 的标准托盘，推动物流业与制造业等产业联动发展。完善城市物流配送体系，开展城市共同配送，优化资源配置，提高物流效率。推广多式联运，加快构建交通运输物流公共信息平台，推进跨部门、跨区域、跨国界、跨运输方式物流相关信息互联共享，鼓励企业间运力资源共享，提高运输车辆实载率。大力发展多式联运甩挂、企业联盟甩挂、干线运输和城市配送衔接甩挂等运输模式。推动无车承运人业务加快发展。（牵头单位：市发展改革委、市交委、市商务委，参加单位：市质监局、市经济信息委）

23. 合理确定公路运输收费标准，规范公路收费管理和监督执法。配合国家研究修订《收费公路管理条例》。坚决查处高速公路车辆救援服务中的各种乱收费行为，规范车辆超限处罚标准，减少各类

执法中的自由裁量权，坚决杜绝乱罚款、“以罚代管”等行为。（牵头单位：市发展改革委、市财政局、市交委、市公安局）

24. 规范机场铁路港口收费项目，清理不合理服务收费。全面清理机场、铁路、港口码头经营性收费项目，除法规规章规定的项目外，禁止指定经营、强制服务、强行收费行为，清理强制对进出港（场）企业收取的不合理费用和地方政府设立的不合理涉及铁路收费。（牵头单位：市发展改革委、市交委）

（七）提高企业资金周转效率。

25. 推进实体经济经营性资产证券化，开展投贷联动试点支持科技创新创业企业。鼓励实体经济企业将符合条件的经营性资产证券化，或通过金融租赁、融资租赁方式盘活存量资源。争取将重庆纳入国家投贷联动试点城市范围，允许在我市开展投贷联动业务，为我市科技创新创业企业提供合理的融资结构和持续的资金支持。（牵头单位：市科委、市商务委、市金融办、人行重庆营管部、重庆银监局、重庆证监局，参加单位：市经济信息委）

26. 支持重点企业资金周转，多方筹资清偿拖欠工程款。支持重点企业筹集周转资金，防范企业资金链断裂风险传导。统筹置换债券资金在内的预算资金，按照相关规定妥善偿还经清理核实属于政府债务的拖欠工程款；通过出让资产等方式获得的增量资金，优先用于清偿政府投资项目拖欠工程款。（牵头单位：市财政局、人行重庆营管部、重庆银监局，参加单位：市城乡建委）

27. 清理规范工程建设领域保证金，减少资金占用。摸清目前建筑业所需缴纳各种保证金现状，研究制定依法依规开展清理工作的意见，按照既有利于减轻企业负担、又能形成新约束机制的原则制定切实可行的政策措施。（牵头单位：市财政局、市城乡建委、市人力社保局、市政府法制办）

28. 加强资金清欠，化解企业债务链风险。鼓励企业加强往来款项管理，引导企业加快付款，减轻全社会债务负担。发挥财务公司在提高资金使用效率方面的作用，加快产业链企业间资金周转，推进财务公司延伸产业链金融服务试点。对债务规模较大且有三家以上债权银行的客户，协调各债权银行成立债权人委员会，避免因单家机构处置不当引发新的风险。（牵头单位：市国资委、市金融办、人行重庆营管部、重庆银监局，参加单位：市财政局、市经济信息委）

（八）鼓励引导企业内部挖潜。

29. 引导企业管理创新和精益生产，利用信息技术手段降低成本。鼓励企业充分利用新一代信息技术等手段，实现内部管理升级，创新营销模式，提高效益水平。大力发展智能制造和智慧流通，提高产品的成品率、优质品率和精准营销匹配率。加快推进绿色制造，大幅降低资源能源消耗，实现降本增效。推进小批量、多批次、低库存、少环节的柔性化生产和作业成本法应用，提高企业供应链管理水平。（牵头单位：市经济信息委、市商务委）

30. 加强先进技术推广，鼓励企业加强目标成本管理。完善鼓励和支持企业转型和技术创新的政策，支持推广可有效降低企业成本的各种技术，促使企业持续提高生产效率。引导企业加强目标成本管理，对生产经营全过程和各环节耗费实施严格的全面控制，制定相应降成本目标。（牵头单位：市经济信息委、市国资委）

三　工作要求

（一）加强组织领导和工作协调。市政府建立完善降低实体经济企业成本工作推进机制，包括建立健全常态化的组织协调和督促落实工作机制、效果评估和统计监测机制以及根据形势变化动态调整政策措施机制。市级各牵头单位要建立降低实体经济企业成本工作协调机制，加强综合协调，统筹推进各项工作，跟踪督促落实。各区县（自治县）人民政府要加强工作指导，形成降低实体经济企业成本的长效机制。

（二）加强对落实情况的督促检查。各区县（自治县）人民政府、市级各牵头单位是本地区、本行业降低实体经济企业成本工作的第一责任主体，要按照党中央、国务院决策部署，落实市委、市政府具体安排，结合“涉企 30 条政策”推进落实，把方案落到实处。加强专项督查，推动各项政策措施落实，并根据实际情况不断充实完善政策措施。适时将降低实体经济企业成本转为常态化工作，加强企业运行情况动态监测和常态化监督检查。

（三）适时评估总结和推广经验。2017 年 2 月 20 日前，市级各牵头单位、各区县（自治县）人民政府要对降低实体经济企业成本政策落实情况进行自查评估，推广经验做法，研究解决问题，调整政策措施。2017 —2019 年，每年 5 月 20 日前将贯彻落实情况报送市发展改革委，市发展改革委汇总上报市政府。阶段性工作完成后，组织进行全面工作总结，完善推进降成本工作长效机制。

重庆市人民政府办公厅

2016 年 11 月 16 日

浙江省

浙江省人民政府办公厅关于进一步降低企业成本优化发展环境的若干意见

浙政办发〔2016〕39 号

各市、县（市、区）人民政府，省政府直属各单位：

为深入贯彻落实中央和省委、省政府关于加强供给侧结构性改革和全力打好去产能、去库存、去杠杆、降成本、补短板攻坚战的决策部署，进一步减轻企业负担，降低企业生产经营成本，优化发展环境，促进经济平稳健康创新发展，经省政府同意，提出如下意见：

一　切实降低企业税费负担

（一）全面实施“营改增”。从 2016 年 5 月 1 日起，将“营改增”试点范围扩大到建筑业、房地产业、金融业、生活性服务业，并将所有企业新增不动产所含增值税纳入抵扣范围，确保所有行业税负只减不增。（牵头单位：省国税局、省地税局）

（二）减征地方水利建设基金。按现有费率的 70% 征收地方水利建设基金。（牵头单位：省财政厅，配合单位：省水利厅、省地税局）

（三）完善新型墙体材料管理。简化新型墙体材料专项基金缴款结算程序。停止向水泥生产企业征收散装水泥专项资金，将预拌混凝土、预拌砂浆、水泥预制件列入新型墙体材料目录，纳入新型墙体材料专项基金支持范围。（牵头单位：省经信委、省商务厅，配合单位：

省财政厅）

（四）全面落实减税清费政策。认真落实增值税、所得税等税收优惠政策，简化优惠办理手续，对符合规定条件的企业享受优惠政策，除法律、法规、规章另有规定外，只需备案，无须税务机关审核批准。国家和省明确取消或停止征收的涉企收费项目，任何地方、任何部门不得以任何理由拖延或拒绝执行，不得转为经营性收费，不得以其他名目变相继续收取。（牵头单位：省国税局、省地税局、省发展改革委，配合单位：省财政厅、省物价局）

二　切实降低企业用工成本

（五）合理把握最低工资标准调整节奏和力度。全省最低工资标准原则上每 2 年调整 1 次，调整幅度基本与劳动生产率相协调。（牵头单位：省人力社保厅）

（六）完善工资保证金制度。进一步降低建设领域企业工资支付保证金缴存比例。对自缴纳工资保证金之日起 3 年内未发生严重拖欠工资行为的建筑业企业，已缴纳的工资保证金予以返还。（牵头单位：省人力社保厅、省建设厅）

（七）降低社会保险费。根据国家部署，精简归并“五险一金”。对失业保险费单位缴费实行临时性下调，从 2016 年 5 月 1 日至 2018 年 12 月 31 日，费率由 1.5% 降为 1%。继续贯彻执行工伤、生育保险费率下降政策。2015 年年底职工基本医疗保险基金支付能力达到 12 个月以上的统筹地区，对符合产业转型升级发展方向的企业，由当地政府确定 2016 年下浮职工基本医疗保险缴费比例，下浮幅度相当于企业单位缴费部分 1 个月的额度。允许符合产业结构调整方向的困难企业暂缓缴纳社会保险费，缓缴期限不超过 1 年。（牵头单位：省人力社保厅，配合单位：省财政厅、省地税局、省经信委）

（八）继续推进“机器换人”。鼓励企业加大以智能制造为主攻方向的“机器换人”投资，每年减少生产一线简单用工 50 万人以上，规模以上企业提高劳动生产率 8% 以上。（牵头单位：省经信委）

三　切实降低企业用能成本

（九）降低一般工商业及其他用电价格。从2016年1月1日起，全省一般工商业及其他用电价格每千瓦时降低4.47分。（牵头单位：省物价局）

（十）扩大电力用户直接交易范围和规模。支持电力用户与发电企业自主协商确定电价，全年直接交易电量争取扩大到200亿千瓦时左右。（牵头单位：省经信委）

（十一）对燃煤（油）锅炉电能替代改造完成后用电实行优惠电价。2016—2017年，燃煤（油）锅炉电能替代改造完成后用电价格，按大工业用电相应电压等级的电度电价执行，免收基本电费。（牵头单位：省物价局、省经信委）

（十二）对自备电厂关停后的企业用电实行优惠电价。对按规定期限全厂关停地方自备热电机组的企业，在关停后3年内，按其关停前3年机组的平均发电量享受用电电价优惠，标准为现行目录电价每千瓦时降低0.2元。（牵头单位：省物价局、省经信委）

（十三）降低企业用气价格。非居民用户用气省级门站价格每立方米下降0.1元。所有煤改气用户气价控制在省级门站价格加价每立方米0.6元以内。城市燃气管道输配价格下降20%以上，全省终端销售价格不得高于每立方米3.4元。企业生产经营场所内可以单独计量的职工集体宿舍、食堂生活用气，可选择执行居民气价；已实施阶梯气价的，可按当地居民第一档气价的1.1倍执行。（牵头单位：省物价局、省能源局）

四　切实降低企业融资成本

（十四）引导金融机构主动帮扶企业。规范存款及账户招投标定价行为。鼓励金融机构加强对困难企业的分类帮扶，对重点帮扶企业实行降低贷款利率等措施。严禁在存贷款利率以外附加条件、支付费用，加大对违规收费行为的查处力度。（牵头单位：省金融办、浙江银监局）

（十五）创新企业融资机制和方式。大力发展应收账款融资，进一步扩大应收账款质押融资规模。支持金融机构提高信用贷款比例。积极推广专利权质押、商标权质押和排污权抵押贷款等融资创新。大力发展设备融资租赁。支持符合条件的工业企业集团设立财务公司。探索开展企业集团财务公司延伸产业链金融服务试点。加快完善政策性融资担保体系。（牵头单位：浙江银监局、省财政厅，配合单位：省经信委）

（十六）提高企业直接融资比重。支持省内金融机构发行金融债券、信贷资产证券化产品、同业存单、大额存单等金融产品，利用成本更低、期限更长的主动负债工具，从全国金融市场筹集资金，替代高成本负债产品。扩大全省企业债务融资工具发行规模，大力支持企业发行新公司债。（牵头单位：浙江证监局、人行杭州中心支行、省发展改革委）

（十七）防范化解企业资金链担保链风险。进一步扩大市、县（市、区）政府应急转贷基金覆盖面和资金规模，加强对困难企业的贷款周转支持。推进小微企业贷款“以贷还贷”等续贷模式的增量扩面，加快推动“无还款续贷”“年审制”等还款方式创新向中型企业延伸。建立省级金融机构与重点市、县（市、区）政府的对接协调机制，共同推进企业“两链”风险化解。推动银行用足用好现有核销政策，做到应核尽核。（牵头单位：省金融办、省经信委、浙江银监局）

五　切实降低企业用地成本

（十八）减免城镇土地使用税。对新建国家鼓励和扶持产业项目的企业、占地广的深加工农业龙头企业，可在一定期限内作为“确属发展前景较好，但目前亩产税收贡献不大”的纳税人，享受城镇土地使用税差别化减免优惠政策。（牵头单位：各市、县（市、区）政府，省地税局）

（十九）创新土地出让方式。积极推行工业用地弹性年期出让，鼓励各地采用出让年限小于 50 年、长期租赁、租让结合、先租后让

等方式供地。（牵头单位：省国土资源厅）

（二十）下调土地出让竞买保证金和履约保证金。根据土地规模、土地估价结果、土地市场情况等，适当下调工业用地出让竞买保证金和合同履约保证金，合理确定工业用地出让金缴纳期限。（牵头单位：各市、县（市、区）政府）

（二十一）支持标准厂房建设。将标准厂房建设用地纳入各地年度土地供应计划。鼓励利用"三改一拆"拆改土地、城镇低效用地建设标准厂房，2016 年新建标准厂房 500 万平方米。鼓励标准厂房微利出租或按土地出让合同约定分割转让。（牵头单位：省经信委、省国土资源厅）

六　切实降低企业物流成本

（二十二）全面规范港口、机场、公路经营性收费。禁止限定经营、强制服务、强行收费行为。规范国际标准集装箱运输车辆收费管理，推进全省高速公路整车式称重系统建设，完善公路计重收费办法。积极发展高速公路货车非现金支付业务和不停车电子收费系统（ETC），在提高使用率的同时，对货运车辆通行收费实行优惠。（牵头单位：省物价局，配合单位：省交通运输厅、省交通集团）

（二十三）大力发展多式联运。组织开展多式联运试点，加快构建海铁联运、铁水联运、公铁联运、陆空联运等多式联运体系。鼓励发展甩挂运输等先进运输组织模式。推进重要港区、物流中心集疏运通道和重要产业集聚区物流通道建设。（牵头单位：省交通运输厅、省经信委）

七　切实降低企业外贸成本

（二十四）清理规范进出口环节和海关监管区服务收费。下调进出口环节经营服务性收费，降低 10% 收取安全产品制售费。（牵头单位：浙江检验检疫局、宁波检验检疫局、杭州海关、宁波海关）

（二十五）优化出口退税办理。对出口企业实行分类差异化管理，下放审批权限，简化审核手续，开展"互联网 + 便捷退税"创新试

点，推进出口退税无纸化管理，加快出口退税进度。（牵头单位：省国税局）

（二十六）提高检验检疫通关便利化水平。全面推行“三通”（通报、通检、通放）、“两直”（出口直放、进口直通）一体化业务改革，加快推进检验检疫全流程无纸化工作方式。扩大采信第三方检验检测认证结果的范围。（牵头单位：浙江检验检疫局、宁波检验检疫局）

（二十七）支持跨境电子商务发展。鼓励企业直接与海外客商进行交易，积极培育中小企业外贸代理平台。简化企业在海外投资建厂自用产品和在国外设立批发展示中心、商品市场、专卖店、海外仓产品的相关出境程序，切实降低跨境电商企业结汇、退税、报关等相关成本。（牵头单位：省商务厅，配合单位：浙江检验检疫局、宁波检验检疫局、省国税局、省外汇管理局、杭州海关、宁波海关）

八 切实降低制度性交易成本

（二十八）深化“四张清单一张网”改革。进一步转变政府职能，深入推进简政放权。实行涉企行政事业性收费目录清单动态管理。组织开展项目区域能评、区域环评改革试点，逐步实行企业独立选址项目高效审批，开展非独立选址项目不再审批制度试点。深化推进“零土地”技改项目审批方式改革。加快电子政务公共服务平台建设。（牵头单位：省发展改革委、省物价局、省经信委、省环保厅）

（二十九）加强涉审中介治理。对实行市场定价的涉审中介服务，通过市场竞争促进中介服务收费合理下降；对实行政府定价或政府指导价的中介服务，开展收费成本评估，适当下调收费标准；适当下调属于行政事业性收费的中介服务收费标准。（牵头单位：省发展改革委，配合单位：省财政厅、省物价局）

（三十）降低企业纳税成本。大力推广网上办税，积极推行企业涉税事项全省通办，优化办税流程。简并申报缴纳次数，对增值税小规模纳税人实行按季缴纳增值税，对小型微利企业实行按季预缴企业

所得税。（牵头单位：省国税局、省地税局）

各地、各有关部门要充分认识降低企业成本、优化发展环境的紧迫性，全面贯彻落实国家和省有关降成本的部署，结合实际，抓紧制订出台本地区和本部门降成本的政策措施。对各地、各部门出台和落实降低企业成本、优化发展环境的政策措施情况，省政府将适时开展督查。

浙江省人民政府办公厅

2016年4月5日

江苏省

江苏省人民政府关于降低实体经济企业成本的意见

苏政发〔2016〕26号

各市、县（市、区）人民政府，省各委办厅局，省各直属单位：

为深入推进供给侧结构性改革，切实降低实体经济企业成本，进一步优化发展环境，提升企业盈利能力，根据中央有关部署要求，结合我省实际，现提出以下意见。

一　合理降低企业用工、物流成本

（一）在继续实施现有降低失业、工伤、生育保险费率基础上，2016—2018年再降低失业保险缴费比例0.5个百分点。困难企业暂时无力缴纳社会保险费的，在提供有效缴费担保后，经批准可缓缴除基本医疗保险费之外的社会保险费，缓缴期最长可达6个月。（省人力资源社会保障厅牵头，省财政厅、经济和信息化委、地税局等参与）

（二）合理调整最低工资标准。（省人力资源社会保障厅牵头，省经济和信息化委、总工会、工商联等参与）

（三）落实援企稳岗等补贴政策，支持企业通过转型转产、多种经营、主辅分离、辅业改制、培训转岗等方式，多渠道分流安置富余人员，鼓励企业少裁员、不裁员。（省人力资源社会保障厅牵头，省财政厅等参与）

（四）加大对企业职工培训的补贴力度。企业在依法提取和使用职工教育经费后，职工技能培训费用不足部分，由地方财政部门在其缴纳的地方教育附加费额度内予以补助。各级财政安排专项资金加大对企业职工培训的支持力度。（省人力资源社会保障厅牵头，省经济和信息化委、财政厅等参与）

（五）规范港口、机场、铁路经营服务性收费，落实国家和省“绿色通道”及取消船舶港务费相关政策，推进城市配送车辆进城、通行、停靠便利化政策落实，规范通行证审批，优化通行环境。（省经济和信息化委牵头，省发展改革委、省公安厅、省交通运输厅、省物价局、江苏交通控股有限公司等参与）

二　进一步降低用能、用地成本

（六）从2016年起一般工商业及其他用电类别价格下调3.12分/千瓦时。（省经济和信息化委牵头，省物价局、江苏能源监管办、省电力公司等参与）

（七）优化能源发展结构，扩大电力降价空间。扩大电力用户与发电企业直接交易规模。采取双边协商与集中交易平台竞价相结合的模式，2016年安排直接交易电量500亿千瓦时，降低骨干企业用电成本。（省经济和信息化委牵头，省发展改革委、省物价局、江苏能源监管办、省电力公司参与）

（八）开展大用户优化用电服务，免费为企业提供优化用电建议书，合理配置变压器容量，充分利用谷时段低电价，降低用电成本支出。（省经济和信息化委牵头，省物价局、江苏能源监管办、省电力公司等参与）

（九）实行有保有控的产业用地政策，重点保障年度重大项目中的先进制造业和现代服务业等产业项目用地，对工业用地鼓励采取长期租赁、先租后让、租让结合、弹性出让等方式供应。在符合相关规划的前提下，经市、县人民政府批准，利用现有房屋和土地，兴办文化创意、科研、健康养老、房屋租赁、工业旅游、众创空间、现代服务业、“互联网+”等新业态的，可实行继续按原用途和土地权利类型使用土地的过渡期政策。过渡期为5年，过渡期满后需按新用途办理用地手续且符合划拨用地目录的，可以划拨方式供地。（省国土资源厅牵头，省发展改革委、经济和信息化委、科技厅、住房城乡建设厅等参与）

（十）在满足基础设施、公共设施、公益事业等配套设施用地的前提下，将低效产业用地通过政府主导再开发、市场主体实施再开发、综合整治提升改造等多种方式进行再开发利用，提高土地利用效率，降低企业用地成本。在不改变现有工业用地用途的前提下，对工矿厂房、仓储用房进行改建、扩建及利用地下空间，提高容积率的，可不再补缴土地价款差额。（省国土资源厅牵头，省发展改革委、经济和信息化委、住房城乡建设厅等参与）

三 有效降低企业融资成本

（十一）加强商业银行业务窗口指导。充分发挥江苏市场利率定价自律机制作用，加强银行业金融机构行为自律，维护存贷款利率定价秩序，落实国家降息政策。支持有条件的银行试点探索投贷联动融资服务，优化科技创新创业企业融资结构，降低融资成本。合理确定贷款审批门槛。继续扩大续贷政策适用范围，深入开展小微企业转贷方式创新，对市场前景好、暂时遇到困难的企业不断贷、不抽贷。鼓励金融机构开展并购贷款业务。（人民银行南京分行牵头，省经济和信息化委、省金融办、江苏银监局等参与）

（十二）用足用好央行再贷款再贴现政策，发挥好货币政策工具投向与价格“双引导”作用。鼓励商业银行对符合条件的小微企业贷款给予优惠利率支持。商业银行要按照小微企业贷款增速不低于各项贷款平均增速的目标，年初单列全年小微信贷计划，不得挤占、挪用。支持符合条件的银行发行小微金融债。（人民银行南京分行牵头，省金融办、江苏银监局等参与）

（十三）鼓励和支持地方建立科技金融风险补偿资金池，省地联动构建科技信贷风险补偿机制，支持金融机构加大对科技型中小企业的信贷投放。2016年全省资金池规模不低于20亿元。（省科技厅牵

头，省财政厅、省金融办、人民银行南京分行、江苏银监局等参与）

（十四）严格落实“七不准”“四公开”和小微企业金融服务“两禁两限”要求，清理不必要的资金“通道”和“过桥”环节，切实整治层层加码加价行为。进一步规范企业融资过程中担保、评估、登记、审计、保险等中介机构收费行为。鼓励金融机构清理服务收费项目及价格，列出收费目录清单，并向社会公布。组织开展银行收费专项检查。（江苏银监局牵头，省物价局、省金融办、人民银行南京分行等参与）

（十五）进一步充实政策性担保、再担保机构资本金。建立政府、银行和融资担保机构之间的风险共担机制。鼓励引导金融机构扩大对担保机构的准入，降低担保费率；提高信用良好企业的抵押物折扣率；担保机构对小微企业的担保费率在一定比例内的，省财政给予一定补贴。鼓励金融机构对风险控制能力强、社会效益好的融资担保机构提供减免保证金、适当提高放大倍数、控制贷款利率上浮幅度等支持措施，不随意收缩正常付息企业的担保额度。2016 年省级财政安排 10.5 亿元“促进金融业创新发展专项资金”。（省财政厅牵头，省经济和信息化委、省金融办、人民银行南京分行、江苏银监局等参与）

（十六）支持发展区域性股权市场，规范发展要素市场，积极开拓债券市场，培育引导私募市场。鼓励并推动企业在境内外资本市场上市挂牌融资和再融资。支持利用各类债务融资工具，鼓励符合条件的企业发行债券和上市交易，积极对接各类保险资金运用。扩大省天使投资引导资金规模，支持省级以上科技企业孵化器建立天使投资（种子）资金（基金），引导天使投资支持种子期、初创期科技型小微企业。继续在苏州等试点地区推进跨境人民币贷款试点、外债宏观审慎管理试点，合理引导企业利用境外低成本资金。（省金融办牵头，省科技厅、人民银行南京分行、江苏银监局、江苏证监局、江苏保监局等参与）

四 切实减轻企业税费负担

（十七）从2016年起暂停征收防洪保安资金。（省财政厅牵头）

（十八）取消网络计量检测费、粮油储存品质鉴定检验费等行政事业性收费。停止向水泥生产企业征收散装水泥专项资金。对符合条件的小微企业按有关规定免征教育费附加、地方教育附加、水利建设基金、文化事业建设费、残疾人就业保障金等政府性基金。（省财政厅牵头，省地税局、物价局等参与）

（十九）进一步清理和规范城市市政公用设施等政府定价管理的经营服务性收费项目。开放高校国家级产品检验检测实验室。（省物价局牵头，省教育厅、地税局等参与）

（二十）加快发展众创空间等新型孵化机构，鼓励和支持地方对众创空间的用房、用水、用能、宽带接入费用和用于创业服务的公共软件、开发工具等给予适当补贴。（省科技厅牵头，省财政厅等参与）

（二十一）制定《江苏省工业企业技术改造综合奖补实施细则》，对省内实施技术改造的规模以上工业企业，依据企业技术改造投入和新增税收贡献情况，给予一定比例资金奖补。“十三五”期间省财政安排20亿元，调动企业加强技术改造的积极性。（省经济和信息化委牵头，省财政厅、地税局、统计局、国税局等参与）

（二十二）积极落实引进技术设备免征关税、重大技术装备进口关键原材料和零部件免征进口关税和进口环节增值税、企业购置固定资产抵扣增值税、固定资产加速折旧等优惠政策，降低企业投资成本。（省经济和信息化委牵头，省财政厅、省地税局、省国税局、南京海关等参与）

（二十三）进一步落实部分劳动密集型和高技术含量、高附加值产品出口退税政策，提高企业产品竞争力。（省国税局牵头，南京海关等参与）

（二十四）指导和支持企业设置研发费用辅助账，简化对研发费用的归集和核算管理，放宽研发活动范围，简化备案资料，全面落实

研发费用加计扣除政策。（省科技厅牵头，省财政厅、地税局、国税局等参与）

（二十五）简化认定流程，放宽认定条件，扩充重点支持的高新技术领域，鼓励和支持更多企业申报高新技术企业，享受相应税收优惠政策。（省科技厅牵头，省财政厅、地税局、国税局等参与）

（二十六）继续落实软件企业和软件产品税收优惠政策，鼓励软件产业发展。进一步落实资源综合利用企业及其产品税收优惠政策，提高绿色制造水平。（省经济和信息化委牵头，省财政厅、地税局、国税局等参与）

（二十七）全面落实小微企业税收优惠政策。对非货币资产投资应缴纳的个人所得税可延期至第五年缴纳。个别纳税人按规定缴纳房产税确有困难，需要给予临时性减税或免税照顾的，由市、县人民政府批准，定期减征或免征房产税。对缴纳土地使用税确有困难且符合减免税条件的纳税人，按规定享受相关优惠。（省地税局牵头，省财政厅、国税局等参与）

（二十八）根据国家部署，把“营改增”试点范围扩展至建筑业、房地产业、金融业和生活性服务业，实现增值税全面替代营业税。（省财政厅牵头，省地税局、国税局等参与）

（二十九）制定相应标准，对符合产业政策、有较好发展前景、一时遇到较大困难的企业，在合法合规的前提下，在一定期限内实行税费缓收政策，帮助企业渡过难关。（省财政厅牵头，省地税局、国税局等参与）

五 着力降低制度性交易成本

（三十）在创办企业、投资办项目等重点领域再取消下放一批行政审批事项。着力做好相对集中行政许可权改革试点工作，力争实现全省范围内企业投资建设项目从立项到开工50日获批。建立健全行政审批监管长效机制，落实“双随机”抽查机制，加快形成权界清晰、分工合理、权责一致、运转高效、法治保障的地方政府机构职能体系。（省编办牵头，省发展改革委等参与）

（三十一）全面清理中介服务事项，法定中介服务事项实施目录清单管理，省以下部门擅自扩权增设的一律取消，收费过高的大幅降低收费标准。（省编办牵头，省物价局等参与）

（三十二）加强知识产权保护，加大对企业专利申请的资助力度，2016年省财政安排知识产权专项资金2亿元左右。省专利运营基金争取扩大至5亿元，降低专利技术的市场化运作成本。（省知识产权局牵头，省财政厅等参与）

各地、各有关部门和单位要充分认识降低实体经济企业成本的重要意义，明确职责，主动作为，密切配合，狠抓落实。各地要结合实际，抓紧制订出台本地降低实体经济企业成本的意见。省各有关部门和单位要尽快制定具体工作方案，细化各项政策措施，确保不折不扣地执行到位，形成降低实体经济企业成本的强大合力。对国家和省明确取消或停止征收的涉企收费项目，不得以任何理由拖延或拒绝执行，不得转为经营性收费，不得以其他名目变相继续收取。国家及国家有关部门有新政策出台的，一律按新政策执行。省政府将把降低实体经济企业成本作为督查重要内容，定期组织专项督查，建立健全降低实体经济企业成本的长效机制，努力在全社会营造关注发展、关爱实体经济的良好氛围。

江苏省人民政府

2016年2月26日